Architektur im Widerspruch

Studiopaperback

Heinrich Klotz und John W. Cook

Architektur im Widerspruch

Bauen in den USA
von Mies van der Rohe bis Andy Warhol

Verlag für Architektur Artemis Zürich

Titel der englischen Originalausgabe:
,,Conversations with Architects''
First published in 1973 by Praeger Publishers, Inc.
111, Fourth Avenue, New York, N.Y. 10003
© 1973 by John W. Cook and Heinrich Klotz

Deutsche Übersetzung: Brigitta Kuhn, Zürich
Grafische Gestaltung: Rolf Parietti, Artemis
© 1974 Verlag für Architektur Artemis Zürich
All rights reserved

Photolithos: Schwitter AG, Zürich
Druck: Rolf Loele, Thalwil
Einband: Graphischer Betrieb Benziger, Einsiedeln
Printed in Switzerland
ISBN 3 7608 8103 3

Inhaltsverzeichnis

Als wir im Jahre 1969 den Plan faßten, unsere gewohnte Arbeitsweise als interpretierende Architekturhistoriker einmal aufzugeben, wollten wir bewußt auf jene selbstsichere Position verzichten, die man zwangsläufig innehat, solange man nur über Bauten spricht; Bauwerke sind wehrlos, sobald man sie interpretierend vergewaltigt — Architekten nicht. Selbst wehrlos unserer nachvollziehenden Erkenntnisweise ausgeliefert, standen wir immer nur verlegen den Architekten gegenüber, die uns lächelnd entgegenhielten, daß unsere Beobachtungen als kunsthistorische Absonderlichkeiten nicht dem Verständnis ihrer Bauten, sondern der akademischen Selbstbefriedigung dienten — was auch stimmen mag. Deshalb suchten wir das Gespräch als mediales Korrektiv, wobei wir als Angegriffene nicht nur zum üblichen Gestus des Abfragens Zuflucht nahmen, sondern den Disput bevorzugten. Meist aber vergaßen wir diese Rolle und wurden zu Lernenden, die das befriedigende Gefühl hatten, an die Quellen der Information vorgestoßen zu sein. Wir waren in den Stand versetzt, Geschichte zu dokumentieren, noch bevor die Lebenden über die Toten reden. Doch meinen wir nicht, daß allein die Absichtserklärung eines Architekten das authentische Verständnis eines Bauwerkes für alle Zeiten sichern könne. ,,Authentisch'' ist auch das Verständnis der anderen, die einen Bau benutzen, ihm also alle Tage auf diese oder jene Weise, als Bewohner oder auch nur als Passant, gegenüberstehen. Wir haben in diesen Gesprächen die Erfahrung gemacht, daß nahezu jedes Bauwerk aus anderen Gründen zustande kam, als seine Wirkung uns bezeugt. Anders gesagt: Wir hatten oft größte Sympathie für die vernünftigen Gründe der Architekten und größten Widerwillen gegen das Monstrum, das sie aus diesen guten Gründen bauten.

Doch wollten wir zunächst nicht Kritiker, sondern dokumentierende Historiker sein. Wir waren im Begriff, die großen, alten Helden der modernen Architektur aufzusuchen, Mies van der Rohe, Gropius, Neutra. Sie starben während der Monate, als diese Interviews aufgezeichnet wurden. Wir sind mehr denn je der Meinung, daß kaum ein Zeitgenosse mit historischem Sinn ihre Gegenwart genutzt hat. Sie haben Legenden und Klitterungen, die in ihren Lebzeiten schon entstanden, bestehen lassen müssen. Verwundert hat uns auch die wiederkehrende Redewendung unserer Kollegen, die mit der distanzsuchenden Attitüde des Historikers versicherten, wie nutzlos es sei, von den Akteuren selbst etwas Nützliches erfahren zu wollen. Wir meinen, daß es keine bessere Geschichtsschreibung geben kann, als mit den Lebenden zu sprechen. Diese Gewißheit überkam uns, als wir mit unserem Tonbandgerät im Büro Mies van der Rohes standen und von seiner Gegenwart nur noch den leeren, verchromten Rollstuhl in der Ecke seines Zimmers vor Augen hatten; oder auch als wir die gutmeinende briefliche Terminzusage von Gropius erhielten — zwei Wochen vor seinem Tod.

Wir waren damit in die Situation gekommen, keine Heldenverehrung betreiben zu können, sondern uns eigene Helden zu suchen, deren Nachruhm, vielleicht mit Ausnahme von Louis I. Kahn, nicht schon feststand. Damit hatte sich überhaupt unser Blickwinkel verändert. Verwickelt in die unmittelbare Gegenwart, konnten wir nicht sicher sein, das Besondere und Hervorstechende mit Lorbeer geschmückt angezeigt zu finden. Die Auswahl der acht hier zu Wort kommenden Architekten haben wir nach dem Gesichtspunkt vorgenommen, in möglichst knapper Form einen möglichst breiten Überblick gegenwärtiger architektonischer Praxis zu vermitteln, wobei uns nicht allein der vermeintliche Rang der einzelnen Architekten bestimmte, sondern ebenso der mögliche Symptomgehalt ihres Werkes. Gewiß ist jeder Bau für irgend etwas symptomatisch; in den weitaus meisten Fällen bezeugt er das, was ohnehin, auch ohne diesen, schon ist. Unser besonderes Interesse galt jenen Architekten, die die Doktrin des Funktionalismus bewußt zu durchbrechen suchten und zu Ergebnissen gelangten, die vom allgemein Akzeptierten fortführen, wobei unsere Fragen von der Absicht bestimmt waren, auf den Widerspruch hinzuweisen, der zwischen neuernder Intention des Architekten und seiner Abhängigkeit von einer zweckrationalistischen Gesellschaft besteht.

Die Reihenfolge der in diesem Buch zusammengestellten Gespräche ist keine zufällige, wie wir überhaupt darauf hinweisen müssen, daß der äußere Schein einer lockeren Fügung von Fragen und Antworten täuscht. So wie das einzelne Interview Ergebnis einer intensiven Redaktionsarbeit ist, so soll im Gesamtzusammenhang das kompositorische Prinzip von Kontrast und Ergänzung spürbar werden. Das Gespräch mit Louis Kahn zum Beispiel ist ein Extrakt einer zweitägigen Unterhaltung, die wir auf Tonband festgehalten haben. Übrig blieb in allen Fällen der harte Kern von Gesprächsfolgen, der ganz von selbst zustande kam, sobald die Exkurse und Nebensächlichkeiten herausgestrichen waren. Andererseits versteht sich von selbst, daß wir den Sinngehalt der Aussagen, die Spontaneität der Sprechweise möglichst wortgetreu bestehen ließen. Aus Rechtsgründen sahen wir uns veranlaßt, den einzelnen Architekten die Gelegenheit zu Korrekturen und damit zur Billigung der Endfassung zu geben. Diese Phase der Redaktionsarbeit war die schwierigste, weil wir einige Kürzungen haben hinnehmen müssen, der gewisse uns bedeutsam erscheinende Interna der Architektenpraxis zum Opfer fielen. Besonders bedauerlich schien uns der Verlust einer längeren Passage des Interviews mit Kevin Roche; dieser Gesprächsteil hatte die Lee-Schule von New Haven zum Gegenstand und war gekennzeichnet von der kritischen Schärfe der Auseinandersetzung. Im Gegensatz zu Roche hat zum Beispiel Johnson keine seiner Bemerkungen zurückgenommen. — Der Zusammenhang der Gespräche ergibt sich auch aus der Form der Fragestellung. Wir haben nicht nur abgefragt und uns mit Antworten begnügt, sondern wir haben selbst unsere Meinung gesagt. Gebunden an unseren Standpunkt, haben wir eine Reihe von Fragen wiederholt und von den verschiedenen Architekten zumeist sehr unterschiedliche Antworten erhalten. So ließ sich ein roter Faden drehen, der alle Gespräche durchzieht und Vergleiche ermöglicht. Auch haben wir einzelne Architekten sich gegenseitig kommentieren lassen, wobei zu unserer Überraschung manch offenes Wort fiel. Sosehr wir bemüht waren, jedes Interview in sich schlüssig zu halten, sosehr legen wir Wert darauf, das Ergebnis unserer Bemühungen im Zusammenhang aller acht Gespräche zu suchen.

Das Zustandekommen der deutschen Ausgabe verdanken wir dem Optimismus unseres Verlegers, Bruno Mariacher, wie auch dem einfühlsamen Gespür der Übersetzerin, Brigitta Kuhn. Danken möchte ich auch für die besorgte Mitarbeit von Hedi von Hertzen, Zürich, und Christa Schulz, Marburg.

H. K.

Philip Johnson

1

JC: Wir wollen als erstes zu einer Ihrer bekanntesten Bauten der letzten Zeit kommen, nachdem Sie dem Credo Mies van der Rohes abgeschworen haben, nämlich zum Kline Biology Tower (Abb. 1).

PJ: Ist er wirklich so bekannt? Nun, ich glaube, es ist eines meiner liebsten Gebäude.

JC: Es liegt ganz oben auf einem Hügel — niemand kann es übersehen!

PJ: Ja, die Lage ist ideal. Es gibt keine bessere.

HK: Das heißt nun aber nicht, daß wir den Bau in jeder Hinsicht gut finden.

PJ: Nicht? Nun, Sie sind Europäer, und die Europäer mögen meine späteren Werke nicht, kein einziges. Ihr denkt immer noch in Gropius-Begriffen.

HK: Glauben Sie nicht, daß Gropius einer der größten Architekten dieses Jahrhunderts war?

PJ: Wer ist er denn überhaupt!

HK: Ich habe zum Beispiel einige Einwände gegen die Materialien, die Sie wählen; haben Sie keine Hemmungen, Travertin zu verwenden?

PJ: Michelangelo brauchte Travertin.

HK: Hitler auch — es war sein bevorzugtes Material.

PJ: Soll man ein Material einfach fallenlassen, weil Hitler es verwendete?

HK: Für Europäer, oder zumindest für Deutsche, kann auch ein Material eine bestimmte Bedeutung erlangen — Travertin zum Beispiel erinnert uns an falsche Monumentalität.

PJ: Wirklich? Daran habe ich nie gedacht.

1 Kline Biology Tower, Yale-Universität, New Haven, Connecticut. 1966. Philip Johnson und Richard Foster.

2 Seagram-Gebäude, New York. 1956—1958. Mies van der Rohe und Philip Johnson.

3 Kline Biology Tower. Fassadenansicht.

JC: Beim Kline Biology Tower haben Sie roten Sandstein verwendet.
PJ: Für die Platten zwischen den Säulen (Abb. 3).
JC: Sie nennen das Säulen?
PJ: Sie können es auch gerundete Pilaster nennen. Natürlich wählte ich eine Backsteinverkleidung.
JC: Wenn man den Kline Biology Tower genau betrachtet, so sieht man, daß er eigentlich eine Kopie des Seagram-Gebäudes (Abb. 2) ist, trotz den Unterschieden in der Fassade.
PJ: Das stimmt! Sie sind der erste, der das bemerkt. Es ist ein ähnliches Modell. Es hat auch ein ,,Risalit''.
JC: Sie meinen das herausragende Mittelstück, das dem hinteren Teil des Seagram-Gebäudes entspricht (Abb. 12)?
PJ: Genau.
HK: Die beiden Gebäude sind andererseits sehr verschieden: Anstelle der flachen Vorhangwandfassade, die Mies wählte, bevorzugen Sie diese sehr plastische, massive Fassade, ein dramatisches Happening an der Oberfläche ...
PJ: Nicht nur an der Oberfläche! Sehen Sie sich die Säulen da unten an (Abb. 4). Die Pilaster werden bis ganz hinunter gezogen; sie tragen eigentlich das Gebäude. Sie sind seine Füße! Was ist daran nicht in Ordnung?
HK: Sie rufen den Eindruck hervor, als ob diese Säulen das Gebäude tragen. Es ist jedoch das Gerippe, das Innere, das trägt. Und das verhüllen Sie mit dieser dramatischen Fassade. Eigentlich ist es ein mit Säulen, Pilastern und Sandsteinplatten verkleidetes Seagram-Gebäude.

PJ: Das stimmt; bloß geben Sie dem Wort „Fassade" einen negativen Unterton.

HK: Man kommt durch eine monumentale Kolonnade in das Gebäude hinein (Abb. 4). Jede Säule wird durch die ganze Fassade hinaufgeführt (Abb. 3). Die Säulenoberfläche geht in die Fensterrahmenfläche über, und auf einmal ist die Säule keine Säule mehr.

PJ: Es entsteht eine wellige Wand, wie man sie etwa in Spanien um 1914 gebaut hätte.

HK: Gaudí!

PJ: Gaudí, ganz klar. Als ich diese Pilaster, oder wie immer man sie nennen mag, das erste Mal zeichnete, habe ich die Rundung der Säule nicht in die Wand übergeführt. Dann sagte ich mir: „Warum soll der Pilaster von der Wand getrennt werden? Ich mache daraus ganz einfach eine gewellte Wand." Sie haben recht, wenn Sie auf die Inkonsequenz hinweisen, aber das hat mich damals nicht gekümmert. Ich war damals vollauf beschäftigt mit all den Dingen, die erledigt sein mußten. Eero Saarinens CBS-Gebäude (Abb. 5) ist der Bau, der meinem Kline Biology Tower am meisten gleicht. Er hat eine Rhombussäule, die vorgeblendet ist. Ich finde, der Fuß dieses Gebäudes geht zu weit hinein in den Boden, optisch. Mein Glashaus (Abb. 6) zum Beispiel ist kein ebenerdiges Haus. Es steht nicht auf gleicher Ebene wie die Wiese. Die sehr unangenehme Stufe, absichtlich unangenehm, separiert und hält den Bewohner im Haus. Das gleiche gilt für den Zaun. Diese zwei Dinge verhindern, daß man sich in einem Miesschen Haus fühlt.

HK: Das ist eine sehr klassizistische Haltung.

PJ: Aber selbstverständlich.

4 Kline Biology Tower. Eingang.

5 CBS-Gebäude, New
York. 1965. Eero Saari-
nen und Partner.

HK: Möchten Sie scharfe Unterscheidungen treffen?

PJ: Ja, ganz und gar.

JC: Dazu sind Sockel notwendig?

PJ: Die waren für mich einmal sehr wichtig, aber ich glaube, heute nicht mehr.

HK: Finden Sie nicht, daß die Säule eine verbrauchte, abgenutzte Form in der Architektur ist?

PJ: Um Himmelswillen, nein! Vielleicht glaube ich das heute, aber damals gewiß nicht. Aber ich ging von der gewellten Fassade aus, dann kommen die Sandsteinbrücken, die wie kleine Balkone aussehen (Abb. 3). Sie sind ohne Boden. Genau das wollte ich: diese dreidimensionale Unterhöhlung. Es ist ein echtes „Fassadendetail". Und ich fragte mich, was ich mit diesen runden Formen, diesen halben Säulen nach unten zu, gegen die Erde hin, machen sollte.

HK: Sie konzipierten also die Fassade nicht von unten nach oben, sondern von oben nach unten.

PJ: Wie soll ich diese gewellte Wand nach unten bringen, war meine Frage. Ich wählte eine Miessche Lösung; ich ließ die Stützen unten frei stehen, um nicht ... Also gut, ich finde das CBS-Gebäude schlecht; man weiß gar nicht, wann man unten angelangt ist. Es geht einfach weiter und stößt in den Boden hinein.

HK: Saarinen verwendete die Seiten seiner dreieckigen Vertikalen als Portalrahmen, Türrahmen (Abb. 7). Seltsam, daß Sie das so schlecht finden.

PJ: Das ist eben mein Klassizismus! Ich sage immer, daß jedes Gebäude fünf Kanten hat. Eine geht gegen den Boden. Saarinen hat das nicht kapiert.

HK: Der Boden bildet keinen Absatz.

6 Das Glashaus in New Canaan, Connecticut. 1953. Philip Johnson.

PJ: Nein, man muß etwas dafür tun.

HK: Sie brauchen dazu ein Postament.

PJ: Ich weiß nicht, ob ich dazu diese oder jene Art von Sockel brauche. Das Glashaus jedenfalls ist rein klassizistisch und hat eine Stufe.

HK: Beim Wiley-Haus in New Canaan ist der ganze untere Stock eine Art Sockel (Abb. 8).

PJ: Er steht im Widerspruch zum oberen Stockwerk. Was ich am Wiley-Haus nicht mag: Der untere und der obere Teil passen nicht zusammen. Es ist, als ob ein Haus keinen Boden hätte. Es ist nicht überzeugend; es schwebt. Nichts darf schweben.

JC: Fanden Sie das heraus, als das Haus fertiggestellt war, oder entdeckten Sie diesen Mangel eben erst?

PJ: Es ist das erste Mal, daß ich daran denke, gerade jetzt. Ich dachte: ,,Jetzt weiß ich, was daran nicht stimmt." Mein Glashaus kann nicht in den Boden hineinsinken, weil es von diesem Backsteinsockel gehalten wird. Heute werden die meisten Gebäude direkt in den Boden hinein gebaut; sie gehen einfach weiter.

HK: Für mich ist Ihr Einwand sehr interessant. Ich bin nicht der gleichen Ansicht. Ich finde Saarinens Gebäude in dieser Beziehung gut, weil ...

PJ: Aha!

HK: ... eben, weil es nicht auf ein Postament gestellt wurde.

PJ: Und was sagen Sie zu der Tatsache, daß der Bau in einer Grube steht? Einer meiner Grundsätze lautet: ,,Man soll nie hinuntergehen müssen, bevor man ein Gebäude betritt."

HK: Richtig, man wird hinab geführt.

7 CBS-Gebäude. Eingang.

PJ: Aber das ist nicht gut.
HK: Die Treppen führen hinunter.
PJ: Ich weiß, aber das ist verkehrt!
HK: Sie sind dagegen.
PJ: Als Klassizist!
HK: Sollte man denn hinaufsteigen müssen? Es ist ein hübsches Understatement, hinunterzugehen.
PJ: Das verunglimpft ein Gebäude. Es kann kein wichtiges Gebäude sein, das nur treppab zu erreichen ist.
HK: Ich habe etwas gegen Monumentales.
PJ: Ich höre das sicher jeden Tag einmal. Aber ich will trotzdem monumental bauen.
HK: Sie wollen immer noch monumental bauen?
PJ: Das wollen alle Architekten, ganz egal, was sie sagen. Im Grunde wollen alle Architekten monumental bauen.
JC: Was halten Sie vom oberen Abschluß beim CBS-Gebäude?
PJ: Es ist das gleiche Problem: Es hört nicht richtig auf. Das Seagram-Gebäude hingegen schon. Es war Saarinens Absicht, ein einfacheres Gebäude zu bauen als alle anderen, die je gebaut worden sind, inklusive das Seagram-Gebäude. Er wollte das Seagram-Gebäude ausstechen und fand allein den Ausweg, weder für einen Abschluß nach unten noch nach oben zu sorgen. Die Ecken zum Beispiel sind scheußlich, die zwei Rhomben treffen aufeinander und bilden jene fade Fläche ... (Abb. 9).
JC: Dort, wo die Bogen bei Ihrem Pavillon zusammenkommen, wählten Sie eine hohle, konkave Ecke (Abb. 10). Sie haben also eigentlich das gleiche Problem.
PJ: Ja, aber ich hätte sie wie Saarinen flach ausfüllen können. Bei ihm gibt es keine Ecke, und es ist nicht einmal logisch in bezug auf sein ganzes Konzept. Er hätte die Senkrechten besser verteilen sollen. Die Ecken des Seagram-Gebäudes von Mies van der Rohe sind die besten. Beim Glashaus verwendete ich mehr Zeit auf die Ecken als auf das ganze Haus. Eine Stelle ist mir nicht gelungen, aber ich werde Ihnen nicht verraten, welche. Ich weiß immer noch nicht, wie ich das lösen könnte. Mies mochte diese Ecke nicht. Er sagte: „Kommen Sie sich das Farnsworth-Haus anschauen, ich

8 Robert Wiley House, New Canaan. 1953. Philip Johnson. Foto: Ezra Stoller, Copyright ESTO.

zeige Ihnen dort, wie man eine Ecke umbricht." Und es ist in der Tat wunderbar —
dadurch, daß die Stäbe von den Ecken weggesetzt sind.

HK: Ist Mies hier gewesen?

PJ: Oft. Aber er verachtet dieses Haus. Eines Nachts, ziemlich spät schon, gerieten
wir in einen fürchterlichen Streit, und um zwei Uhr nachts sagte er: ,,Philip, bring
mich irgendwo anders hin zum Schlafen." Er hatte die Nacht zuvor hier geschlafen.
Ich sagte: ,,Mies, du machst Witze. Es ist zwei Uhr." Er antwortete: ,,Das ist mir
egal, bring mich hier raus." Und er kam nie wieder.

HK: War das das Ende Ihrer Beziehungen?

PJ: Nein, ich traf ihn wieder, und er entschuldigte sich am nächsten Morgen. Wir
hatten ziemlich viel getrunken. Aber ich mußte jemanden finden, der ihn aufnahm.
Er kam nie mehr in dieses Haus. Das war, bevor wir das Seagram-Gebäude bauten.

HK: Kommen wir zurück zum Kline Biology Tower.

PJ: Der Abschluß ist genau gleich wie beim Seagram-Gebäude. Aus demselben
Grund. Die Aufzüge und Installationen verbergen sich hinter dem Aufbau.

17

10 Der Pavillon, Landsitz Philip Johnsons in New Canaan. 1962. Philip Johnson.

JC: Ich wollte Sie wegen der Sandsteinplatten fragen, die wie Balkone aussehen (Abb. 4). Sie erfüllen keinerlei praktischen Zweck; sie sorgen bloß für eine zusätzliche Dimension. Schattenschläge, Showeffekte. Bei Nacht soll es beleuchtet sein.

PJ: Sie meinen die Birnen hinter jeder Platte. Sie leuchten des Nachts und dienen nur dazu, Effekt zu machen. Ich habe die Lampen erst nachträglich einsetzen lassen. Das gehörte nicht zum Grundkonzept.

JC: Warum haben Sie das getan? Damit man das Gebäude auch bei Nacht bewundern kann?

PJ: Der Auftraggeber meinte: „Könnten wir das nicht irgendwie beleuchten?" Und ich fand: „Wenn Sie das wollen, so können wir kleine Birnen hinter die Platten setzen." Ich habe nicht geglaubt, daß sie das tun würden; aber sie haben mich ernst genommen.

HK: Die Platten werden nachts zu Schattenwänden für hunderte kleiner Lämpchen. Wollten Sie einzig und allein der Fassade ...

PJ: ... eine dritte Dimension geben!

JC: Bei Tag und bei Nacht!

PJ: Frank Lloyd Wrights Haupteinwand gegen die moderne Architektur war, daß sie flachbrüstig sei.

JC: Haben Sie diese Platten nur aus ästhetischen Gründen eingesetzt?

PJ: Natürlich, das ist der Grund eines jeden Entwurfs.

JC: Auch wenn eine Form überhaupt keine Funktion hat? Jede einzelne Platte scheint zu sagen: „Sieh mich an, ich bin eine Platte und nichts anderes."

PJ: Das ist richtig.

18

JC: Die Platten stehen auf derselben horizontalen Linie wie die Sandsteinringe der Säulen.

PJ: Die Sandsteinringe sind auf derselben horizontalen Linie wie die Platten, wieder wie beim Seagram-Gebäude. Es hat einen undurchlässigen Sandsteinring und das Glas auf der Höhe des Korridors (Stockwerks). Genau so beim Kline Biology Tower. Die Platte vertritt den Sandsteinring, ist jedoch weiter nach innen im Gebäude gesetzt, weil es ein Wissenschaftsgebäude ist. Sie sehen, ich kann ganz absurd funktionalistisch werden. Die Platte hat eine solche Breite, weil der Abstand Boden–Decke in einem Labor viel größer sein muß als in einem normalen Gebäude. Damit sind wir bei den Proportionen gelandet.

HK: Oder sagen wir besser: Das horizontale Sandsteinband entspricht der Dicke der Decke?

PJ: Ja, Boden und Decke.

HK: Und die sind natürlich sehr dick, weil in diesem Gebäude der Wissenschaft Maschinen stehen.

PJ: Ja. Ich sage es gleich, ich gerate von Zeit zu Zeit in einen dummen Funktionalismus – dann komme ich aber wieder davon ab. Diese Fassade ist eigentlich ein Rechteckmuster. Sie besteht aus einer Reihe von horizontal-betonten und vertikal-betonten Elementen, ob das nun Schatten, verschiedene Materialien oder Fensterung sei. Es gibt viele Arten, das auszudrücken; aber jede Fassade, die von vornherein eine gewisse Regelmässigkeit hat, und das ist bei einem Bürohochhaus zum Beispiel der Fall, muß ein Rechteckmuster sein. Es wird bestimmt durch die Beziehungen der vertikalen und der horizontalen Elemente zueinander.

Die vertikalen Effekte kann man erreichen wie beim Seagram-Gebäude mit seinen subtilen Schatten, welche durch die H-Stäbe entstehen (Abb. 11). Die Entdeckung dieses H-Elementes im Jahre 1947 bedeutete einen Wendepunkt im Fassaden-Design. Dieser H-Stab war eine absolute Revolution, denn er schafft eine dritte Dimension und ergibt unglaubliche Schattenwirkungen. Das hätte man mit noch so vielen Mittelpfosten, die flach auskragen, nicht erreicht, und zwar wegen der Kerbung. Mies erzählte, er habe die Wirkung geprüft, indem er verschiedene Formen zum Fenster hinaus hängte und sie betrachtete. Die Anwendung einer ganz simplen, ganz gewöhnlichen H-Schiene war ein Wendepunkt für die dritte Dimension im Fassadenentwurf.

Und was machen die Mies-Epigonen? Sie kopieren alles außer dem Allerwichtigsten. Der Architekt Gordon Bunshaft verwendet einen vierkantigen Pfosten. So wird die Fassade einfach wieder eine große Glasscheibe. Das Seagram-Gebäude besteht nicht aus Glas. Wenn man nicht gerade direkt davorsteht, sieht man hautpsächlich das Licht auf der Vorderseite und den Schatten auf der Innenseite des H. Meiner Ansicht nach ist das das Werk eines Genies. Mein einziges Interesse, mich selbst zu verwirklichen, liegt immer noch nahe bei Mies. Sie haben recht, ein rein Miessches Gebäude. Ich baute immer noch wie Mies, aber anstelle von vertikalen H-Elementen nahm ich diese riesigen Pilaster und gestaltete so eine gewellte Fassade. Die vertikalen Elemente hatten genug Schatten; die horizontalen bekamen ihren Schatteneffekt durch einen Wechsel im Material (Sandsteinplatten), wodurch diese betont werden.

JC: Man sagt von Ihnen, Sie hätten Eleganz in die heutige Architektur gebracht.

PJ: Ja, meinetwegen.

JC: Ist der Kline Biology Tower „elegant"?

PJ: Nun, es ist ein sehr „reiches" Gebäude, verglichen mit den Universitätsbauten der Gegenwart. Es ist aber nicht reicher als irgendein Universitätsgebäude aus dem letzten Jahrhundert. Es zollt der üblichen Sparsamkeit im Fassadenentwurf, die heute bei einem großen Gebäude allgemein gefordert wird, keinen Tribut.

11 Seagram-Gebäude. H-Elemente.   12 Seagram-Gebäude. Fassade auf der Nordseite.

JC: Sagen Sie „reich", weil es viel gekostet hat?
PJ: Nein. Wegen des Materials. Die Kosten gingen damit natürlich auch in die Höhe.
HK: Man kann diese Fassade wahrlich nicht als schlicht bezeichnen.
PJ: Sie ist ein Rechteckmuster. Das Wort Fassade! Sie reagieren immer noch mit Vorurteil auf dieses Wort?
HK: Da haben Sie recht. In diesem Fall verwende ich es in negativem Sinne. Ich könnte jedoch meine Meinung ändern ...
PJ: Ich weiß, Sie strengen sich sehr an ... Fassadenarchitektur ist so ungefähr das Schlimmste, was ihr Deutsche über ein Gebäude sagen könnt.
HK: Wegen der Willkürlichkeit. Es ist nicht einfach die vielberufene Freiheit in der Gestaltung; man kann ganz willkürlich sein, irgend etwas an die Wand hängen. Ihre freihängenden Sandsteinplatten zum Beispiel sind sehr willkürlich.
PJ: Oh! und auch sehr teuer! Das Wichtigste daran ist der kleine Einschnitt dort (Abb. 3).
HK: Der scharfe Einschnitt in horizontaler Richtung, der die Halbsäule von der Platte trennt.
PJ: Aber es ist genau am falschen Ort geschnitten. Wenn die Platte hängen sollte, so müßte sie ein richtiges Auflager haben. Aber genau an jenem Punkt ist sie geschwächt, weil die Säule etwas weiter vorgetrieben ist; dort befindet sich dieser kleine, V-förmige Einschnitt, der ist das Wichtigste am ganzen Gebäude. Sonst gäbe es keine Vertikalbetonung.
HK: Das kommt auf der schmalen Seite des Gebäudes gut zum Ausdruck, wo die Säulen in die Wand eingebettet sind.

20

13 Amon Carter Museum of Western Art. Fort Worth, Texas. 1961. Philip Johnson. Foto: Ezra Stoller, Copyright ESTO.

PJ: Wo keine Fenster sind. Die beste Seite eines Gebäudes ist immer dort, wo keine Fenster sind.

JC: Was den Fassadenentwurf betrifft, so gibt es auch beim Seagram-Gebäude eine falsche Fassade (Abb. 12). Auf der Nordseite hat Mies den Fassadenraster an der kompakten Marmorwand simuliert. Auch das ist ein Schwindel.

PJ: Absolut. Das ist nämlich eine massive Wand.

JC: Warum werden die Fenster auf der massiven Wand vorgetäuscht?

PJ: Weil Mies an ein Glasgebäude mit einem bestimmten Pfostentakt dachte. Während er daran arbeitete, sagten die Ingenieure, der Bau werde bei starkem Wind zusammenfallen. Also bauten wir dort eine massive Wand. Wir brauchten das Rechteckmuster nicht. Das ist solider Beton, das Teuerste am ganzen Bau. Ich habe vor kurzem einen Brief von einem Architekten erhalten, der sehr vernünftig fragte: „Warum habt ihr die Seiten nicht schlicht gestaltet wie beim UNO-Gebäude?" Er bemerkte dazu, daß es doch nur ein Stück Marmor sei und daß man diese Fläche nicht mit diesen H-Pfosten verzieren müsse. Ich gestehe, daran habe ich nie weiter gedacht. Es schien Mies und mir am logischsten, daß das Gebäude rundherum gleich aussieht. Und man bemerkt in der Tat auch nicht, daß diese rückwärtige Wand massiv ist. Sie führt sogar um die Ecke herum und füllt dort ein Fensterintervall. Das wurde erst kurz vor Baubeginn bestimmt, weil die Verantwortlichen für die Klimatisierung sagten, wir hätten nicht genug Vertikalschächte. Mies war einverstanden.

JC: Er wollte vielleicht so etwas wie beim Lever-Haus ...

PJ: O Gott!

JC: ... einen kontinuierlichen Fassadenraster rundherum?

PJ: Das stimmt. Mies hatte nämlich eine sehr flexible Logik, und nur minderwertige Leute können logisch bauen. Schauen Sie sich zum Beispiel mein Glashaus nochmals an: Der Kamin geht mitten durch den Unterzug hindurch (Abb. 6).

JC: Mögen Sie das Haus immer noch?

PJ: Darüber denke ich nie nach. Ich lebe einfach hier. Ich möchte nicht anders leben.

HK: Im Laufe dieses Gesprächs gewinne ich den Eindruck, daß es sehr schwierig ist, Sie irgendwo festzunageln.

PJ: Weil ich selbst nicht konsequent bin. Sie haben aber immerhin die Inkonsequenz in der gewellten Fassade und in den Säulen des Kline Biology Tower herausgefunden.

HK: Ich habe nichts gegen eine gewellte Wand an sich. Ich stelle nur die ganze Fassadenvorstellung bei Ihnen in Frage. Sie sind immer noch der Kunsthistoriker, der Sie einmal waren, und ich bezweifle, ob Sie überhaupt etwas bauen können, ohne die Geschichte der Architektur im Bewußtsein zu haben.

PJ: Ich wäre dann ein anderer Mensch. In einer Ausstellung wählte ich einmal das Motto „Man kann nicht die Geschichte nicht kennen". Sie ist einfach ein Teil von uns, ob man sich nun dessen bewußt ist, wie ich, oder nicht. Selbstverständlich habe ich in meiner mittleren Schaffensperiode stark übertrieben. Beim Fort-Worth-Museum (Abb. 13) oder bei diesem Gebäude hier (Abb. 14) wurde ich spielerisch bis zu einem Grade, der an Verantwortungslosigkeit grenzt.

HK: Ihr Pavillon ist beinahe ein Spielzeug. Ich finde es aber sehr menschlich, daß Sie fähig sind, zu spielen und nicht nur monumental zu bauen.

14 Der Pavillon, Landsitz Philip Johnsons.

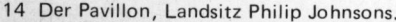

PJ: Gut, aber man muß hinzufügen, daß es besser ein Spielzeug bleibt, als daß man es zu einem Gebäude macht wie das Nebraska-Museum (Abb. 15). Wird die spielerische Idee zur Sünde, wenn sie in einer Stadt monumentalistisch verwirklicht wird? Ich weiß nicht.

JC: Das Spielerische kommt auch im Kline Biology Tower zum Ausdruck — diese Platten zum Beispiel.

PJ: Dahinter steckt eine viel ernstere Idee. Es ist weniger absurd als ein Bau von Minoru Yamasaki oder das Fort-Worth-Museum von mir.

HK: Sie sagten einmal, Sie wollten mit dem Kline Biology Tower ein „Parthenon der Wissenschaften" bauen.

PJ: Wirklich? Daran habe ich nie gedacht.

HK: Der Kline Biology Tower dort auf dem Hügel als Symbol der Wissenschaften (Abb. 1)! Natürlich ist es bei weitem kein Tempel — aber ist es ein Symbol?

PJ: Das sollte es meiner Meinung nach sein.

HK: Sie wollten mehr als eine funktionale Kiste. Sie wollten, daß das Gebäude etwas über seine Bestimmung aussagt. Sie wollten zeigen, wie mächtig die Wissenschaften sein können, und das haben Sie mit diesen Säulen ausgedrückt.

PJ: Eigentlich nicht. Das ist Ihre Interpretation.

HK: So erlebe ich es jedenfalls.

PJ: Ich wählte ein Fassadenmuster, weil ich an allen drei Gebäuden des ganzen Baukomplexes das gleiche Motiv wiederholen wollte. Meine Ansprüche waren viel bescheidener. Ich suchte ein ausdrucksvolles Fassadendesign, das ich bei horizontalen und

15 Sheldon Memorial Art Gallery, Universität von Nebraska, Lincoln, Nebraska. 1963. Philip Johnson. Foto: Ezra Stoller, Copyright ESTO.

bei vertikalen Gebäuden anwenden konnte. Sie sehen, die Einteilung der Abstände beim Geologie- und beim Chemiegebäude ist ganz verschieden (Teile des Kline-Tower-Komplexes). Die Anlage sollte der Landschaft angepaßt, nicht monumental sein. Gut, die Höhe, die Lage! Natürlich wollte ich auch so etwas aussagen wie ,,Wissenschaft an der Yale-Universität''. Hätte ich <u>sechs</u> Gebäude für diesen Komplex bauen können, so wäre der Ausdruck der Säulen am Kline-Biology-,,Kirchturm'' in der Landschaft sinnvoller gewesen. Aber an diesen Universitäten bleibt man oft länger, als man erwünscht ist. Der ehemalige Rektor von Yale, Whitney Griswold, starb, und das setzte dem weiteren Ausbau ein Ende. So geht es immer. Ich dachte gar nicht an Monumentalität — obwohl ich wahrscheinlich immer noch an sie glaube.

HK: Man betritt den Kline-Turm, indem man durch eine enorme Kolonnade hindurchgeht (Abb. 4).

PJ: Mir gefällt das.

HK: Wie wirken diese Säulen auf den Menschen? Oder hatten Sie darüber nicht nachgedacht?

PJ: Ich glaube fast, daß es für mich ein formales Problem des Fassadenentwurfs war. Die Backsteinmauer zwischen den Säulen liegt nicht sehr tief. Das reduziert den Umfang der Säule, ausgenommen der Ecksäule. Die Ecke muß viel weiter herumgehen. Das löst das teuflische Problem, das Saarinen meiner Ansicht nach nicht gelöst hat, wie man auf gefällige, leichte, aber sichere Art um die Ecke herumkommt. Je größer die Säulen in der Mitte sind, um so größer wird die Säule an der Ecke. Ich ließ das Gebäude an den beiden Seiten aus dem gleichen Grund zurückspringen wie beim

16 Kline Biology Tower. Sockel.

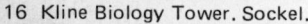

Rockefeller-Center. Hier ergibt das eine schmalere Frontseite der Hauptansicht (Abb. 1). Das war gewiß nicht sehr originell von mir, aber ich erhielt dadurch eine zusätzliche Ecke. Jede Ecke unterbricht die Anzahl der Säulen, unterbricht die Fassade, macht das Gebäude schmaler.

Zurück zu dem Problem der Monumentalität des unteren Teils: Ich habe das wirklich nicht gesehen. Ich frage mich, wie ich es übersehen konnte. Nun, da Sie es bemerken, muß ich sagen, daß der Eingang sehr monumental ist.

HK: Dieser Kolonnade gilt einer unserer Haupteinwände. Unserer Ansicht nach finden sich hier nicht nur einige fragwürdige Details wie die Sockel dieser Säulen (Abb. 16), sondern wir empfinden auch den Maßstab als übertrieben, weil er das Individuum entfremdet und herabsetzt.

PJ: Das ist eine gute Kritik. Ich empfinde gerade das Gegenteil. Ich finde das herrlich! Kleinsein macht Spaß! Ich liebe Berninis Kolonnaden! Sie vielleicht nicht. Wir haben hinsichtlich der Monumentalität eben einen unterschiedlichen Geschmack. Ich glaube nicht, daß es irgendeinen Europäer gibt, dem diese Kolonnade Spaß machen würde. Hier liegt einer der Gründe, warum Kevin Roche und ich einander gut verstehen.

HK: Als Europäer erinnert mich diese Art der Monumentalität an Stalin oder Hitler.

PJ: Oder an die Leningrader Botschaft von Peter Behrens und Mies van der Rohe? Mies hat diese Zeiten nie verleugnet. Er war sehr stolz auf die Botschaft in Leningrad.

JC: Es ist das Hauptproblem für die heutige Architektur, eine Umwelt zu schaffen, die eher den Bedürfnissen nach einem menschlichen Leben entspricht als dem Streben des Architekten nach Unsterblichkeit.

PJ: Das humanistische Argument gegen Monumentalität stammt natürlich von Frank Lloyd Wright. Er mochte unsere Bauten nicht, weil sie monumental sind. Er mochte mein Haus (das Glashaus) nicht, weil die Decken so hoch sind. Mies selbst zog auch niedrige Decken vor. Ich brachte Mies ins Wiley-Haus, und er sagte: ,,Philip, warum hast du die Decken so hoch gemacht?" Ich lachte und antwortete: ,,Sie sind etwa 60 cm zu niedrig!" Mies gehört auch jener Generation der niedrigen Decken an, trotz seinem eigenen Klassizismus. Er stammt noch aus dem frühen 19. Jahrhundert. Er hat Karl Friedrich Schinkel bewundert; ich bewundere Henry Hobson Richardson. In den siebziger Jahren des 19. Jahrhunderts war in diesem Land, in den großen Gerichtsgebäuden in Indiana zum Beispiel, undenkbar, daß ein Raum weniger als etwa 5,5 m hoch sein könnte. Das gefällt mir! Ich bin schon mit vielen Leuten in das Municipal Building von McKim, Mead and White in New York gegangen. Man sagte mir, es sei zu russisch, zu monumental. Ich antwortete darauf: ,,Tut mir leid, ich finde es wundervoll." Ganz aus Granit. Man schaut aus einem Fenster im 14. Stock und sieht die Laibung der Fenster aus hartem Granit, nicht das dünne Zeug, das wir heute verwenden. Das Gebäude ist das Eintrittsgeld wert. Mir ist egal, ob es russisch ist oder wie auch immer. Was Monumentalität betrifft, so tragen wir einen ungeheuren Ballast mit uns. Meine Bibliothek der Universität New York zum Beispiel wird sehr unpopulär sein, weil sie die heute aktuelle Forderung nach Transparenz innen und außen nicht berücksichtigt. Sie hat keine schräge Wand und überhaupt kein Glas. Sie ist symmetrisch, was selbstverständlich als sehr schlecht gilt.

HK: Nicht unbedingt.

PJ: Es ist keine forcierte Symmetrie, aber ...

HK: Symmetrie ist beinahe eine Spezialität der modernen amerikanischen Architektur.

PJ: Wirklich?

HK: Nehmen wir zum Beispiel den meiner Ansicht nach faschistischen Grundriß des Albany-Campus von Edward Durrell Stone. Oder die Symmetrie der kürzlich erbauten amerikanischen Botschaften, oder, auf weit höherem Niveau, die Grundrisse des großen Louis Kahn.

PJ: Er ist natürlich ein alter Beaux-Arts-Mann. Betrachten wir einmal die Türme des Richards-Laboratoriums (Abb. 152). Sie sind bloß Dekor, aber sie sind sehr ausdrucksstark und außerordentlich schön. Kahn ist ein vollkommener Schwindler, schlimmer noch als ich. Nun, wir sind alle Schwindler. Warten Sie nur, bis Sie zu einigen von Kevin Roches Werken kommen. Die Tricks, die Roche anwendet, um seine Fenster um etwa einen Meter in die Fassade zurückzusetzen — unglaubliche Tricks. Aber wen kümmert das, wenn es gelingt? Es ist einfach phantastisch. Ich finde, die Ford Foundation ist sein am wenigsten gelungenes Gebäude (Abb. 52), ein Frühwerk. Aber ich bin überzeugt, daß seine Bauten umwerfend gut sein werden.

JC: Finden Sie, der Knights of Columbus Tower in New Haven (Abb. 51) ...

PJ: Ich hasse ihn.

JC: ... wetteifere ...

PJ: Natürlich nicht, o nein.

JC: ... mit Ihrem Kline Biology Tower?

PJ: Sicher nicht; er liegt ja unten am Fuß des Hügels. Ich finde es das schlimmste Gebäude, das er je gebaut hat. Ich denke dabei an die vier Ecktürme, die keinen Zusammenhang mit der Leiter haben.

JC: Meinen Sie mit „Leiter" die Tragbalken der Stockwerke?

PJ: Ja. Haben Sie den Grundriß der Stockwerke schon einmal gesehen? Sie müssen unbedingt hingehen, denn es sind Treppen der Notausgänge. Der ganze Grundriß. Ich finde das gut — daß er einfach nur das macht. Wahrscheinlich ist der Knights of Columbus Tower das teuerste Bürohochhaus der Welt (rund 30 Dollar pro Quadratfuß). Aber es wird sicher von sechzehn Kardinälen und fünf Bischöfen eingeweiht werden, und der Papst wird wahrscheinlich auch herüberkommen. Es wird eine große Show. Ich finde das herrlich, aber dazu ist das Gebäude nicht gut genug. Er kann es besser machen — und er wird es auch.

JC: Sie sagten, die NYU-Bibliothek werde unpopulär sein. Wie steht es mit Ihrer Öffentlichen Bibliothek in Boston?

PJ: Sie wurde vor etwa sechs Jahren entworfen. Heute ist sie im Bau. Mein wohl umstrittenstes Werk, weil es das größte ist. Ich meine maßlos. Es macht die Leute ganz klein. Es ist kein menschliches Gebäude. Ich war immer ganz heftig antimenschlich, wegen Frank Lloyd Wright, der dachte, daß eine Decke, die höher als etwa 1,9 m sei, unnötig und nicht kuschelig genug sei.

HK: Sie sind ein Ästhetizist.

PJ: Natürlich. Ich dachte immer, dazu seien die Architekten auch da.

HK: Sie glauben, ein Architekt müsse ein Künstler sein. Hier in New Canaan (Sitz des Hauses von Philip Johnson) bilden die Lage und die Landschaft eine ästhetizistische Umgebung.

PJ: Was ist daran nicht in Ordnung, pflege ich dann zu sagen.

HK: Jedes Stücklein Erde, jedes Stück Boden, auf dem wir stehen, ist geschmackvoll hergerichtet.

PJ: Ja, es ist ein Teppich. Dieser Rasen ist teures Teppichmaterial.

HK: Gewiß. Wir befinden uns in einer Umgebung, die losgelöst ist vom Alltag, und Ihre ganze Architektur hat, wie ich sie sehe, diesen ästhetizistischen Ausdruck. Sie hat keine Beziehung zur Straße, im doppelten Sinne nicht.

PJ: Aber die Bostoner Öffentliche Bibliothek und die Bibliothek der Universität New York sind Straßengebäude, straßenschaffende Gebäude. Der Kline-Turm nicht, der Kline-Turm steht eben in der Landschaft.

HK: Und das Glashaus?

PJ: Das ist ein Landhaus!

HK: Ich frage mich, wie Sie Sozialwohnungen bauen würden.

PJ: Daran sitze ich gerade — Welfare Island.

JC: Ist das ein Projekt für Familien mit niedrigem Einkommen?

PJ: Alle Sozialwohnungsprojekte sind für Leute mit kleinem Einkommen. Das ist ganz tugendhaft.

HK: Wie gehen Sie so ein Problem als Ästhet an?

PJ: Ich stelle mir vor, wie die Straßen verlaufen sollen. Der einfachste Weg, das zu lösen, ist das Gegenteil von dem, was Corbusier getan hat. Ein isolierter Block im Park — alles Scheiße. Denn wenn man aus diesem Corbusier-Haus, ich meine, aus der Unité oder irgendeinem anderen, heraustritt, so ist man einfach tot. Das ist nun ein Punkt, wo auch ich menschlich werde.

HK: Sehr überraschend.

JC: Sie sagen, die Unité sei unmenschlich?

PJ: Ja, das finde ich. Sie ist aber auch unarchitektonisch, Anti-Straßen-Architektur! Man kann doch die Straße nicht einfach negieren. Für Corbusier war die Straße nur dazu da, um Lastwagen an ein Gebäude heranzufahren. Für ihn war das Dach eines Gebäudes wichtig. Ich finde, das ist ein Vorwand; das Dach existiert nicht. Meiner Ansicht nach hatte Corbusier in mancher Hinsicht Unrecht. Er war ein großartiger Bildhauer. Marseille (die Unité d'habitation) ist vielleicht eines der großartigsten Gebäude aller Zeiten ... wenn man nicht zu oft hingeht. Unter den Pilotis ist es ganz fürchterlich, außer man will pinkeln! Ein riesiger Platz, und man verdrückt sich in eine Ecke. Schrecklich! Aber ein riesiges Gebäude, das auf diesen wunderschönen Füßen schwebt ... Wer hätte solche Füße entwerfen können? Nun, Mies und ich nehmen Pfosten und führen sie durch eine Fassade hinunter bis auf den Boden. Wie dumm und billig kann man werden? Corbusier konnte das natürlich nur einmal tun. Es war zu teuer, aber wen kümmert das heute? Wie toll, diese Füße! Und die phantastische Dachlandschaft! Aber all diese Dinge haben nicht sehr viel mit den wahren Problemen der Architektur zu tun.

JC: Sind Sie denn eher empfänglich für die Idee der britischen Architekten Peter und Alison Smithson? Straßen in der Luft; die Leute sammeln sich auf einer Ebene außerhalb der Gebäude!

PJ: Ich bin sehr dagegen, aus dem einfachen Grunde, weil ich nicht glaube, daß es auf der Welt genug Leute gibt, die die Straßen füllen können, die wir haben. Ich liebe Mulberry Street (Greenwich Village, New York), vor allem am Fest des heiligen Gennaro, wenn man sich darin nicht mehr rühren kann vor lauter Menschen. Leider war die Mulberry Street 1890 viel besser als heute. Sie wurde sozusagen ihrer Gemeinde beraubt. Auf den alten Bildern von Jewish Lower East Side (Jüdisches Viertel im Südosten der Stadt New York) sieht man, wie es von Leuten nur so wimmelte. Wo gibt es das heute? Das ist das einzig Gute an Venedig: Die Gassen sind begehbar, man kann dort nicht verweilen. Versuchen Sie einmal, dort zu wohnen — der Gestank, die Brühe in den Kanälen, der Lärm; man lebt weniger als zwei Meter vom Fenster des Hauses auf der anderen Straßenseite entfernt. Was täten Sie, wenn Sie dort wohnten? Sie würden auf die Piazza gehen, nicht wahr? Die Amerikaner tun das nicht, weil sie das Fernsehen und anständige Unterkünfte haben. Eine Straße kann nicht zu klein, eine Menge nicht zu groß sein. Wenn man die Leute in den vierten Stock versetzt, so ist dort nichts mehr los. Nur dort ist etwas los, wo die Mädchen mit den offensten Blusen umhergehen und mit dem Hintern wackeln. Die tun das nicht im vierten Geschoß! Man muß stets auf dem Boden bleiben.

JC: Finden Sie, solche Fußgängerebenen seien tote Räume?

PJ: Aber sicher. Und alle Städte auf zwei Ebenen geben mir recht. Gehen Sie einmal nach Hartford. Wer geht je hinauf auf den Platz? (Johnson bezieht sich auf Constitution Plaza in Hartford, Connecticut). Dabei ist das einfach, im Vergleich zu anderen Städten. Diese englischen Städte auf zwei Ebenen habe ich satt. Sie sind eben reine Theorie.

Aber ich habe gut reden. Denn ich baue gerade eine City mit zwei Ebenen, aber nur deshalb, weil sie schon aus zwei Ebenen besteht. Minneapolis ist die einzige Stadt der Welt, in der es das gibt. Es ist eine verdammt kalte und verdammt heiße Stadt. Das Klima dort entspricht etwa dem von Mittelsibirien. Die Temperatur sinkt bis −40 Grad Celsius. Dann geht man nicht gerne hinaus; niemand will die Straße überqueren. Deshalb wurden einige Verbindungsbrücken auf dem zweiten Geschoß in normale Gebäude gebaut, und die Leute haben es verdammt schwer, wieder auf den Boden zurückzufinden Aber sogar bei gutem Wetter gehen die Leute von Minneapolis nicht über die Straße. Sie gehen in ein Haus, nehmen den Aufzug, überqueren die Straße auf der Verbindungsbrücke und nehmen den Aufzug auf der anderen Seite nach unten. Das ist eine Gewohnheit; Menschen sind Geschöpfe der Gewohnheit, und das habe ich genutzt. Ich wählte einen zentralen Block in Minneapolis, zwischen zwei Warenhäusern, und machte daraus eine Liftwelt. Ich habe also gegen zwei Ebenen nicht immer etwas einzuwenden.

JC: Hat man schon mit dem Bau begonnen?

PJ: Mit dem Abbruch.

HK: Wie wird das Gebäude aussehen?

PJ: Sehr monumental. Haha! Es liegt an der Straße − ich liebe Straßen!

HK: Ich wollte nicht auf den Antagonismus zwischen Monumentalität und Straßenarchitektur verweisen, sondern sprach von Ästhetizismus im Gegensatz zu ...

PJ: ... humanitärer Gesinnung? ...

HK: ... zu Sensibilität für die gegebene Umwelt.

PJ: Sehen Sie, meine Art, eine Stadt zu erfassen, ist reine Ästhetik. Die Ästhetik einer Straße zum Beispiel, auf der die Huren herumlaufen − der Strich. Wie nennt man das auf Englisch?

HK: Gibt es für Strich kein Wort im Englischen?

PJ: Nein. Der Kurfürstendamm in den zwanziger Jahren, bevor Sie auf der Welt waren also, war der größte Strich, den die Welt je gesehen hatte. Jede zweite Person war eine Hure. Berlin in den zwanziger Jahren − das war etwas! Und der Kurfürstendamm war wirklich eine Straße! Es gab nur ein Problem: Der Kurfürstendamm hörte nicht auf; es gab einen Block, bei dem man einfach kehrt machte und zurückspazierte.

HK: Hätten Sie am Ende gerne einen Akzent gehabt?

PJ: Ja, in meinem Wohnungsbauprojekt gibt es Schlußakzente. Ich will einen Platz gestalten. Ich entwerfe eine Stadt für zwanzigtausend Einwohner.

JC: Welfare Island.

PJ: Ja. Eine Insel ist natürlich ein Gottesgeschenk für jeden Architekten, weil die Orientierung von vornherein gegeben ist. Man schaut aus dem Fenster: Oh, ich sehe Wasser! Genau wie mein Bluff hier (das Glashaus). Das Haus wäre nicht möglich ohne die Gartenmauer aus Granit. Es ist eine chinesische Schachtel in einer Schachtel in einer Schachtel. Es fängt mit dem Kaffeetischchen an. Das ist die erste Einheit, und das hat sich nicht geändert. Ein sorgfältig entworfener Wohnraum wird von einem weißen Teppich umrissen. Der weiße Teppich ist ein Floß. Der Wohnraum ist die nächste Schachtel; er liegt in einem größeren Wohnraum, der umrissen wird durch das Bild von Poussin, die Schränke, den Kamin.

Der nächste Sprung führt zu Küche, Skulptur und Pflanze. Das ist die nächste Hülle.

Diese Hülle ist im Glashaus. Das Glashaus ist auf dem Rasen, der durch das Gras und den Parkplatz begrenzt wird. Aber dieser Grasteppich ist wieder ein Mikrokosmos, der durch den Waldrand begrenzt wird, durch die Mauer und den Wald. Es ist also eine ganze Folge von in Dingen umhüllten Dingen (Abb. 6 und 17).

JC: Ihr Haus ist in all den Jahren seit seiner Fertigstellung oft photographiert worden. Es fällt auf, daß die Anordnung der Möbel nie geändert wurde.

PJ: Nie. Das soll auch nicht sein. Nein, das ist ein Miessches Prinzip. Mies wußte das selbst nicht. Ich verwies auf die von ihm entworfene Möblierung im Haus Tugendhat, und er gab zu, daß ich recht hatte: ,,Es stimmt; ich setze Möbel ein wie Architektur."

JC: Sie wurden mit vierunddreißig oder fünfunddreißig Jahren Architekt, nachdem Sie schon ein bekannter Architekturkritiker waren. Welches sind Ihre ersten Entwürfe?

PJ: Mein erster Entwurf war eine unbewußte Kopie des Barcelona-Pavillon von Mies. Das war in meinem ersten Ausbildungsjahr, und die übliche Aufgabe für Studenten im ersten Jahr war ein Pavillon im Grünen.

HK: Das bedeutet, daß Sie sofort mit dem International Style begannen?

PJ: Reiner Mies van der Rohe! Ich war der erste ,,Miesianer". Aber mein erstes Ge-

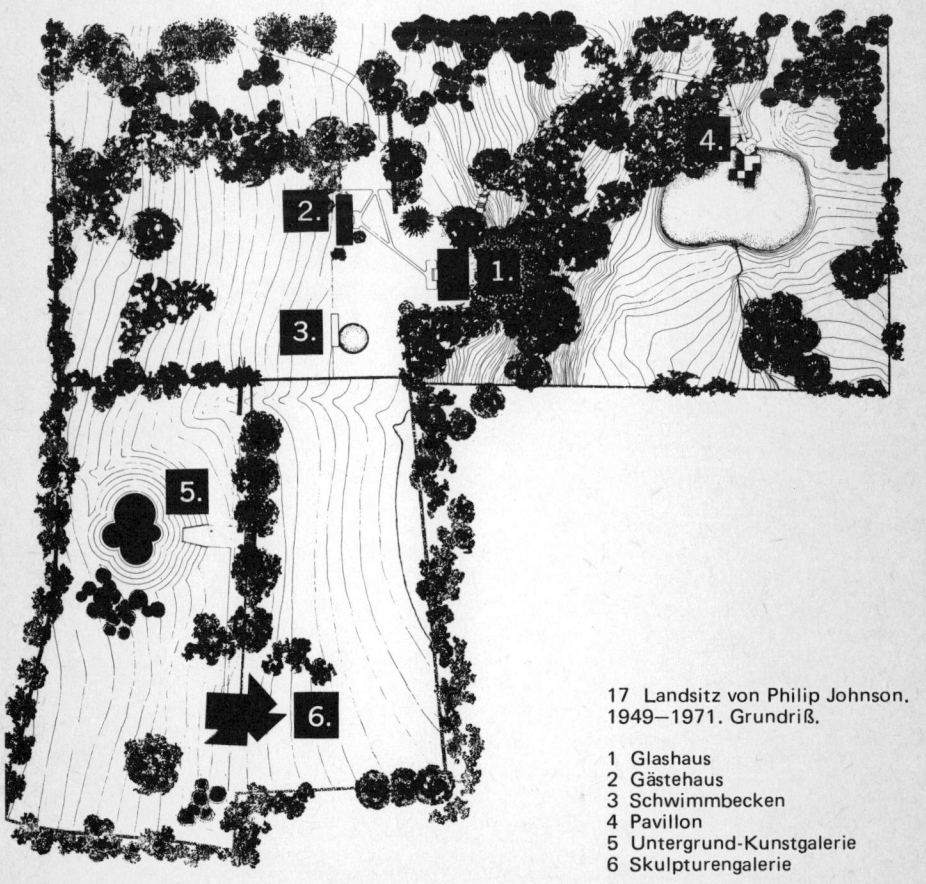

17 Landsitz von Philip Johnson.
1949–1971. Grundriß.

1 Glashaus
2 Gästehaus
3 Schwimmbecken
4 Pavillon
5 Untergrund-Kunstgalerie
6 Skulpturengalerie

bäude wurde erst 1940 gebaut. Ich war es, der die Amerikaner als erster auf Mies aufmerksam machte.

HK: Und auch manche Europäer.

PJ: Ja. Es war stupid, wie man Mies verleumdete. Es waren gerade die International-Style-Anhänger, die ihn am meisten haßten, weil er teure Materialien verwendete, wissen Sie, Marmor. Es ging ihm nicht sehr gut, als ich ihm zum erstenmal begegnete. Breuer war mein Lehrer, und ich lernte bei ihm mehr als bei Gropius. Ich schloß mein erstes Studium 1930 ab. Es gab damals keine Architekturschule, die man hätte besuchen können.

HK: Sie gingen also in keine Architekturschule bis ...

PJ: ... bis 1940.

HK: Und wohin gingen Sie da?

PJ: Harvard.

HK: Als Gropius und Breuer dort waren. Sie wurden demnach nicht mit dem ganzen Beaux-Arts-Ballast beladen?

PJ: Nein, nie. Am Anfang stand Henry-Russell Hitchcock.

HK: Haben Sie ihn in Europa kennengelernt?

PJ: Ja, in Paris 1930. Wir schrieben dann das Buch „The International Style". Das heißt, er schrieb es.

HK: Sie sind zu bescheiden.

PJ: Das stimmt nicht. Ich bin überhaupt nicht bescheiden. Es war einfach so.

JC: Wenn man auf Ihre Anfänge zurückblickt, so überrascht mich, wie weit Sie von van der Rohes Nüchternheit abgekommen sind und sich den dekorativen Bogenfassaden der späten fünfziger Jahre zuwendeten (Abb. 15).

PJ: Die Engländer nennen das meine „Ballettschulen"-Periode. Die Engländer sind meine strengsten Kritiker.

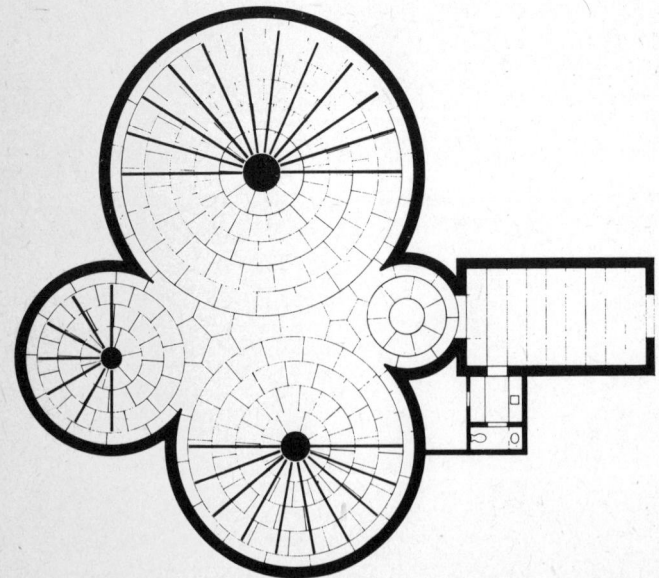

18 Die Kunstgalerie in New Canaan. 1965. Grundriß.

JC: In Ihren ersten Entwürfen für das Glashaus (1949) bemerkten wir zu unserem Erstaunen, daß Sie Backsteinfassaden mit großen Rundbogen vorschlugen. Später, als Sie sich dem Einfluß von Mies etwas entzogen haben, erfanden Sie da neue Formen oder kamen Sie zurück auf Ihre ursprünglichen Vorlieben?

PJ: Das Romantische ...

JC: Sie suchten bewußt nach einer neuen individuellen Ausdrucksart?

PJ: Individuell? Gewiß. Es hat keinen Sinn, ein Mies-Schüler zu bleiben, obwohl ich es absolut in Ordnung finde, wenn jemand Epigonenarchitektur macht. Das ist ganz natürlich.

JC: Sie entwarfen Dinge, die Mies nie entworfen hat.

PJ: Dann geschah das unbewußt, denn ich versuchte ganz bewußt, Mies zu verstehen.

JC: Später gab es dann einen klaren Bruch. Erinnern Sie sich noch, warum Sie das starke Bedürfnis spürten, von diesen rein Miesschen Formen wegzukommen?

PJ: Nun, ich wurde ganz einfach etwas spät erwachsen.

JC: Mir scheint, es sei wichtig, diese Wandlung zu dokumentieren. Gibt es stilistische Gründe, psychologische Gründe, vielleicht Frustration, für Ihre Abkehr von Mies?

PJ: Ich habe es stets Überdruß genannt.

JC: Wieso hatten Sie den Mies-Stil satt?

PJ: Ist das nicht normal?

JC: Sie hatten doch damit großen Erfolg.

PJ: Ja, ich war ein guter Miesianer. Aber immer so weitermachen ... Ich bin vielleicht, im Gegensatz zu Mies, zu romantisch, um etwas ein zweites Mal zu tun. Ich nehme an, Mies wäre seiner selbst auch überdrüssig geworden.

JC: Suchten Sie nach einer neuen Form, einer originellen Form?

PJ: Ich habe nie an Originalität geglaubt. Mies hatte recht. Lieber gut als originell. Deshalb habe ich auch meine historisierenden Motive verteidigt.

JC: Aber Mies selbst war immer originell.

PJ: Mies hat nie etwas von jemandem übernommen. Er war wie ein Diamant; er war sui generis. Er war erfolgreich, weil er dem amerikanischen Stahlfabrikationssystem genützt hat. Das war für ihn kein Zufall, denn Bauen bedeutete für ihn die Technik von heute, den technischen Ausdruck der heutigen Zeit. Er hielt sich auch gar nicht für einen Künstler. Er glaubte, daß er Formen erfand, die jedermann verwenden könne. Warum baute nicht jeder wie er? Er dachte, wir seien alle verrückt. Nicht nur meine Generation, auch die folgende. Er war überzeugt, daß wir alle scheitern würden.

JC: Was beabsichtigten Sie, als Sie anfingen, Bogenfassaden zu bauen?

PJ: Ich fand mich nicht originell, denn ich wollte wissen, wie man auf andere Weise Gebäudeecken machen könnte, wie plastisch die bildhauerischen Qualitäten sein würden. Ich interessierte mich dafür mehr als für die Frage, ob ich mit der modernen Architektur Schritt halte.

HK: Die sogenannte brutalistische Bewegung beeindruckte Sie damals gar nicht?

PJ: Nein. Ich habe Beton als Material nie gemocht.

HK: Können Sie sich vielleicht entsinnen, was Sie bewog, bildhauerische Qualitäten wiederzuerlangen?

PJ: Ich erinnere mich an ein Mittagessen im ,,Scarlini'' in Rom mit Frank Lloyd Wright. Wir gingen von einem Raum zum anderen; da gab es diese sehr dicke Wand, aus der ein Türbogen herausgeschnitten war. Er schlug auf die Laibung und sagte: ,,Sehen Sie, Philip, die dritte Dimension.''

HK: Aber Wright war von dieser Überzeugung nie abgekommen.

PJ: Deshalb verachtete er mich und den ganzen International Style. Er nannte das flachbrüstig. Für ihn war es unmenschlich, solche flachen Gebäude zu bauen. Aber Hitchcock und ich waren der Überzeugung, daß die dritte Dimension, der Schatten, in den dreißiger Jahren wieder auftreten würde. Ich war jedoch früher so überzeugt, daß alles zweidimensional sein müßte, daß ich ... daß es mir großen Spaß machte, die dritte Dimension neu zu entdecken.

HK: Waren Sie nicht einer der ersten, der von der Flachbrüstigkeit abkam?

PJ: Vielleicht. Aber andere Architekten haben das auf andere Art geschafft. Ich war nie ein Mann der Avantgarde. Das lag nie in meinem Interesse.

JC: Sie sagten zuvor, man könne nicht die Geschichte nicht kennen. Daraus folgt doch, daß man selektiv sein muß, wenn man eine Art Historizismus betreiben will. Suchten Sie nach Formen, die ästhetisch gefällig waren, oder nach einem historischen Vorbild, mit dem die dritte Dimension realisierbar wird? Oder wollten Sie eine völlig neue Form kreieren? Welches waren Ihre Auswahlkriterien?

PJ: Ich habe einfach ein Gespür — das geht jedem so, ob er das zugibt oder nicht. Nehmen Sie einen strengen Modernisten wie James Stirling, den ich sehr bewundere. Er besitzt eine ganze Reihe Photos von finsteren Seitengäßchen in Liverpool. Oder Erich Mendelsohns Begeisterung für Silos und sein großartiges Buch ,,Wie baut Amerika?'', oder Corbusiers Vorliebe für Ozeandampfer. Wir alle werden von visuellen Eindrücken beeinflußt. Für mich sind es eben gewisse Epochen der Geschichte.

HK: Sie interessierten sich nicht für die Maschine?

PJ: Um Gotteswillen! Das war absurd. Denken Sie an J.J.P. Ouds ,,Bauhaus-Buch''. Er fand, es sei absurd, einen Ozeandampfer mit dem Parthenon zu vergleichen. Ich mochte Maschinen nie um ihrer selbst willen; nicht einmal Seitensträßchen mag ich um ihrer selbst willen.

JC: Erzählen Sie die Geschichte vom Mittagessen mit Frank Lloyd Wright in Rom, weil das für Sie der Wendepunkt war?

PJ: Ja. Ich weiß nicht warum, aber es ist in meinem Gedächtnis als der Moment haften geblieben, in dem ich begriffen habe, was er unter ,,dritter Dimension'' verstand.

JC: Sind Ihre Bogenfassaden eine natürliche Folge dieser Einsicht?

PJ: Ich glaube, das war mein Ringen um eine Befreiung von Mies van der Rohe. Ich wollte die Geschichte auf meine persönliche Art erleben. Warum sollte ich ein Jünger des International Style bleiben, wenn man doch aus dem vollen der Weltgeschichte schöpfen kann?

JC: Haben Sie eine bewußte Entscheidung getroffen, welcher Epoche der Geschichte Sie sich zuwenden wollen?

PJ: Nein.

HK: Wie würden Sie es denn nennen? Romanisch?

PJ: Nein, nicht romanisch, sondern ,,Rundbogenstil''. Es war überhaupt nicht romanisch. Ich habe die romanische Architektur nie verstanden. Das Romantisch-Romanische, das 19. Jahrhundert, interessiert mich viel stärker. Und das ist etwas ganz anderes.

HK: Das war natürlich ein ziemlich großer Schritt in einer Zeit, in der jedermann dachte, der Bogen sei nicht mehr möglich.

PJ: Ich weiß. Aber das gehört auch zu mir, so ein Spielverderbergefühl. Ich wollte irgendwie ein Spielverderber sein. Es war schon boshaft von mir, Mies in dieses Land einzuführen. Jedermann fand das abscheulich. Noch schlimmer, als ich meine Bogen baute. Ich erinnere mich, daß Arthur Drexler vom Museum of Modern Art ein Buch über mich schreiben wollte. Ich arbeitete damals gerade am Museum von Nebraska (Abb. 15). Er warf einen Blick darauf und sagte: ,,Wie können Sie erwarten, daß ich über jemanden schreibe, der so etwas baut?" Das war für alle das scheußlichste Gebäude, das man bauen konnte. Zu der Zeit hörte man auf, meine Werke zu veröffentlichen. Bis heute. Nun, man wird ein älterer Architekt; das ist nichts Neues. Und das war das Ende.

JC: Haben Sie die Bogenperiode hinter sich gelassen?

PJ: O ja.

JC: Ist Ihre Einstellung zum Nebraska-Museum und zum Pavillon hier in New Canaan immer noch positiv?

PJ: Ja.

JC: Sind das die besten Arbeiten dieser Jahre?

PJ: Die einzigen. Das Amon Carter Museum in Fort Worth (Abb. 13) verliert dadurch, daß es in einem Travertinrahmen steckt. Die Arkade geht nicht um das Gebäude herum wie beim Portikus der Loggia dei Lanzi oder der Feldherrenhalle in München. Gut an Fort Worth sind eigentlich nur die Treppenterrassen, nicht das Gebäude. Ich habe darauf auch die meiste Zeit verwendet, wenn ich so zurückdenke. Ich habe mehr Energie aufgewendet wegen des Standorts. Wichtig ist, wie das Gebäude dort auf dem Hügel steht; die Lage ist wichtiger als die Eingangshalle.
Welch ein Zugang! Vom Park, von der Straße, von hinten, von überall! Von der Halle aus hat man einen Blick auf die Stadt. An dieser Stelle habe ich das Gebäude errichtet. Ich ließ auf dem Grundstück ein riesiges Gerüst aufbauen, bis zur Höhe des ersten Stockwerks des zukünftigen Gebäudes. Ich kletterte dort hinauf und schaute umher. Das war meine Studie für diesen Bau. Selbstverständlich sind nicht alle Architekten gleich, aber ich lege mehr Gewicht als andere auf Materialien einerseits und die Lage andererseits.
Heute ärgere ich mich sehr über meine Bogenperiode. Wir behandeln heute eine Baumasse viel freier. Meine Kunstgalerie in New Canaan zum Beispiel (Abb. 18), wo die vier Raumkreise ineinander verschmelzen und diese inneren Spitzen entstehen. Das allein interessiert mich heute.

JC: Sie meinen diese scharfen Kanten, die in den Raum hineinragen?

PJ: Ja.

JC: Warum verfielen Sie auf diese Bogenfassaden, bevor Sie die neue Freiheit der Gestaltung erkannten?

PJ: Ich habe den Rundbogenstil von Persius schon immer gemocht, aber das ist eine zu simple Erklärung. Es hängt mit der Auffassung von der Kontinuität der Wand zusammen. Eine Bogenreihe führt den Architrav weiter, führt die Wand weiter und schneidet nicht in sie hinein. Der Bogen schafft eine Spannung, eine Kontinuität, die man mit einer griechischen Tempelkolonnade nicht erreicht. Der Bogen verbindet die Säulen mit weiterführender Kraft, was eine Kolonnade nicht zu vermitteln vermag. Das Nebraska-Museum ist von der Konstruktion her ein Schwindel. Ich füllte einfach die Intervalle mit Bogen auf und machte aus den Säulen Pilaster, ausgenommen in der Eingangshalle, wo die Bogen konstruktiv notwendig sind. So erhielt ich ein System. Ich wollte ein System ersinnen, das ich am ganzen Gebäude beibehalten konnte, das die unerfreulichen funktionalen Bedingungen erfüllte und trotzdem ein würdiges Aussehen garantierte. Ich finde nun, daß ich mich auf dem falschen Weg befand. Doch die Fehler sind unwichtig, wenn das Gebäude durch sie interessant wird. Das ist schließlich, was ich wollte.
Sie hätten meine erste Version des Nebraska-Museums sehen sollen! Sie bestand aus drei Einheiten, drei Gebäude unter einem riesigen Hängedach, einer Art Mondrian-Mies-Aufbau. Die Idee, das Dach vom Gebäude abzusetzen, entsprach der alten Theorie von mir, die Elemente voneinander abzusetzen. Die Gebäude unter dem Dach wa-

ren Blöcke, nackte Marmorklötze, und die Eingänge richteten sich auf einen Mondrianschen Innenhof. Aber die Auftraggeber konnten es nicht ausstehen. Sie sagten: „Das sieht nicht wie ein Museum aus", und zwar wegen der riesigen Vorrichtung, die das Dach trug, Hängebrückenpfeiler mit Drähten. Unter dem Hängedach standen diese drei Blöcke, die die Funktionen des Museums darstellen sollten. Das war eigentlich eine gute Idee, jetzt, da ich es nochmals genauer betrachte.

In den Sockel verlegte ich all die Dinge, mit denen wir nichts anzufangen wußten. Es ist die gleiche Lösung wie bei der Crown Hall des Illinois Institute of Technology in Chicago von Mies van der Rohe. — Doch die Einwände veranlaßten mich, alles zu verändern.

JC: Auch mit Ihrem ersten Entwurf für das Asia House (Abb. 19) dokumentieren Sie Ihre einstige Vorliebe für Bogenarkaden.

PJ: Damals wurde in den englischen Zeitschriften zum erstenmal gesagt, ich hätte eine neue Art Nouveau erfunden.

JC: Ganz oben findet sich eine Bogensequenz ohne Sims.

PJ: Richtig, es ist kein Dach darauf.

HK: Aufschlußreich ist jedoch, daß der Bau, der schließlich ausgeführt wurde, eine Miessche Fassade hat (Abb. 20).

PJ: Nein, eine Bunshaft-Fassade.

JC: Eine bemerkenswerte Unterscheidung ...

PJ: Aber ja, denn Bunshaft ist nicht van der Rohe!

JC: ... da Sie doch Architekten kritisiert haben, die Mies kopieren, aber die Wirkung seines H-Pfostens nicht verstehen: Beim Asia House haben Sie genau das getan, wofür Sie andere kritisieren.

PJ: Das stimmt, und deshalb nenne ich das meine Bunshaft-Periode.

JC: Und warum kam es zu dieser Bunshaft-Lösung?

PJ: Es war billig. Die zweite Version, die dann gebaut wurde, hat immer noch eine gewisse Würde, sie ist vielleicht auch noch von Mies beeinflußt; ich sparte dabei nur 50 000 Dollar ein. Mr. Rockefeller sagte, er wolle diese 50 000 Dollar einsparen. Er hatte viel übrig für Glasbauten.

JC: Sie sagen also, daß der Auftraggeber eine solche Glasfassade haben wollte?

PJ: Richtig.

JC: Und er mochte Ihre Bogenfassade nicht?

PJ: Gar nicht. Das war nicht modern. Er nannte das Geld als Vorwand, aber ich kann nicht so recht glauben, daß 50 000 Dollar für Rockefeller ein ausreichender Grund sind.

JC: Erinnern Sie sich, was Rockefeller an Ihrem ersten Vorschlag auszusetzen hatte?

PJ: Es war einfach nicht modern. Er wollte mehr Glas.

HK: Hatte er Einwände gegen irgendwelche speziellen Details?

PJ: Nein. Er hatte einfach den Eindruck, daß mein Entwurf nach 19. Jahrhundert rieche.

HK: Und dann machten Sie Ihren zweiten Vorschlag? Stimmte er diesem ohne Zögern zu?

PJ: Warum sollte er nicht? Es war die billigste Fassade, die man bauen konnte. Das ist eine Serienfassade, direkt aus dem Katalog.

HK: Damals, 1959, strebten Sie bereits nach neuen Vorstellungen, während Ihr Auftraggeber noch immer die übliche Glasfassade wollte.

PJ: Und mich wieder zu Bunshaft zurückzerrte. Bunshafts Werk verkörpert den heute akzeptierten Stil. Das ist eines der Geheimnisse seines Erfolgs. Heute baut er

19 Asia House, New York. 1959. Philip Johnson. Erster Entwurf.

20 Asia House, New York. 1960.

nun etwas schwerere Sachen, aber das liegt wieder genau in der akzeptierten Linie.
Er und ich, wir können einander überhaupt nicht leiden. In einer Zeitschrift gab es
einmal eine sehr ausführliche Darstellung über das, was uns unterscheidet. Das geschah aus Anlaß eines Treffens in meinem Hause, an dem sechs Architekten teilnahmen: Saarinen, Bunshaft, Rudolph, Mies van der Rohe, John Johansen und ich waren
dabei. Wir kamen für zwei Tage in meinem Haus zusammen, ohne Reporter, ohne
Ehefrauen.
Es war kurz vor Saarinens letztem Bau, dem CBS-Gebäude, das 1961 errichtet wurde.
Wir haben uns alle gestritten. Wir sechs haben später kaum noch miteinander gesprochen. Ein jeder brachte vor, was so in ihm vorging, zeigte Skizzen oder ähnliches, und
die anderen fielen über ihn her!
    JC: Louis Kahn hatten Sie nicht eingeladen?
    PJ: Nein, er war noch nicht so bekannt. (Eine der ersten bedeutenden Bauten von
Louis Kahn, die Kunstgalerie der Yale-Universität, wurde 1951—1953 gebaut; Abb. 127.)

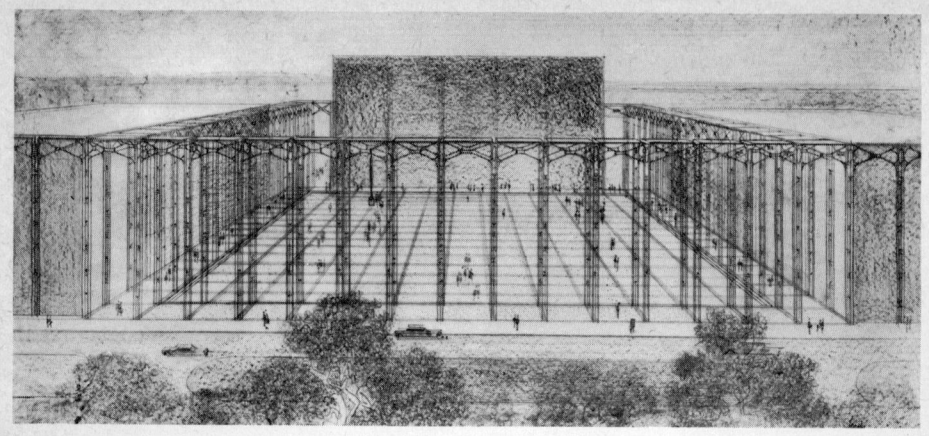

21 Lincoln Center, New York. 1958. Philip Johnson. Entwurf.

JC: Als Sie die fünf Architekten in Ihr Haus holten, waren Sie da schon mit dem Entwurf für das Lincoln Center in New York City beschäftigt?

PJ: Nein, das war viel früher.

JC: Was hat Sie dazu bewogen, jene Betonarkaden vorzuschlagen, die die frühen Entwurfszeichnungen für das Lincoln Center charakterisieren und die wie eine Art-Nouveau-Dekoration aussehen? (Abb. 21).

PJ: Vorfabrizierte Betonteile faszinierten mich. Ich wußte, daß es nicht so ausgeführt werden würde, aber darum ging es ja nicht.

JC: Waren Sie auf der Suche nach einer neuen Lösung?

PJ: Gewiß. Es wäre auf jeden Fall ein Zentrum geworden.

JC: Aber heute sind Sie mit dem Ergebnis genau so unzufrieden wie wir?

PJ: Es war schrecklich. Alles, was von meinen Plänen übriggeblieben war, ist der Standort der Gebäude (Abb. 22). Sie stehen heute dort, wo ich sie hingesetzt habe, aber sie sind nicht miteinander verbunden. Überall sind Lücken.

HK: Sind Sie ursprünglich beauftragt worden, den ganzen Komplex zu gestalten?

PJ: Nein, und deshalb ist mein erster Vorschlag auch verworfen worden. Als ich damit ankam, sagten all die anderen Architekten, die beteiligt waren: „Philip will uns alle ausbooten." Das stimmte natürlich auch.

HK: Und heute steht dort wieder einmal ein Tempel (Abb. 23)! Wie weit wurden diese Pläne, diese Vorschläge vom Auftraggeber verändert?

PJ: Das war nicht der Auftraggeber; die anderen Architekten haben die Änderungen vorgenommen.

JC: Konnte jeder über jeden richten?

PJ: Ja, bis zum Schluß, als Harrison die Oper baute. Da hatten wir schon alles satt. Dadurch wird das eigene Urteilsvermögen irgendwie verzerrt. Deshalb war ich auch daran interessiert, diese billige Fassadenidee doch noch zu lösen. Ich weiß selbst, daß das Äußere meines Theaters nicht gut ist, aber ich war der Sache an dem Punkt schon überdrüssig. Zwar ist mein Theater immer noch viel besser als die anderen Bauten dort, aber das will nichts heißen. Ich mußte den 6-Meter-Takt des gegenüberliegenden Gebäudes, der Philharmonie, aufnehmen, obwohl ich eigentlich keinen solchen Intervall-Rhythmus für meine Fassade wollte. Wir hatten uns vor Jahren darauf festgelegt, und der einzige, der sich dann nicht mehr daran hielt, war Bunshaft. Er hatte recht. Sein Gebäude, das Vivian-Beaumont-Theater, ist denn auch von außen das Beste der ganzen Anlage. Weil ich mich aber den anderen anpassen mußte, habe ich meinen barocken Tempel — oder was es auch immer ist — gebaut.

HK: Das Staatstheater hat eine Art Tempelkolonnade. Sie sind auch hier traditionell klassizistisch (Abb. 23).

PJ: O ja.

HK: Sie halten es also für klassizistisch, wenn Sie einen Pfosten und einen Träger so einsetzen, als ob sie Säule und Architrav seien.

PJ: Freistehende Säulen!

HK: Ich würde diese Stützen als Pfosten bezeichnen. Sie nennen sie Säulen.

PJ: Das nenne ich stets Säule.

HK: Und den horizontalen Streifen da oben, nennen Sie das einen Architrav?

PJ: O ja, ganz klassisch.

HK: Natürlich fällt der gesamte Aufriß aus den klassischen Proportionen heraus!

PJ: Ja. Ich glaube auch nicht, daß es eine gelungene Anwendung eines klassischen Aufrisses ist. Ich weiß nicht, ob das überhaupt möglich ist, und deshalb bin ich davon abgekommen. Ich glaube, das war das Ende meiner Bogenperiode, wenn Sie es so nennen wollen.

HK: Wenn ich Sie richtig verstehe, so wollten Sie während Ihrer Bogenperiode eine neue Plastizität erzielen. Als in den frühen fünfziger Jahren alle Architekten noch mitten im International Style steckten, begann Corbusier, die Massivität und plastische Schwere wiederzuentdecken, um von platten Oberflächen wegzukommen. Ihr Problem muß ähnlich gewesen sein. Sie haben sich gefragt, wie die Fläche wieder lebendig und bewegt gestaltet werden könne.

PJ: Wahrscheinlich war es eine Sackgasse, denn es wurde nie etwas daraus, und ich habe es dann aufgegeben. Heute aber lösen wir dieses Problem mit der gewellten Wand, mit plastischen Formen. Damals lehnte ich mich auf wie alle anderen. Ich war ein Schüler von Mies bis fast zu meinem vierzigsten Lebensjahr; das ist ziemlich reaktionär, recht

22 Lincoln Center, New York. Links: New Yorker Staatstheater. 1964. Philip Johnson. Mitte: Metropolitan Opera House. 1966. Wallace K. Harrison, Firma Harrison und Abramovitz. Rechts: Philharmonie. 1962. Max Abramovitz, Firma Harrison und Abramovitz.

alt war ich. Mies ist nicht bis vierzig ein Behrens-Schüler geblieben. Aber diese Analogie stimmt nicht. Denn einen besseren Lehrer als Mies hätte man nicht finden können.

HK: Wir sprachen vorhin vom Asia House in New York (Abb. 19). Sie haben eine Fassade vorgeschlagen, die oben in einer schlanken, leicht plastischen Arkade endete. Das war 1959.

PJ: Ja, damals habe ich solches Zeug entworfen. Der Bogen gleicht dem des Pavillons (Abb. 14).

HK: Der erste Entwurf für das Asia House bedeutet den Anfang Ihrer Bogenperiode. Es war der Moment Ihrer Abkehr von Mies. Wir haben mit Staunen festgestellt, daß es Sie mit dieser Abkehr sogleich zu dem großen amerikanischen Architekten des letzten Jahrhunderts hinzog, zu Louis Sullivan; ich denke da vor allem an sein Guaranty Building in Buffalo, dem Ihr erster Asia-House-Entwurf zu gleichen scheint.

PJ: Sie haben völlig recht. Guaranty in Buffalo! Genau! Und Gaudi war selbstverständlich auch mit dabei; aber die drei vertikalen Einsatzstücke, die in den Fassadenrahmen eingefügt sind, erinnern eher an Sullivans Gage Building, ein sehr schmales Gebäude am Michigan Boulevard in Chicago, das eine ganz schlichte Basis hat. Ich konnte mich nie befreunden mit der Art, wie Sullivan seine Bauten auf den Boden treffen läßt, wie er das Glas hinaufführt, die Pfosten schneidet. Deshalb hielt ich das Erdgeschoß kompakt, nur mit einer Türe; ich setzte die Glasflächen in eine tiefere Ebene und schloß oben mit einer Arkade ab, anstelle des schweren Dachgesimses von Sullivan. Aber trotzdem erinnert es an Sullivan.

HK: Haben Sie sich zu jener Zeit Sullivans Bauten angesehen?

PJ: 1932 verbrachte ich einen ganzen Sommer in Chicago, bei Russell Hitchcock, und sah mir Sullivans Werk an. Es hat sich mir offensichtlich eingeprägt. Das liegt auch nahe, denn Sullivan war mit dem gleichen Problem konfrontiert wie ich: Was macht man aus einer Hochhausfassade an einer Straße? — Was ich dann schließlich gebaut habe, war schlimm. Schlechter Bunshaft.

HK: So schlecht ist es nicht.

PJ: Das stimmt, und außerdem ist es recht interessant. Ich mag die Effekte in Weiß und Schwarz.

HK: Es ist jedenfalls der beste Bunshaft in New York.

PJ: Hahaha. — Ich wollte von der Plattheit wegkommen und dem Ganzen eine charakteristische Gestalt geben, den Straßenzug aber trotzdem nicht unterbrechen. Das ließ sich meiner Ansicht nach dadurch realisieren, daß ich die Fenster zwischen schmalen, langen Vertikalpfosten zurücksetzte — wie Sullivan. Die Hochhäuser in New York aus der Zeit vor Sullivan sind, historisch gesehen, spätgotisch, aus Terrakotta, was man heute nicht mehr bezahlen kann. Die Brüstungen und die Fenster sind alle zurückgesetzt. Die Säulenschäfte an der Fassade gehen bis ganz hinauf und verbinden sich unter dem Dach. Diese Wolkenkratzer und deren Fassadenlösung der ersten Blütezeit fand ich durchaus gelungen.

JC: Sie sind sich der formalen Effekte sehr stark bewußt.

PJ: Sehr. Für mich geht es in der Architektur, trotz Mies, immer um die Form.

HK: Sie sehen den Architekten als Künstler. Viele würden dem widersprechen und behaupten, daß Künstler und Architekt nicht unbedingt identisch seien. In Deutschland und in Frankreich sind die Architekturschulen in technische Hochschulen integriert, nicht wie hier in den USA, wo die Kunst- und die Architekturschulen einer Universität angegliedert sind, wie zum Beispiel in Yale. Wohin gehört die Architektur nun? Sie sind anscheinend der Ansicht, daß Architektur mit Technik wenig zu tun hat.

PJ: Bei dem, worüber wir hier reden, natürlich nicht. Wir sprechen ja auch davon,

23 New Yorker Staatstheater, Lincoln Center, New York. 1964. Philip Johnson.

wie ein Gebäude am Ende aussieht. Aber Architektur hat sogar sehr viel mit Technik zu tun; wenn Sie ein Haus entwerfen, so muß auch die Küche entworfen sein! Aber es hat keinen Sinn, darüber zu diskutieren, denn dafür gibt es Küchentechniker, die das alles sowieso viel besser können als jeder Architekt. Mir geht es nicht darum, über die Architektur als eine technische, soziologische oder gar demokratische Sache zu reden. Worüber soll man also reden. Mir scheint, die alten Herren haben am Ende doch Recht behalten: Architektur ist eine Kunst. Man hat mich gefragt, ob ich für die Zeitschrift „Architectural Record" einen Artikel schreiben wolle über die heutige Einstellung zum Funktionalismus im Vergleich zu jener in den zwanziger Jahren. Sehen Sie, für mich ist das ein „déjà-vu". Die große Mehrheit der Publizisten, die sich in den Zeitschriften äußern, schreiben über Mitsprachedemokratie und treten für den Sozialismus im weiteren Sinne ein. Sie verstehen deshalb Architektur als eine Technik zur Befriedigung der Bedürfnisse der Masse. Genau dagegen war Mies, als er in den zwanziger Jahren in Berlin baute. Gropius fand die Idee der „Wohnungen für das Existenzminimum" ausgezeichnet, aber Mies erwiderte: „Wenn meine Bauten für die Arbeiter zu teuer sind, warum gibt man ihnen denn nicht mehr Lohn?" Ich finde das eine köstliche Replik. Es ist, als ob man sagen würde: „Mies, warum bauen Sie alle Ihre Häuser aus Glas, wenn es innen dann doch so heiß wird?" Und Mies würde antworten: „Warum könnt Ihr nicht eine Klimaanlage einbauen?" Ich finde das eine prächtige Art, die Dinge zu sehen. Selbstverständlich kostet es Geld, eine Klimaanlage einzubauen. Aber sind wir in unserer Zivilisation denn so arm? Das ist die richtige Einstellung; und darum ging der Streit in den zwanziger Jahren, als man Mies aus der CIAM-Ortsgruppe (Congrès Internationaux d'Architecture Moderne) herausschmiß, weil er Seidenstoffe und Marmor verwendete. Und so geht es heute weiter, aber bei anderen Sachfragen. Es geht bei uns nicht um neue Sachlichkeit, nicht um Maschinenarchitektur, sondern um die Mitsprache-Demokratie, die Gemeinschaft, die Kommissionen ...
 HK: Co-op-Städte.

PJ: Richtig. Ich fragte einen dieser schwarzen Architekten, der letzthin hier war, was er denn die ganze Zeit mache. Er sagte, er gehe auf Versammlungen. Jeden Abend. Jeden Abend. Übrigens ist er bankrott. Mit anderen Worten, er paßt nicht in unsere Zivilisation; aber er glaubt, alles, was man mit Architektur anfangen könne, sei, sich jeden Abend seines Lebens mit den Leuten der Gemeinde zu treffen. Ich finde immer noch, daß Architektur mehr sei. Und ich bin sehr verärgert, daß die Regierung der USA sich von dieser Ideologie beeinflussen läßt und Postämter in die Erdgeschosse von Bürogebäuden setzt. Ich bin wahrscheinlich ein Mann des 19. Jahrhunderts. Zu meiner Zeit war das Postamt der Stolz und die Freude der Stadt. Und wo ist das Postamt von heute? Ich sehe es von meinem Fenster aus. Es belegt die drei untersten Stockwerke des Wolkenkratzers an der Third Avenue.

Ich greife den Funktionalismus an, wenn er „Business-Funktionalismus" ist, im Sinne von: „Ich führe aus, was der Auftraggeber will, anstatt mich für die Kunst einzusetzen." Der Auftraggeber wünscht diese Art von Funktionalismus, weil unsere Gesellschaft von dieser Weltanschauung durchdrungen ist. Gottlob war das in der Weimarer Republik nicht der Fall. Dann natürlich ging es mit Hitler zu weit, der leider ein sehr schlechter Architekt war. Was ich an Diktaturen bedaure, ist nicht die Diktatur an sich, denn ich anerkenne, daß in der Zeit von Justinian oder Caesar die Diktatoren notwendig waren. Ich meine damit, daß mich die Politik überhaupt nicht interessiert. Ich sehe darin keinen Sinn. Und soviel noch über Hitler: Wäre er bloß ein guter Architekt gewesen!

HK: Mussolini hatte nichts gegen gute Architektur einzuwenden.

PJ: Am Anfang. Er baute die Casa Fascismo in Como, ein absolut gelungenes Gebäude. Und Terza Roma ist größtenteils auch sehr gut, aber darüber darf man nicht reden, weil dieser Stadtteil von Mussolini stammt. Wenn man heute nach Rom fährt, so stellt man fest, daß Terza Roma viel besser ist als das, was in der gleichen Gegend unter der Republik nach dem Kriege gebaut wurde. Wir sollten deshalb nicht so empfindlich sein darüber, wer das Land regiert. Wir sollten nur darüber urteilen, ob die Architektur gut ist oder nicht.

JC: Die sogenannte „Architectural Resistance" unter den Studenten von heute ...

PJ: O ja, man attackiert Skidmore, Owings und Merrill, weil sie mit der Apartheidregierung Südafrikas zusammenarbeiten. Ach, diese Kinder! Es gibt eine einfache Lösung: die Abschaffung der Architekturschulen. Sie haben sowieso keinen Sinn mehr; sie haben nie einen Sinn gehabt.

JC: Können Sie sich denken, daß Sie irgendeinen Auftrag auch ablehnen würden?

PJ: Selbstverständlich nicht. Ich würde auch für den Teufel persönlich bauen.

JC: Gibt es ethische Normen, die ein Architekt berücksichtigen muß?

PJ: Es gibt Normen des Bauens. Ich durchbrach sie beim Epidemiology Building der Yale-Universität (Abb. 24). Das ist eine Sünde wider den Heiligen Geist. Die wahre Sünde ist es, etwas zu bauen, das den Markennamen „Philip Johnson" trägt und nicht gelungen ist.

JC: Und es ist keine Sünde, wenn Sie zum Beispiel von Hitler einen Auftrag annehmen?

PJ: Nein! Wer mich beauftragt, kauft mich. Ich bin käuflich. Ich bin eine Hure. Ich bin ein Künstler. Was sagte Michelangelo, als Julius ihn einsperrte? Ist es nicht völlig egal, wer wen einsperrt? Wichtig ist, was man tut, wenn man eingesperrt ist.

JC: Sagen wir einmal, Sie bauen zwei Toiletten, eine für Schwarze, die andere für Weiße. Macht Ihnen das etwas aus?

PJ: Mein Lieber, ich bin im Süden aufgewachsen. Dort hat es immer getrennte Toiletten gegeben. Meine Gewohnheiten, meine Erziehung bedingen, daß ich das ausführe, was der Auftraggeber sagt. Das hat mich nie sonderlich aufgeregt. Heute natürlich schon eher. Ich hätte etwas dagegen wegen der Publizität. Aber als ich ein Kind war, fand ich nichts Falsches an der Tatsache, daß es zwei verschiedene Toiletten gab. Es wäre dumm gewesen.

JC: Aber heute finden Sie das falsch?

PJ: Ich muß es falsch finden. Ich werde beeinflußt durch die öffentliche Meinung. Ich habe den Auftrag des Gouverneurs des Staates New York für ein Bürogebäude in Harlem abgewiesen, weil ich ganz einfach der Überzeugung war, daß es für einen Weißen nicht klug sei, dort zu bauen. Später zeigte sich, daß ich mehr als recht hatte, denn die Schwarzen wollen nicht einmal, daß ein <u>Schwarzer</u> dort baut. Waren das nicht eher politische Skrupel als moralische? Mir ist es doch völlig egal, wer ein Monument für Schwarze baut. Wen kümmert das schon?

HK: Sie kümmert allein, ob das Gebäude „gut" ist?

PJ: Aber natürlich. Die Sünden, die ich begangen habe, betreffen alle mich selbst. Es sind alles Sünden gegen meine eigene Integrität als Künstler, und es gibt genug davon.

JC: Sie haben erkennen lassen, daß Sie für die Regierung bauen möchten, für den ...

PJ: Für den Imperator, wer das auch immer sein wird. <u>Architecte du roi.</u> Ich würde zum Beispiel sehr gerne das Haus für den Vizepräsidenten bauen, das nun ausgeschrieben wird. So ein paar Millionen — aber da hoffe ich wohl vergeblich.

JC: Es wäre Ihnen egal, wer Vizepräsident ist?

PJ: Agnew? Wie könnte es schlimmer sein?

JC: Sie würden aber sein Haus trotzdem bauen? Vielleicht könnten Sie ihn mit Ihrer Architektur bessern.

24 Laboratory of Epidemiology and Public Health, Yale-Universität, New Haven, Connecticut. 1965. Philip Johnson in Zusammenarbeit mit Douglas Orr.

PJ: Ach wo. Ich glaube nicht, daß man Leute durch Architektur beeinflußt.

HK: Mies ...

PJ: Ja, Mies war Moralist. Er war ein Schüler von Muthesius.

JC: Das möchte ich noch einmal hören. Sie sagten, Sie glaubten nicht, daß Menschen durch Architektur zu beeinflussen seien?

PJ: Ich glaube nicht, daß Architekten moralisch beeinflussen können. Meiner Meinung nach erfüllt ein Besuch der Kathedrale von Chartres jeden von uns Atheisten mit dem Wunsch, Katholik zu sein, nur um sie besser genießen zu können. Ich wünsche, ich wäre als Katholik geboren und erzogen worden; ich wünsche, ich hätte eine zwanzigjährige Vergangenheit als Katholik, weil ich glaube, ich könnte die Kathedrale dann noch besser genießen. Aber sogar als Atheist oder was immer ich bin, ich bin nicht so schlecht – also trotzdem habe ich ein überwältigendes Gefühl, wenn ich die Kathedrale betrete. Nun, das kann Architektur bewirken. Ich meine damit, ich könnte das schwärzeste Herz haben, den ganzen Tag beim Kartenspiel mogeln und trotzdem dieses Gefühl haben. Man muß kein guter Mensch sein, um Beethoven zu genießen. Sogar ein Mafioso kann Beethoven genießen.

JC: Warum nicht!

HK: Bauen Sie lieber für einen Diktator oder für die Demokratie?

PJ: Ich ziehe die Demokratie vor, weil es vielleicht etwas einfacher ist, oder auch nicht. Ein Diktator könnte auch mein Freund sein. Ich ziehe die Demokratie vor aus dem einfachen Grund, weil ich eine größere Chance habe zu bauen. Im pluralistischen System hat man mehr Möglichkeiten, einen Gönner zu finden. Der Diktator sagt entweder Ja oder Nein. Sagt er Nein, so ist man draußen. Warum hat denn Mies Deutschland verlassen? Es war ihm scheißegal, wer an der Regierung war, aber Hitler hatte eine Vorliebe für das Satteldach. Deshalb verließ Mies Deutschland. Schließlich ging er nicht schon 1933, sondern erst 1937.

JC: Nicht nur die jungen Architekturstudenten hätten etwas gegen diese ...

PJ: Was glauben Sie denn, was die Jugend 1925 sagte? Daß Mies eine Erfindung des Teufels sei und ins Gefängnis gehöre, weil er Seidentapeten und aufeinander abgestimmte Marmorplatten verwendete. Er achtete darauf, daß sie sich in der Maserung entsprachen. Schockierend! Übrigens wurden Marmorplatten zu allen Zeiten auf diese Weise zusammengefügt! Mies war sehr verletzt. Er konnte nicht verstehen, warum die Leute ihn bekämpften. Aber er ließ nicht davon ab. Bis zum Schluß nicht. Wir alle verwenden Marmorplatten. Aber Mies war fähig, all den Widerstand zu ertragen, und ich hoffe nur, daß einige von uns heute auch dazu fähig sind. Der Kampf ist der gleiche. Damals waren alle kommunistisch. Heute ist es bei uns weniger beliebt, sich Kommunist zu nennen. Heute ist es die Neue Linke (New Left), die respektabler ist und auch netter, denn sie schießt nicht einfach wild um sich, ist nicht so aggressiv. Aber Hannes Meyer ein Kommunist und zudem ein verdammt guter Architekt, und je mehr ich seine Werke kennenlerne, um so großartiger finde ich ihn. Aber ich mag nicht, was er sagte. In letzter Zeit wurde sein Entwurf für das Völkerbundgebäude in Genf ziemlich kritisiert, in einem Artikel in „Architectural Design". Der Autor legt dar, Corbusiers Vorschlag sei sehr viel besser gewesen. Ich bin da nicht so sicher, aber Meyer wählte eine denkbar schlechte Darstellungsweise, eine isometrische, völlig nichtssagende Zeichnung. Damals haßte ich Hannes Meyer, denn ich glaubte, der ganze Neue-Sachlichkeits-Mist als Weltanschauung hätte etwas mit Architektur zu tun. Es war mein Fehler, daß ich dachte, politische Ideen hätten etwas mit Architektur zu tun. Das ist überhaupt nicht wahr! Ich war damals einfach ein Anti-Funktionalist, nicht ein Anti-Marxist. Wen kümmert es, wer das Land regiert! Davon bin ich auch heute überzeugt. Ich verehrte Stalin. Ich fand ihn wunderbar, weil ich dachte, er würde etwas bauen. Als junger Mann dachte ich, daß jeder gut sei, der baut. Hitler war natürlich eine schreckliche Enttäuschung, ganz abgesehen vom politischen Problem ...

HK: Aber Sie hatten gehofft, er würde ...

PJ: Natürlich. Das kommt auch zum Ausdruck in meinem Artikel, den ich 1940 für eine jüdische Zeitschrift geschrieben habe.

JC: Ihre Denkweise als Architekt kann ich verstehen, aber wie verhält sich Ihr staatsbürgerliches Bewußtsein zum Architekten-Bewußtsein?

PJ: Sie sind voneinander getrennt, völlig getrennt. Bei welchem Architekten war's denn anders? Michelangelo hatte in Florenz Schwierigkeiten. Was tat er? Blieb er dort und kämpfte für seine Ideen? Nein. Er ging nach Rom. Ich nehme an, er sah das als seine Pflicht an. Damals gab es das Problem der Nationalität noch nicht.

JC: Oft wird Mies als Held betrachtet, nur weil er in die Staaten emigriert ist.

PJ: Mies war gar kein Held. Das ist bloß ein Mythos. Man kann ja nicht Mies mögen und gleichzeitig denken, er sei ein Nazi. Das würde dem amerikanischen Traum nicht entsprechen. In diesem Land muß alles dem Mythos entsprechen, nicht wahr? Aber Mies blieb bis zu seinem Tod „ein stiller Deutscher". Er sprach nie darüber. Die Amerikaner hingegen schufen Mies nach ihrem eigenen Bild, machten ihn zum Rebellen gegen Hitler. Das war er doch gar nicht. Er war ein Rebell gegen das Gesetz, welches bestimmte, daß er seine Bauten mit einem Satteldach versehen müsse. So naiv war er. Sie glauben gar nicht, welch ein naiver Mensch er war! Er sagte sich zuerst: „Warum soll ich weggehen?" Er mochte nicht umziehen. Er liebte Berlin, lebte in Berlin. Sicher war er kein Nazi, aber auch kein Demokrat. Er war gar nichts. Er war Katholik. Und er blieb einfach dort, bis er keine Aufträge mehr erhielt. Er merkte, daß die von ihm unterbreiteten Pläne stets abgelehnt wurden.

JC: Die heutige Generation wird Sie in ein politisches Lager zwingen wollen.

PJ: Gut denn. Ich werde für die Färbung sorgen.

JC: Sie bauen also auf Welfare Island?

PJ: Welfare Island entspricht einem alten Traum vieler Architekten: Man kann dort in großem Maßstab bauen.

JC: Für wie viele Leute?

PJ: Zwanzigtausend. Wahrscheinlich wird es nicht gebaut, aber die Studie hat Spaß gemacht. In New York haben die Dinge die Tendenz, nicht gebaut zu werden.

JC: Wir haben Ihr Haus in New Canaan „utopisch" genannt.

PJ: Utopisch. Mit anderen Worten nicht-existent. Der Architekt Jacquelin Robertson, ein sehr kluger Yale-Absolvent, sagt, dieses Grundstück sei das einzige in Amerika, worauf ein modernes Haus stehe.

JC: Werden Sie einige der Qualitäten dieser Umgebung auf Welfare Island übertragen können?

PJ: Nein. Das ist eine andere Welt.

HK: Mit anderen Worten, es ist ein Projekt für arme Leute.

PJ: Alles Schwarze. Das steht nicht geschrieben, aber ...

HK: Ist das Geld für den Bau dieser Stadt überhaupt vorhanden?

PJ: Geld vom Staat. Subventionen.

JC: Möchten Sie eine Umgebung schaffen, die die Leute inspiriert, oder gar besser macht?

PJ: Reaktionär! Ich mache niemanden besser. Ich unterhalte, ja begeistere. Aber bessermachen?

JC: Nehmen wir einmal an, Begeisterung mache besser. Das ist doch schon mehr als Langeweile.

PJ: Wenn Sie nun ein kleiner Mafioso-Gangster wären, so könnte ich Sie wohl kaum bessern, aber ich hoffe doch, Sie zu erfreuen. Der Gangster wird dann eben an dieser und nicht an jener Ecke stehen. Und diesen schönen Ort schaffe ich für ihn.

HK: So daß er, anstatt jemanden umzubringen, etwas anderes tut, zum Beispiel spielen.

PJ: Unsinn. Das wäre ja Besserung. Er wird weiter Leute umbringen, aber ich hoffe, daß ich ihn in der Zwischenzeit etwas erfreue.

HK: So könnte auch Nietzsche gesprochen haben.

PJ: Er ist mein Gott.

JC: Sie geben also zu, ein Moralist zu sein?

PJ: Ja. Nietzsche war auch einer. „Was ist vornehm?" Erinnern Sie sich an jene Kapitel in „Der Wille zur Macht"? Für ihn war vornehm „gut". Er hätte es nicht gewagt, das Wort „gut" zu gebrauchen, aber was er dachte, bedeutete gut, aristokratisch. Mit anderen Worten, die höchsten Verhaltenswerte. Er hatte die höchsten, aber er hätte es geleugnet, wenn man ihn dessen bezichtigt hätte, weil er unglaublich objektiv war. Er war ein Moralist. Man kann gar nichts dagegen tun, ein Moralist zu sein, auch wenn man immer behauptet, keiner zu sein.

JC: Welche Hoffnungen haben Sie als Moralist für Welfare Island?

PJ: Eine Umgebung zu schaffen, die die Leute mehr begeistert als die normalen Straßenecken von heute. Sehen Sie, ich habe fast kein Geld zur Verfügung, deshalb kann ich nicht von Materialien, Wohnungen, Innenräumen sprechen. Ich muß außen Interieurs schaffen. Denn Architektur ist immer Interieur-Architektur. Ich erinnere an die Piazza San Marco.

HK: Napoleon nannte sie den größten Salon der Erde.

PJ: Wer?

HK: Napoleon.

PJ: Natürlich, er baute auch den letzten Teil der Piazza. Der gute Napoleon. Nun, ein Diktator. Man muß diese Diktatoren schon beachten. Der hat gebaut! Es kann natürlich auch ein religiöser Orden sein, der die Welt regiert, wie derjenige, der den mexikanischen Barock schuf. Es ist ziemlich gleich, wer regiert, so lange nur ...

JC: Oder die Jesuiten, Loyola.

PJ: Loyola, natürlich! Welche Organisation, die Jesuiten! Wie dem auch sei, ich liebe Organisationen, die bauen. Attila ist mir gleichgültig. Die einzige militärische Diktatur, von der ich weiß, daß sie großartig war, ist die von Akbar (Akbar, Großmogul von Indien, 1542—1605). Einer der größten Bauherren aller Zeiten! Die Moguln bauten nur für dreißig Jahre, dann zogen sie weiter. Sie bauten eine Stadt als Lager für dreißig Jahre, und trotzdem bauten sie aus Stein. Ich möchte gerne mehr über sie erfahren. Warum wird nichts veröffentlicht über den Drang der Moguln zu bauen? Die Inder haben kein Interesse, darüber zu schreiben, weil sie die Moguln nicht mögen. Sie waren sozusagen die Hitlers ihrer Zeit. Und es gibt niemanden mehr, der ihnen gutgesinnt wäre. Ich kenne keinen Mohammedaner, der schreiben kann. Im Islam gibt es keinen Historiker, der all das zusammenstellen könnte. Dabei sind die Bauten der Moguln und die des Islams die prächtigsten — Europa ist gar nichts dagegen. Wir vergeuden indessen unsere Zeit an einer Kirche aus dem 13. Jahrhundert. Wenn man durch die indischen Ebenen wandert und die Mogul-Städte erblickt ... zum Beispiel Tuklahabad, am Rande der Stadt Neu Delhi — niemand hat je davon gehört —, ich war dort, und ich ging zu meinen Gastgebern zurück und sagte: „Sie müssen für mich über Tuklahabad alles Bekannte herausfinden." Man schickte mir schließlich einen winzigen Gelehrten. Er hatte einen Artikel in der unbedeutendsten Zeitschrift der Welt veröffentlicht, und er hatte ihn bei sich. — Es ist wirklich jammerschade. Wer hat Augen für die Architektur der Moguln? Man wird dafür nicht geschult, wie für die karolingische oder die barocke Architektur. Tuklahabad ist praktisch ein Teil von Neu Delhi, wenig außerhalb. Akbar hat dort eine ganze Stadt gebaut, in der er dreißig Jahre lang lebte und die er dann einfach verließ. Alle Erklärungen wie: Es gab kein Wasser mehr oder so, ergeben keinen Sinn. Er ging einfach fort. Und alle mit ihm. Immerfort. Sie ließen ganze Städte aus rotem Sandstein zurück.

Worüber sprachen wir eigentlich? Aha, der Drang zu bauen. Es ist einfacher, das zu verstehen, wenn wir hier bei uns anfangen. In diesem Land gab es, außer in der Zeit des Bürgerkriegs, nie den Impuls zu bauen. Es gibt ihn nicht einmal heute, ausgenommen in der Wirtschaft, und selbst dort zerbröckelt der Stolz, etwas Großartiges zu bauen. Sehen Sie, heute gibt es keinen Sam Bronfman mehr (ehemaliger Seagram-Direktor), der ein Seagram-Gebäude bauen läßt. Wer will denn doppelt so viel ausgeben für einen Wolkenkratzer, wenn er nicht unbedingt muß?

HK: Allein die Piazza vor dem Gebäude ...

PJ: Das war eine große Geste. Er verlor dadurch eine Million Dollar im Jahr an Rendite. Wenn man nämlich an der Stelle eine Bank baut, so erhält man leicht eine Million im Jahr. Er fragte mich: „Würde das dem Gebäude schaden?" Ich antwortete: „Mr. Bronfman, es würde das Gebäude ruinieren." Er sagte darauf: „Dann lasse ich es." Das ist Größe, die an die Medici erinnert. Heute gibt es das nicht mehr.

HK: Gibt es wirklich keine solchen Auftraggeber mehr?

PJ: Keinen. Er war der letzte, der allerletzte. Ich baue nun für die Lehman Brothers. Sie sind so reich, wie Bankiers eben sind, aber was haben sie getan? Sie taten sich mit einem Grundstückspekulanten zusammen und beauftragten ihn, mir die Befehle zu erteilen.

HK: Sie können also nicht unmittelbar mit dem Auftraggeber sprechen?

PJ: Nein, denn dieser sagte, ich solle mich an den Spekulanten wenden. Selbstverständlich nennen sie sich nun „Developers", Entwickler. Denn Spekulant gilt heute als herabsetzender Ausdruck. Natürlich zu Recht. Alles, was ich vorschlage, geht durch das Filter dieses Mannes, der sagt: „Es ist zu teuer, einen solchen Rahmen um das Fenster zu setzen."

JC: Können Sie uns etwas Genaueres über Welfare Island sagen?

PJ: Dort interessiert mich, wie das Leben von Leuten aussieht, die kein Geld haben. Hauptaufgabe ist es, die besonderen Eigenschaften einer Insel im Projekt zu bewahren.

HK: Was haben Sie mit den Autos vor?

PJ: Man steigt auf einen Minibus um, wie bei der Weltausstellung.

HK: Bevor man auf die Insel kommt?

PJ: Nein, man fährt über die Brücke, und die Straße führt direkt in ein Parkhaus. Außer Lieferwagen gibt es somit keine Autos. Aber ich will nicht etwa den Verkehr eliminieren, denn der Verkehr bringt Leben in eine Stadt. Deswegen bin ich auch gegen jede moderne Städteplanung, die eine Fußgänger- und eine Zulieferebene fordert. Das ist meiner Meinung nach der Tod der Stadt. Es soll <u>alles</u> auf der gleichen Ebene sein. Was die Slums von New York so schön machte: Die Leiterwagen kamen nicht durch, weil es so viele Basars gab. Istanbul heute — es ist Atatürk zu verdanken, daß es zerstört ist. Er legte mehr als dreißig Meter breite Straßen quer durch die Stadt und ruinierte sie damit, veränderte ihren Maßstab. Ich bewahre den Maßstab des Fußgängers. Das ist etwas Fundamentales: eine Stadt für Fußgänger, in der sich die Lieferwagen stauen. Das tun sie ja auch in Pisa, zum Beispiel.

Die Insel wird ziemlich dicht besiedelt sein. Wenn es erlaubt wäre, so hätte ich sie so dicht besiedelt wie ein Elendsviertel in Venedig. Aber das ist natürlich unmenschlich, also ließ ich es bleiben.

JC: Sie sagten in einem Interview am Fernsehen vor vielen Jahren: „Was ein jeder Mensch wirklich braucht, ist ein Baum vor seinem Fenster."

PJ: Oh, ist das irgendwo gedruckt?

JC: Nein, ich habe das von Ihnen am Fernsehen gehört.

PJ: Ich soll verdammt sein! Das hatte ich ganz vergessen. Aber davon rede ich bei jeder Gelegenheit immer noch. Jeder kann von seinem Fenster aus einen Baum sehen. Die Insel wird dichtbevölkert sein, aber meine Dichte ist nicht inhuman, um einen unglücklichen Ausdruck zu verwenden. Das Projekt sieht etwa die Dichte vor, die in einem Block des 19. Jahrhunderts in New York herrschte. Eigentlich dichter, denn die Häuser haben zwölf anstelle von sechs Geschossen. Die Straßen sind gewunden.

JC: Sind das alles Wohnhäuser? Oder gibt es auch Geschäftsviertel?

PJ: Beim Geschäftsviertel bin ich noch nicht angelangt. Die Straße macht im Wohnviertel eine Krümmung. Das erweckt den Wunsch, dort hinzugehen und zu sehen, was nach der Kurve kommt. Einige der Häuser sind über die Straße geführt, so daß man unten durchgehen kann, wie durch Tunnels. Eine Kirche von 1889 habe ich stehenlassen; dadurch entsteht ein kleiner Platz. An allen Ufern gibt es Fußgängerwege. Der einzige Fahrzeugweg führt durch die Mitte. Die ganze Küste ist eine Promenade, wie in einem griechischen Dorf, eine Kette von Lampen und ein Weg von mehr als drei Metern Breite über etwa 6,5 km nur für Fußgänger und Fahrräder.

JC: Da nicht viel Geld zur Verfügung steht, werden Sie keine prunkvollen Bauten errichten können.

PJ: Kein Prunk. Das ist eine kleine Stadt, in der es überhaupt keinen Platz für Monumentalität im alten Sinne gibt.

JC: Planen Sie ein Stadtzentrum?

PJ: Darauf verwende ich meine ganze Zeit. Das Zentrum hat einen hantelförmigen Grundriß, der durch die ganze Stadt geht. Auf der Manhattan-Seite soll ein Platz entstehen, mit drei Seiten und einer vierten zum Wasser. Dann gibt es eine glasbedeckte Passage; sie wird etwa 23 m hoch und ganz schmal, nämlich etwa 6 m breit sein und quer durch die Stadt bis ganz hinüber auf die andere Seite der Insel führen, wo der Hafen ist, eine kleine Schleife wie im alten Teil von New York. Treppen führen zum Wasser hinunter. So entsteht etwas von ganz anderem Charakter als am anderen Ende der Hantel, wo der Platz ist. Wir schaffen also zwei Zentren, die durch eine Passage verbunden werden, denn eine Passage taugt nichts, wenn sie nicht irgendwo hinführt. Und der Verkehr fließt gerade durch diese Plätze hindurch. Ich versuche nicht, die Minibusse von den Fußgängern zu trennen, denn genau das bringt doch die Leute her. Ich kann nicht voraussagen, ob die Insel ein Ausflugsort für die New Yorker wird, die in Wassertaxis hinüberpendeln; aber es wäre ideal, denn es würde den Ort mit Restaurants und Läden füllen, nicht nur die Passage, auch den Platz und den Hafen. In diesem Gefüge könnte eine Stadt für zwanzigtausend Leute mit einem Zentrum, mit Läden und Schulen entstehen. Die Schule habe ich übrigens ins Zentrum der Stadt gelegt, gegen den Einspruch aller. Ich will das Leben der Kinder dort spüren, das Kreischen, bis hinauf in die Büros. Alles ganz dicht aufeinander und beieinander. So war das in jeder alten Stadt. Die blöde Idee, daß man abtrennen, Zonen festlegen muß, hat unsere Städte zugrunde gerichtet.

JC: Was für Materialien verwenden Sie?

PJ: Was am billigsten ist, wenn ich mit dem Bau beginne.

JC: Achten Sie auf Farben und Textur?

PJ: Noch nicht.

JC: Aber Sie werden es tun?

PJ: Ich habe nicht einmal daran gedacht. Solange ich den Plan einer Stadt durchbringen muß, interessiert mich der Einzelbau herzlich wenig. Sehen Sie, wenn man nur an der Architektur interessiert ist, dann entsteht so etwas wie Le Havre. Auguste Perret baute die Stadt nach dem Kriege auf. Sie ist schrecklich, tot.

HK: Sie meinen damit, daß das Interesse für eine reine Architektur eine sterile und leblose Umgebung hervorbringt?

PJ: Ja. Und warum sollte ich so etwas bauen?

HK: Steht Ihnen Geld für den Bau von Freizeitanlagen zur Verfügung? Was macht man auf einer Insel?

PJ: Zumeist Parks. Tausende von Parks. Es gibt mehr Parks als Häuser auf der Insel, denn sie ist eine Parkinsel. Das habe ich nicht verändert. Die Insel umfaßt etwa 607 000 m2; die Stadt belegt ein Drittel davon, der Rest ist Parklandschaft. Aber ich sorge auch für öffentliche Versammlungsräume und all das Zeug, wo die Mitsprachedemokraten hingehen und schreien können. Ich habe einen Mussolini-Balkon vorgesehen, den ich selbstverständlich nicht so nennen darf. Dann nenne ich ihn eben den Demagogenbalkon. Mir egal. Ich nannte den Platz, den ich in Harlem hätte bauen sollen, „Schreiplatz". Der Gouverneur fand das brillant. Nun, es stimmt ja auch, aber ich sehe ein, daß ich diese Wörter nicht verwenden darf. Aber dort wird die Revolution losgehen. Ich sehe schon die schwarzen und roten Fahnen auf diesem Platz. Obwohl er so klein ist. Vielleicht gibt es in New York keine Straßencafés, aber hier ist der richtige Platz für sie. Man schaut auf diesen unglaublich schönen Fluß, hat phantastische Ausblicke auf Manhattan, die man nicht für möglich halten würde.

JC: Wie kommt man nach Welfare Island?

PJ: Man nimmt die Straße nach dem Flughafen La Guardia und zweigt nach Welfare Island ab. So einfach ist das. Leider weiß das niemand, deshalb ist die Insel auch so total verödet, düster und trist. Nicht einmal Kondome und Bierdosen liegen herum. Wir wollen die Gegend entwickeln, damit die Leute dort wohnen möchten. Es wird auch eine U-Bahn-Station geben.

HK: Das klingt ja, als ob Sie ein bestimmtes soziales Konzept hätten.

PJ: Ich nenne es ein künstlerisches Konzept. Ich habe kein soziales Konzept.

HK: Ziehen Sie Soziologen zu Rate?

PJ: Um Himmelswillen, nein! Die wissen doch nicht, wie man eine Stadt baut. Nur Künstler wissen das.

HK: Sie glauben also, Beratungen von seiten der Soziologen sind Zeichen für den Mangel an Vorstellungsgabe von seiten des Architekten?

PJ: Ich verwende Konstruktionsingenieure. Ich verwende Installationstechniker. Ich verwende Wohnungsbauspezialisten, die mir sagen, wie groß eine Wohnung sein soll, denn ich weiß es nicht. Wie sollte ich wissen, wie man eine billige Wohnung baut? Das interessiert mich nicht. Ich habe Leute, die das für mich tun. Aber Soziologen — was zum Teufel können die beitragen? Die Finanzspezialisten frage ich, wieviel Miete man verlangen muß.

HK: Die Soziologen und Psychologen behaupteten zum Beispiel, daß Olivgrün die beste Farbe für das Innere der Schulhäuser sei. Diese Auffassung ist so dominant geworden in den letzten zwanzig Jahren, daß sogar die schwarzen Wandtafeln olivgrün angemalt wurden. Und die olivgrünen Klassenzimmer sind heute genauso aggressiv langweilig wie die früheren in Grau und Braun.

PJ: Da sehen Sie doch, wie es mit den Soziologen steht. In unserer Zeit will niemand mehr etwas glauben, das spontan oder künstlerisch ist. Alles muß wissenschaftlich sein. Die Soziologen behaupten, die Soziologie sei eine Wissenschaft, was sie natürlich nicht ist. Es ist einfach Abakadabra. Es ist die Aufgabe des Künstlers, zu zeigen, wie eine Stadt aussehen sollte. Soziologie in der Architektur ist eine Krücke.

JC: Lesen Sie je etwas über Soziologie und Städteplanung?

PJ: Ich überlese hin und wieder flüchtig ein einschlägiges Buch.

JC: Und finden Sie nie etwas, was Ihnen nützen könnte?

PJ: Nein. Ich lernte Städteplanung, indem ich in den Straßen der Städte herumspazierte. Ich habe gesehen, was die Menschen empfinden und was ich empfinde.

HK: Manchmal sind Kleinigkeiten wichtiger als große statistische Berechnungen. Wo zum Beispiel eine Bank stehen soll — darüber reden die Soziologen nicht.

PJ: Bänke. Ja, aber eine Bank nützt nichts, wenn sich niemand daraufsetzt. Denken Sie an die Tausende von Quadratmetern unbenützter Bänke in den Parks von New York.

HK: Sind sie unbequem?

PJ: Nein, sie sind am falschen Ort aufgestellt. Es sind sogar sehr bequeme, wunderbare Bänke.

HK: Man möchte vielleicht auch andere Bänke als diese riesigen Betonklötze vor Versicherungsgesellschaften, auf denen man schwitzt, friert oder naß wird.

PJ: O ja, wir gestalten ganz neue Bänke für die Piazza der Universität New York. Aber nicht die Bank ist wichtig. Die Leute müssen kommen. Wir haben die Beckeneinfassung vor dem Seagram-Gebäude so entworfen, daß man nicht darauf sitzen kann; aber die Leute wollen das unbedingt und sitzen trotzdem drauf. Sie mögen den Ort so sehr, daß sie hinaufkriechen, längs der schmalen Kante vor der Wand. Wir haben das Wasser so nahe an das Marmorgesims herangeführt, weil wir dachten, die Leute würden dann hineinfallen. Sie fallen nicht hinein; trotz allem sitzen sie dort.

HK: Es ist auch der einzige Ort auf diesem kahlen Platz, wo man sich setzen kann!

PJ: Ich weiß. Mies hatte nie daran gedacht. Er sagte mir nachher, er hätte sich nie vorgestellt, daß die Leute dort sitzen wollten.

HK: Es ist bezeichnend, daß Mies sich darüber beklagte, daß die Leute seine Sessel im Barcelona-Pavillon nie benutzten, denn sie waren so ...

PJ: Schön.

HK: Zu schön! Genau das verstehe ich unter hygienischem Ästhetizismus.

PJ: Macht nichts! Die Leute werden etwas benützen, wenn es gut ist.

HK: Sie haben einmal gesagt: ,,Es ist unwichtig, wie bequem ein Stuhl ist, es kommt einzig auf sein Aussehen an.''

PJ: Aha, dieses Argument. Man fühlt sich bequem, wenn man den Stuhl mag. Aber die Stühle von Mies sind nicht eigentlich bequem. Ich kann auf keinem von ihnen sitzen. Ich tue es auch nie.

HK: In einem Ihrer Artikel, vielleicht dem bekanntesten, ,,Die sieben Krücken der Architektur'' (,,The Seven Crutches of Architecture'', in: Perspecta III, Yale Architectural Journal, 1955), sagen Sie, daß Funktionalismus allein noch keine gute Architektur ergibt. Ihr Bestreben, sich vom International Style, vom Stil Mies van der Rohes zu lösen, scheint identisch zu sein mit der Suche nach einer neuen Monumentalität. Es scheint auch, daß Sie bewußt nach einer Ästhetik suchten, die von vornherein unabhängig von Funktion ist. Im gleichen Artikel verweisen Sie auf Nietzsches Wort und sagen, ein Gebäude sollte ,,Willen zur Macht'' ausdrücken, sollte ,,Wille zur Macht'' sein.

PJ: Rhetorik. Ich las es auf deutsch. Dann fand ich eine englische Übersetzung.

HK: Architektur als Wille zur Macht: Bedeutet das nicht Monumentalität!

PJ: <u>Alle</u> Architektur ist monumental.

HK: Ich bin nicht einverstanden.

PJ: Ich weiß, aber ...

HK: Monumentalität ist eine spezifische Eigenschaft, die auf sehr oberflächliche und dubiose Weise beschworen werden kann.

PJ: Das Wort riecht nach Napoleon und Hitler und allen möglichen schrecklichen Dingen. Aber ich verstehe darunter etwas ganz anderes. So wie jede Musik die Emotionen ansprechen will, so kann auch jede Architektur, wie kleinformatig sie auch sei, monumental sein. Ich befürchte, ich verwende das Wort falsch, oder Sie verwendeten es falsch. Alles, was ich baue, auch mein kleiner Pavillon, alles entsteht aus einem Gefühl der Monumentalität.

HK: Sogar Ihr Glashaus ist ein Monument.

PJ: Selbstverständlich. Es ist kein Haus. Ich lebe hier, aber ich würde auch in einer Scheune leben. Sehen Sie, die Leute lachen mich aus, wenn ich sage, ich würde lieber in einer Kathedrale wohnen und im Freien auf die Toilette gehen als in einem dieser bequemen amerikanischen Vorstadthäuschen zu leben. Das bringt die Leute zum Kochen. Es wäre doch herrlich, in einer Kathedrale sein Lager aufzuschlagen. Das Toilettenproblem — damit wird man irgendwie immer fertig. Das ist unwichtig. Nur das meine ich. Ich schockiere jedermann, denn in diesem Land glaubt niemand, daß wir monumental bauen sollten. Monumentalität ist vorbei, genau wie in Deutschland. Ich verwende sie als ... Ärgernis.

HK: Sie meinen, Sie wollen mit Monumentalität die Menschen ärgern?

PJ: Ja, ärgern!

JC: Einen Moment! Am Anfang unserer Diskussion brauchten Sie den Begriff im positiven Sinne. Nun verwenden Sie ihn negativ. Das ist nun nicht mehr klar.

PJ: Offensichtlich ist es überhaupt nicht klar.

HK: So wie sich Ihre Auffassungen ändern, so gleichen Sie den Begriff entsprechend an.

JC: Sie sprechen sowohl von diesem Spielzeug, dem Pavillon, als auch vom Kline Biology Tower als von Monumenten.

PJ: Der Kline Biology Tower ist es auch offensichtlich. Ich verwende den Begriff im Sinne von anti- oder unfunktional, wenn also andere Bestimmungen als die Funktionen den Ausschlag geben. Der Wunsch nach Unsterblichkeit ist das einzig wahrhaftige Ziel. Wie können wir unsterblich werden ohne ein Monument? Hitchcock nannte 1929 in seinem ersten Buch über die moderne Architektur jedes Gebäude, das wir anschauen gingen, ein Monument. Monument bedeutet vielleicht: ein Haus von Auguste Choisy oder von Muthesius. Für ihn als Kunsthistoriker sind alle diese Bauten Monumente. Und wenn man sie so nennt, kann man in ihnen keine funktionalistischen Gebrauchsgegenstände sehen. Es sind Monumente. Ich meine damit eine ganz besondere Verwendung des Wortes, und ich habe es fälschlicherweise in einem anderen Sinne gebraucht; aber irgendwie kann ich dadurch denen eine lange Nase machen, die von Wohnmaschinen sprechen; ich werde in völlige Opposition gedrängt, indem ich ein einziges, lästiges Wort verwende.

JC: Das ist eine polemische ...

PJ: Eine polemische Haltung, die mit allen anderen Definitionen des Wortes nichts zu tun hat.

JC: Was wollen Sie denn eigentlich, außer den Funktionalisten, sagen wir den „Anti-Monumentalisten" eine lange Nase machen? Sie müssen doch irgend etwas Positives als Ersatz anzubieten haben.

PJ: Was ich meine, ist ... Was meine ich? Das ist eine gute Frage. Jeder Gegenstand, sogar so etwas Kleines wie das Mikrophon des Tonbandgerätes hier, sollte — und ist in der Tat auch — als Monument entworfen werden; das kann man natürlich bestreiten, weil diese Form hier von einem Idioten geschaffen wurde, der dem Gegenstand irgendeine ästhetische Qualität verleihen wollte. Wir könnten das auch anders bezeichnen, mit einem ganz einfachen Wort, ,,Ästhetik'', das natürlich einen noch schlimmeren Ruf hat als das Wort ,,Monument''. Ich sage ,,monumental'' anstelle von ,,ästhetisch'', weil ich Proportion und Erhabenheit mit einbeziehe.

Alles, was man tut, geschieht im Hinblick auf die Ewigkeit, sub specie aeternitatis. Ich entwerfe sub specie aeternitatis. Wenn man diesen Wunsch nach Unsterblichkeit wegläßt, so bleibt billiges Design übrig oder das, was gerade ,,in'' ist, zum Beispiel die Diagonalen dieses Jahr, aber nicht das Monumentale. Sehen Sie, ich verwende das Wort ständig! Wenn man nämlich glaubt, etwas werde weiterleben, wenn man es als Teil des Wunsches nach Unsterblichkeit begreift, dann sollte alles, was man tut ... Ich bin natürlich ein Moralist, wie alle Schöpfer von Mythen und all die Menschen, die anderen Menschen sagen, was sie tun sollen. Obwohl ich nicht an die Moral glaube, brauche ich sie, denn ich bin ein Moralist. Ich kann nichts dagegen tun. Jeder Künstler sollte sich seiner Stellung in der Geschichte bewußt sein. Er zerstört ein Stück Landschaft, wenn er baut. Deshalb sollte er lieber monumental bauen. Ich gebrauche das Wort hier mangels eines anderen.

JC: Das Wort ,,Schönheit'' hat heute einen emotionalen Beiklang. Deshalb verwenden wir es nicht mehr.

PJ: Ja. Ich verwende es natürlich. Und die Jungen glücklicherweise auch.

HK: Damit wir uns nicht mißverstehen: Wir lehnen nicht Monumentalität schlechthin ab.

PJ: Ich weiß.

HK: Wir haben Einwände gegen die Art, wie Sie Monumentalität in einigen Bauten, oft nur in gewissen Details zur Geltung bringen möchten. Zum Beispiel nochmals der Kline Biology Tower. Ich habe Einwände gegen eine Kolonnade, die eine so aggressive, herrische Gebärde hat und zur Lüge wird, wenn Sie sie heute verwenden. Die Säulenreihe ist eine tote Form. Abgedroschen. Formen haben ihre Bedeutung. Wenn Sie tote Formen verwenden, so werde Sie selbst zur Ruine, und Sie schaffen sich damit gewiß kein Monument für die Ewigkeit. Ich finde, Sie sind zu sehr Kunsthistoriker; ich bin auch einer. Und Kunsthistoriker sind oft unfähig, sich zu engagieren, also zu hassen oder zu lieben. Wir können meist nur ,,würdigen''. Und wir würdigen alles und bleiben neutral.

PJ: Kunsthistoriker sind in ihrem Geschmack zu universal.

HK: Sie meinen, zu tolerant ...

PJ: Das stimmt.

HK: ... gegen alles. Und das ist zugleich eine Definition von Eklektizismus.

PJ: Klar. Ich bin ein Eklektiker und ein Kunsthistoriker. Das ist meine große Schwäche als Architekt.

HK: Möglicherweise auch Ihre eigentliche Stärke, möchte ich hinzufügen.

PJ: Sicher, aber gerade das gibt mir eine etwas seltsame Stellung in der Geschichte der Architektur. Ich bin der einzige Architekturhistoriker, der Architekt geworden ist. Ich weiß nicht, wie gut ich bin; das soll ein anderer Historiker entscheiden. Ich bin oft so entmutigt. Jeder Künstler steckt die meiste Zeit in einer tiefen Verzweiflung. Alles, was ich getan habe, ist so furchtbar schlecht.

HK: Das glauben Sie doch nicht im Ernst. Das Glashaus?

PJ: Ja, das gefällt mir noch immer. Mir gefallen ziemlich viele meiner Werke.

HK: Einige Ihrer Bauten gehören zu den besten, die in diesem Land in jüngster Vergangenheit gebaut worden sind.

PJ: Aber sie sind nicht sehr originell.

JC: Sie haben doch früher gesagt, Originalität sei für Sie nicht erstrebenswert.

PJ: Sicher. Wir wollen alle irgendwie originell sein, um gut zu sein, aber mich kümmert es nicht, daß ich Formen übernehme, die es schon gibt. Das Streben nach Originalität kann zu Resultaten führen, die nicht sehr erfreulich sind, wie etwa Johansens Clark University Bibliothek in Worcester. Andererseits hat mich die Wiederentdeckung der expressionistischen Architektur, um nur ein Beispiel zu nennen, in den letzten paar Jahren stark beeindruckt, wie jedermann. Ich habe mich über das Photo im Nachruf des „Time Magazine" auf Mies van der Rohe sehr gefreut. Wie schön wäre doch das Gebäude an der Friedrichstraße geworden (Abb. 25)! Ich habe mir dieses Bild nicht jeden Tag angesehen, und ich erinnere mich, als ich es zum erstenmal gründlich betrachtete, sagte ich mir: „Wie seltsam, daß Mies mit solchen unregelmäßigen Winkeln angefangen hat." Nun, heute wirkt es nicht mehr seltsam.

25 Gebäude an der
Friedrichstraße, Berlin. 1921.
Mies van der Rohe. (Projekt).

HK: Heute wirkt es modern.

PJ: Verblüffend. Der heutige Trend in der Architektur will vom Miesschen Kasten wegkommen. Seine frühen Hochbauten werden wiederentdeckt. Es ist nicht mehr befremdlich, ein Volumen durch Lücken aufzubrechen und die Massen zu verschieben.

JC: Ihr Epidemiology Building (Abb. 24) von 1964 bleibt ein Kasten, trachtet aber nach Plastizität in der Fassade.

PJ: Schade, ich hätte an diesem Gebäude mehr arbeiten sollen. Es ist eines meiner Werke, die mich enttäuscht haben.

HK: Es sieht wie ein Bunker aus, nicht wie ein Laboratorium.

PJ: Ich finde, Sie urteilen sehr oberflächlich. Ich habe nichts dagegen, wenn ein Bau wie ein Bunker aussieht. Aber er muß gut aussehen.

HK: Welchen Zweck haben diese rechteckigen Klötze, die unter den Fensterluken herausragen?

PJ: Es ist dumm, wenn man als Architekt einen Entwurf so schnell und mit einem anderen Architekten zusammen ausführt. Die Fenster hätten entsprechend den Fenstern des Moses-Laboratoriums gestaltet werden sollen. Plötzlich war kein Geld mehr da; der Rektor der Universität rief mich zu sich und schlug vor, sie einfach wegzulassen. Nun, diese blöden Höcker sind die Folge davon. Ich hätte nicht nachgeben sollen. Sie sagen nichts aus und sind bloß Schabernack.

HK: Aber man erkennt auch hier den Versuch, die Oberfläche zu skulpturieren, um sie zu verlebendigen.

PJ: Ja, denn ich versuchte wiederum, der Fassade eine dritte Dimension zu geben. In dieser Zeit habe ich so vieles falsch gemacht. Am meisten beschämt mich, daß Rudolphs Altersheim (siehe Abb. 86) gleich daneben steht, welches sein bestes Gebäude überhaupt ist. Peinlich! Doch solche Peinlichkeiten passieren einem eben. Es ist ein veränderter Plan. Meine ersten Vorschläge waren viel besser, aber meine Logik war falsch. Als ich am Kline Biology Tower arbeitete, sagte der Dekan von Yale: „Warum bauen Sie nicht auch das Epidemiology-Laboratorium?" Ich will mich nicht entschuldigen, aber Yale hatte schon einen Architekten, einen sehr schlechten einheimischen Architekten; zudem war es recht schwierig, mit dem Dekan zusammenzuarbeiten. Das Gebäude ist, was Mies eine Schnapsidee nennen würde. Und dann war ich nicht konsequent. Ich habe das Innere und die Form des Gebäudes nicht durchgestaltet, nur die Lage hat mich interessiert. Das Gebäude liegt dort richtig; das ist ja auch meine Stärke. Alles andere ging zu schnell. Eine Woche, nachdem ich den Auftrag erhalten hatte, kam ich schon mit dem Modell, und der Dekan fand es in Ordnung und meinte, man solle es so bauen. Dann übernahm es der andere Architekt. Hätte ich früher gewußt, daß meine im ersten Entwurf vorgeschlagenen Fenster zu teuer kämen, so hätte ich das Ganze nochmals durchgearbeitet. Aber es wurde bereits für die Baugesellschaften ausgeschrieben, als der Dekan die Sache mit den Fenstern entdeckte. So hängt alles an äußeren Umständen.

JC: Aber das Gebäude funktioniert doch sehr gut?

PJ: Das ist auch nicht schwer. Die schlechtesten Gebäude können funktionieren. Das ist der springende Punkt in meinem Artikel „The Seven Crutches of Architecture".

JC: Aber der Bau ist doch wenigstens in funktioneller Hinsicht gelungen?

PJ: Eine ziemlich dürftige Art, etwas gelingen zu lassen.

HK: Für Sie geht es nicht darum, ob ein Gebäude funktioniert, sondern darum, wie es aussieht, ob es schön ist, ob ein Gebäude innerhalb der Stadt erfreulich ist.

PJ: Alle Bauten funktionieren. Das ist kein Argument. Sogar das Parthenon funktioniert. Rudolph und ich streiten dauernd über diese Frage. Ich sage, ich sei der einzige funktionalistische Architekt, den es gibt, weil ich mir große Mühe gebe bei meinen Fundamenten, beim Erdgeschoß, damit man sich zurechtfindet und so weiter. Rudolph glaubt, er sei ein Funktionalist. Sie sehen also, wie dumm das Wort ist. Man sollte es ignorieren. Ich habe das schon sehr früh von Hitchcock gelernt. In hundert Jahren werden die Funktionen anders sein als heute. Betrachten Sie sich die Neugestaltung des Inneren von Renaissance-Palästen: Außen läßt man alles, wie es ist; innen verändert man, was man will. Jedes Gebäude ist funktionell. Wenn nicht, so kann man sein Inneres ausräumen. Die Frage ist allein, ob seine Gestalt gelungen ist.

HK: Eine Gestalt, die gleichzeitig zu ihrem persönlichen Monument wird.

PJ: Das klingt arrogant. Ob man es nun eingesteht oder nicht, jeder baut sich Monumente. Frank Lloyd Wright war da am offensten. Selbstverständlich bin ich arrogant. Aber es ist besser, ehrlich arrogant als unehrlich bescheiden zu sein. Wright war gleichzeitig auch von Zweifeln geplagt wie jeder Architekt.

HK: Man könnte sich fragen, ob bei solch einem „summum bonum" nicht andere Werte verlorengehen. Alles hängt von der primären Zielsetzung ab, und es stellt sich die Frage nach der Werthierarchie. Ich frage mich, ob Sie nicht andere Werte opfern, wenn Sie derart monumentale Massen wie den Kline Biology Tower auftürmen.

PJ: Sie verstehen meinen ursprünglichen Gebrauch des Wortes Monumentalität falsch. Van der Rohes Friedrichstraße-Entwurf ist ganz aus Glas und trotzdem monumental. Mit Massivität hat das nichts zu tun. Sie sind eben geprägt von Ihrer Anti-Hitler-Erziehung.

HK: Aber es muß mein Recht bleiben, Ihr Gebäude so zu verstehen, wie ich es erlebe.

PJ: Aber nicht meine Worte. Die muß ich Ihnen erklären.

HK: Das ist nicht nötig, denn ich verstehe, was Sie meinen. Und trotzdem erfasse ich diese Kolonnade des Kline Tower als massivste Monumentalität.

PJ: Das ist sie ja auch.

HK: Okay.

PJ: Ich finde, wir sollten das Wort „monumental" weglassen, bis wir etwas Besseres gefunden haben. Mein massivstes Gebäude ist selbstverständlich der Kline Tower, aber ich stand damals stark unter dem Einfluß meines eigenen Verständnisses von Richardson. Ich finde heute noch, er ist der bedeutendste amerikanische Architekt.

HK: Man muß hier unterscheiden. Wenn man sich Sankt Peter in Rom nähert, wird man von Berninis Kolonnade umgeben ...

PJ: Und fühlt sich ganz klein.

HK: Ja. Trotzdem kann ich dort meine Individualität bewahren. Dann gibt es aber eine andere Art Monumentalität, die erniedrigt und den Eindruck vermittelt, man sei hier fehl am Platz. Monumentalität kann ein hohles und nichtiges Geschrei sein.

PJ: Wir müssen aufhören, das Wort zu verwenden, denn offensichtlich verstehen Sie darunter etwas ganz anderes als ich. Sprechen wir deshalb nur von „Gebäude", denn alle Gebäude sind Monumente. Sie empfinden also, daß der Maßstab des Kline Tower unmenschlich ist, unmenschlicher als die Kolonnade von Bernini, die trotz dem großen Maßstab menschlich ist. Und das Innere von Sankt Peter? Ist das erträglicher? Welches Gebäude außer dem Kline Tower wirkt auf Sie zu massiv oder zu monumental, zu unmenschlich?

HK: Das Problem liegt für mich darin, daß seit Sankt Peter mehrere Jahrhunderte vergangen sind. Und ich frage mich, ob wir heute noch immer mit einer solche Monumentalität wetteifern sollten. Wir können dieses Wort nicht einfach eliminieren. Wir brauchen es als kritisches Werkzeug.

26 Atomreaktor, Rehovet, Israel. 1961. Philip Johnson.

PJ: Ich kann gut ohne es auskommen. Ich werde es ganz einfach nicht mehr verwenden. Und ich sehe nicht ein, warum <u>wir</u> es anführen sollten, wenn es doch für Sie — aus Vorurteil — pejorativ ist, für mich hingegen nicht. Sie wollen sagen, daß der Impetus. zu Raumvorstellungen, wie sie im 16. Jahrhundert zum Ausdruck gelangen, nicht mehr besteht und wir deshalb keine großen Räume und schweren Gebilde mehr bauen sollten. Schwere erinnert an Hitler und Mussolini.

HK: Oder sagen wir einmal, sie ist Ausdruck des Autoritären.

PJ: ,,Autoritär'' ist ein Wort, das mit Architektur nichts zu tun hat. War denn Justinian nicht autoritär, als er in fünf Jahren den großartigsten Bau der Welt, die Hagia Sofia, gebaut hat? Natürlich war er das — es gab bestimmt nie eine autoritärere Regierung als die seine. Oder die Pyramiden: Sind sie etwa schlecht, weil sie nicht süß und niedlich sind? Verstehen Sie, was ich meine? Ich versuche, Ihren Gedanken zu begreifen, nicht Ihnen zu widersprechen; denn ich finde, unsere Meinungen sind nicht gar so verschieden. Aber jeder darf denken, daß der Kline Tower massig ist. Für mich ist er das nicht. Sehen Sie, Hitlers Postämter und Mussolinis Rathäuser sind häßlich, nicht monumental. Wenn eine Borromini-Fassade kopiert wird und an einem Postamt von Mussolini wiederkehrt, so tut das nicht Borromini Abbruch, sondern Mussolini.

HK: Richtig.

PJ: Nicht die Monumentalität ist schlecht, sondern der Architekt. Baalbek ist nicht schlecht! Aber kommen wir doch zurück zu dem, was am Kline-Turm wirklich kritisiert wird: Der Bau ist zu dunkel, er ist übermaßstäblich. Solche Begriffe verstehe ich. Er ist zu hoch im Vergleich zum Vorplatz. Die Rundpfeiler rasen so unerbittlich in den Boden, daß man das Gefühl hat, man würde erschlagen, wenn man zwischen ihnen hindurchgeht, wie es in Luxor wirklich der Fall ist. Aber Sie finden sicher nicht — oder etwa doch? —, daß Luxor zu schwer sei.

HK: Wenn es <u>heute</u> gebaut würde, müßte ich ein solches Gebäude ablehnen.

PJ: Aha. Sehen Sie, genau dieses Vorurteil über die heutige Zeit teile ich nicht. Für mich gibt es ,,heute'' nicht. Es gibt einfach wunderbare und nicht-wunderbare Dinge.

JC: Eine solche Aussage bestätigt Ihren Eklektizismus. Sie übernehmen Formen und haben auch nichts dagegen, tausendjährige Formen zu übernehmen, sofern Sie sie ästhetisch angebracht finden.

54

PJ: Ich weiß nicht, wie bewußt die Erfahrung damals war, aber als ich in Luxor von einer Säule zur anderen gestoßen wurde, war der räumliche Effekt sehr eigenartig. Über Raum kann man nicht sprechen. Ich weiß gar nicht, worüber man eigentlich sprechen kann. Der Raum zwischen den Säulen in Luxor ist nicht viel breiter als die Säule selbst, was auch beim Kline Tower zutrifft. Aber das ist doch kein unangenehmes Erlebnis. Es ist weder übernommen noch alt. Nichts Altes, nichts Neues. Was auch immer man tut, ist neu.

HK: Formen sind nicht einfach schön oder häßlich, sie sagen auch etwas aus. Sie haben eine Bedeutung. Vor allem eine Kolonnade (Abb. 4). Sie hat schon so viel bedeutet. Kann man sie denn wirklich noch verwenden, nachdem sie im 20. Jahrhundert so mißbraucht wurde, zur Lüge, zum Vorwand geworden ist? Können wir sie noch gehaltvoll und schön finden? So lautet meine Frage. Die Geschichte kennen heißt nicht, daß wir auch alles verwenden können, was uns die Geschichte zu bieten hat. Auch ein Architekt kann zum Antiquar werden.

27 Atomreaktor. Blick in den Innenhof.

PJ: Aber nicht aus den Gründen, die Sie anführen. Sie mögen Kolonnaden nicht. Na und?

HK: So einfach ist das nicht.

JC: Gab es energische Einwände gegen Ihren Atomreaktor in Israel (Abb. 26)? Wenn man auf den Komplex zugeht, so stößt man zuerst auf diese sehr massiven Formen, die einen schrecklich bedrohenden Eindruck hervorrufen, wie bei einem ...

PJ: Einer Festung?

JC: Ich wollte „Bunker" sagen, aber das ist wohl auch ein vorbelasteter Ausdruck.

PJ: Aber nein. Ich mag Bunker sehr. Diese Gebilde an der Nordküste von Großbritannien, in der Normandie, hmmm ...

JC: Hatten die Israelis Mühe, diese Form zu akzeptieren?

PJ: Man sagte mir: „Philip, wir finden, es sieht ägyptisch aus", und das ist etwa das Schlimmste, was sie sagen können. Ich antwortete: „Sicher, ihr seid ja schließlich alle Semiten." Das Problem war gelöst. Aber ich habe eigentlich erwartet, daß Sie fragen würden, wie ich den Hof in Einklang bringe mit ...

JC: Ihre Säulen dort sind leicht, fast schwebend, und stehen in starkem Kontrast zur Masse des Gebäudes (Abb. 27).

PJ: Das stört doch nicht. Ich kann eine Festung bauen und innen Boudoirs anlegen.

HK: Man könnte diesen Hof mit dem Hof des Kline Tower vergleichen, der dem Gebäude einen Rahmen gibt (Abb. 28).

PJ: Das soll auch so sein.

HK: Sehen Sie, meine Frage zielt in eine Ihnen sicher unliebsame Richtung: Wo sind die Leute? Der Hof ist eine große Gebärde, aber er wird nicht benutzt.

PJ: Ich weiß schon, was kommt: Sie finden das mussolinisch.

HK: Ich habe nie auch nur einen Menschen in dem Säulengang gesehen, der rings um den Hof führt.

PJ: Es wird auch nie jemand dort spazierengehen. Das ist nicht nötig.

HK: Sie sagen einfach, es sei nicht nötig, daß die Leute diesen Umgang benutzen? Warum sollten denn die Menschen Ihre Architektur überhaupt benutzen? Sie könnten ja auch zu Hause bleiben!

PJ: Aber sicher. Sie werden vor dem Fernseher sitzen. Das ist amerikanisch. Ich will damit sagen, daß wir viel weniger sozial und viel individualistischer werden, aber das ist eine andere Sache. Natürlich möchte ich, daß dieser Umgang benutzt wird. Und es war selbstverständlich auch so vorgesehen. Aber das Hauptgebäude fehlt. Im Modell war das Gebäude ein Glasblock, weil ich nicht wußte, wie es werden wird. Ich führe also die Tatsache, daß der Umgang nicht gebraucht wird, darauf zurück, daß das Hauptgebäude nicht gebaut wurde — und nicht auf Mussolini. Das passiert jedem Architekten. Der Hof stimmte, als Beitrag zum Gebäude. Und er war genau richtig, als der Bau eingeweiht wurde. Da war der Backsteinhof voll von Leuten. Das ist ja gerade das Problem, daß wir nur vom Kline Tower sprechen und nicht von den anderen Gebäuden des Komplexes, vom Chemie- oder Geologiegebäude, die den Hintergrund des Kline Tower bilden. Aber gleichgültig, wie viele Hintergrundgebäude man baut, man wird immer nach dem Hauptgebäude beurteilt.

JC: Das Lincoln Center wäre ein weiteres Beispiel. Welches sind Ihre Einwände gegen Ihren Theaterbau?

PJ: Das Äußere. Dadurch, daß ich gezwungen war, die Stützenintervalle des gegenüberliegenden Gebäudes einzuhalten, wurde in mir irgend etwas blockiert. Solche Dinge sind der Kreativität sehr abträglich, sofern ich überhaupt kreativ bin, was ich bezweifle.

28 Kline Biology Tower. Hof.

Ich bin so geschichtsbewußt, daß ich nicht genau weiß, wo die Kreativität endet und die Geschichte anfängt.

HK: Aber man kann doch kreativ und zugleich geschichtsbewußt sein.

PJ: Das frage ich mich. Das letzte Wort darüber ist noch nicht gesprochen. Wie gut kann man als Architekt sein, wenn ...

JC: Wie spontan kann man sein ...

PJ: Wenn man zu viel weiß? Sehen Sie, Künstler sind ziemlich dumme Leute, intellektuell gesehen. Ein Louis Kahn zum Beispiel hat nicht die geringste Ahnung, was in der Welt los ist. Und das ist sehr nützlich. Mies! Er hätte es nie zugegeben, aber er war ein leidenschaftlicher Anti-Intellektueller. Er sagte: „Ich habe gerade gelesen", also schaute ich mir seine Bibliothek an, und es stimmte gar nicht — er hatte sowieso nur drei Bücher. Keines ist in all den Jahren je vom Gestell genommen worden.

Wir brauchen solche Außenseiter, Unzufriedene, Ignoranten — bei uns im Büro sagen wir: „Wir brauchen einen Mann, der durch die Prüfung gefallen ist und zwölf Jahre Praxis hat." Wir wollen keine Erzieher. Erziehung muß eliminiert werden. Bei diesem Thema werde ich sehr heftig. Ich werde durch die Tatsache bestätigt, daß keiner der Architekten, die ich gekannt habe, je auf eine Schule gegangen ist, auch nicht Michelangelo und Bernini.

JC: Bedauern Sie Ihre Bildung und Ihre Intelligenz?

PJ: Ja. Aber jetzt ist es viel zu spät. Nein, eigentlich nicht. Ich muß einfach ein Plätzchen finden, an dem ein gebildeter Mensch etwas leisten kann. Es ist unwichtig, wie das in unsere Zeit hineinpaßt, denn irgend jemand wird schon dafür sorgen, daß es paßt. Ich habe das Gefühl, daß es unter den jüngeren Architekten einige sehr gute Leute gibt, die im Kommen sind. Wir können noch nicht wissen, ob sie wirklich große Architekten werden — so zum Beispiel — wie heißt er schon, in Toronto, der das Scarborough College gebaut hat — John Andrews.

JC: Oder die Smithsons.

PJ: Du lieber Gott, nein, das ist gerade ein Fall, wo die Intelligenz die Architektur ruiniert! Aber vielleicht Stirling; ich kann es noch nicht genau sagen. Ich glaube auf keinen Fall, daß die Zukunft der Architektur Frei Otto heißt. Seine Zelte sind für mich Para-Architektur. Und Buckminster Fuller ist ganz einfach kein Architekt.

JC: Glauben Sie denn, Ihr Pavillon sei Architektur (Abb. 14)?

PJ: Der Pavillon erinnert an Mondrian und an — was eigentlich? — Griechenland? Zwei Dinge interessierten mich: Kuben zu bewegen, die in zufälligen Beziehungen zueinander angeordnet sind. Der Pavillon ist nichts anderes als eine Kombination von Kuben, Doppelkuben oder einfachen Kuben, doppelten gedeckten Kuben oder doppelten ungedeckten Kuben.

JC: Weshalb haben Sie ihn untermaßstäblich klein gebaut?

PJ: Weil ich glaube, daß einem dabei wohler ist. Das ist das einzige, was mich interessiert. In den Zwergvierteln in Mantua, beim Palast des Herzogs, der die Zwerghäuser, eine ganze Suite für Zwerge, gebaut hat, da fühlte ich mich sehr groß und bedeutend. Es ist untermaßstäblich klein, also fühlt man sich groß.

JC: Und dann bauen Sie auch übermaßstäblich groß?

PJ: Wobei man sich klein fühlt. Das ist ganz in Ordnung. Ich mag das Innere von Sankt Peter. Ich bin sehr proportionsbewußt. Alle Architekten. Mies sagte: ,,Das einzig Wichtige in der Architektur, über das man jedoch nicht sprechen kann, ist die Proportion.''

HK: Nicht nur die Proportionen bestimmen die Beziehung zwischen einem Gebäude und dem Menschen. Es gibt andere Eigenschaften, die ebenso wichtig sind, etwa die Materialverwendung.

PJ: Sicher.

HK: Die Kombination bestimmter Materialien kann eine rein ästhetische Umwelt schaffen, die sehr aggressiv sein kann. Mies van der Rohes Wahl von Materialien ist lange bewundert worden. Heute wirken diese Materialien fast abstoßend. Sie sind zu sauber, zu laborhaft, zu hygienisch und steril. Ästhetizismus als Auskosten von Reizen kann sehr inhuman sein.

PJ: Aber Sie gebrauchen das Wort ,,human'', als ob es irgendeinen Wert repräsentiere. Ich habe nichts gegen Unmenschliches. Sie verwenden das Wort wie Lewis Mumford. Für ihn war jene Architektur wertlos, die nicht eine Art menschlichen Charakter hatte. Deshalb liebt er die kalifornischen Landhäuser mit dem vielen Holz und den hübschen Ausladungen und ...

JC: Frank Lloyd Wright.

PJ: Ja klar, es kommt alles von Wright, aber Wright selbst dachte nicht so. Das Guggenheim-Museum? Menschlich? Quatsch. Nein, das Wort ,,menschlich'' ist eines dieser Wörter, die wir alle akzeptieren, wie ,,Mutterschaft'' etwa. Ich bin nicht gegen Mutterschaft, auch nicht gegen Kinder, gegen Ehrlichkeit! Ich baue doch nicht für Orang-Utans oder Elefanten, sondern für Menschen; das sind doch die Aufträge, die ich erhalte.

HK: Wie hoch sind Ihre Räume?

PJ: Wie hoch? Das ist eine verrückte ... ein interessanter Punkt. Wie hoch liegen Decken? Mies hat nie verstehen können, weshalb ich so hohe Decken machte. Ich finde, heute haben wir niedrige Decken schrecklich satt. ,,Menschlich'' ist für mich kein Wort, das man in der Architektur gebrauchen kann, einfach deshalb, weil ja alles menschlich ist. Ich will auch nicht über Menschlichkeit und Monumentalismus als Dichotomie sprechen, weil ich finde, daß ein solcher Gegensatz nichts von dem erfaßt, was ich zu erreichen versuche.

Kevin Roche

2

HK: Als Hitchcock und Johnson ihr Buch „The International Style" schrieben, war es einfacher, eine allgemein gültige Sprache der Architektur zu definieren. Heute scheint nun einige Verwirrung und Unentschlossenheit zu herrschen, nach dem Bauhaus und nach Mies van der Rohe.

KR: Vielleicht sollte man sich darüber nicht allzuviel Sorgen machen.

HK: Sicherlich ist es viel besser so, als dogmatisch innerhalb eines fixen Stilrahmens zu arbeiten.

KR: Die Gesellschaft ist sehr komplex. Wir befinden uns heute nicht in einer simplen, eindeutigen Situation, und deshalb glaube ich, daß es angemessen ist, einen so großen Spielraum vor sich zu haben.

HK: Es wird jedoch immer schwieriger, über Qualität und Wert in der Architektur zu entscheiden.

KR: In gewissem Sinne sollte Qualität mehr mit den Ideen und Intentionen zu tun haben, aufgrund deren etwas gebaut wird. Mir scheint, daß die Intentionen, die hinter einem Gebäude stehen, letztlich sehr viel mit dem Wert für die Gesellschaft zu tun haben — wenn wir „Wert für die Gesellschaft" als einen Maßstab ansehen wollen. Natürlich kann man auch sagen, es gebe abstrakte Werte, die nicht sofort sichtbar werden, historische Wahrheiten, die eine Bedeutung für eine spätere Generation haben mögen. Das ist schwer zu beurteilen. Ich meine damit nicht, daß Architektur nur als soziales Werkzeug zu betrachten sei, doch finde ich, dies sei für uns der Ausgangspunkt.

JC: Es ist wichtig, Ihre Stellung in der Geschichte der modernen Architektur zu verstehen. Ein Teil dieses Verständnisses wird, nicht immer sehr überzeugend, von den Kritikern bestimmt. Wie sehen Sie sich selbst in diesem Zusammenhang?

KR: Überhaupt nicht. Wenn man nur ein bißchen Verstand hat, so unterläßt man das, denn man hat andere, wichtigere Dinge zu tun. Wir sollten nicht in jenen Kategorien denken. Wir waren den Problemen bisher nicht gewachsen, wir haben sie so schlecht gelöst — jeder von uns! Was heute geleistet wird, bleibt weit hinter dem Möglichen zurück. Architektur ist nicht isoliertes Handeln. Sie ist in hohem Maße ein Teil oder gar ein Anhang der allgemeinen Entwicklung der Gesellschaft. Manchmal möchten wir Architekten glauben, wir führen, aber das tun wir nicht. Manchmal können wir in eine Richtung weisen, doch die Gesellschaft bewegt sich uns direkt auf den Fersen. Ich betrachte das, was um mich geschieht, als sehr einflußreich. Man hat angeborene Vorstellungen wie eine physische Umwelt sein sollte. Man muß wirklich kein Visionär sein, um sich eine bessere physische Welt vorstellen zu können, und sicherlich reagiert man zusehends, Tag für Tag, auf die Stimmung der Gesellschaft. Man muß, denn dort findet man ja die Leute, für die man baut.

JC: Wie bringen Sie die wichtigsten gesellschaftlichen Probleme, so wie sie heute gesehen werden, in Verbindung mit Ihren Bauten? Welches sind Ihre Prioritäten?

KR: Ich sehe das eher als die Frage nach dem Instrument, mit dem ein Problem gelöst werden kann. Ich meine damit die lenkende Organisation, von der man die Mittel erhält, um überhaupt zu bauen, denn es ist sinnlos, über Sachen zu reden, wenn man sie nicht bauen kann. Physische Umwelt wird nicht mit Worten geschaffen, sondern aus Materie. Wie spannt man die Kräfte der Gesellschaft ein, um Teile einer großen Stadt zu bauen? Es geht hier nicht darum, Gesetze durchzubringen; es geht nicht einmal um die entsprechenden Geldmittel. Es ist in Wirklichkeit eine Frage der Organisation. Ist es eine Organisation von verschiedenen Kräften, politischen, wirtschaftlichen, technischen? Und wie ist sie strukturiert? Wie werden ihre Ziele bestimmt? Wer hat daran teil? Wie realisiert man die Sache? Bis heute hat, so viel ich weiß, niemand eine konkrete Antwort darauf geben können, weil es um etwas geht, das nicht im üblichen Bereich der Verwaltung, wie wir sie heute kennen, liegt.

So um 120 oder 130 Millionen Dollar herum kann man immer noch im Rahmen der heutigen Technik arbeiten; irgendwie kriegt man das Geld, um das Ganze in Betrieb zu setzen; man kann die Computer in Gang setzen, die Soziologen auf die Straße schicken, und man erreicht gewisse Dinge. Aber wenn man an ein Milliarden-Projekt gerät, was der Größe der Probleme, die wir soeben besprochen haben, entspricht, dann kommt man in Schwierigkeiten. Wir machten eine Studie für Harlem River in New York, eine sehr kurze Studie; sie entsprach einem Projekt entlang des Harlem River über ungefähr 8 km; dort, wo das Projekt am tiefsten in die Bronx (Stadtteil von New York) drang, war es nicht mehr als eine Viertelmeile (etwa 400 m) breit. Das Projekt erfordert 1,25 Milliarden Dollar, bloß um die Häuser zu errichten, die Unterführungen, die Parks und die Wasserleitungen, die Läden und Schulen. Nun, 1,25 Milliarden ...

JC: Das ist schon fast eine ganze Stadt.

KR: Nein, eigentlich nicht, nur ein Anhängsel, ein Teil von New York. Sobald wir in solche Dimensionen geraten, beginnt man zu merken, daß noch nichts existiert. Angenommen, die Bundesregierung in Washington faßt den Beschluß, 1,25 Milliarden zu investieren, so würde jedermann plötzlich vor dem Problem stehen, daß es keine bestehende Organisation gibt, die ein so umfangreiches Projekt bewältigen kann. Es gibt viele Organisationen, die es übernehmen würden, aber nur weil sie gerade zur Stelle sind, nicht weil sie qualifiziert wären, es auszuführen.

JC: Könnte ein Architektur-Unternehmen ein solches Projekt bewältigen?

KR: Es könnte, aber es müßte ganz von vorne beginnen. Denn es gibt dafür nicht nur keine Organisation, sondern auch kein Vorbild, kein historisches Beispiel, keine Erfahrung darüber.

JC: Was geschah mit Ihrem Harlem-River-Projekt?

KR: Wir versuchten, es bis zu einem Punkt zu bringen, an dem wir ein paar Leute dafür interessieren könnten, es zu finanzieren.

JC: Sie sprechen davon in der Vergangenheit.

KR: Ja. Das Projekt wurde nicht realisiert. Was nun heute passiert: Diese fünf Meilen (8 km) Flußufer, die für New York City einen großen natürlichen Reichtum darstellen, werden Stück für Stück bebaut. Es gibt in südlichen Bronx große Rassenprobleme; die älteren, weißen Bewohner ziehen aus nach Co-op City oder höher hinauf in die Bronx, und Harlem dringt allmählich in das Gebiet vor. Die ganze Gegend verkommt mit erschreckender Geschwindigkeit. Sie verkommt so schnell, daß heute die meisten Leute dort nur zehn Jahre wohnen bleiben. Und vorher waren es drei oder vier Generationen einer Familie. Ein ganzer Teil der Stadt hat einen gewaltigen, ungestümen Wandel durchgemacht, der nicht aufgehalten wird; und es gibt auch keine Möglichkeit, ihn aufzuhalten.

JC: Was muß geändert werden, um ...

KR: Irgendwie muß man den Stadtteil stabilisieren, so daß er sich wieder hinaufarbeiten kann. Es muß ein Ort werden, in dem die Leute leben wollen. Eine Durchgangspopulation ist für ein Stadtviertel sehr schädlich — klammern wir für den Moment das Problem, was mit diesen Bewohnern selbst passiert, aus —, aber die Wirkung dieser Leute auf ein Wohngebiet ist sehr zerstörerisch.

JC: Sind Sie der Ansicht, daß Co-op City (Abb. 29) die maximale Projektgröße hat, die wir heute bewältigen können?

KR: Ja, Co-op City ist ein ausgezeichnetes Beispiel für etwas, was auf traditionelle Art realisiert wird. Ich weiß nicht, wie groß das Projekt ist. Wahrscheinlich unter einhundert Millionen Dollar. Die ganze überlieferte Technik, die alten Planungsvorstellungen galten weiter. Alles daran ist alt. Und doch ist es besser als irgendwelche andere

Siedlungen, die diese Leute je zuvor bewohnt haben. Das muß man in Rechnung stellen. Aber das ist gleichzeitig auch sehr traurig. Und hier kommen wir nun an den harten Kern des Problems. Wenn wir die Mitarbeit der Gewerkschaften gewinnen könnten, dann wäre es vielleicht möglich, Fertigbauteile zu produzieren, die sogar bei einem Experimentierprogramm wirtschaftlich vorteilhaft sind.

HK: Ihr Hinweis auf die Gewerkschaften ist ein weiteres Beispiel dafür, daß der Architekt in einem leeren Raum arbeitet; es gibt nur wenig Kooperation. Die Soziologen hingegen wollen mitarbeiten, aber die Architekten sind zumeist nicht interessiert.

KR: Das mag zum Teil daher rühren, daß ihre Informationen nicht brauchbar sind. Hier kommt wieder das Problem der Spezialdisziplinen, die ihren eigenen Weg gehen. So wie die Produkte der Arbeit des Architekten oft nicht wirklich brauchbar sind für die Person, die sie bewohnt, so scheinen die Produkte der Soziologen zwar nützlich, aber in erster Linie für die Person, die sie produziert.

HK: Die Spezialdisziplinen versorgen Sie aber mit Material, das ...

KR: Es ist an sich interessant, aber wie kann man es sinnvoll anwenden, um das Endprodukt zu verbessern, das letztlich ein Teil unserer Umwelt sein wird — das ist schwer herauszufinden.

HK: Das Verhältnis des Architekten zur Gesellschaft hängt von den verschiedenen Auftraggebern ab. Skidmore, Owings und Merrill zum Beispiel haben einen Auftrag für das südafrikanische Verwaltungszentrum in Kapstadt. Wie stark sollte sich ein Architekt in einer solchen politischen Situation engagieren? Wann muß er einen Auftrag ablehnen? Soll er separate Toiletten für Schwarze und Weiße bauen, soll er die Apartheidpolitik begünstigen?

29 Co-op City, New York. 1968—1970. Herman Jessor.

KR: Nein.

HK: Sie würden das nicht tun.

KR: Nein, nicht nur als Architekt; ich würde es als <u>Mensch</u> nicht tun. Ich glaube, ein Teil des Problems ist, daß sich die Leute Hüte aufsetzen, auf denen Architekt, Zimmermann, Psychiater oder was auch immer steht, und manchmal sehen sie sich oder sehen die anderen sie nicht mehr als <u>Menschen.</u> Mir scheint, der Begriff „Architekt" ist bedeutungslos. In Wirklichkeit gibt es doch einfach Individuen von unterschiedlichen Fähigkeiten und Talenten. Einerseits kann ein Architekt ein brillanter Organisator, ein brillanter Politiker sein; andererseits kann er auch ein außergewöhnlich empfindsamer und schöpferischer Gestalter von Materialien in Licht und Raum sein. Dazwischen liegt die ganze Skala von technisch fähigen und technisch unfähigen Leuten. Dann gibt es die Leute mit persönlichen Konflikten, Problemen, Überbleibseln aus der Kindheit, emotionellen Schwierigkeiten und all dem Zeug, das Kind, das nie aus der „kreativen Spielzeugphase" herausgewachsen ist. Wir haben es also mit Menschen zu tun. Mit Menschen, die relativ reif oder relativ unreif sind; und sie handeln entsprechend und leben ihr eigenes Leben. Sie haben Probleme; sie haben Kinder; sie lassen sich scheiden; sie machen bankrott; sie werden zu reich; sie trinken zuviel; sie trinken nicht genug; überhaupt: alles private und persönliche Meinungen und Situationen. Das kommt in allem zum Vorschein. Ich nehme immer an, daß jemand in erster Linie als Mensch spricht. Ein Beruf ist lediglich eine weitere Fähigkeit, die für die Sache, um die es geht, eine gewisse Relevanz hat oder eben nicht hat; oft geht es ganz einfach um einen Austausch von Vorstellungen zwischen Menschen. Und ein großer Teil dessen, was ein Architekt tut, spielt sich gerade auf dieser Ebene von persönlichem Betroffensein und menschlicher Vernunft ab.

HK: Es ist natürlich möglich, in Konflikt zu geraten zwischen seiner persönlichen Überzeugung und seinen beruflichen Handlungen.

KR: Natürlich, es gibt verschiedene Stufen von moralischer Bindung.

HK: Bedeutet das, daß Sie so ein Angebot wie das von Kapstadt an Skidmore, Owings und Merrill ablehnen würden?

KR: Wir würden nicht nur, wir haben es schon getan. Wir haben mehrere mögliche Aufträge abgelehnt.

HK: Könnten Sie uns darüber Näheres sagen?

KR: Nein, das kann ich nicht. Es kam oft vor, daß wir etwas nicht übernehmen wollten. Aber ich will etwas deutlicher werden. Der Kerl, der Spekulationsbauten in New York City erstellt, der „Entwickler", er will hauptsächlich Gewinn aus seinem Kapital schlagen, auf Kosten des Benützers, das heißt der Person, die das Haus bewohnt. Ich dagegen glaube, das sei nicht die richtige Art, Häuser zu bauen. Eine Folge davon ist nämlich, daß 99 Prozent von New York City ein unhaltbares Pflaster für Wohn- und Bürobauten ist. Entsetzlich! Die Leute in New York leben unter entsetzlichen Bedingungen. Sie leben knapp über den schlimmsten Slum-Bedingungen irgendeiner Stadt der Welt.

HK: Nehmen wir zum Beispiel die Schalldämmung.

KR: Kein Privatbereich, die Unwürdigkeit des Daseins, der Ruß, der Schmutz, die Luftverpestung, die Zusammenballung, die räumliche Beschränkung, der Mangel an Aussicht, an offenem Raum, an unbebauter Fläche, kein Zugang zum Wasser, der Verkehr, der Lärm, die ganze sanitäre Misere — alles an New York City ist schlecht. Das ist größtenteils eine Folge davon, wie New York innerhalb unserer Gesellschaft wächst; und es wächst, weil ein Spekulant so und so viele Dollars investiert und ein Apartmenthaus bauen läßt, und zwar allein aus dem Grund, weil er aus seinem Geld Profit schlagen will. Das ist völlig legal, aber ich glaube eben einfach nicht, daß man so bauen sollte.

HK: Natürlich ist sie legal, diese Spekulation innerhalb des kapitalistischen Wirtschaftssystems, solange Land Privatbesitz sein kann.

KR: Hier kommen wir nun endlich zum Problem. In New York City wurde 1826 das Blocksystem entworfen; die Stadt wurde aufgeteilt in Parzellen von 20 bis 25 auf 40 Fuß (rund 6 auf 12 m).

HK: Wodurch wurde diese Aufteilung bestimmt?

KR: Das kam von den ersten „brownstone houses" (charakteristische Häuser aus braunem Sandstein). Sie waren 25 bis 40 Fuß breit und basierten auf einem Modul, das im letzten Jahrhundert entstanden ist. Der Spekulant erwirbt ein halbes Dutzend dieser Brownstone-Häuser, investiert heute zwölf Millionen Dollar und hat somit ein Grundstück. Er baut, was er darauf bauen kann, aber das ist sehr unwirtschaftlich. Wenn Sie irgendeinen Block in New York City nehmen, der seit dem Krieg gebaut wurde, und die Anzahl Dollars zusammenzählen, die in den ganzen Block gesteckt wurde, dann kriegen Sie so etwas wie 100 Millionen Dollar oder sogar mehr. Wenn man nun die gleiche Summe zur Verfügung hätte und sich überlegte, was man mit dem ganzen Block als einem einzigen Projekt anfangen könnte, oder wenn man die 200 Millionen von zwei Blöcken zusammennimmt und die Straße dazwischen schließt, dann bekäme man einen Block von 1000 Fuß (rund 300 m) Seitenlänge. Man könnte die Querstraßen für die Anlieferung benutzen, Wohnhäuser, freien Raum, Arbeitsplätze, Parkplätze, Dienstleistungsbetriebe und alles übrige in weit größerem Ausmaß bereitstellen, als das heute der Fall ist. All die kleinen Nutzungen könnte man in den Straßen lassen, denn ein großer Teil des Reizes von New York ist ja diese Aktivität in den Straßen. Dieser Lebensrhythmus und diese Anreize müssen erhalten bleiben. Die Versorgung könnte unterirdisch gesichert werden. Die Häuser müssen an der Straßenseite bleiben. In der Mitte des neuen, großen Blocks könnte man ein Gebäude von beträchtlicher Größe erstellen.

JC: Das würde natürlich bedeuten, daß man all die bestehenden Häuser an der mittleren Straße abreißen müßte.

KR: Im Innern des neuen Blocks, ja. Wo die Straßen bleiben, wird die Straßenfront nicht berührt. Hinter der normalen Straßenaktivität steht der große Baukörper, der Wohnungen, Häuser, Hotels usw. enthalten kann. Die Straße aber könnte man in Ruhe lassen. Es gibt Teile von New York, die man sicher erhalten will. — Das ist ein sehr einfacher Weg, die Sache ganz neu anzupacken, ohne die Stadt zu zerstören.

HK: Das ist eine vernünftige Forderung, die eigentlich nach einem anderen Gesellschaftssystem verlangt.

KR: Das stimmt. Wir müssen uns darüber klar sein, daß wir uns heute Problemen gegenübergestellt sehen, die wir nie zuvor hatten.

HK: Glauben Sie denn, daß ein Architekt zuerst das Wirtschaftssystem verändern muß, bevor er in dieser Größenordnung bauen kann?

KR: Ich finde, in einem Ort wie New York muß man privates Kapital nehmen und in ein Investitionsprogramm lenken können, aus dem ein noch annehmbarer Zinsgewinn zu erwarten wäre; dann setzt man das Geld ein, um organisierter zu bauen.

JC: Damit meinen Sie also, daß es innerhalb unserer bestehenden Gesellschaft möglich wäre.

KR: Es ist nicht nur möglich, sondern die Wahrscheinlichkeit ist groß, daß es der einzige Weg ist.

JC: Wurde so etwas je zuvor realisiert?

KR: Nicht daß ich wüßte. In unserer Gesellschaft müssen wir nicht Kontrollen im totalitären Sinne einführen, sondern nur in gewissen Situationen, um Geld, die Energie dieser Gesellschaft, für eine besser organisierte Verwendung im Städtebau gezielt ein-

30 Federal Reserve Bank, New York. 1969. Kevin Roche, John Dinkeloo und Partner. Lageplan.

setzen zu können. Ein Beispiel dafür sind in gewissem Sinne die größeren öffentlichen Wohnungsbauprojekte.

HK: Das würde natürlich voraussetzen, daß alle bisherigen Landeigentümer einverstanden sind.

KR: Man müßte jedermann dazu bringen, Geld in ein solches Projekt zu stecken; das ist der erste Schritt. Dann bestimmt man einen vernünftigen Straßenraster. Der Rasterplan von New York entspricht dem alten Pferdeverkehr, den kleinen Stadtwohnungen. Er hat heute keinen Sinn mehr. Vielleicht bestimmt man einen Raster, in dem jeweilen nach zehn Straßen eine Querstraße geführt wird. Auch so kann man immer noch eine separate Fußgängerebene erstellen. Wir müssen diese Probleme nun lösen, indem wir die vorhandenen Kräfte innerhalb unserer Gesellschaftsstruktur auf neue Weise einsetzen.

JC: Der Architekt muß zum Reformer werden.

KR: Er muß auch in die Stadtplanungskommission und in den Budgetausschuß gehen und in die Politik und so weiter.

JC: Dann macht man aber keine Architektur. Und letztes Endes bleibt man frustriert zurück, wenn es keine greifbaren Instrumente in der Gesellschaft gibt, um diese Pläne zu realisieren.

KR: Ich meine, selbst wenn wir diese Mittel heute greifbar hätten, so würde uns doch die konkrete Erfahrung fehlen, um das Problem zu lösen; selbst wenn wir mehrere Milliarden Dollar für den Bau neuer Städte zur Verfügung hätten.

HK: Es gibt neue Städte, die gebaut worden sind. Wir kennen einige berühmte Beispiele, aber sie sind Fehlschläge. Brasilia zum Beispiel.

KR: Richtig.

JC: Die Leute wollen nicht in den künstlichen Gebilden leben, die zwar ästhetisch stimmen, aber als Umgebung für den Menschen nicht. Wir wollen nicht in einer Zeichenbrettwelt leben.

KR: Es ist möglich, ein Gericht so zu kochen, daß man es essen kann. Dann nimmt jemand ein solches Gericht und multipliziert es hunderttausendfach, steckt das Ganze in Aluminiumpackungen und in die Tiefkühltruhen, und es wird völlig ungenießbar. Und doch essen wir es täglich. Man kann nicht einfach ein Rezept nehmen und multiplizieren und dann glauben, man löse damit menschliche Probleme.

JC: New York City wirft für den Architekten offensichtlich entscheidende Fragen auf. Die Ford Foundation ist bis heute Ihr größter Bau. Das Gebäude der Federal Reserve Bank ist eines Ihrer vielen Projekte in New York, das wir herausgreifen möchten. Welchen Problemen stehen Sie hier gegenüber? Sie bringen da eine sehr ungewöhnliche Lösung, die bestimmt viele Fragen provozieren wird.

KR: Ich werde die Entwicklung in stark verkürzter Form zusammenfassen. Vom Auftraggeber her ist das Problem einfach. Man will etwa 37 000 m2 (400 000 Quadratfuß) Bürofläche, ganz einfach Bürofläche; man braucht den Raum sehr dringend. Die Bedingungen sind einfach, weil es nur um die Bereitstellung dieses Raumes geht. Hingegen will man der Öffentlichkeit gegenüber verantwortungsbewußt bauen.

JC: Hat man Ihnen erklärt, was man unter diesem Verantwortungsbewußtsein versteht, oder zeigte man ganz einfach eine gewisse Sensibilität für diesen Aspekt?

KR: Nein, die Leute fanden einfach, es sollte etwas geschehen. Es handelt sich um ein Grundstück in Lower Manhattan (Abb. 30) von etwa 2000 m2 (21 300 Quadratfuß) -

31 Blick in die Nassau-Straße, New York.

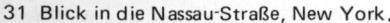

siehe weiße Fläche. Es hat eine unregelmäßige Form und ist umgeben von drei schmalen Straßen: Nassau Street, John Street und Maiden Lane. Es liegt in einem Block, in dem es verhältnismäßig viele neue Gebäude gibt, einen großen Platz und eine Kirche, die ein Wahrzeichen ist. Das ist das Grundstück, das die Bank kaufen konnte. Das Gebäude ist ein Erweiterungsbau für die Federal Reserve Bank, die in einem der gegenüberliegenden Blöcke untergebracht ist.

Das Grundstück hat einige besondere Merkmale. Es geht darum, möglichst viel brauchbaren Büroraum auf einem eng beschränkten Block bereitzustellen und gleichzeitig möglichst viel öffentliche Nutzung in Form von Freiflächen und einen vernünftigen Bezug zu den anderen Gebäuden zu schaffen. Zuallererst: Die Gegend ist ein Ballungsgebiet. Auf den Gehsteigen stehen Straßenverkäufer — was gut ist. Ein ordentlicher Beruf, den man fördern sollte. Und es gibt eine außergewöhnliche Kulisse, wenn die Nassau Street für den Verkehr gesperrt wird. Dann bevölkern die Leute die ganze Straße (Abb. 31). Bis zu diesem Moment waren alle diese Leute auf den Gehsteigen. Hier spürt man, daß öffentliche Nutzung hieße, ein wenig freien Raum zur Verfügung zu stellen, in diesem Falle auf ebener Erde.

Wie aber kann man das innerhalb der bestehenden Zonenplanung realisieren, die im Grunde genommen für die normalen, rechtwinkligen Blocks am besten funktioniert? Gemäß der bestehenden Zonenplanungsbestimmungen gab es drei grundsätzliche Möglichkeiten. Die erste nennt man „Standard Zoning" (Abb. 32), das heißt, daß man direkt von der Grundstückgrenze her baut. Man kann etwa 26 m (85 Fuß) in die Höhe bauen und muß dann zurücksetzen, und zwar in einer schiefen Ebene, einer Hilfsebene, deren Neigung aus dem Verhältnis 1:2,7 besteht; bis man an einen Punkt kommt, an dem die Gebäudefläche 40 Prozent der Grundstückfläche ausmacht. Bei dieser Lösung kann man fünfzehnmal die Grundstückfläche erhalten. Um nun die Erweiterung der Gehsteige zu fördern und von der Straße zurückzugehen, gibt es das sogenannte „Alternate Zoning" (Abb. 33). Dabei wird die schiefe Ebene steiler und das Bauvolumen erweitert bis zu einer maximalen Ausnützungsziffer von 18 FAR (Floor Area Ratio). Bei dieser Lösung, vorausgesetzt, daß man die erforderliche Piazza zur Verfügung stellt, kann man also achtzehnmal die Fläche des Grundstücks bauen. Die dritte Möglichkeit erlaubt den Bau eines steilen Turms, der für die Reduzierung des zugelassenen Baukörpers eine erhöhte Ausnützung zugesteht.

Das sind also die drei grundsätzlichen Möglichkeiten. Nun wenden wir diese allgemeinen Bestimmungen auf das betreffende Grundstück an. Mit Standard Zoning könnten wir ein Gebäude konstruieren, das im wesentlichen aus drei aufeinandergestellten Klötzen besteht (Abb. 35). Der erste Klotz ist sechs Stockwerke hoch und hat rund 2000 m2 (21 600 Quadratfuß) pro Geschoß; der zweite hat vierzehn Geschosse zu je rund 1300 m2 (14 000 Quadratfuß) und der dritte hat sechzehn Geschosse zu je rund 800 m2 (8500 Quadratfuß). Das bedeutet eine Ausnützungsziffer von 15. Diese Lösung nützt das Grundstückpotential nicht voll aus, denn mehr als die Hälfte der Geschosse dieses Gebäudes wären zu klein, um brauchbar zu sein. Sie schafft auch keinen öffentlichen Raum (Abb. 36) und stellt keine zufriedenstellende Beziehung zu den bestehenden Gebäuden her.

JC: Welches ist die totale Quadratmeterzahl bei dieser Lösung?

KR: Es wären etwa 30 000 m2 (320 000 Quadratfuß).

JC: Wäre das ausreichend?

KR: Nun, es kommt nicht an das maximale Potential des Grundstücks heran, und es erfüllt nicht die Anforderungen des Auftraggebers, der etwa 37 000 m2 (400 000 Quadratfuß) haben möchte. Und zudem wird keine Beziehung zu den umliegenden Gebäuden hergestellt; es gibt also keinen Grund, es so zu bauen.

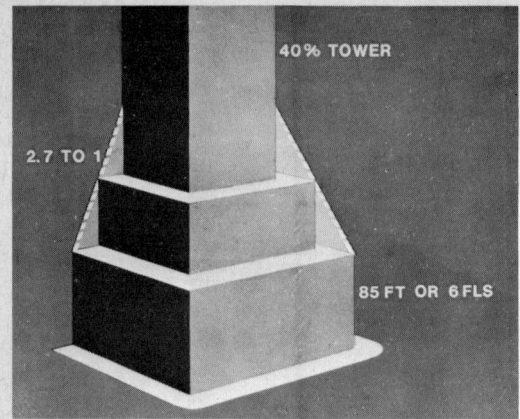

32 Federal Reserve Bank. Lösung nach dem Standard Zoning.

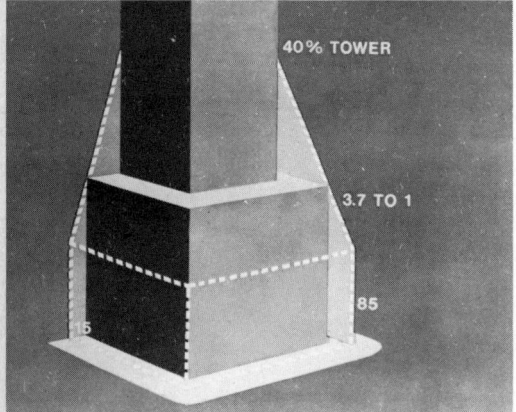

33 Federal Reserve Bank. Alternative Lösung nach dem Standard Zoning.

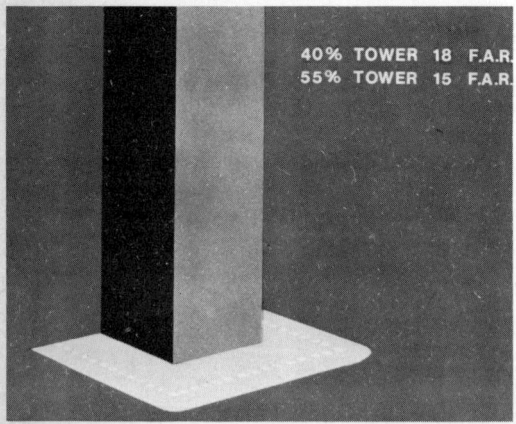

34 Federal Reserve Bank. Turmlösung.

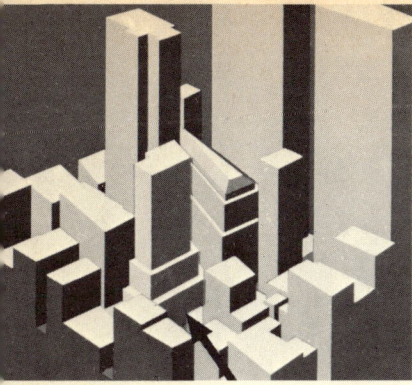

35 Federal Reserve Bank. Luftansicht
der Lösung nach dem Standard Zoning.

36 Federal Reserve Bank. Straßenansicht der Lösung
nach dem Standard Zoning.

37 Federal Reserve Bank. Luftansicht
der alternativen Lösung.

38 Federal Reserve Bank. Straßenansicht der
alternativen Lösung.

39 Federal Reserve Bank. Luftansicht
der Turmlösung.

40 Federal Reserve Bank. Straßenansicht der
Turmlösung.

Die zweite Möglichkeit wäre Alternate Zoning. Das Zurücksetzen hinter die Grundstückgrenze und normale Baulinie ermöglicht das maximale Bauvolumen und ergibt ein Gebäude aus zwei Blöcken (Abb. 37), einer mit elf Stockwerken zu rund 1300 m2 (14 000 Quadratfuß), der andere mit achtundzwanzig Stockwerken zu 790 m2 (8500 Quadratfuß). Wir geraten ins gleiche Dilemma: Wir könnten hier zwar rund 35 000 m2 (380 000 Quadratfuß) im Baukörper realisieren, doch ist davon sehr viel unbrauchbarer Raum, da die Geschosse zu klein sind. Zudem ist die Beziehung zu den übrigen Gebäuden nicht sehr viel besser (Abb. 38).

Die dritte Möglichkeit wäre der einfache Turm, mit einer Geschoßfläche von 50 Prozent der Grundstückfläche (Abb. 39). Damit hätten wir zum erstenmal die Gelegenheit, ein rechteckiges Gebäude zu bauen (Abb. 40). Die anderen folgten ja der Grundstücklinie, was sehr schwierig zu nutzenden Büroraum mit merkwürdigen Formen ergäbe. Bei der Turmlösung könnten wir vierunddreißig Geschosse zu rund 950 m2 (10 300 Quadratfuß) bauen, was wieder eine zu kleine Geschoßfläche ergibt.

Auf diesem Grundstück und auf Grund der bestehenden Zonenplanbestimmungen können wir kein vernünftiges Gebäude bauen. Es ist offensichtlich, daß innerhalb der bestehenden Normen keine zufriedenstellende Lösung zu finden ist, weder in bezug auf die funktionellen Anforderungen noch für die öffentliche Nutzung. Wir könnten direkt an der Straße bauen, doch hieße das, eine bereits hoffnungslose Situation noch zu verschlimmern. Wenn wir das Gebäude zurücksetzen, so verbessern wir das Ganze ein wenig, aber dann zerstören wir den Straßenzug. Man erreicht etwas und eben doch nichts.

Das ist der Moment, in dem man zum Schluß kommt, daß es in der jetzigen Situation offenbar nichts Ergiebiges gibt. Wenn wir die Ziele neu formulieren, so kann vielleicht eine Lösung entwickelt werden, die eine Abweichung von den Zonenplanvorschriften erfordert. Die erste Zielsetzung, die wir in Betracht ziehen müssen, ist die Bereitstellung von brauchbarem Büroraum. Brauchbarer Büroraum bedeutet: rechteckige Geschoßfläche von genügender Größe, mindestens 1200 oder 1300 m2 (13 000—14 000 Quadratfuß; Abb. 41). Die zweite Zielsetzung ist, im Hinblick auf die Ballung in diesem Gebiet, die Schaffung von möglichst viel offenem Raum, wenn möglich landschaftlich gestaltet und auf jeden Fall mit Zugang von der Straße her. Wenn man aber diese Zielsetzung logisch zu Ende denkt, dann würde man das Gebäude überhaupt nicht bauen (Abb. 42). Die dritte Zielsetzung betrifft die Beziehung der einzelnen

41 Federal Reserve Bank.
Nutzbare Bürofläche.

42 Federal Reserve Bank.
Nutzbarer öffentlicher
Raum.

43 Federal Reserve Bank.
Der Pfeil bezeichnet die
Stellung des projektierten
Gebäudes in Lower
Manhattan.

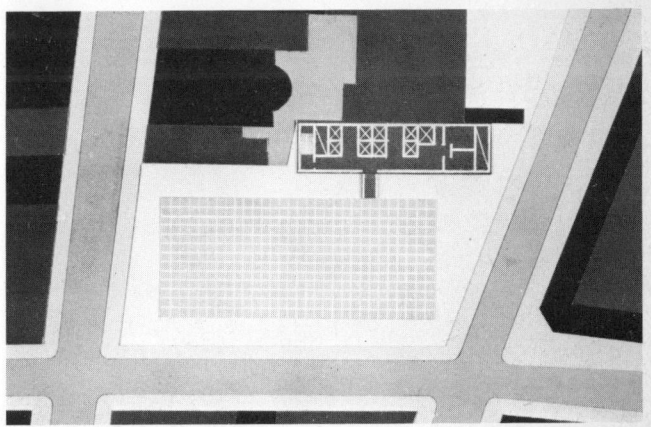

44 Federal Reserve Bank.
Bürohochhaus mit abge-
setztem Installationskern.

45 Federal Reserve Bank.
Lösungsmöglichkeit.

46 Federal Reserve Bank.
Lösungsmöglichkeit.

47 Federal Reserve Bank.
Endgültiger Lösungsvor-
schlag für den öffentlichen
Raum unter dem
Hochhaus.

Bauten zueinander. Unser Gebäude muß in Beziehung stehen zu den hohen Bürogebäuden im gleichen Block und zu den anderen großen, rechteckigen Gebäuden in der Nähe, Chase Manhattan Bank und Marine Midland. Das ist der Kontext. Wenn wir die Verantwortung für die Herstellung solcher Beziehungen nicht übernehmen, dann wird das in New York nie geschehen. Die vierte Zielsetzung betrifft die Entwicklungspläne für die untere Spitze von Manhattan (Abb. 43). Das sind riesige Projekte, die zwei Türme des World Trade Center (Welthandelszentrum) beim Battery Park, das US-Steel-Gebäude, das sich in Bau befindet, und die schon erwähnten bestehenden Türme. Unser Gebäude wird von diesen Ungeheuern umgeben sein. Sie würden uns in ein Loch drängen. Man würde sich in diesem Gebäude in eine Schlucht versetzt fühlen. Betrachten wir das ganze Projekt nochmals unter anderen Gesichtspunkten. Erstens, ein Bürohaus hat einen Kern. Zweitens, es sollte rechteckig sein und eine Geschoßfläche von mindestens 1200 m2 (13 000 Quadratfuß) aufweisen. Wir legen diese Fläche in die Mitte des Grundstücks (Abb. 44), nehmen jedoch den Installationskern weg und setzen ihn zurück an den Installationskern des nächsten Gebäudes, wodurch wir offenen, unverstellten Raum mit maximaler Fensterfläche erhalten. Dazu müssen wir natürlich einige Zurücksetzungsvorschriften verletzen, aber wir werden trotzdem mit dieser Lösung weiterfahren und sehen, was wir erreichen. Der daraus entstehende Gebäudeblock würde dann so aussehen (Abb. 45). Es entsteht eine Art Foyer, etwa 6, 9 oder 12 m hoch (20, 30 oder 40 Fuß). Eine andere Zielsetzung ist es, das Gebäude in Beziehung zur alten Federal Reserve Bank auf der anderen Straßenseite zu bringen. Schließlich arbeiten die gleichen Leute darin.
Hier ist nun der Punkt, wo wir den großen Sprung machen. Wir halten fest, daß wir dort sowieso kein Foyer haben wollen. Das nützt der Öffentlichkeit nichts. Und außerdem möchten wir aus dem Loch herauskommen. Also nehmen wir doch das ganze Gebäude und schieben es hoch (Abb. 46)! Und zwar so, daß es mit der Dachlinie der alten Federal Reserve Bank übereinstimmt. Hier <u>beginnt</u> nun das Gebäude. Wir haben jetzt unten unverbauten Raum, und eine neue Beziehung wird zum Chase-Manhattan- und zum Marine-Midland-Gebäude hergestellt. Das Gebäude würde getragen von etwa 50 m (165 Fuß) hohen Stützen mit einem Durchmesser von 3,35 m (11

48 Federal Reserve Bank. Modell der Stützpfeiler.

49 Federal Reserve Bank. Modell des Gebäudes auf Pfeilern.

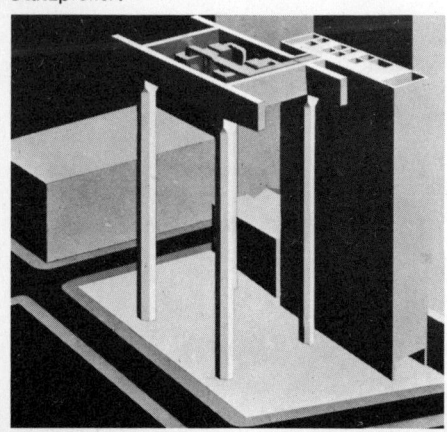

Fuß) und mit dem gleichen Stein verkleidet wie die alte Federal Reserve Bank. Dieser Platz in der Vertikalen ist nun ausreichend, so daß das Bürogebäude nicht direkt auf dem Boden sein muß, und wir können nun öffentlichen Raum schaffen (Abb. 47). Die vier Stützen tragen die Unterzüge, welche die Installationen enthalten (Abb. 48). Der Büroblock sitzt auf diesen Unterzügen und hat einunddreißig Geschosse (Abb. 49). Das ist das Gebäude, das wir bauen können. Der öffentliche Raum an der Nassau Street (Abb. 50) kann aufgrund einiger Übertretungen von Vorschriften über öffentliche Zonierung gewährleistet werden.

JC: Sie haben uns in dieser verkürzten Darstellung die Entwicklung dargelegt, aus der dieses verblüffende Resultat entstand. Wenn das Gebäude fertig gebaut ist, wird der zufällige Betrachter die Vorgeschichte nicht kennen. Der erste Eindruck wird dann der große Unterschied zwischen den sehr brutalen Stützen und der dünnen Glashaut des Gebäudes sein.

KR: Das Tragsystem ist ganz aus Beton; auf ihm ruht die Stahlkonstruktion. Wir haben reflektierendes Glas vorgeschlagen, als eine vollständige Außenhaut, so daß die Konstruktion gegen Temperaturschwankungen isoliert wird. Wir nehmen dem Baukörper die thermische Belastung. Es gäbe auf jedem Geschoß drei verschiedene Reflexionswerte: Der untere Teil würde 100 Prozent reflektieren, der Teil über der Kopfhöhe würde 75 Prozent reflektieren. Auf Augenhöhe wäre das Glas relativ durchsichtig. Jedes Büro wäre also oben und unten vor der Sonne geschützt.

JC: Wie gestalten Sie den Raum unter dem Gebäude?

KR: Man könnte die Piazza natürlich auf viele verschiedene Arten entwerfen. Es ist ein so kleiner Platz, daß man eine Art Kopfsteinpflaster verwenden möchte, ähnlich wie in Schweizer oder bayerischen Kleinstädten, was eine lebendige Oberfläche ergibt.

HK: Kein Beton?

KR: Nein. Der Platz ist jederzeit von der Straße her zugänglich. Selbstverständlich ist auch die Beziehung der Kirche zum Platz wichtig. Die Kirche steht auf dem Grundstück, auf dem die erste Methodistenkirche in den USA entstand. Die ersten zwei Kirchen brannten ab, und das ist nun die dritte, 1850 gebaut. Sie ist ein historisches Monument. Wir werden für den Platz eine sehr starke, zentrale Beleuchtung schaffen, so daß es dort auch spät am Nachmittag noch hell ist.

HK: Ein Ersatz für die Sonne.

KR: Die Sonne dringt nicht bis auf die Straße hinunter.

HK: Gab es vom Auftraggeber her irgendwelche Einwände?

KR: Zuerst begriffen nicht alle, daß man auf dem normalen Weg kein vernünftiges Gebäude bauen konnte. Aber schließlich haben sie es akzeptiert.

JC: Ihre Bauten zeichnen sich durch ihre einzigartigen Dimensionen aus.

KR: Ich möchte das so erklären: Ich mag die Insel Manhattan, mit all ihren Fehlern. Sie ist so etwas wie ein ungelenker Prototyp dessen, wohin wir steuern. Die guten Seiten von New York und die schlechten Seiten von New York werden sich einfach ausbreiten. Die Insel selbst hat eine gewisse Dimension, wegen der riesigen Brückenkonstruktionen, die die Flüsse überspannen. Man gerät in eine Dimension, die mit der ganzen Insel in Übereinstimmung steht. Es ist nicht unbedingt das Maß, das dem kleinen Haus dort unten entspricht, aber es ist im Glelchgewicht mit der Stadt als Ganzem. Wenn wir das urbane Dilemma lösen wollen, dann müssen wir auf große Projekte gefaßt sein. Aufgrund des Volumens und der Dimensionen dieser Projekte werden wir alle gezwungen sein, in weit größeren Maßstäben und kühneren Dimensionen zu denken, also großzügigere Planungsziele zu setzen. Es gibt viele andere Arten von Experi-

50 Federal Reserve Bank. Öffentlicher Raum im endgültigen Lösungsvorschlag.

51 Knights of Columbus Building in New Haven, Connecticut. 1967—1970. Kevin Roche, John Dinkeloo und Partner.

52 Ford Foundation, New York. 1967. Kevin Roche, John Dinkeloo und Partner. Copyright ESTO für die Ford Foundation.

53 Knights of Columbus Building und New Haven Coliseum.

menten, die man durchführen könnte, um die Möglichkeiten der Auseinandersetzung mit einem größeren Projekt und seiner Aufgliederung zu erforschen. Ein Projekt von einer Milliarde Dollar kann man nicht auf einen Raster von 4 Fuß (etwa 1,2 m) basieren; man lernt allmählich, ganz andersartig umzusetzen. Es ist der Anfang der Erkenntnis, daß wir viel größeren Problemen, viel größeren Projekten gegenüberstehen.

HK: Nun, kühne Maße sind in einigen Ihrer Bauten offensichtlich.

JC: Das Haus der Knights of Columbus in New Haven zum Beispiel (Abb. 51) steht in Beziehung zur nahen Autobahn. Sie haben dem Bedürfnis des Autofahrers Rechnung getragen. Aber wie steht es mit dem Mann, der sich Ihrem Gebäude zu Fuß nähert? Sie haben das bestimmt selbst schon oft getan und wie jedermann das überwältigende Gefühl gehabt, von dem Gebäude verschlungen zu werden. Man erschrickt vor der Wuchtigkeit der Eckpfeiler. Was der Autofahrer erlebt, ist ganz anders als das, was der Fußgänger erlebt. Der Mann, der daran vorbeigeht, hat das Gefühl, als ob er unter der George-Washington-Brücke (verbindet die Insel Manhattan mit dem Festland New Jerseys) durchginge. Wollten Sie das so? Man ist überwältigt. Ist das ein Maß, das für den Menschen noch stimmt?

KR: Ja, denn es funktioniert vor allem bei den Leuten, die das Gebäude am meisten angeht: die drin sind. Und sehen Sie sich doch das Gebäude der Ford Foundation an (Abb. 52). Es hat an der 42. Straße riesige Ausmaße, aber ich glaube nicht, daß man davon überwältigt wird. In Wirklichkeit bemerken es überhaupt nur ganz wenige Leute. Man muß es schon in bezug auf den ganzen Straßenzug sehen, bevor man sich der Größe des Gebäudes bewußt wird. Und es ist in Wirklichkeit ein sehr ruhiges Gebäude, es ist nicht aggressiv. Ich hoffe, daß der ganze Komplex in New Haven nach der Fertigstellung des Knights-of-Columbus-Gebäudes und des Coliseum ein einheitlicher Raum sein

wird. Der Turm wird keinen so überwältigenden Eindruck mehr machen. Ich ziehe einfach die Parallele zum Gebäude der Ford Foundation, das eigentlich sehr viel größer ist. Das Gebäude der Knights of Columbus ist wirklich viel kleiner. Die Ford Foundation ist ein Gebäude, das aus Einzelteilen zusammengesetzt ist. Es ist nicht einheitlich. Das Grundstück ist natürlich ziemlich problematisch: ein schmales Stück an der 43. und ein sehr breites Stück an der 42. Straße. Wir mußten auf viel größere Gebäude Bezug nehmen. Betrachten wir den Aufriß der 42. Straße: Alle Häuser an dieser Straße, die seit dem Krieg gebaut worden sind, weisen bei etwa 50 m (160 Fuß) wegen des Zonenplans eine Stufung auf; die Gebäude gehen gestaffelt zurück, der zweite Absatz ist bei etwa 50 m. Wir nahmen also den zweiten Absatz als Höhe für unseren Bau.

Lassen Sie mich ein anderes Beispiel nennen, was die Dimension anbelangt. Das Oakland Museum ist riesig, wenn man es aus der Luft sieht (Abb. 54), und die Elemente, mit denen die Leute konfrontiert werden, sind eigentlich sehr groß. Die ganze Beziehung zwischen den Menschen und der Architektur wird aber mit Hilfe der Betonbandelemente hergestellt, auf denen die Leute sitzen. Sie fühlen sich sehr wohl. Es sind kühne Maße, aber niemand hat es je bemerkt oder gar erwähnt. Die Treppenstufe war unser Grundmodul. Wir haben ein horizontales Grundmodul von etwa 12,5 cm (5 Zoll), die nächste Einheit ist 20 Zoll, dann rund 1,5 m (5 Fuß) und schließlich etwa 6 m (20 Fuß). Wir haben ein Rastermodul auf der Basis von 10 Fuß (etwa 3 m). Das Problem der Dimensionen ist im allgemeinen sehr merkwürdig, denn es hängt sehr davon ab, wie man es behandelt und welchen Bezug man zum einzelnen Teil herstellt. Wenn ich nach San Francisco fahre, so stelle ich mich gerne unter die Golden-Gate-Brücke. Ein aufregendes Erlebnis! Und irgendwie fühlt man sich gar nicht als Zwerg. Es hat die gleiche Qualität, die man in der Natur findet.

HK: Die Brücke entspricht in ihren Dimensionen der Landschaft, der Bucht und den Bergen.

KR: Ja, in der Tat. Sie ist riesig, aber das schreckt einen nicht, weil sie das Maß der Landschaft hat.

HK: Aber ist es richtig, das Maß der Landschaft auf Bauten in einer Stadt zu übertragen?

KR: Wenn Sie eine Luftaufnahme von New Haven betrachten, so bemerken Sie das gigantische Ausmaß der städtischen Entwicklung. Da ist schon alles passiert; es ist das Wesen der Ostküste.

HK: Wir haben die Maße des Gebäudes der Ford Foundation im Verhältnis zur Straße bereits diskutiert. Sie mußten jedoch gleichzeitig die Größe des Innenhofes und der Büros im Verhältnis zu den Leuten, die dort arbeiten, berücksichtigen. In der Broschüre für den Bau halten Sie fest, daß die Architektur einen Rahmen schaffen soll, in welchem die Angestellten voneinander Kenntnis nehmen, indem sie sich über den Hof hinweg sehen können (Abb. 55).

KR: Wir haben versucht, ein Gemeinschaftsgefühl zu erzeugen. Das Problem der gemeinsamen Ziele ist in einem Unternehmen sehr entscheidend. Eine Gruppe von Leuten verbringt die Arbeitszeit für einen bestimmten Zweck. Nehmen wir einmal an, der Zweck sei mehr als bloß der Kauf einer Kiste Bier am Samstag abend. Nehmen wir an, daß es tatsächlich Leute sind, die sich bemühen, einen Beitrag an die Welt zu leisten, in der sie leben. Innerhalb der Ford Foundation sind sie Teil eines Instrumentes, das viel Geld zur Verfügung hat, mit dem man, wenn es richtig gelenkt wird, einen ziemlich wichtigen Beitrag auf vielen Gebieten leisten kann. Nehmen wir also an, wir haben es mit Leuten zu tun, die sich einer guten Sache verschrieben haben, die keine An-

strengungen gescheut haben, um dieser Organisation beizutreten. Es ist für sie nicht irgendein Job.

Wir haben also diese dreihundert Leute mit einem gemeinsamen Ziel. In einer solchen Gemeinschaft ist es wirklich sehr wichtig, daß man voneinander Kenntnis nimmt, damit das gemeinsame Ziel verstärkt wird. Ich glaube, daß das Ziel der Organisation klarer würde und die Dinge, die man erreichen kann, nutzvoller wären, wenn die Leute miteinander kommunizieren, wenn sie wirklich Kenntnis voneinander haben. Ich kann das illustrieren. Sie haben parallele Programme in verschiedenen Ländern laufen, aber jedes wird von verschiedenen Gruppen, Abteilungen geleitet. Es gibt Programme, die sich mit Erziehung oder mit Geburtenkontrolle oder mit Landwirtschaft befassen, in Südostasien und in Zentralafrika. Die Leute in den verschiedenen Abteilungen haben nie miteinander kommuniziert, ausgenommen über die Organisationsspitze. Ich finde, es ist nur vernünftig, anzunehmen, daß ein Gemeinschaftssinn in solch einer Organisation sehr viel helfen würde.

HK: Sie wollen Gemeinschaft durch Sichtkontakt herstellen.

KR: Wir bauen für sie ein Haus. Eine der wichtigsten Zielsetzungen ist die Förderung des Gemeinschaftssinns, und wir gehen dabei von der Voraussetzung aus, daß das nicht ein x-beliebiges Bürohaus ist, sondern etwas ganz Besonderes. Die Tatsache, daß es sich hauptsächlich aus Büroraum zusammensetzt, besagt noch nichts über seinen Charakter — der hängt mit den Leuten und ihrem allgemeinen Ziel zusammen. Die Leute in einem typischen New Yorker Bürohaus werden in den einzelnen Stockwerken aufeinandergestapelt. Früher belegten die Angestellten der Ford Foundation elf Geschosse eines typischen New Yorker Bürogebäudes. Sie waren in verschiedenen Stockwerken untergebracht und hatten wenig Ahnung, was die Ford Foundation ist.

54 Oakland Museum, Oakland, Kalifornien.
1969. Kevin Roche, John Dinkeloo und Partner.

55 Ford Foundation Building. Blick über den Hof auf die Büros.
Foto: Ezra Stoller, Copyright ESTO.

Sie stiegen in einem bestimmten Stockwerk aus, und damit hatte es sich. Die ganze Kommunikation ging übers Telefon und über schriftliche Bekanntmachungen, aber das ist in Wirklichkeit nicht genug. Man kann sich vom Kontakt mit anderen Menschen nicht einfach absondern, und es genügt nicht, sich nur in der Kantine einmal zu sehen. Denn die Gegenwart eines anderen Menschen hat auf uns großen Einfluß.

Wahrscheinlich gibt es viele Arten, dieses Problem zu lösen, wenn man eine endlose Zahl von Grundstücken und eine endlose Vielfalt von peripheren Problemen hat. Aber betrachten wir einmal die Probleme an der 42. Straße in New York City. Ich will Ihnen einfach die Darstellung wiedergeben, die ich dem Verwaltungsrat der Ford Foundation präsentiert habe. Das gewöhnliche Bürohaus ist ein Produkt des darin investierten Kapitals; und es basiert auf ein paar ziemlich einfachen Ideen. Es gibt einen zentralen Versorgungskern, und es gibt Büroraum. Das einzige Zückerchen, das man dem Benützer zuwirft: Der besser Bezahlte darf am Fenster sitzen. Die Installationen legt man in den Kern. Man baut so hoch wie das Gesetz es erlaubt, und das ergibt dann das Gebäude. Und man baut noch ein Hochhaus und noch eines, und dann legt man dazwischen Straßen an, und das ist eben Manhattan. Man baut hoch, und der besser Bezahlte wird die bessere Aussicht haben; das funktioniert in der Theorie ausgezeichnet, so lange, bis jeder das gleiche tut. Alle gehen sie an ihre Fenster, und alle gucken sie hinaus und sehen — Fenster! Die Bürofamilie, zu der die Leute von der Ford Foundation von neun bis fünf gehören, belegte früher elf Geschosse eines Spekulationsbaus; der hatte keine knallroten Streifen an der Fassade oder sonst etwas, was ihn von andern unterschied. Man konnte überhaupt nicht sagen, wo man war.

Es gibt ein Kommunikationsproblem. Nehmen wir einmal den Mann in seinem kleinen Büro; er kommt zum Büro im Aufzug, und er kennt vielleicht gar niemanden von den anderen elf Stockwerken. Er sieht die anderen in der Kantine, aber das ist schon alles. Dieser Mann also sitzt in seinem kleinen Abteil mit seiner prächtigen Aussicht, mit der Isoliertheit und mit der ganzen elektronischen Ausrüstung für die Kommunikation. Das wollen wir nicht liefern, nicht kopieren.

Nun zum Problem des Grundstücks. Fast alle übrigen Gebäude an der 42. Straße sind seit dem Krieg in großer Eile gebaut worden, für spekulative Zwecke; sie sind unschön und bestimmt nichts, wozu wir eine Beziehung herstellen möchten. Zum Glück gibt es an der Stelle noch etwas ganz anderes, die Kirche — ein unechtes Stück Bühnenbildarchitektur, das aber eine recht nette Art hat und eine ziemlich nette Umgebung schafft, mit Bäumen, Singvögeln und sogar mit ein wenig Sonnenlicht. Es gibt auch Platz, wo man sich setzen und die Sonne genießen kann, sogar im Winter. Deshalb wollten wir zu diesem Gebäude eine Beziehung herstellen, nicht zu der typischen 42nd-Street-Atmosphäre.

Der Verkehr ist so dicht, daß man von der 42. Straße her nicht einfahren kann; selbstverständlich brauchten wir für dieses Gebäude eine Limousinenzufahrt für Staatsoberhäupter oder Botschafter. Das Grundstück bot die Gelegenheit, eine Zufahrt von der 42. Straße zu wählen. Wenn man über die Brücke kommt, sieht man das Gebäude zum erstenmal. Wir hatten die einmalige Chance, einmalig für New York auf jeden Fall, die Zufahrt um das Gebäude herum zu führen, bevor man zur eigentlichen Einfahrt gelangt (Abb. 56). Es ist eher wie bei einem Landhaus, wo man eine richtige Zufahrtsstraße hat. Welche Art Gebäude hätten wir aufgrund des gegebenen Programms bauen können? Wir haben nicht das ganze Baukörperpotential des Grundstücks ausgenützt. Wir hätten fast zweieinhalbmal soviel Raum umbauen können. Aber die Ford Foundation konnte kein Haus zum Vermieten bauen, sondern lediglich eines für den Eigenbedarf. Wir hatten somit eine einmalige Gelegenheit. Wir hätten ein fünfgeschossiges Gebäude bauen können, das die gesamte Grundstückfläche bedeckt hätte. Der Grundriß hätte

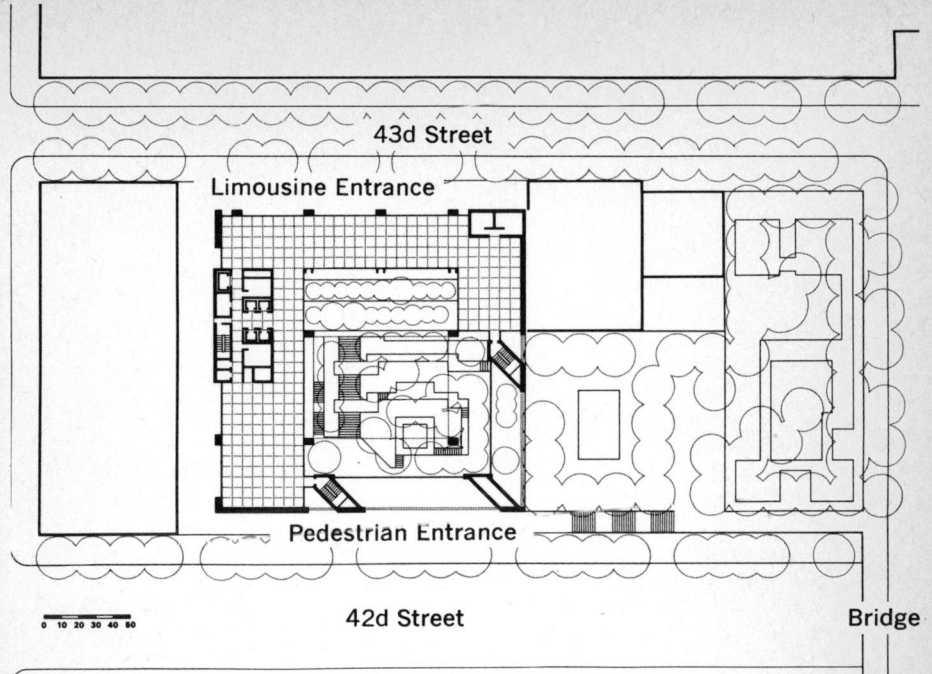

43d Street

Limousine Entrance

Pedestrian Entrance

0 10 20 30 40 50

42d Street

Bridge

56 Ford Foundation Building. Lageplan.

dann Büros im Innern und Korridore nach außen ergeben. Es wäre ein sehr nüchternes Gebäude geworden. Selbstverständlich haben wir noch viele andere Möglichkeiten in Betracht gezogen, aber schließlich wählten wir eine Lösung, die eine ganz besondere Umgebung schafft.

HK: Sie haben dem Gebäude einen Innenhof gegeben, der mit Blumen und Bäumen bepflanzt ist. Die Angestellten haben eine hübsche Aussicht, und die Öffentlichkeit ist auch eingeladen; jedermann kann einfach hineingehen. Die Ford Foundation versteckt ihr Gesicht nicht hinter einer nichtssagenden Fassade. Sie haben den Angestellten die Möglichkeit gegeben, einander bei der Arbeit zu sehen, indem Sie die zwei Büroflügel in einem Winkel gegen den Hof anordneten. Es könnte jedoch auch etwas ganz anderes geschehen, nämlich daß die Leute nicht nur miteinander Kontakt haben, sondern daß sie sich auch gegenseitig bespitzeln. Fühlt man sich nicht vielleicht doch beobachtet?

KR: Ich wünschte, Sie könnten dort einen Tag im Büro arbeiten.

HK: Es gibt in der heutigen Architektur fast eine Ideologie der Kommunikation. Die Architekten versuchen, die Leute zusammenzubringen, indem sie gemeinschaftliche Räume schaffen. Gleichzeitig sollte es aber eine Privatsphäre geben, sogar in einem Bürohaus. Wenn der „Große Bruder" einen immer beobachten kann, gibt es keine Privatsphäre.

KR: Das passiert wirklich nicht. Es ist eher so, wie wenn man am ersten warmen Sommertag zum erstenmal in den Badehosen herumläuft und noch nicht so recht in

81

Form ist; doch je mehr Leute da sind, um so weniger aufgeregt ist man, vor allem, wenn alle anderen in der genau gleichen Lage sind. Man fühlt sich dann nicht gar so entblößt. Ich finde, der beste Test ist, eine gewisse Zeit in dem Gebäude zu verbringen. Seit das Gebäude eröffnet ist, beobachte ich, wie die Leute reagieren; selbstverständlich gibt es all die üblichen Nörgeleien. Die Leute finden zum Beispiel, daß die Toiletten nicht groß genug seien. Das ist jedoch eine normale Kritik, die man immer und überall hört. Oder die Mädchen: Man sieht ihr Hinterteil, wenn sie vor der Schreibmaschine sitzen.

HK: Nun, als Mann hätte man nichts dagegen, aber architektonisch gesehen mag man vielleicht Einwände haben.

KR: Das Lustige daran ist, daß die einzigen, die daraus ein Getue machen, natürlich die etwas älteren Damen sind, was ja verständlich ist, wenn man darüber nachdenkt. Jeder kann aber nach Wunsch die Jalousien ziehen, die man beliebig verstellen kann. Etwa drei oder vier Mädchen im Gebäude stellen die Jalousien so, daß man ihre Beine nicht sieht. Alle übrigen Leute lassen sie offen.

HK: Das ist eigentlich weniger wichtig, doch könnte eine solche Situation nicht zu konformem Verhalten zwingen? Wer die Jalousien runterläßt, ist ein Außenseiter!

KR: Nein. Interessant war, daß McGeorge Bundy (Direktor der Ford Foundation) am ersten Tag seine Jalousien nicht hinunterließ. Es kam ihm einfach nicht in den Sinn. Er erzählte mir, es sei ihm allmählich bewußt geworden, daß er die Jalousien gar nicht schließen mußte. Obwohl er Privatheit sehr schätzt und zum Beispiel seine Füße gern auf den Schreibtisch legt, hatte er nichts dagegen, wenn man ihm dabei zusehen konnte. Wenn er am Nachmittag ein Nickerchen macht, dann schläft er einfach ein. Er tut's einfach, und das kommt natürlich zum Teil daher, daß man eigentlich gar nicht hineinschaut; man schnüffelt nicht herum. Die Distanzen sind so, daß der Eindruck des Verletzens der Privatsphäre gar nicht aufkommt.

JC: Und wenn nun ein hoher Regierungsbeamter oder ein Staatschef in Mr. Bundys Büro kommt und nicht gesehen werden möchte, oder man will eine private Konferenz abhalten?

KR: Darüber wurde viel gesprochen, doch bis heute gab es nie ein Problem. Der Verwaltungsratsvorsitzende, Dr. Stratton, hat ein Büro gewählt, das nicht auf den Hof geht; er ist also etwas abgesondert. Aber Dr. Stratton hat eigentlich einen weniger engen Kontakt mit den Leuten, die dort arbeiten; es ist ein wenig anders, wenn man Verwaltungsratsvorsitzender ist. Für die Kader und für den Direktor war es hingegen wichtig, bei den anderen zu sein.

JC: Wie steht es mit der Aussicht von den Büros, die nicht auf den Hof gehen? Haben sie die wohlbekannte New Yorker Aussicht?

KR: Hier liegt nun der Unterschied zwischen der ursprünglichen Intention und der Realität des Gebäudes, wie es sich entwickelte. Ich hatte gehofft, daß wir mit einer sauberen Lösung arbeiten könnten, wo die Korridore immer auf die Außenseite und die Büros alle nach innen gehen. Indem wir das Programm weiterentwickelten, wurde es notwendig, einige Büros nach außen zu legen.

HK: Ich finde, daß der Glashof mit dem Innengarten das Außergewöhnliche an diesem Bau ist. Das hat auch bereits andere beeinflußt. Ein Einwand hingegen wäre, daß es zu ästhetisch ist, zu perfekt, fast hygienisch. Man vermißt dort innen eine Sitzbank. Es ist ein wunderbar gestalteter Garten, aber man weiß nicht recht, wo man hingehen soll, wie man sich darin erholen kann.

KR: Wir wollten ursprünglich Bänke hineinstellen. Die Ford Foundation entschied dann jedoch, es nicht zu tun, weil es Probleme mit Leuten gegeben hätte, die ihren Kater dort ausschlafen wollten. Ich persönlich würde es vorziehen, wenn sie ihren Kater dort ausschlafen, und es dabei belassen.

JC: Ist der Innenhofgarten nachts geschlossen?

KR: Ja.

HK: Nach 18 Uhr?

KR: Ja, ich glaube. Sie lernen jetzt allmählich, das Gebäude zu benützen. Alle Abteilungsleiter haben gewechselt, seit das Gebäude entworfen wurde, so daß dann ganz andere Leute eingezogen sind.

HK: Mr. Roche, die Fassade Ihres Gebäudes mit seinen kantigen Volumen scheint von ästhetischen Überlegungen bestimmt worden zu sein. Sie erinnert mich an die späten Skulpturen von David Smith, zum Beispiel diese messerscharfe Wandecke (Abb. 57).

KR: Der Winkel von 45 Grad? Die Sonne kommt um die Wand herum und schafft eine starke Lichtfläche.

HK: Sie berücksichtigten also das Spiel des Lichtes? Der Eingang ist hinter einer Schutzwand angelegt.

KR: Man dringt so in das Gebäude ein, bevor man durch die Tür ist. Man ist teilweise schon im Haus, bevor man hineinkommt.

JC: Sie haben anscheinend etwas gegen eine formale Analyse. Lassen Sie mich die Frage anders stellen: Wo fängt in Ihrer Architektur die Ästhetik an?

KR: Nun, ich weiß es nicht, denn ich denke gar nicht in solchen Kategorien. Ich trenne diese Dinge nicht. Selbstverständlich hat man für viele Dinge Verantwortung, und man hat den Ehrgeiz, die Form des Gebäudes unter Kontrolle halten zu können, wenn einmal gewisse Richtlinien gegeben sind.

JC: Heißt das, daß Sie sich nicht mit der Beschaffenheit von Materialien, mit Farbwerten usw. befassen?

KR: Doch, aber nicht bevor die Lösung für das Gebäude gefunden ist.

JC: Als Sie als Verkleidung für das Gebäude der Ford Foundation Granit wählten, war das eine zweitrangige Angelegenheit?

KR: Der Zweck war der Bezug zur Stadt. Wenn Sie die Beschaffenheit des Schattens in diesem Teil der Stadt betrachten, dann bemerken Sie, daß er eine leicht lila Tönung hat. Das ursprünglich vorgesehene Gebäude sollte eine oxydierende Stahlverkleidung haben. Wir arbeiteten zuerst mit einem System von permanent oxydierenden Stahlelementen, die dann mit Beton ausgefüllt worden wären, hauptsächlich zur Verstärkung. Die Idee ist ähnlich wie die, welche Saarinen beim St. Louis Arch realisierte, einer Form aus rostfreiem Stahl mit Betonfüllung. Das Gebäude wäre ein großer rostiger Komplex geworden, aber die Leitung der Ford Foundation erhob dagegen Einspruch.

JC: Man zog Granit vor! Aber Sie hätten doch den kahlen Beton lassen können.

KR: Das könnte man, aber in New York wird alles so schmutzig, daß die Oberfläche schnell verfällt und ganz fürchterlich aussieht. Es gibt noch einen anderen Grund: Dieser oxydierende Stahl hinterläßt rote Striemen, die der Granit absorbieren kann.

JC: War es auch ein ästhetischer Entscheid, als Sie selbst die oxydierende Stahlfassade der Granitfassade vorzogen?

KR: Nein, denn in erster Linie wollten wir eine Konstruktionsmethode untersuchen.

JC: Könnte man somit die ästhetische Frage als zweitrangig gegenüber der konstruktiven Frage bezeichnen?

KR: Ich mag diesen oxydierenden Stahl nun einmal sehr.

JC: Aha!

HK: Waren Sie der erste, der ihn verwendete?

KR: Mein Partner, John Dinkeloo, entwickelte die Verwendung dieses Stahls etwa 1953. Dieser Stahl existierte zwar schon, war aber noch nie in Bauten verwendet worden. Wir verwendeten ihn beim John-Deere-Gebäude in Moline, Illinois, das 1956 begonnen wurde. Heute ist oxydierender Stahl in der Architektur weit verbreitet.

HK: Ihre Vorliebe für Stahl erinnert uns natürlich an Mies van der Rohe.

KR: Ich kam ja auch hierher, um bei Mies zu studieren.

HK: Sie kamen 1948 in die USA. Hatten Sie in Ihrer Heimat, in Irland, Architektur studiert?

KR: Ja. Ich schloß mein Studium 1945 ab und arbeitete dann drei Jahre als Architekt in England.

HK: Bei wem?

KR: Bei Maxwell Fry.

HK: Hatte Gropius schon England verlassen?

KR: Ja. Es war gleich nach dem Krieg, und Maxwell Fry war damals das beste Büro in England. Mein Ziel war natürlich, wie das aller jungen Architekten, mit einem der führenden Architekten der Welt zu arbeiten. Ich ging nach Chicago und begann bei Mies.

HK: Und von dort zu Saarinen.

KR: Ich wollte nachher zu Alvar Aalto gehen.

HK: Warum wählten Sie Aalto nach Mies?

KR: Er ist das andere Extrem, in gewisser Weise.

HK: Gibt es einen Architekten, den Sie als Ihren eigentlichen Lehrer betrachten?

KR: Ich denke Eero Saarinen, wenn überhaupt jemand. Mies war natürlich eine gewaltige Persönlichkeit. Er hatte enorme Wirkung auf jeden, der nur in seine Nähe kam.

JC: Wie lange arbeiteten Sie bei ihm?

KR: Weniger als ein Jahr. Ich konnte nicht viel mehr ertragen.

JC: Warum?

KR: Nun, als ich dorthin kam, hatte ich schon einige praktische Erfahrung. Ich hatte in den Büros, in denen ich vorher gearbeitet habe, ziemlich viel Verantwortung. Ich glaube, ich hatte ein ungewöhnliches Maß an Erfahrung, gemessen an der Anzahl Jahre, die ich von der Universität weg war. Als ich dann zu Mies kam, hatte ich doch schon eine Vorstellung, um was es ging, und ich glaube, daß ich imstande war, schneller zu begreifen, was Mies zu sagen hatte, als ein Student, der eben sein Studium beendet hat. Zumindest lernte ich so viel, wie ich lernen wollte. Die Leute um Mies hatten eine Atmosphäre geschaffen, in der man seine Ansichten entweder als letzte Lösung für alles akzeptieren mußte, als Lebensanschauung quasi, oder man mußte alles ablehnen.

HK: Und Sie haben nicht akzeptiert?

KR: Ich konnte nicht _alles_ akzeptieren. Das Problem mit den großen Männern ist natürlich, daß sie von Leuten umgeben sind, die ihre Ansichten eifrigst übernehmen und sich viel mehr auf sie versteifen als die großen Männer selbst, die flexibel sind.

HK: War er ein Mensch, der seine Ansichten aufdrängen ...

KR: Er hatte einen so starken Charakter, daß ... er war eine ungeheure Persönlichkeit, ungeheur. Nur in seiner Gegenwart sein, war schon ein wenig einschüchternd, irgendwie. Wenn er etwas über Architektur sagte, so hatte es den Klang des Absoluten.

JC: Es war das letzte Wort!

KR: Richtig! Was es auch immer war, es war das letzte Wort! Man hätte nicht einmal im Traum daran gedacht, es in Frage zu stellen.

JC: Förderte er das Infragestellen, das Experimentieren über seine Ansichten hinaus?

KR: Nein.

JC: Hat er diese Rolle gern übernommen?

KR: Das ist schwierig zu beurteilen. Er spielte gar keine Rolle. Er war unzugänglich. Wenn zum Beispiel eine informelle Diskussion geführt wurde, so stand man und er saß; nie saßen beide.

HK: Hatten Sie den Eindruck, daß er außerhalb der Architektur viel wußte?

KR: Ja, ich glaube, er war sehr reif; er hat ein ziemlich reiches Leben gehabt, und er lebte es mit großer Zielstrebigkeit.

HK: Konnten Sie erfahren, ob er gewisse Vorstellungen über unsere Gesellschaft hatte?

KR: Ich kann mich nicht erinnern, ihn je darüber sprechen gehört zu haben. Worüber er sprach, das war reine, fast reine, technische Architektur.

JC: Sprach er oft?

KR: Es war seine Gewohnheit, eine sehr irritierende Gewohnheit, hereinzukommen und sich zu setzen. Dann zündete er sich eine Zigarre an und blieb absolut schweigsam während etwa zweier Stunden.

JC: Während Sie arbeiteten?

KR: Nein während wir alle dasaßen.

HK: Und wer sprach?

KR: Niemand sprach. Man saß da, und es herrschte völliges Schweigen. Er rauchte riesige grüne Zigarren. Man schaute, schaute einfach zu, wie sich die Zigarre langsam verbrauchte. Und es gab ein paar schwache Versuche, ein Gespräch zu beginnen, während er teilnahmslos dasaß.

HK: Nichts zum Anschauen?

KR: Nichts, wohin man hätte schauen können. Vielleicht hatte man das Pech, daß er gerade am Zeichenbrett saß, das einem gehörte; dann starrte jedermann trübe auf das miserable, nichtige Ding, das man auf dem Papier hatte. Wenn dann die zwei Stunden zu Ende waren, war man beinahe hysterisch; angstvoll starrte man auf das blöde

Ding, das man entworfen hatte und das nun angestarrt wurde. Es war sehr irritierend, doch der Effekt war verheerend: Wenn er dann etwas sagte, so hörte man ganz sicher zu!

JC: Und was passierte dann?

KR: Nun, meine einzige Reaktion nach einer solchen Sitzung war: hinausgehen und einen starken Drink nehmen, um mich zu erholen.

HK: Saarinen war ganz anders.

KR: Nun, diese Eigenschaft hatte er auch. Er war ein sehr aktiver Mensch, aber manchmal verfiel er in absolutes und totales Schweigen, das man überhaupt nicht ergründen konnte — und rauchte eine Zigarre.

JC: Rauchen Sie nach all dieser Beeinflussung auch Zigarre?

KR: Ich kann die verdammten Dinger nicht ausstehen! Wissen Sie, mit wirklich außergewöhnlichen Leuten ist es sehr schwierig, weil ihre ganze Umgebung von ihrer Gegenwart erfüllt ist; sie sind so stark, daß man sie nur aus einer gewissen Distanz ertragen kann, nicht aus der Nähe. Ihr Beitrag kann nur als Teil eines Ganzen gesehen, nicht unverdünnt eingenommen werden.

HK: Sprachen Mies und Saarinen gern über Architektur?

KR: Sie wollten über Architektur überhaupt nicht sprechen.

HK: Waren sie eigentlich Lehrer? Ich meine, konnten sie lehren?

KR: Ich glaube, Mies konnte es. Ich hatte einige Freunde, mit denen ich in Kontakt geblieben bin, und sie brauchten Jahre, um sich selbst wiederzufinden. Einige fanden nie wieder zu sich selbst zurück, nicht einmal zwanzig, fünfundzwanzig Jahre später. Sie sind festgefahren in der Nachkriegsepoche und denken immer noch wie damals.

JC: Unterteilen Sie Ihr Werk in verschiedene Epochen?

KR: Nein, eigentlich nicht. Man neigt dazu, zurückzublicken; wenn man auf eine Sammlung von Werken zurückschaut, so gibt es vieles, was durch den bestimmten Zeitabschnitt beeinflußt wurde. Es können gesellschaftliche Einflüsse sein oder Beeinflussungen durch andere Architekten, andere Designer, gewisse Persönlichkeitskulte. Wenn man zurückblickt, so sieht man all diese Fragmente. Ich selbst blicke zurück, um zu erfassen, wo die Fehler liegen. Ich meine nicht Fehler im Detail; ich meine die großen Fehler; wie ich auf eine bestimmte Situation eingegangen bin, obwohl ich es hätte besser machen können.

HK: Sind Sie in diesem weiteren Sinne unzufrieden mit einem Ihrer Bauwerke?

KR: Man ist mit dem Ganzen unzufrieden.

HK: Könnten Sie uns ein Beispiel geben?

KR: Nun, eigentlich ist es etwas sehr Persönliches. Es ist wie die eigenen kleinen Sünden, wissen Sie, man will nicht ...

HK: Philip Johnson zum Beispiel ist ein Architekt, der geradezu mit Eifer über seine Fehler spricht. Er zeigt sie sehr klar und sorgfältig auf; er spricht auch immer über die Details.

KR: Nun, ich würde es nicht so betrachten. Ich glaube, die meisten Architekten werden zugeben, daß die meisten Bauten, die sie gemacht haben, nicht sehr gut sind. Man kann nicht auf sein eigenes Werk zurückblicken und es gut finden.

HK: Es muß aber doch ein wenig Genugtuung geben.

KR: Ja. Aber oft lasse ich mich in Pflichtübungen ein wie: <u>Wenn</u> du das nochmals von vorne anfangen könntest, was würdest du tun? Dann beginnt man zu merken, wie das Objekt zum Teil von den Umständen geformt wird. In manchen Fällen ist das, was man schließlich tut, bloß die Führung eines Bauwerks durch die Kräfte hindurch, die es formen. Man formt selbst nicht das ganze Objekt, weil man das erforderliche Geld nicht selbst bereitstellt, die Arbeitskraft auch nicht; man gewährt lediglich ein gewisses Ausmaß an Steuerung.

HK: Haben Sie lieber ein detailliertes Programm vom Auftraggeber oder ...
KR: Ich ziehe eine möglichst flexible Situation vor, denn es gibt auch dann noch genug Probleme. Das Problem, ein Haus zu bauen, ist selbst groß genug, ohne die aufgrund von Sonderwünschen entstehenden, von außen kommenden Forderungen. Wenn in einer bestimmten Lage die Bedingungen nur darin bestehen, daß die definierbaren Bedürfnisse des Eigentümers erfüllt werden müssen, dann hat man im allgemeinen genug zu tun, auch ohne zusätzliche Vorurteile oder Meinungen, die meist kein sehr hohes Niveau haben.
Jemand liest etwas. Weiß der Teufel, woher es stammt. Je seltener man solchen Widerständen begegnet, um so besser. Denn es braucht viel Kraft und Energie und Durchhaltevermögen, um ein Projekt durch den vier- oder fünfjährigen Prozeß von der Konzeption bis zur Realisierung zu führen.
HK: Nehmen wir ein Beispiel. Als Sie das Hochhaus für die Knights of Columbus bauten, was verlangte da der Auftraggeber?
KR: Nun, das war einer der besten Auftraggeber, die wir je hatten. Man verlangte überhaupt nichts.
HK: Wie viele Quadratmeter brauchte man?
KR: Man benötigte etwa 28 000 m2 (300 000 Quadratfuß).
HK: Gab es eine Finanzierungsgrenze?
KR: Wir setzten die Grenze, die man für ein konventionelles Bürohaus annimmt; die Höchstgrenze, die damals in der Umgebung etwa galt, war etwa 30 Dollar pro Quadratfuß (= 0,0929 m2), was dann bei dem Gebäude auch so herauskam.
HK: Das ist ziemlich hoch, 30 Dollar.
KR: Nun, heute nicht. Als wir anfingen, war es relativ hoch. Es wäre vergleichbar mit dem Preis eines repräsentativen Verwaltungsgebäudes, während ein normales Bürohaus etwa 25 bis 27 Dollar pro Quadratfuß kostet.
HK: Hat sich der Auftraggeber beim Entwurf eingemischt? Verlangte man die vier Türme?
KR: O nein.
HK: Hatten Sie irgendein Image im Kopf?
KR: Mit einem Image hat das gar nichts zu tun. Es ging nicht darum, für die Knights of Columbus einen Repräsentationsbau aufzustellen. Bei einem konventionel-

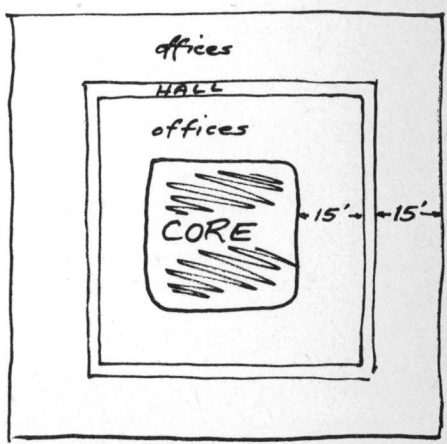

58 Konventionelles Bürogebäude.
Grundriß (Büros, Korridor, Büros, Kern).

len Bürohaus arbeitet man mit einem Kern und einer optimalen Grundrißfläche. Das für die optimale Grundrißfläche benötigte Maß sollte etwa 30 oder 40 Fuß (rund 9 oder 12 m) betragen (Abb. 58). Das ermöglicht es, bei einem Modul von 5 Fuß (etwa 1,5 m), Büros an der Außenseite zu haben, die etwa 15 Fuß (etwa 4,5 m) tief sind; dann ein Korridor von 5 Fuß und wieder Büros an der Innenseite, die ebenfalls 15 Fuß tief sind, was insgesamt 35 Fuß (etwa 10,5 m) auf beiden Seiten des Kerns ergibt. Ein Gebäude, das eine Grundfläche von rund 46 auf 46 m (150 Quadratfuß) aufweist, hat eine Bruttogeschoßfläche von etwa 2100 m2 (22 500 Quadratfuß). Dieses Gebäude braucht einen Kern von etwa 10,5 m (35 Fuß) Durchmesser, wenn es etwa vierzig Stockwerke hoch sein soll.

In New Haven standen wir vor dem Problem, daß das Grundstück längs der Stadtautobahn lag und das Coliseum und das Knights-of-Columbus-Gebäude enthalten sollte. Es schien uns dort angebracht, auch etwas offenen Raum zu lassen in dieser dichtbebauten Gegend, mit Malley's, Macy's (Kaufhäuser) und der First National Bank in der Nähe. Wir hätten den offenen Raum natürlich gegen die Autobahn hin plazieren können, aber die Autobahn selbst war schon zu weiträumig. Wir fanden, daß eine kleine Fußgängerfläche auf der Stadtseite zweckmäßiger sei. Diese Idee ließ ein sehr kleines Grundstück übrig für ein relativ großes Gebäude von etwa 27 900 m2 (300 000 Quadratfuß) totaler Geschoßfläche. Wir erhielten also automatisch ein sehr hohes Gebäude, das jedoch nur eine Geschoßfläche von etwa 930 m2 (um 10 000 Quadratfuß) hatte, nicht die etwa 2100 m2 (22 500 Quadratfuß) der vorher erwähnten Idealsituation.

Nun, wir haben also ein Gebäude mit etwa 930 m2 (10 000 Quadratfuß) Geschoßfläche, in dessen Mitte wir einen zentralen Kern legen. Wenn wir die Aufzüge, die Korridore und all das Zeug zusammenzählen, so bleiben uns etwa 5,5 m (18 Fuß) für die Büros übrig, was unbrauchbar ist. Wie baut man einen Turm? Nehmen wir den Kern auf eine Seite hinaus, wie zum Beispiel bei dem Gebäude der Federal Reserve Bank, oder legen wir ihn in die Mitte? Keine der beiden Lösungen schien in diesem Fall richtig, weil es sich um ein freistehendes Gebäude handelt, das an der Autobahnkreuzung liegt. Es gab keine eigentliche Rückseite, an die man den Kern hätte anfügen können. Es war ein Gebäude, das man von allen Seiten würde sehen können, vor allem von der Stadtautobahn aus. Man spürt die Bewegung um diesen Turm herum. Das Problem war nun, wie man ein Gebäude mit zentralem Kern und einer kleinen Geschoßfläche realisieren kann, das innerhalb dieser Fläche trotzdem genügend Tiefe hat. Wir legten allein die sechs Aufzüge in die Mitte, denn sie dienen dem vertikalen Verkehr (Abb. 59). Das ergibt ein Quadrat von etwa 9 m (30 Fuß) — ein sehr kleiner Kern. Wir erhalten ein Gebäude von etwa 27 m (90 Fuß) Breite. Wohin kommen die Toiletten und die Treppenhäuser? Wir legten die Toiletten in zwei der Außentürme und die Treppenhäuser in die anderen zwei. Wir teilten also den Kern auf.

Welche Form hat das Gebäude nun? Das Konzept von getrennten Kernen, die verschiedenen Raumgruppen dienen, das heißt das Konzept der Megastruktur, bildete sich heraus. In jedem großen Bauwerk werden Treppen und Toiletten zusammengefaßt und an Punkten in Abständen bis zu 60 m (200 Fuß) angeordnet. Wenn diese Punkte gleichzeitig die tragende Struktur bilden, mit der Spannweite dazwischen, so gewinnen wir enorm an Bodenfläche, was bei einem urbanen Baukörper das allerwichtigste ist. Diese Idee ist in einem kleinen Gebäude wie dem der Knights of Columbus ausgedrückt; sie könnte für sehr viel größere Projekte realisiert werden. Das ist die notwendige Basis für jeden Megastrukturentwurf.

Wir mußten dann die Konstruktion der vier externen Installationsschächte bestimmen. Die Röhrenform ist sehr stabil und gestattet eine Konstruktionsmethode mit gleitender Verschalung. Wenn wir in Beton bauen, was wir schließlich auch getan haben, kön-

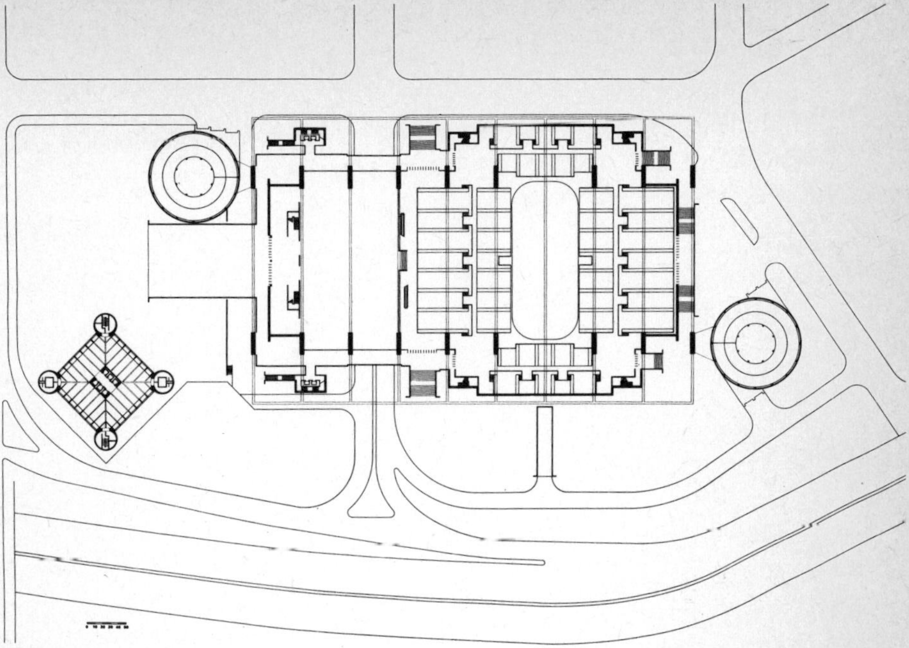

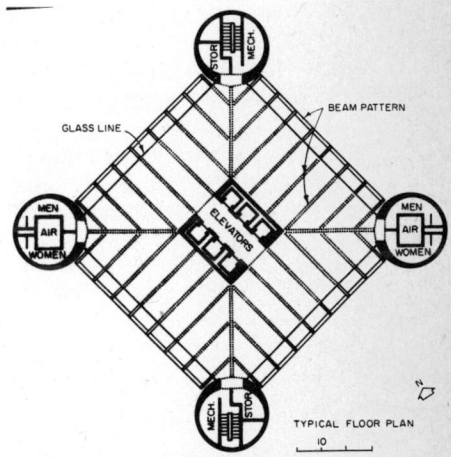

59 Knights of Columbus Building.
Oben: Lageplan mit dem New Haven Coliseum.
Rechts: Grundriß.

nen wir die Türme zusammen mit dem Aufzugskern in einem Stück gießen; es ging sehr schnell voran (Abb. 60). Das ist ein Versuch, das Potential eines bestimmten Aspekts der Technologie zu untersuchen. Gibt es eine Möglichkeit, diese Materialien, die tragen und stützen, zu verbinden?
Stahl eignet sich sehr als Unterzug. Ein Betonbalken müßte sehr viel schwerer sein, denn er würde unter einer ähnlichen Belastung brechen. Deshalb ist Stahl am besten als Unterzug, Beton hingegen sehr stark als Stütze oder Säule. Die Verbindung von Betonstützen

89

60 Knights of Columbus Building. Türme und Aufzugsschacht im Bau.

und Stahlträgern findet man häufig beim Bau von Autobahnstücken. Wenn es dort sinnvoll ist, so ist es das auch im Hochbau. Wir haben also Betonsäulen und spannen den Stahl, die Spannkonstruktion aus Stahl, zwischen die Säulen.
Weil die Betonstützen und die wichtigsten Stahlträger außen liegen, ist das Gebäude auch sehr feuerbeständig. Wir können das ganze Problem der Feuerbeständigkeit vergessen, was uns erlaubt, die Elemente, die das Gebäude bilden, einfacher zu gestalten. Es ist ein unkompliziertes Gebäude. Alles ist klar. Es gibt nichts am ganzen Bau, was verkleidet ist. In dieser Hinsicht ist es beinahe einzigartig. Nun, ich glaube, daß dieses spezielle System für einen sehr großen und viel höheren Bau äußerst brauchbar und sinnvoll wäre. Es könnte als Konstruktionsprinzip für viele andere Bürobauten dienen; hier aber haben wir nun ein Gebilde, das ziemlich mächtig wirkt, was aus einer Folge von Entscheidungszwängen resultiert, nicht aus einer vorher festgelegten Theorie.
Sehen wir uns nun den Grundriß der Stadt New Haven an. Im Zentrum liegt das „Green" (eine rechteckige Parkfläche), das als Kern des Rasters dient. Der Oak Street Connector (Straße) schneidet die Stadt in zwei Teile; die Richtung des Rasters ändert sich auf der anderen Stadtseite. Wir nehmen diesen Wechsel auf und behalten für das Coliseum den Raster dieser Stadtseite bei. Dann, beim Turm der Knights of Columbus, schaffen wir durch Schrägstellung einen Übergang zum Raster der anderen Seite, wodurch, wie wir hoffen, der Bruch, den der Oak Street Connector ursprünglich bewirkte, abgeschwächt wird.
　　HK: Aber glauben Sie, daß der Mann auf der Straße das bemerkt? Wird es für ihn zu einer optischen Erfahrung?

90

KR: Wenn man das Gebäude von der Straße her sieht, bemerkt man diese Bezüge, das heißt, man wird sich ihrer allmählich bewußt.

HK: Sogar wenn man ganz nahe vor dem Turm steht? Nun, vielleicht spürt man gewisse Beziehungen zur Umgebung, auch wenn man ihrer nicht bewußt wird.

KR: Das stimmt natürlich, denn man muß nicht unbedingt alles bewußt verstehen, was auf einen wirkt. Von der Autobahnrampe her sieht man diese ungewöhnlichen Formen. Man wird sich dieses Gebäudes bewußt, das seine Gestalt ständig verändert. Ich finde, es wirkt sehr lebendig im Vergleich zu einem rechteckigen oder quadratischen Gebäude.

JC: Genau gegenüber steht das Park Plaza Hotel, eine rechteckige Miessche Kiste. Wenn man es von einer Seite her gesehen hat, hat man schon alles gesehen.

KR: Das Hotelgebäude entfaltet sich fast gar nicht — ganz im Gegensatz zum Knights-Turm.

JC: Sie legen viel Gewicht auf das Erlebnis, das Gebäude aus einem fahrenden Wagen zu sehen.

KR: Ich halte einfach fest, daß diese Bezüge wahrnehmbar werden, wenn man hier vorbeifährt; weil der Autofahrer allmählich den Platz des Mannes auf der Straße einnimmt, was die Ansicht des Gebäudes betrifft. Vom Gehsteig her sieht man es kaum; man sieht es aber von der Autobahn aus.

JC: Aber gestatten Sie mir die Frage: Ist der Bezug Ihres Gebäudes zum Raster auf der anderen Seite der Autobahn für den Vorbeifahrenden besser ersichtlich als für den Mann auf dem Gehsteig?

KR: Charles Moore ist gerade daran, einen Wohnturm auf der anderen Seite der Autobahn zu bauen(siehe Abb. 174). Wenn das Gebäude einmal steht, wird es den Raster der anderen Seite voraussetzen, und dann wird es zwischen diesen zwei Gebäuden eine Beziehung geben.

JC: Hat er sich mit Ihnen darüber beraten?

KR: Nein.

HK: Wußte Moore, daß Sie auf die Anlage seines zukünftigen Gebäudes geachtet haben?

KR: Ich bezweifle sehr. Vielleicht, vielleicht auch nicht. Ich nahm einfach an, daß derjenige, der dort bauen würde, mit jenem Raster arbeitet.

JC: Welches ist Ihre Reaktion auf den Vorwurf, daß Ihr Gebäude mit den anderen größeren Türmen New Havens rivalisiert? War das Ihre Absicht?

KR: Nichts könnte mir ferner gelegen haben.

JC: Finden Sie das belanglos?

KR: Ja.

JC: Wenn man den Oak Street Connector hinunterschaut, sieht man das Gebäude Crawford Manor von Paul Rudolph (siehe Abb. 86). Nahmen Sie überhaupt Bezug auf diesen Bau?

KR: Er existierte noch nicht, als wir unseren entwarfen.

JC: Wußten Sie, daß er gebaut werden würde?

KR: Nein, effektiv nicht.

JC: Es bestand also nicht die Absicht, sich aufeinander abzustimmen. Indes gegen die Innenstadt zu stehen der neogotische Harkness-Turm der Yale-Universität und auf dem Hügel der Kline Biology Tower von Philip Johnson (siehe Abb. 1). Haben Sie in Ihrem Entwurf irgendwie Bezug genommen auf diese Dimensionen in der Stadt?

KR: Hmm, nein — sehen Sie, wenn ein Laie über ein Gebäude etwas aussagen will, was sagt er dann? Es ist das größte Gebäude, oder so etwas. Das ist für den Laien etwas, woran er sich halten kann. Ein solcher Gesichtspunkt hat jedoch überhaupt keinen

Einfluß darauf, wie man ein Haus baut. Wir haben öfters die Gelegenheit gehabt, in New York sehr hohe Häuser zu bauen, und wir haben es nicht getan. Für die Ford Foundation beschlossen wir mit Absicht, <u>kein</u> hohes Haus zu bauen. Solche Kategorien sind wirklich keine ernsthafte Auseinandersetzung wert, denn wenn man auf dieser Ebene arbeitete, dann könnte man überhaupt kein Haus erstellen.

HK: Als wir mit Philip Johnson sprachen, erwog er die Frage der Rivalität zwischen Ihrem und seinem Gebäude. Der Harkness-Turm und das Kline-Biology-Hochhaus sind gewiß wichtige Punkte der Stadt. Philip Johnson sieht auch die Tatsache, daß Sie beide ähnliche, dunkel gebrannte Backsteine für die Fassade verwendeten, als rivalisierendes Moment. Er glaubt, daß Sie sich nicht nur in bezug auf die Höhe, sondern auch im Material auf sein Gebäude beziehen.

KR: Ich halte das für einen glücklichen Zufall. Sein Turm war in Wirklichkeit noch nicht gebaut, als wir unseren entwarfen. Wahrscheinlich hätte ich eher ein wenig vor dieser Ähnlichkeit zurückgescheut, wenn ich ganz ehrlich sein will; doch es ist ein glücklicher Umstand, weil die Gebäude in der Tat ziemlich gut harmonieren. Natürlich gibt es auch eine gewisse Übereinstimmung in den Formen.

HK: Meinen Sie die runden Säulen des Kline-Biology-Turmes?

KR: Diese Formen sind aber auf völlig verschiedene Weise verwendet.

HK: Ja, jene Säulen sind Fassade und nicht Teil der Tragstruktur.

KR: Richtig. — Ich halte es für einen glücklichen Zufall, und ich möchte sogar sagen, daß es gut wäre, wenn das öfters vorkäme; mehr solche Zufälle ergäben eine bessere Stadt. Es ist kurzsichtig, sich vorzustellen, daß New Haven in seiner jetzigen Form eingefroren werde. Die Stadt wächst weiter. Wir werden den Kern der Stadt wegen seiner historischen Bedeutung sicher erhalten müssen, doch in dreißig Jahren werden in New Haven sehr viele große Bauten stehen; das ist der Lauf der Dinge, und er kann nicht aufgehalten werden. Ich sehe nicht einmal ein, warum er aufgehalten werden sollte. Auf jeden Fall aber entsteht das Gebäude aus einer ganz anderen Folge von Erwägungen. Wie es dann von Kritikern, die es verurteilen, interpretiert wird, das hat nichts damit zu tun, wie es <u>gemacht</u> wurde.

JC: Deshalb ist es für den Kritiker wichtig, Ihre Intentionen mindestens zu berücksichtigen.

KR: Der ernsthafte Historiker wird die Dinge in einem anderen Licht betrachten.

HK: Ich habe den Knights of Columbus Tower oft gesehen, habe jedoch die Beziehung zu dem Raster jenseits der Autobahn nie bemerkt. Die Leute machen vielleicht ganz andere Erfahrungen, die Sie als Architekt nie in Betracht gezogen haben. Doch mir scheint, daß diese Erfahrungen auch zählen müßten. Als Vincent Scully Ihren Turm „militaristische" Architektur nannte, dachte er an die Aggressivität des Gebäudes gegenüber dem Rest der Stadt. Obwohl die benachbarten Gebäude Malley's und Macy's sehr groß sind, bringt Ihr Turm doch einen völlig neuen Maßstab, der mit dem Rest der Stadt nicht in Einklang steht. Indem Sie es so gebaut haben, verlangen Sie nach einer neuen Stadt. Der Turm mag dem Autofahrer gefallen, aber er erschlägt den Mann auf dem Gehsteig, der sich ihm nähert.

KR: Gut, lassen Sie mich dazu etwas sagen. Wenn man an den Maßstab einer Stadt denkt, so muß man heute den Maßstab in Betracht ziehen, mit dem wir es in unserem Alltag zu tun haben, bei Autobahnen und Schnellstraßen und Auffahrten. Die Transportmittel haben Strukturen von enormen Ausmaßen geschaffen. Das ganze Autobahnsystem ist so ein Riesengebilde. Wir bauen am Rande einer Autobahn, auf der man sich mit einer Geschwindigkeit von 80 km bewegt. Dieses Band hört hier auf oder geht durch die Stadt hindurch. Wir bauen genau an seinem Rand, und es hat eine Präsenz, die wir nicht ignorieren können; wir müssen irgendeinen Bezug zu dieser Dimension herstellen, finde ich, denn in gewissem Sinne ist das die Dimension von morgen. Wir haben dieses Gebäude absichtlich bis zum Gehsteig vorgetrieben, weil wir dem Besucher von New Haven so früh als möglich einen städtischen Eindruck vermitteln wollten. Es hat eine ähnliche Wirkung, wie wenn man in Europa eine Stadt durch die Stadtmauern betritt. Man geht durch ein schmales Tor, das etwa 3,5 m (12 Fuß) breit ist, und man wird dort hindurchgeschleust und ist in der Stadt, im Herzen der Stadt. Wir versuchen, diesen Eindruck einer direkten städtischen Präsenz genau in dem Moment herzustellen, in dem man hineinkommt. Wenn Sie sich entsinnen: New Haven fiel nach außen völlig auseinander, bevor dieses Gebäude stand. Hier war alles äußere Randzone, und man fühlte die Gegenwart der Stadt erst, wenn man zum „Green" kam. Ich finde, daß dieses Gebäude, zusammen mit dem Coliseum, zur Schaffung einer städtischen Präsenz beitragen wird. Zur Frage des Maßstabes der Stadt der Zukunft: Wenn wir in große und immer größere Strukturen geraten, wird das Problem zu lösen sein, wie man vom Maß des Menschen zur Megastruktur kommt. Man kann nicht einfach das menschliche Modul unendlich vervielfachen; es ist nicht mehr faßbar. Die meisten New Yorker Bürohäuser werden auf diese Weise gebaut. Man geht aus vom Menschen, geht über zum nächst größeren Objekt, dann wieder zum nächst größeren, und so weiter, und dann hat man das Vokabular, mit dem diese Objekte von größerer Dimension angepackt werden. Diese großen Gebäude sollten zu anderen größeren Strukturen in Verbindung treten können, wie zum Beispiel zu Brücken, Zufahrtsstraßen und anderem mehr. Man muß diese Dimensionen allmählich entwickeln, gerade um diese Megastrukturen aufnehmen zu können.

JC: Es gibt viele Arten von großen Maßstäben.

KR: Nun, die Akropolis ist in bezug auf den Maßstab sehr interessant. Sie weist eine gewaltige Akzeleration in den Dimensionen auf. Das hat natürlich ein wenig damit zu tun, warum man sie gebaut hat. Man begreift auf einmal, daß das in der Tat das Haus der Götter ist. Diese Gebäude sind in gewissem Sinne nicht für Menschen gebaut, sondern für Götter, und die Menschen dürfen lediglich darum herumgehen. Hier haben wir ein Beispiel von Größe, die für einen emotionellen Effekt eingesetzt wurde, aber das ist überhaupt nicht beängstigend oder erschreckend.
Wenn dieses Projekt in New Haven beendet sein wird, so hoffen wir eine Art Marktplatz unter dem überhängenden Dach des Coliseum zu schaffen, einen Platz, wo so etwas wie ein Bauernmarkt stattfinden kann (Abb. 62). Das wäre wirklich toll.

HK: Die zweiten Pariser Hallen! Der Alltag im öffentlichen Raum könnte jedoch intimere Maßstäbe erfordern. Der Architekt baut allzu schnell große Dinge, wenn es sich um Massen von Leuten handelt. Das Kolosseum in Rom ist ein Monumentalbau, aber er wird durch viele Details differenziert. Das gleiche gilt für die Akropolis oder für die Kathedrale von Chartres. Sie werden in der Detaillierung faßlich. Im Vergleich dazu sind die vier Stützpfeiler Ihres Gebäudes gigantische Monolithe.

KR: Wenn Sie es richtig anschauen, so sehen Sie, daß es voller Details steckt. Differenzierung findet sich in den Trägern am Eingang und auch in der Plattenverkleidung: die Mörtelfuge alle 30 cm (1 Fuß).

HK: Aber diese Türme bilden doch eine riesige, undifferenzierte Einheit. Wenn man einen historischen Vergleich sucht, so könnte man auf die französische Architektur der Revolutionszeit verweisen, die unabsehbare, undifferenzierte Volumen bevorzugte. Ich habe nichts gegen Monumentalität an sich, aber ich frage mich, ob undifferenzierte Quantität, wenn sie auf bestimmte Art eingesetzt ist, nicht abzulehnen sei.

KR: Ich will überhaupt keine monumentale Architektur. Ich glaube nicht an sie. Ich glaube nicht, daß sie zu unserer Gesellschaft gehört. Das ist gewiß nicht die Ab-

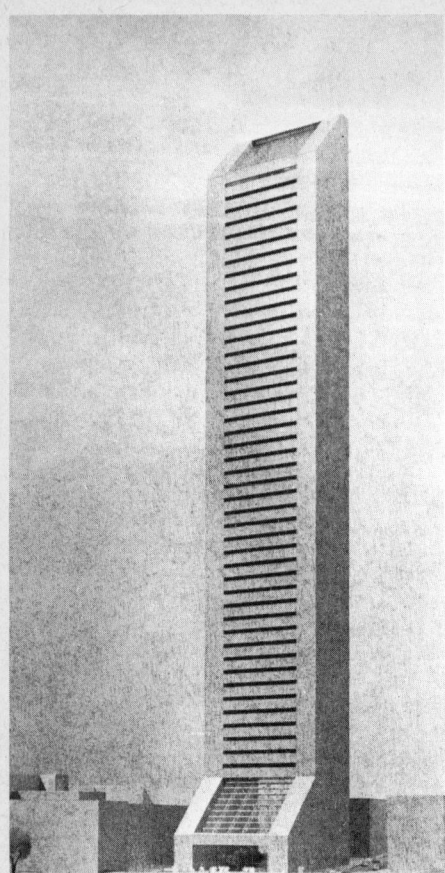

61 Worcester County National Bank, Worcester, Massachusetts. 1969. Kevin Roche, John Dinkeloo und Partner. Modell. (Im Bau.)

sicht des Gebäudes der Knights of Columbus, was den ursprünglichen Entwurf angeht. Die Absicht war, wie ich schon früher, bei anderen Gebäuden, ausführte, die Möglichkeit zu schaffen, größere Maßstäbe zu realisieren und somit größere Gebäude. Man hat nun die ästhetischen Werkzeuge, um größere Gebäude zu bauen. Wie können wir von diesem kleinen zum nächst größeren Objekt kommen? Natürlich brauchen wir einen Maßstab, mit dem wir eine ganze Stadt bauen können.

JC: Aber die alte Stadt ist immer noch da. Zum Beispiel das New Haven Green, die Kirchen auf dem New Haven Green, die intimere Maße aufweisen. Indem Sie einen so neuen Maßstab einführen, verlangen Sie eigentlich einen neuen Maßstab für die ganze Stadt.

KR: Wir hätten diesen Bau auf dem „Green" anders gebaut. Wir haben das Gebäude konzipiert für seine besondere Lage, denn es wäre selbstverständlich falsch gewesen, es auf dem „Green" so zu bauen, viel zu brutal.

JC: In Worcester, Massachusetts, haben Sie im Zentrum der Stadt ein sehr hohes Gebäude errichtet (Abb. 61).

KR: Worcester ist ein anderes Problem. Und das ist gut so. Es gibt einige Parallelen, aber in New Haven sind herausragende Konstruktionen von größerem Maßstab bereits vorhanden: diese brutale Verbindungsstraße und die anderen Gebäude, die an der Autobahn entstehen werden. Ich bin überzeugt, daß die Bauten der Zukunft nicht aus kleinen Elementen gebaut werden. Man wird größere Einzelteile verwenden müssen, um sie zusammenzustellen.

JC: Sie opponieren ziemlich heftig gegen die Idee der monumentalen Architektur. Würden Sie uns etwas genauer sagen, was Sie unter monumentaler Architektur verstehen?

KR: Ich nehme an, daß Washington ein gutes Beispiel für monumentale Architektur ist: Große Gebäude, die nur über Treppenfluchten zugänglich sind, welche einen schon beim Näherkommen abschrecken; schneeweißer Marmor, plumpe Details. Ich finde nicht, daß unsere Bauten kalt sind. Es hängt davon ab, wie die Dimension eingesetzt wird.

HK: Vielleicht rufen Sie eine Wirkung hervor, die Sie nicht beabsichtigen. Anstatt Monumentalität könnte man einen Begriff verwenden wie „Brutalismus", der heute Mode ist. Ich würde Ihren Turm wenn nicht „brutal", so doch „brutalistisch" nennen.

KR: Das sind alles intellektuelle Deutungen „nach der Tat", die praktisch nichts mit dem zu tun haben, was einen interessiert. Um was es einem wirklich geht: Mittel zu finden für die Zukunft, einen Weg zu finden, auf dem wir das, was wir in Zukunft tun müssen, so gut wie möglich tun können. Das bedeutet natürlich die Schaffung einer Umwelt, einer angemessenen Umwelt, die stimuliert und anregt und vor Unbilden schützt, die erholsam und fröhlich und vieles mehr sein sollte. Sie kennen die Begriffe so gut wie ich.

Doch während des Herstellungsprozesses macht man bestimmte Experimente, weil man etwas herausfinden will. Man soll ein Haus bauen, und man denkt über diese Probleme nach und wird auf gewisse „Zufahrtswege" zum Problem gelenkt, um eine Lösung zu testen, und vielleicht um ein Beispiel zu setzen. Dies ist allen Bauten eigen, die wir bisher realisiert haben.

HK: Entscheidend bleibt dennoch die Beziehung zwischen der Architektur und dem Menschen, der freilich unterschiedliche Erfahrensweisen zugrunde liegen. Sie

62 New Haven Coliseum, Modell.

stehen gern unter der Washington-Brücke, ich nicht. Die George-Washington-Brücke ist eine Möglichkeit, das New Haven Green eine andere.

KR: Ich freue mich genauso am „Green"; es ist doch normal, daß alles, was man tut, eine Vielfalt von Erlebnissen beinhaltet. Das ist schließlich der Grund, warum man in den Westen fährt, um die Berge zu sehen; es ist erregend.

JC: Wir sprechen über subjektives Erleben der Architektur und wie sie die Menschen psychologisch beeinflußt. Es gibt jedoch viele Architekturkritiker, die stattdessen die rein ästhetischen Eigenschaften betonen.

KR: Sie setzen oft irgendeinen oberflächlichen Aspekt als Wesen des Gebäudes.

HK: Es gibt auch viele Architekten, die zu einer so betonten Interpretation geradezu einladen; Paul Rudolphs Art-and-Architecture-Gebäude in New Haven stellt seine bildhauerischen Qualitäten heraus (Abb. 67), und es wäre beinahe unfair, den funktionellen Aspekt zuerst zu sehen.

KR: Es ist eine Falle, in die man natürlich sehr leicht gerät, aber es ist entmutigend, wenn die Hervorhebung dieser Eigenschaften die einzige Erwägung ist, die in der Architekturkritik anscheinend zählt.

JC: Edward Durrel Stone ist ein weiterer Architekt, der eine Kritik provoziert, die sich in der Interpretation auf Außenflächen, Materialien und Fassaden abstützt. Anscheinend ist für einige Architekten der optische Eindruck das Hauptargument.

KR: Der Prozeß des Entwerfens ist in Wirklichkeit ein Weg, den man so früh wie möglich einschlägt, in bezug auf die sich stellenden Probleme. Im Laufe dieser „Reise" schließt man so viele Problemstellungen wie möglich ein, und man versucht, so viele Überlegungen und Aspekte wie möglich zu lösen. Der optische Eindruck ist <u>ein</u> Aspekt, und nur einer.

HK: Hier in den USA nennen sich Architekten noch gerne Künstler. Das ist natürlich ein Begriff, den europäische Architekten, die der Bauhaus-Schule entstammen, nur sehr zögernd verwenden würden.

KR: Sie würden sich sehr dagegen sträuben.

HK: Johnson und Rudolph halten sich selbst für Künstler. Und Sie?

KR: Ich möchte nichts dergleichen sein. Ich finde, diese Bezeichnung ist bedeutungslos. Ich verstehe den Ausdruck „Künstler" in einem sehr engen Sinne. Wenn man ihn ganz allgemein als Kreativität versteht — sicher, gut! Aber wenn man ihn braucht, um auszudrücken, daß es um Entscheidungen geht, die in der Hauptsache optische Aspekte eines Problems betreffen, oder daß es darum geht, eine Architektur zu machen, die ihre Motivation einzig in stilistischen Konzeptionen, in gotischen oder zwei- oder dreidimensionalen oder Volumenprinzipien hat, dann will ich ganz einfach überhaupt nichts damit zu tun haben.

HK: Und trotzdem machen Sie Architektur, die starke optische Reaktionen hervorruft.

KR: Wie ich schon sagte, ist das eine der Verpflichtungen, die man berücksichtigt, während man auf dem Lösungsweg voranschreitet. Die <u>ganze</u> Verantwortung ist viel mehr als das.

HK: Das heißt, wenn Sie zu den optischen Entscheidungen gelangen, dann könnten Sie weit über eine funktionelle Lösung hinausgehen, sogar weit genug, um Mächte in unserer Gesellschaft sinnbildlich darzustellen. Sie würden diese Möglichkeit nicht vom Entwurfsprozeß ausschließen?

KR: O nein; man könnte das sogar anstreben. Man muß herausfinden, welche „Rolle" ein Gebäude in der Gesellschaft spielen wird. Wir sprechen nun von demokratischer Architektur, im Gegensatz zu monarchistischer oder totalitärer Architektur. Unsere Architektur muß für die <u>Menschen</u> sein.

HK: Wie sieht das in einer pluralistischen Gesellschaft aus?

KR: In einer pluralistischen Gesellschaft gibt es mannigfaltige Bedürfnisse. In einer Gesellschaft, die auch ein Erbgut an Gewalt und Zerstörung und Bruch von moralischen Normen hat, muß die Architektur zur Stabilisierung beitragen. Ich meine damit nicht „Restauration", weil das einen Rückschritt bedeutet; aber man sollte dazu beitragen, eine stabilere Gesellschaft zu schaffen. Es geht nicht bloß darum, optisch zu gefallen oder zu erregen oder zu stimulieren oder für einen Moment einen Kitzel zu verschaffen. Die Architektur hat wahrhaftig eine Rolle zu erfüllen, eine organisierende Rolle, und soll zufriedenstellende Resultate hervorbringen für die Menschen, die heute leben, für die paar Jahre, die sie zu leben haben.

HK: Impliziert das, daß ein Architekt kein Revolutionär sein kann? Muß er die Gesellschaft, in der er lebt, akzeptieren und bejahen?

KR: Ich würde das ein wenig anders formulieren. Ich würde davon ausgehen, daß man ein neues Gebäude bauen muß. Das ist ein großes Unterfangen, das viel Leute und viel Geld beansprucht. Um es zu vollenden, muß ein Architekt alle verfügbaren Kräfte einspannen. Und alle verfügbaren Kräfte schließen unsere gegenwärtigen Wünsche, unsere Vorstellungen von den wünschbaren Resultaten und unsere Ideen vom wünschbaren Endresultat für die ganze Stadt ein. Es heißt also nicht einfach, das auszudrücken, was schon besteht; es heißt, das zu gebrauchen, was schon existiert, und es zugunsten einer besseren Lösung einzusetzen.

HK: Normalerweise fragt der Auftraggeber nicht nach dem Endeffekt für die Stadt, sondern nur nach dem Effekt seines eigenen Gebäudes. Nehmen wir an, eine Bank möchte als stark und mächtig dargestellt werden, damit der Kunde denkt, „das ist ein Ort, wo mein Geld sicher ist". Doch könnte der Wunsch der Bank mit dem Maßstab der Stadt in Konflikt geraten.

KR: Man müßte versuchen, das Problem so zu lösen, daß es keinen Konflikt mehr gibt. Wir würden den Wunsch der Bank nutzen, wie wir es in Worcester getan haben, um etwas zu bauen, das auch für die Stadt sinnvoll ist, insofern als das Gebäude tatsächlich zum Zentrum der Stadt wird. Es wird dann der „Münsterturm" der Stadt Worcester, die in eine von Hügeln umgebene Mulde gebettet ist und von Superautobahnen umkreist wird. Heute kann man Worcester fast nicht sehen. Es hat keine optischen Wahrzeichen. Mit unserem Gebäude wird man die Stadt wieder sehen können. Es übernimmt die Rolle, die das Rathaus heute unzulänglich erfüllt. Unser Gebäude, das gerade an der Parkanlage im Zentrum liegt, belebt das Zentrum der Stadt neu. Auf lokaler Ebene stellen wir dem Einwohner mehr persönlichen Raum zur Verfügung, indem wir das Foyer für die Öffentlichkeit zugänglich machen (Abb. 63). Wir erfüllen also zwei extreme Bedingungen und haben im Laufe der Entwicklung des Projekts auch die Forderung des Auftraggebers erfüllt, sind seiner Rolle gerecht geworden.

JC: Das bedeutet, daß nun eine Bank das Wahrzeichen von Worcester ist.

KR: Ein privates Gebäude, ja. Es ist eines der größten Gebäude der Stadt.

JC: Mit anderen Worten, es hätte eigentlich das Rathaus sein sollen, aber ...

KR: Wahrscheinlich hätte es das Rathaus sein sollen, aber das war schon gebaut.

JC: Deshalb haben Sie genommen, was Sie bekommen konnten.

KR: Man muß immer das nehmen, was verfügbar ist.

JC: Vielleicht ist in unserer heutigen Gesellschaft eine Bank das passendere Symbol für eine Stadt.

KR: Ich weiß nicht. Vielleicht. Ich habe mir ziemlich viel Gedanken darüber gemacht, ob das Gebäude so hoch werden sollte. Wie ich schon sagte, bin ich kein großer Anhänger von hohen Bauten, aber sie haben oft ihren Sinn. Worcester war ziemlich heruntergekommen, obwohl es eine sehr ansprechende Siedlungsdichte hat. Wir lassen so viel Bewegung in der Straße, wie wir nur können. Wir haben ein Gebäude, das genaugenommen ein Minimum an Boden beansprucht.

HK: Sie denken in den Kategorien eines mittelalterlichen Architekten, für den der Münsterturm die Stadt repräsentierte.

KR: In dieser Hinsicht ja.

HK: Sie bauen eine Bank und dienen dem gleichen Zweck.

KR: Ich sehe das Ganze als Stadt.

HK: Für mich ist aufschlußreich, daß die amerikanischen Architekten gerne in Silhouetten denken. Ich habe den Eindruck, daß darauf zuviel Gewicht gelegt wird. Die Sache wird zu einem Zeichenbrettunterfangen. Auf dem Zeichenbrett werden Silhouettenbeziehungen hergestellt, die in der lebendigen Situation nicht realisiert werden können.

KR: Das stimmt, außer wenn man die Stadt aus einer gewissen Distanz betrachtet.

HK: Es besteht auch eine starke Tendenz, sich in der Vogelperspektive der Stadtlandschaft zu bemächtigen.

KR: Die Stadt Worcester ist von Hügeln umgeben. Im 19. Jahrhundert ging der Verkehr selbstverständlich durch die Stadt hindurch. Jedermann, der nach Boston fuhr, mußte durch Worcester. Heute ist Worcester von Autobahnen umgürtet. Der Verkehr geht vorbei, und Worcester verschwand auf einmal von der Landkarte. Das ist gewissermaßen eine Existenzfrage für eine Stadt. Indem man eine Art Obelisk ins Zentrum stellt, wird die Stadt wieder sichtbar. Jeder, der von Boston kommt oder nach Boston fährt, wird dieses Gebäude sehen, und plötzlich existiert Worcester weiter.

JC: Wollten die Auftraggeber ein so hohes Gebäude?

KR: Darüber hatten sie nicht nachgedacht. Sie waren in der Tat ziemlich überrascht, als wir ein Hochhaus vorschlugen. Wir mußten es sehr behutsam vorbringen.

JC: Mit anderen Worten, sie hatten Worcester-Vorstellungen; sie dachten in Worcester-Maßstäben.

KR: Eigentlich hatten sie sich ein zwanzigstöckiges Gebäude vorgestellt, das sich dem angeglichen hätte, was es in Worcester schon gab. Sie waren ziemlich überrascht, als wir ein vierzig- bis fünfzigstöckiges Gebäude vorschlugen. Aber so hatten wir die Möglichkeit, etwas auszusagen.
Ich bin sicher, daß dies die Probleme der Stadt nicht löst, aber es ist ein erster Schritt. Und es wurde äußerst gut aufgenommen. Die Leute begannen, auf ihre Stadt wieder stolz zu sein.

JC: Höhe schafft Stolz.

KR: Ja, das ist ein ziemlich naiver Ansatz. Ich will sagen, man muß erkennen, daß der ganze Maßstab dieses Landes im Wandel begriffen ist. Es ist der Maßstab der Bewegung. Das bringt uns wieder zurück zum Gebäude der Knights of Columbus.

HK: Wenn wir aber sagen, daß das Automobil der Stadt den Maßstab gibt, so ist das eine einseitige Perspektive. Es könnte geschehen, daß das Automobil aus den Städten verbannt wird und man andere Transportmittel findet. Ihr Maßstab wird dieser neuen Situation dann nicht mehr gerecht.

KR: Das Automobil mag zwar aus der Stadt verbannt werden, aber es ist ziemlich wahrscheinlich, daß es weiterhin auf Autobahnen zu finden sein wird.

HK: Somit bestimmt die Autobahn den Maßstab der Stadt?

KR: Nein, ich meine das in bezug auf das Sich-der-Stadt-Nähern. Wenn man in den Kern der Stadt gelangen will, so sollte man auf das Automobil verzichten.

JC: Wir haben den Maßstab des Turms von Worcester und des Gebäudes der Knights of Columbus in New Haven besprochen. Das Oakland Museum (Abb. 54) kontrastiert sehr stark mit diesen beiden, was den Maßstab anbelangt. Es ist wahrhaftig eine außer-

63 Worcester County
National Bank. Vorhalle.
Modell.

gewöhnliche Konzeption. Können Sie uns sagen, wie Sie zur definitiven Lösung gelangt sind? (Mr. Roche begann seine Beschreibung des Museums mit einer längeren Ausführung über die Lage und die Geschichte der Stadt.)

KR: Von einer Gruppe von Bürgern der Stadt war Geld bereitgestellt worden für den Bau eines Museums. Es gab bereits ein Kunstmuseum und eine Sammlung afrikanischer Tiere, die in einem alten viktorianischen Haus gezeigt wurden. Außerdem gab es in einem weiteren Gebäude noch einige Überbleibsel einer kulturhistorischen Ausstellung von 1906. Die ursprüngliche Absicht war, ein Grundstück zu kaufen und darauf drei separate Museen zu bauen, denn es gab drei verschiedene Organisationen mit verschiedenen Kuratoren.

Siebenunddreißig Architekten wurden eingeladen, Vorschläge zu unterbreiten. Wir hatten das Glück, ausgewählt zu werden, und wir begannen mit den Leuten zu reden. Wir fanden sehr bald heraus, daß es eigentlich keinen Auftraggeber gab, kein Programm. Alle wollten ein Museum haben, aber keiner hatte sich weiter Gedanken darüber gemacht, was das hieß. Das war für uns somit eine einmalige Gelegenheit. Anleihscheine waren gezeichnet worden in einer Welle von großer Begeisterung, etwa 6 Millionen Dollar. Es war die größte öffentliche Anleihe, die es je für ein Museum gegeben hatte; es war sensationell.

Eero Saarinen starb im September 1961, und mein Partner John Dinkeloo und ich wurden Ende des gleichen Monats interviewt. Saarinens Werk mußte zu Ende geführt werden, und wir fragten uns, was wir als Nächstes tun würden. Dann bekamen wir diesen neuen Auftrag. Sie wollten ursprünglich Eero einladen, doch er starb; wir wurden aus Höflichkeit eingeladen. Wir waren ihnen völlig unbekannt; wir hatten noch keinen Namen, und deshalb war es sehr mutig von ihnen, uns einzuladen.

Wir wurden also von einem Tag zum anderen vor die Frage gestellt, was ein Museum sein solle und welche Rolle es innerhalb der Gemeinde einnehme. Wäre die Situation schon klar durchdacht gewesen, so hätten wir nie die Gelegenheit gehabt, das Problem ganz von vorne anzupacken. Folgende Tatsachen sind festzuhalten: Oakland ist eine ziemlich heruntergekommene Gemeinde, und sie leidet immer noch daran, daß sie während des Krieges eine Überseebasis war. Sie litt unter einer Krise, die beinahe unabhängig von dem war, was im Rest der Staaten vorging. Es war eigentlich ein Notstandsgebiet. Und es gab da diese Museen, die außer einigen Bildern von amerikanischen Malern keine Kunstgegenstände von Wert besaßen. Es gab auch kein Budget für den Ankauf von Kunstwerken.

JC: Gab es einen Museumsleiter?

KR: Nicht einmal das. Es gab überhaupt nichts.

HK: Und trotzdem wollten die Leute ein neues Museum haben?

KR: Ja, sie wollten ein Museum.

HK: Und sie wußten nicht, was sie dort hineinstellen sollten?

KR: Niemand hatte darüber nachgedacht, und das war die beste Seite des ganzen Projekts. Was macht man aus einem Museum, wenn man seine Rolle innerhalb der Stadt selbst definieren kann? Da es eine Anleiheausschreibung war, zahlten es die Bürger selbst. Es war kein Geschenk eines reichen Gönners. Wir fühlten die Verantwortung, daraus einen Ort zu machen, wohin sich auch der Durchschnittsmensch begeben würde. Denn offensichtlich geht er nicht in eine gewöhnliche Kunstgalerie, die nur eine begrenzte Anzahl von Leuten anspricht. Außerdem kann ein Museum überschüttet werden mit Hunderten von Schnupftabakdosen und Tausenden von Spazierstöcken oder was man ihm sonst im Laufe der Jahre schenken würde, wenn man ihm nicht von vornherein einen bestimmten Zweck und eine Richtung verlieh. Ein Museumsleiter wäre gezwungen, solche Geschenke anzunehmen, weil ein Geschenk nun einmal ein Geschenk ist; schließlich hätte man den ganzen Kram im Museum gehabt, und das wäre ein großes Problem gewesen.

Wir begannen mit der Naturgeschichte von Kalifornien. Das Stromgebiet des westlichen Pazifiks weist eine große Vielfalt an natürlichen Erscheinungen auf: die Felsformen, die Wälder, die Bodenbewegungen, Ebbe und Flut, die Erdbeben, die Wüste, die schneebedeckten Berge. Es gibt eine Unzahl von verschiedenen wilden Tieren und Vögeln und eine ungeheure Vielfalt an Pflanzen auf dem Land und im Wasser. Das ist Kalifornien, es ist beinahe so etwas wie ein Mikrokosmos dessen, was es in der übrigen Welt gibt. Davon gingen wir also aus.

Nun die Kulturgeschichte. Im Laufe von fünftausend oder sechstausend Jahren gingen die drei großen Wanderungen der Indianer über die Beringstraße durch Kalifornien und dehnten sich gegen Osten aus. Alle westeuropäischen Kulturen kamen allmählich auf dem Landweg hinüber in den Westen; zuerst die Spanier vom Süden her, ihre Missionsgebäude existieren heute noch. Dann kam der Goldrausch und schließlich die ostasiatische Einwanderung: Chinesen, Japaner und Polynesier. Kalifornien ist deshalb wirklich ein Völkergemisch.

Ein drittes Merkmal: Kalifornien hat die größte Malereitradition der USA. Wir können also all diese Aspekte zusammenfassen: Wir können nun den Leuten, die das Museum mitbezahlt haben, den ganzen Bereich seiner natürlichen Umgebung zeigen. Dann können wir die Einwirkung dieser Faktoren auf die Kunst und das Kunsthandwerk sichtbar machen. Wir können also veranschaulichen, daß alle Tätigkeiten des Menschen zueinander in Beziehung stehen, voneinander abhängig sind, und daß sie alle mit dem Land und der Umwelt zu tun haben, in der der Mensch lebt, zusammen mit den kulturellen Einflüssen, die mitspielen. Man kann so auf einmal jeden Gegen-

stand, sei er aus der Natur oder vom Menschen geschaffen, innerhalb des Panoramas aller anderen Gegenstände zum Leben bringen. Wir erhalten also ein Regionalmuseum, das wirklich eine Bedeutung hat und eine Grundlage für die Verbindung dieser verschiedenen, voneinander getrennten Museen in Oakland schafft.

Das nächste Problem: Auf welche Weise soll das Museum in die Stadt eingefügt werden? 1868 war auf dem Grundstück, das wir verwenden sollten, ein Park geplant. Seither war die Gegend für kommerzielle Zwecke überbaut worden. Wir schlugen erneut vor, daß dort ein Park entstehen sollte. Dann setzten wir voraus, daß hier, sieben Blocks vom Zentrum der Stadt entfernt, Geschäftshäuser und Schulhäuser errichtet würden, die sich allmählich bis zu unserem Grundstück fortsetzen könnten. Wir schlugen daraufhin die Verwendung eines größeren Grundstücks vor, viermal größer genau genommen, und machten dann einen Richtplan, in welchem wir unser Grundstück mit dem Kern der Stadt verbanden.

HK: Die Verbindungszone ist noch nicht bebaut?

KR: Noch nicht. Vielleicht wird sie auch nie bebaut, aber das gab uns zumindest eine Basis, um einige Bestimmungen zu treffen, wie das Ganze wachsen könnte. Es gab auch rein architektonische Probleme. In der Nähe stehen Gebäude, die nicht gerade schön, aber trotzdem sehr beeindruckend sind. Zu ihnen eine Beziehung herzustellen, dem Bedürfnis nach Grünfläche nachzukommen, die einzelnen Museen zu verbinden, einen Ort zu schaffen, den die Leute auch wirklich aufsuchen, eine Art öffentlichen Raum zum Allgemeingebrauch bereitzustellen, der nicht einfach eine große, zugige Piazza war — all das kam zusammen und formte die Idee der verschiedenen Niveaus (Abb. 64). Kunst ist auf dem oberen Niveau, Kulturgeschichte in der Mitte und das Naturgeschichtliche auf der unteren Ebene. Büros sind nötig, die zu jeder dieser Ebenen gehören, außerdem besondere Gärten, Räume für Ausstellungen, ein Auditorium, Klassenräume, ein Vortragssaal und ein Restaurant. Eine Fußgängerstraße verbindet diese Elemente und führt hinunter zu einer Lagune, treppauf und treppab, unter blühenden Reben zu einer Säulengangzone und dann in einen kleinen Hof, der als Auditorium verwendet werden kann. Man kann überall hingehen. Die Grünfläche ist ein Versammlungsort für Freiluftkonzerte oder ähnliches. Auf seine Art ist das ganze Ge-

64 Oakland Museum. Blick auf die Terrassen.

bilde eine Totalität, die die Probleme der Nutzungen, der Funktionen der Stadtplanung und der architektonischen Bezüge umfaßt. Natürlich dient das alles dem Vergnügen des Besuchers. Die Aufmerksamkeitsspanne des Menschen in einem Museum ist kurz, vor allem bei Kindern. Man sollte wirklich hinausgehen und draußen etwas anschauen können. Vor den Fenstern bereitet sich schräg abfallender Rasen aus, so daß man mehr grün sieht, als wenn er auf gleichem Niveau läge. Das Licht, das vom Rasen her kommt, ist mild und blendet nicht.

HK: Nach Ihrer Beschreibung kann man den Bau nicht mehr einfach ein Museum nennen. Das erzeugt falsche Assoziationen.

KR: Das stimmt.

JC: Wie nennt man ihn?

KR: Das Oakland Museum. In gewissem Sinne ist „Museum" immer noch ein brauchbares Wort; wir brauchen einfach eine andere Definition.

HK: Ein Erholungsgebiet.

KR: Wie ich früher sagte, war es sehr vorteilhaft, daß die Situation so flexibel war und wir ganz von vorne anfangen konnten. Die Leute waren bereit, neuen Ideen zu folgen. Natürlich gab es viele, die enttäuscht waren, als wir unsere Pläne vorlegten, weil es kein großes, monumentales Gebäude war. Im Frühstadium war es eines unserer größten Probleme, die Leute dafür zu gewinnen. 1962 erwartete man Monumente, besonders bei Museen. Das war ein Symbol für die Stadt.

HK: Mit anderen Worten, man wollte eine anständige, große Kolonnade.

KR: Richtig. Ich denke mir, daß die Leute etwa sagten: „Und wo ist das Gebäude?" Nun, Sie können sich vorstellen, daß unser Vorschlag für sie nur sehr schwer zu akzeptieren war.

HK: Wie gelang es Ihnen, den Vorschlag durchzubringen?

KR: Nun, es gab genügend Leute, denen das Konzept gefiel; sie fanden es sehr „kalifornisch" und mochten das Lockere daran.

JC: Die Außenwände geben dem Komplex einen Maßstab, den er innen nicht hat. Innen finden sich diese mehrstufigen, von niedrigen Mauern umgrenzten Ebenen. Das ergibt eine Folge von schachtelartigen Rahmen.

KR: Ja, und alles darin ist sehr niedrig, um eine bessere Sicht zu gewährleisten. Alle diese Mauern sind so entworfen, daß man sich darauf setzen kann. Sie haben eine Höhe von etwa 50 cm (20 Zoll). Überall kombinierten wir die Treppen mit diesen Seitenwänden und schufen so ganze Kilometer von Sitzflächen anstatt der üblichen Bänke.

JC: Ein Paradies für Kinder, die gerne auf Mauern gehen.

KR: Das war wiederum ein Thema, über das heftig gestritten wurde, weil einige Leute der Stadtverwaltung unbedingt überall Schutzzäune aufstellen wollten.

HK: Besteht die Gefahr, daß die Kinder herunterfallen?

KR: Nein, es ist alles so niedrig.

HK: Haben Sie bei so vielen Treppenaufgängen im Gebäudekomplex auch an die Probleme für Gehbehinderte gedacht?

KR: Wir haben innen ein Aufzugsystem, mit dem man von einer Ebene zur anderen gelangen kann.

HK: Man könnte das Ganze eine Art Gartenmuseum nennen. Gab es irgendwelche Beispiele, nach denen Sie sich richten konnten?

KR: Ich muß wirklich gestehen, daß die Idee ganz von uns stammt.

JC: Sie haben innerhalb der Stadt einen zweiten Mittelpunkt geschaffen. So entstand eine Polarität innerhalb des Zentrums. Gehen die Leute nun dorthin?

KR: Es könnte auf ganz neue Weise ein städtischer Mittelpunkt werden. Fünfzehn-

tausend Leute kamen an jedem der ersten zwei Tage, und es stellt sich heraus, daß es jeden Tag phantastische Besucherzahlen gibt.

JC: Sie begannen Ihre Gespräche mit den Leuten von Oakland im September 1961. Das Museum wurde gerade vor drei Wochen eröffnet, Ende 1969.

KR: Wir begannen 1962 daran zu arbeiten und hatten unsere erste Präsentation vor der Stadtplanungskommission im April desselben Jahres. Dann unterbreiteten wir unsere erste Konzeption des Museums während des Sommers und eine zweite um Weihnachten herum. Im darauffolgenden Sommer kam eine dritte Präsentation. Bis zur Eröffnung dauerte es beinahe acht Jahre.

JC: Wie verhielt sich die Stadt als Auftraggeber?

KR: Sehr schwierig. Zuerst arbeiteten wir mit einem Bürgermeister und einem City Manager, die sehr, sehr engagiert waren. Am Anfang gab es noch keine Museumskommission. Wir arbeiteten mit verschiedenen Bevölkerungsgruppen. Später gab es dann eine Museumskommission. Wir halfen bei der Ausarbeitung einer Satzung und der Ernennung eines Stabs, und wir wirkten mit, einen Direktor für das Museum zu finden. In der Zwischenzeit war der Bürgermeister nicht mehr da, der City Manager war gegangen, der erste Direktor war gegangen, und schließlich, gegen Ende des Projekts, gab es niemanden mehr, den wir von früher her kannten. Es gab gewisse Schwierigkeiten, aber es ist nun doch fertiggestellt.

JC: Sie erhalten außergewöhnlich starke Reaktionen auf alles, was Sie bauen. Einerseits wurden Sie mit einer Ausstellung im Museum of Modern Art in New York geehrt, andererseits werden Sie von einigen Kritikern in Grund und Boden verdammt.

KR: Es ist sehr wohl möglich, daß ein Architekt nicht weiter gehen sollte, als sich mit den kleinstmöglichen Wünschen der Menschen zu befassen, die faktisch überhaupt keine Bildung haben, was Architektur angeht. Dem entspricht das moderne Hotel oder das Motel, die eine Umwelt schaffen, deren Ramsch eine große Anzahl Menschen ungeheuer befriedigt. Und es gibt tatsächlich eine ganze Schule der Architektur, die in diese Richtung geht.

Es gibt immer noch Dinge, die einen echten Wert haben, die Beachtung und Hingabe und sorgfältiges Studium erheischen, zumindest soviel, wie ursprünglich in sie investiert wurde. Man kann nicht einfach ein Buch eines schöpferischen Autors zur Hand nehmen und es kurz überfliegen. Nabokov hat ein Buch geschrieben, das soeben herausgekommen ist. Er schrieb sechs Jahre daran. Es ist praktisch unmöglich, es zu lesen, außer man verbringt beinahe sechs Jahre damit, es zu lesen, um es zu begreifen. Joyce ist genau gleich. Wenn man sich der Lektüre nicht ganz widmet, so kommt überhaupt nichts heraus.

Architektur ist, ganz allgemein, etwas, woraus der Betrachter, der sich ihr nähert, unterschiedliche Grade von Befriedigung ziehen kann, je nach dem Bildungsniveau oder der Differenziertheit oder dem Bewußtsein, das er als Betrachter an sie heranträgt. Es ist einfach, jedermann zu gefallen, wenn man mit Neonschriften oder bunten Sächelchen aus Plastik oder psychedelischen Effekten hantiert. Es ist einfach, die große Masse bis zu einem gewissen Punkt zu bringen, und dann geht man weiter und macht Architektur. Wenn man die Leute einmal so weit hat, dann macht man etwas anderes. Ich finde, man muß den ganzen Weg gehen. Man muß sich in der Tat mit jedem Menschen befassen. Das hingegen liegt nicht in der Tradition der modernen Architektur.

JC: Als Reaktion darauf baut ein Architekt wie Morris Lapidus das New York Americana oder das Miami Beach Hotel. Er macht das, wovon er glaubt, daß es der Mann auf der Straße will, was er in der modernen Architektur aber nicht findet; er gibt jedem Menschen das Gefühl, er sei ein Filmstar, indem er ihn in eine erregend bunte und spaßige Kitschumwelt setzt.

KR: Ich bin einverstanden, daß man das ganze Spektrum der architektonischen Möglichkeiten einsetzen sollte; aber die Frage ist, wie man das tut, wie man das ganze Spektrum der menschlichen Bedürfnisse umfassen kann, ohne sich dem geschmacklosen Niveau der großen Masse anzupassen. Man könnte eine Umgebung schaffen, die gefällt, aber trotzdem nicht billiger Kitsch ist, nicht aus Ramsch gemacht ist, die jene Qualitäten hat, die alle Epochen und Kulturen und alles andere überleben.

JC: Sie wollen einer geschmacklosen Gesellschaft nicht Vorschub leisten, und doch wollen Sie jedermann ansprechen.

KR: Ich glaube, ich will jedermann ansprechen, aber auf verständliche Weise, damit es Anklang findet, damit jedermann genießen kann ohne all die Tricks, wie sie in der Motelwelt verwendet werden. Diese Sprache muß man finden und gleichzeitig die Architektur auf einem viel höheren Niveau weiterführen.

JC: Würden Sie uns erklären, was Sie unter „höherem Niveau" verstehen, das in diese Attraktivität für den Menschen einbegriffen sein soll?

KR: Nun, das ist etwas, was fast unmöglich zu erklären ist. Ich möchte es eigentlich nicht einmal versuchen, weil das nun wirklich die Substanz betrifft, mit der man arbeitet. Das ist das Instinktive ... ich würde nicht einmal versuchen, zu definieren, welches die Grenzen sind oder was es umfassen sollte oder was die höchsten Zielsetzungen sind, weil ich es nicht weiß. Ich weiß nicht, ob ich es in Worte fassen kann. Ich finde, man sollte das Bewußtsein haben, das Verantwortungsgefühl, das Vorstellungsvermögen, um das Ausmaß des Problems zu erkennen. Man sollte das alles akzeptieren und das Beste tun, was man dank diesen Erkenntnissen tun kann. Und das erhebt nicht den Anspruch, irgend etwas für irgend jemanden zu tun; es ist lediglich die beste Zusammensetzung von Antworten, die aus den gegebenen Problemen heraus resultieren können.

Paul Rudolph

3

JC: In der heutigen amerikanischen Architektur wird Symmetrie nicht mehr für unmodern gehalten. Im Vergleich zu Bauten von Kahn, Johnson und Stone zum Beispiel weisen Ihre Gebäude einen Mangel an Symmetrie auf. Wo bleibt die „Achse"?

PR: Symmetrie und Asymmetrie interessieren mich nicht per se. Eine Charakteristik unseres Jahrhunderts ist es, daß nichts vollkommen oder abgeschlossen ist. Wir glauben nicht, daß etwas in sich vollkommen ist. Ein Gebäude ist nur in bezug auf einen sich verändernden Rahmen und zu einem bestimmten Zeitpunkt denkbar. Deshalb suggeriert ein Entwurf die Vergangenheit und die Zukunft. Und deshalb ist die Vorstellung eines unvollendeten Gebäudes, das dann in irgendeiner noch nicht bekannten Weise vervollkommnet wird, der zwangsläufige Ausgangspunkt meiner Planungen. Ich lebe nun lange genug, um zu wissen, daß Gebäude abgerissen werden, abbrennen, erweitert werden, daß sich ihre Nutzung ändert und so fort, und darum ist für mich der Tempel im Park oder eine großartige, um eine Achse angelegte Avenue bedeutungslos.

JC: Wenn Sie ein so großes Projekt wie das für Stafford-Hafen vorschlagen (Abb. 65), stellen Sie sich das als eine Totalität vor?

PR: Aber nein.

JC: Erweiterbar?

PR: Selbstverständlich. Die Absicht ist es, ein dreidimensionales — nicht zweidimensionales — Organisationssystem zu skizzieren, das erweitert, verändert, überbaut, ausgearbeitet werden soll. Die Elemente, die man nicht verändern kann, sind der Standort und die menschlichen Bedürfnisse, die zu befriedigen sind.

JC: In den Entwurfszeichnungen für das Southeastern Massachusetts Technological Institute (SMTI, Abb. 66) ist um die Piazza eine ziemlich komplette, auf den See ge-

65 Stafford-Harbor-Siedlung, Stafford Harbor, Virginia. 1966. Projekt Paul Rudolph.

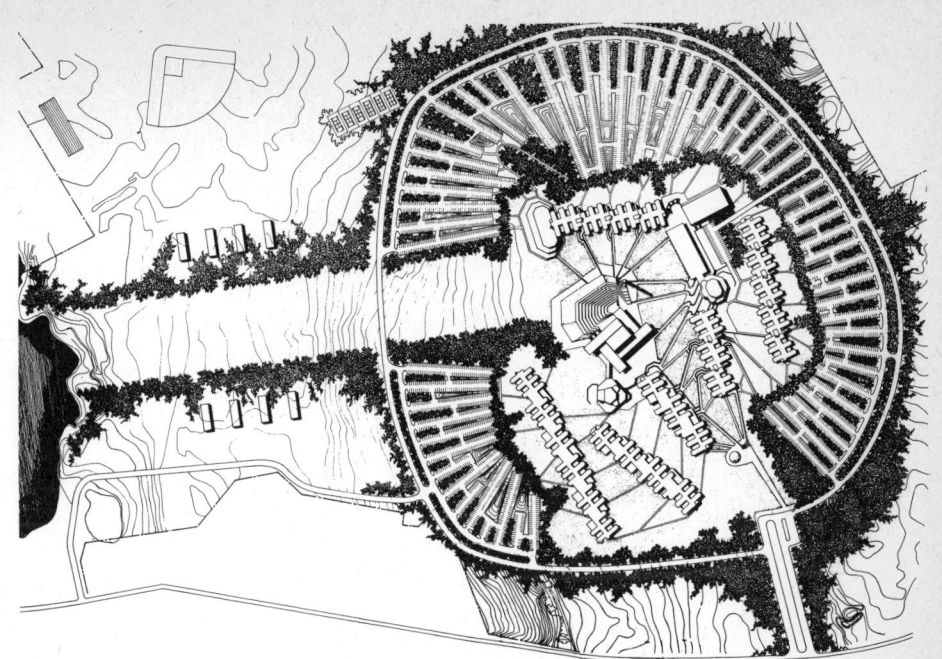

66 Southeastern Massachusetts Technological Institute, North Dartmouth, Massachusetts. 1963.
Paul Rudolph; Desmond und Lord. Lageplan.

richtete Anlage vorgeschlagen. Die Entwurfsidee enthält also ein vollständiges Programm.

PR: Sie nennen den Raum in der Mitte eine Piazza. Ich würde das eher als eine spiralförmige Promenade bezeichnen, aber das ist vielleicht pingelig von mir. Es ist keine Piazza, sondern eine ganz andere Art von Raum. Die übliche Definition von Piazza wäre nicht umfassend genug für die Strukturierung eines Kampus von diesen Dimensionen. Das Konzept der spiralförmigen Promenadenzone ist offener; eine oder zwei zusätzliche Spiralen können angefügt werden; man kann die Spirale abschließen, ausdehnen, zusammenziehen; die Piazza hingegen ist per definitionem fest begrenzt und eher eine Renaissance-Vorstellung. Die Organisation des Zentrums dieses Kampus ist mit Absicht bewegt und dynamisch gestaltet. Genau das ist hier meiner Ansicht nach nötig. Nach dieser spiralförmigen Promenade mit den sie definierenden Gebäuden, Wegen, Terrassen und Pflanzen werden andere Architekten die Arbeit weiterführen, und das ist auch schon im Gange. Ich habe dabei an Thomas Jeffersons Universität von Virginia gedacht, in der er einen festen, wohldefinierten und wunderbaren zentralen Kern für den Kampus gebaut hat. Aber jenseits des Kerns haben andere Architekten weit minderwertigere Bauten erstellt. Die Grundidee, der zentrale Kern, muß als Zentrum des Kampus stark genug sein, damit andere Architekten die Erweiterungen übernehmen können. Aber die Bindekraft des Zentrums bleibt intakt.

JC: Auch beim Art and Architecture Building der Yale-Universität (Abb. 67) haben Sie im Entwurf eine Erweiterung vorgesehen. Ein weiteres Gebäude hätte da-

67 Art and Architecture Building, Yale-Universität, New Haven. 1962/63. Paul Rudolph.

zukommen sollen, das ähnlich, wenn nicht gar gleich sein würde. Wenn nun aber dieses zweite Gebäude nie gebaut wird, ist dann das Art and Architecture Building unvollständig?

PR: Ob es unvollständig ist oder den Ansprüchen genügt, müssen andere beurteilen. Es ist zur Erweiterung geplant, aber es muß nicht unbedingt nach Norden erweitert werden, sondern alle Richtungen sind möglich. Man könnte es mit Brücken über die Chapel Street und die York Street erweitern. Die Flügelbewegung der oberen Stockwerke legt eine Erweiterung über die Straßen hinweg nahe. Der Dienstleistungsschacht liegt auf der Nordseite, neben zwei baufälligen Häusern, was eine Erweiterung in jene Richtung erleichtert. Ich sehe die Ausdehnung jedoch eher in Form von Brücken über die Straßen.

HK: Wir haben beobachtet, daß Sie nicht nur im Grundriß des Art-and-Architecture-Gebäudes (Abb. 68), sondern in allen Ihren Grundrissen Symmetrie vermeiden. Sie bleiben beim freien Grundriß nach Bauhausart, während sonst hier in den USA eine sehr klare Tendenz zu einer straffen, symmetrischen Ordnung erkennbar ist. Nehmen Sie Stones Grundriß für die Universität in Albany (Staat New York) oder sein Kennedy Center in Washington als Beispiele; hundert andere könnte ich hier noch anführen. Für mich ist aufschlußreich, daß sonst nur noch in Rußland eine solche Beaux-Arts-Symmetrie zu finden ist, zum Beispiel bei der neuen Universität von Leningrad. Außerhalb der USA und Rußland trifft das nicht zu. Ich möchte gerne wissen, was das politisch impliziert. Könnte es sein, daß diese Tendenz zur Symmetrie den politischen Wunsch reflektiert, eine feste Ordnung herzustellen, die alles beherrscht?

PR: Trends und Modeströmungen interessieren mich nicht, sondern nur das, was zweckmäßig ist. Die Symmetrie ist vielleicht als Orientierungshilfe am zweckmäßig-

sten, wenn es um große Menschenmassen geht, wie zum Beispiel in einem Flughafen-
gebäude; aber sogar dort weigert sich die Sonne, symmetrisch zu scheinen. Die offene
Qualität der Architektur dieses Jahrhunderts macht reine Symmetrie in den meisten
Fällen unbrauchbar. Und einige der sogenannten großen Architekten interessieren
mich ganz einfach nicht.
    HK: Wer? Kritisieren Sie jemals andere Architekten?
    PR: Dazu bin ich zu alt. Früher schon, aber heute muß ich höflich sein, Sie verstehen.
    HK: Weil Sie zum Establishment gehören?
    PR: Das will ich nicht.
    HK: Können Sie das beeinflussen?
    PR: Seit ich von Yale weg bin (Rudolph war von 1958 bis 1965 Dekan der Abtei-
lung Architektur an der Yale-Universität), kann ich es mir leisten, Außenseiter zu sein.
Nun, das Art-and-Architecture-Gebäude ist asymmetrisch, weil das Grundstück asymmetrisch ist. Es liegt im Winkel zwischen zwei Straßen. Warum sollte jemand dort ein
symmetrisches Gebäude errichten? Es ist mit Rücksicht auf den Grundriß der Stadt
so konzipiert. Es ist ein Eckbau. Ich möchte ganz kategorisch festhalten, daß ich mir
an so einer Ecke kein symmetrisches Gebäude vorstellen kann.
    JC: Dieser Bau in Yale ...
    PR: Es fällt mir schwer, über diesen Bau zu sprechen.
    HK: Stehen Sie auf Kriegsfuß mit Ihren Bauten, die Sie abgeschlossen und damit
hinter sich gelassen haben?
    PR: Nein, aber ich bin nie zufrieden mit ihnen. Ich möchte sie abändern. Mich

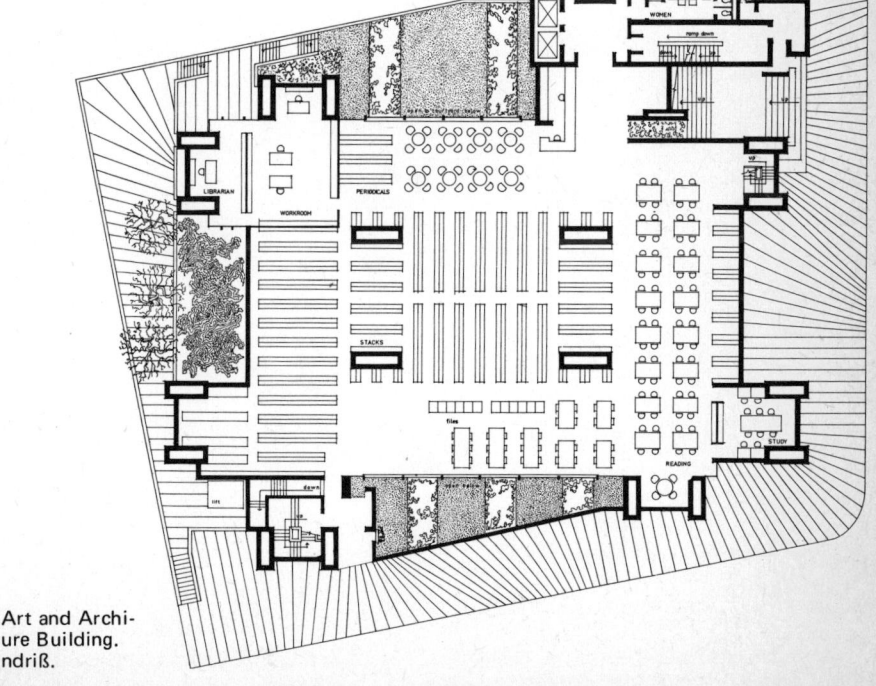

68 Art and Archi-
tecture Building.
Grundriß.

interessiert die Gegenwart viel mehr als die Vergangenheit. Eigentlich will ich gar nicht darüber reden — ich mag nicht Rede und Antwort stehen. Ich möchte gerne positiv sein. Aber Kritik ärgert mich nicht.

HK: Das Art and Architecture Building bringt einen für die USA neuen Stil nach Mies van der Rohe und dem International Style. Sie haben es viel früher entworfen — 1958. Es wurde 1963 fertiggestellt, und diese Jahreszahl wird auch immer als Entstehungsdatum zitiert. Die ursprüngliche Idee stammt jedoch aus dem Jahre 1958.

JC: Damals gab es in der amerikanischen Architektur fast niemanden, der sich vom Vokabular Mies van der Rohes befreit hätte.

PR: Mies van der Rohes Stärke lag darin, schöne Tempel in Parks zu bauen oder ein Maximalpaket für das Spekulantengrundstück zu entwerfen. Aber schließlich können Städte nicht aus Tempeln oder Paketen bestehen. Das Seagram-Gebäude ist ein wunderbarer Tempel für den Whisky gleicher Marke, aber ohne Rücksicht auf städtebauliche Gegebenheiten (siehe Abb. 2).

JC: Ihr Art and Architecture Building weist eine neue Massivität, eine neue Textur, neuartige, schwebende Räume auf. Die rechteckige Schachtel und die platte Oberfläche sind vorbei.

PR: Ja.

HK: Es wäre interessant, den Moment zu rekonstruieren, in dem Sie all jene Formen aufgaben, die Sie vorher verwendeten.

PR: Das fing meiner Ansicht nach nicht erst beim Art-and-Architecture-Gebäude

69 Mary Cooper Jewett Arts Center, Wellesley College, Wellesley, Massachusetts. 1955–1958. Paul Rudolph, mit Anderson, Beckwith und Haible.

an. Ganz am Anfang meiner Karriere baute ich Gästehäuser, weil mir damals niemand den Bau eines Hauptgebäudes anvertrauen wollte. Diese Gebäude waren grundsätzlich vom International Style abgeleitet und dem Klima von Florida angepaßt. Das Jewett Arts Center im Wellesley College (Abb. 69) stellte mich vor das Problem, ein Gebäude aus unserem Jahrhundert in eine pseudogotische Umgebung zu setzen. Architektonisch gesehen, ist es nicht ganz gelungen, in bezug auf die Umgebung jedoch recht zufriedenstellend. Ich kehrte bei meinem nächsten Bau, der ersten Sarasota High School, zum International Style zurück. Die zweite Sarasota High School (Abb. 70) aus dem Jahre 1954 markiert den Beginn eines persönlichen, belangvolleren Strebens.

HK: In welcher Hinsicht war das für Sie ein Neubeginn?

PR: Wenn wir einmal von meinem Gebäude in Wellesley absehen, so möchte ich festhalten, daß meine frühen Bauten im wesentlichen auf klaren Strukturen basierten; sie waren einfach in der Form, jeder Teil war klar artikuliert — was man so allgemein „funktionell" nennt. Die zweite Sarasota High School ist der Ausdruck eines Verzichts auf klare Formen, auf klare Konstruktionen und auf lineare Konstruktionselemente, die den Raum definieren. Statt dessen suchte ich den Raum durch Ebenen zu gliedern. Ich suchte nach räumlichen Strukturen, die auf Licht und Schatten reagieren. Das wiederum bewirkte, daß ich neue Maßverhältnisse finden mußte. Und deshalb war dieses Gebäude für mich wichtig. Aber seien wir doch ehrlich: All das stammt von Corbusier. Er hat das alles viel früher und viel besser realisiert.

70 Sarasota Senior High School, Sarasota, Florida. 1958/59. Paul Rudolph. Foto: Ezra Stoller, Copyright ESTO.

HK: Haben Sie sich umgesehen, suchten Sie ...

PR: Ständig. Alles, was ich sehe, beeinflußt mich. Ich mache da kein Hehl daraus. Ich habe in meinem ganzen Leben nichts erfunden. Der Eingang zur Sarasota High School kann zum Beispiel direkt auf Le Corbusiers High Court Building in Chandigarh zurückgeführt werden.

JC: Erkennen Sie in Ihrem Werk gewisse Entwicklungsperioden? Können Sie stilistische Veränderungen vom Sarasota-Gebäude bis zu Ihrem neuesten Bau feststellen? Ich bin mir dabei im klaren, daß wir es sind, die eine Stildefinition abstrahieren, nicht der Architekt.

PR: Nun, ich habe bestimmte Ideen, die ich nicht immer erklären kann, welche aber ein wichtiger Teil dessen sind, was ich anstrebe, und sie tauchen immer wieder in verschiedenen Formen auf. Man hat von mir gesagt, ich wisse nicht recht, was ich eigentlich wolle, und das sei der Grund, warum ich so verschiedenartige Dinge produziere, ziemlich eklektisch. Das stimmt nicht.

JC: Können Sie einige dieser Ideen charakterisieren?

PR: Gropius, mein Lehrer, war ein sehr mächtiger, doch kein sehr guter Architekt. Er machte die Prinzipien des International Style verständlich, und ich adaptierte sie für Florida. Allmählich wurde ich immer unzufriedener mit den Beschränkungen, die dieser Stil implizierte, vor allem in bezug auf Städtebau und Städteplanung. Das ist entscheidend wichtig.

Ich habe bis heute viele verschiedene Gebäude erstellt, von New England bis Florida, im Westen bis nach Illinois, dann in Ostpakistan, Saudiarabien und im Libanon. Die programmatischen und landschaftlichen Bedingungen sind in technischer, klimatischer, psychologischer Hinsicht sehr verschieden. Ich gehe aus vom Grundstück und seiner Umgebung. Das kann allerdings zu einem weiteren Eklektizismus führen: ein neues pseudogotisches Gebäude für einen vorgegebenen Kampus oder ein neukoloniales Gebäude als Rathaus und so weiter. Wäre das denn mehr, als Szenerie für einen Film zu produzieren?

Als nächstes kommt der Raum, Außen- und Innenraum, und seine psychologische Wirkung. Das ist äußerst wichtig. Die Konstruktion ist bloß zweckbedingt, obwohl jedes Material eigene Charakteristika hat. In der Architektur von Mies ist die Konstruktion oft Selbstzweck. Nie hat ein Laie zu mir gesagt: ,,Ich verlange, daß die Konstruktion sichtbar bleibt und klar artikuliert ist." Der Laie beschreibt hingegen sehr ausführlich, was Raum für ihn bedeutet. Mich interessiert nun einmal sehr, welche Bedeutung etwas für die Menschen hat und welche Symbole im Spiel sind. Kurz, die Prinzipien, auf die der International Style sich stützte, waren bis zu einem gewissen Punkt wertvoll, aber sie gingen nicht weit genug und befaßten sich nicht mit genügend verschiedenartigen Problemstellungen. Zwei dieser Problemstellungen sind die Psychologie des Raums und die Kunst des urbanen Bauens, die Fähigkeit, die Stadt zu bereichern.

HK: Das heißt, daß Sie sich nicht damit begnügen, für bloße ,,Zwecke" zu bauen.

PR: Niemals.

HK: Sie wollen ein Gebäude, über die Anforderungen der Konstruktion und der primären Zwecke hinaus, ausdrucksvoll gestalten?

PR: Ich möchte, daß sich die Menschen durch meine Bauten auch ergreifen lassen.

HK: Glauben Sie, daß der Architekt ein Künstler sein muß?

PR: Wenn ein Architekt kein Künstler ist, so sollte man ihn nicht Architekt nennen.

HK: Heutzutage werden Bauten allerdings häufig zu Kunstwerken, zu Skulpturen anstatt zu Gebäuden.

PR: Das wäre nicht angebracht, denn Skulptur kann nie Architektur und Architek-

tur nie Skulptur sein. Es muß ausgewogen sein. Gebäude müssen genutzt werden können. Eine der Definitionen von Architektur ist, daß ein Gebäude einen Zweck zu erfüllen hat.

HK: Wir reagieren heutzutage negativ auf den Funktionalismus des Bauhauses. Es
besteht die Tendenz, zu weit in die entgegengesetzte Richtung zu gehen. Die Zwecke
könnten vernachlässigt werden, während man auf Entwurf und Stimulierung das
Hauptgewicht legt.

PR: Ich meine nicht, daß Stimulierung per se betont werden sollte, denn das hört
sich an, als ob ich glaubte, die Architektur könne ein Ersatz für etwas anderes sein.
Es gibt aber eine bestimmte Art von Bauten, die mehr sein müssen als nur funktionell.
Zum Funktionalismus: was für den einen funktioniert, muß nicht unbedingt für einen
anderen auch funktionieren. Das traditionelle japanische Haus funktionierte sehr gut
für die Japaner. Heute funktioniert es nicht einmal mehr für die Japaner, geschweige
denn für die Europäer oder Amerikaner. Der Funktionalismus ist etwas sehr Kompliziertes.

JC: Er kann eine Krücke sein, wie Philip Johnson sich ausdrückte.

PR: Ich bin durchaus für Gebäude, die funktionieren. Die Frage ist aber, was
funktionieren soll.

JC: Wenn man die Chapel Street in New Haven in Richtung Art and Architecture
Building hinaufgeht, so bemerkt man, daß dieser Bau der Stadt einen anderen optischen Akzent gibt. Es ist ein sehr selbstbewußtes Gebäude, das als riesiges, plasti-
sches Gebilde sehr eindrücklich wirkt. Man fragt sich allerdings, ob es den Anforderungen des Alltags gerecht wird.

PR: Die Beziehungen zwischen den alltäglichen und den geistigen Anforderungen
sind sehr komplex, und oft stehen sie im Widerspruch zueinander. Funktionalismus
allein genügt nie.

JC: Dieser Bau ist sehr flexibel. Die nachträglichen Veränderungen haben ihm nicht
geschadet.

PR: Das ist der Prüfstein für ein Gebäude: ob es den mehr oder weniger gut geplanten Veränderungen standhält. Die Frage ist, ob dieses Gebäude im Inneren stark genug ist, um allem zu widerstehen, was mit ihm geschehen ist. Wenn man zum Beispiel
den zentralen Ausstellungsraum zustopft, so entspricht das nicht der Organisation des
Gebäudes, sondern stellt eine Mißachtung seiner Idee dar.

HK: Wozu war dieser Raum bestimmt?

PR: Das Hauptgeschoß ist für Ausstellungen gedacht, das vierte Geschoß für die
Architekturstudenten und der sechste Stock für die Kunststudenten.

HK: Der zentrale Kern des Gebäudes ist ein offener, umfassender Raum.

PR: Ja.

HK: Erstes Erfordernis war, genügend Raum für die Studios bereitzustellen. Die
Studenten beklagen sich nun, es gäbe nicht genug Raum zum Arbeiten, dafür zuviel
Raum zum Ausstellen.

PR: Es gibt keinen Grund, warum der Ausstellungsraum nicht auch als Arbeitsraum genutzt werden könnte.

HK: Dann verliert man aber die Großzügigkeit dieses zentralen Raumes — genau
die Qualität, die Sie voraussetzen.

PR: Wirklich? Ich könnte mir sehr gut vorstellen, daß man das Volumen im Zentrum abtrennen könnte, so daß es als Ausstellungsraum erhalten bleibt und der Raum
an der Peripherie als Arbeitsraum verwendet werden kann.

JC: Auf welche Weise wollen Sie bewirken, daß die Menschen durch Ihre Bauten
„ergriffen" werden?

PR: Auf verschiedene Weise. Emotionell und psychologisch. Vielleicht ist „ergreifen" ein zu starkes Wort. In Wirklichkeit will ich damit sagen, daß ich Architektur als sehr wichtig erachte. Sie ändert oder modifiziert unser Leben. Ich finde, man sollte spüren, <u>wo man ist.</u> Die Bevölkerungsexplosion und die weltweite Kommunikation machen es schwer, zu wissen, ob man sich in Hongkong oder in New York City befindet.

JC: Sie meinen, daß anonyme Bevölkerungsmassen eine anonyme Architektur provozieren?

PR: Ja, und deshalb möchte ich, daß die jeweilige Umgebung einen Charakter erhält, der den verschiedenen Bedürfnissen der verschiedenen Menschen auf diesem Planeten entspricht.

JC: Um Menschen emotionell an zusprechen, scheint Ihnen der architektonische Raum wichtiger als die Konstruktion selbst.

PR: Aber ja, immer. Der Raum ist für mich von größter Wichtigkeit, aber was den Raum umgrenzt, variiert natürlich. Manchmal ist es eine Masse, manchmal eine Fläche, manchmal etwas Transparentes ...

JC: Ist für Sie nicht auch der <u>äußere</u> Raum wichtig?

PR: Ja, wenn ich von Raum spreche, so meine ich nicht bloß <u>Innen</u>raum. Der Begriff umfaßt den ganzen städtischen Kontext. Mich reizt auch der Raum, der horizontalbetonte und vertikalbetonte Kräfte enthält (Abb. 71). Die Wechselwirkung zwischen diesen zwei Raumkräften fasziniert mich. Das Art and Architecture Building zum Beispiel besteht aus vielen Flügeln. Jeder Flügel ist stark horizontalbetont und um ein

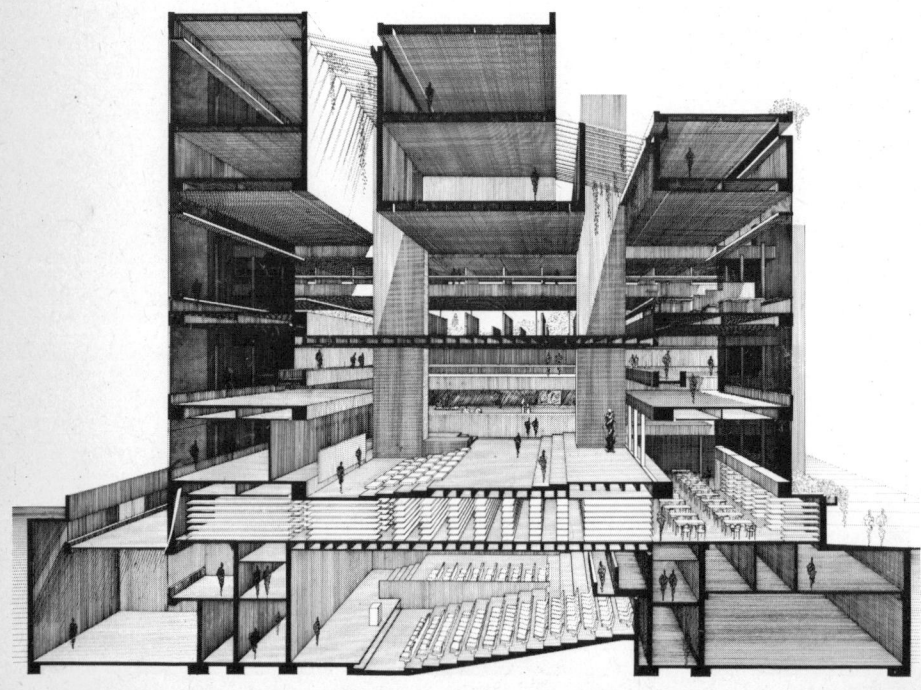

vertikalbetontes Element herumgeführt. Alle diese räumlichen Kräfte sind für mich faszinierend. Sie werden das in meinen Bauten immer wieder finden.

HK: Es ist geradezu aufregend, die vielen Bewegungsmöglichkeiten in diesem Raum zu entdecken. Die Erforschung des Raumes wird zum Abenteuer. Aber andererseits kann sich ein Fremder vollständig darin verirren.

PR: Aber es ist doch kein <u>öffentliches</u> Gebäude! Als es eröffnet wurde, kamen Tausende von Menschen, es anzuschauen, aber dafür ist es nicht geplant. Es wurde errichtet für einige Studenten, die vermutlich sehr bald das absichtlich verborgene, labyrinthartige Verkehrssystem kennenlernen.

HK: Als ich hier in den Staaten aus dem Flugzeug stieg, nach New Haven kam, an die Yale-Universität, die Chapel Street hinaufging, da stand es plötzlich vor mir: ein Betonwunder. Ich ging um das Gebäude herum, versuchte es zu verstehen und war gefesselt. Es gab viele Eingänge, aber welcher war nun der richtige? Die große Eingangszone (Abb. 72) schien nach einer Festprozession zu verlangen, sie erschien mir zu wichtig für die tägliche Routine, und die kleinen Eingänge, die überall verstreut waren, schienen eher zu Toiletten als zur Bibliothek zu führen. Ich landete schließlich im Keller und war für drei Tage verschollen. Aber zurück zur Sache! Eine der positiven Eigenschaften des Gebäudes ist, daß es eine Unzahl von Erlebnissen ermöglicht. Als ich ankam, war es Januar, und der Wind blies durch jenen Eingang hindurch (Abb. 72). Es ist ein großes Loch, das sich gegen den Himmel hin öffnet. Ein großartiger Ausblick, aber nichts zu sehen, und der kalte Wind bläst einen in den Hinterhof. Hatten Sie eine andere Vorstellung, als Sie diese große Eingangszone kreierten?

PR: Aber ja. Dieser Eingang soll in einen Hof führen, der noch nicht richtig ausgebaut ist, weil die verfallenen Gebäude nebenan noch nicht wiederhergestellt sind.

71 Art and Architecture Building.
Perspektivischer Schnitt.

72 Art and Architecture Building.
Ansicht des Haupteingangs.

Wenn der nächste Architekt nur ein bißchen sensibel ist, so wird er den Hof vervollständigen und damit das Ganze unermeßlich verbessern. Die Zukunft zu implizieren, ist ein Muß in der Architektur des 20. Jahrhunderts.

HK: Es ist für den amerikanischen Städtebau sehr charakteristisch, daß die Brandmauern, riesige, nackte Flächen, für zukünftige Ergänzungen stehengelassen werden. Die Straße wird geprägt von diesen kahlen Mauern, die jahrzehntelang darauf warten, daß das anschließende Gebäude gebaut wird. Man denkt dauernd an den nächsten Schritt, so daß niemals ein geschlossenes Straßenbild entstehen kann.

PR: Ist das bis zu einem gewissen Grad nicht schon immer so gewesen? Finden Sie es besser, wenn sich die Leute ihre in sich vollkommenen kleinen Tempel erstellen? Alles wird ständig umgebaut. Ich möchte gerne, daß die bestehenden Gebäude im Laufe der Zeit besser verstanden würden und daß im wesentlichen die Grundidee ausgeführt würde. Aber vielleicht habe ich Unrecht, ich weiß es nicht.

JC: Mit anderen Worten, Sie zählen auf die nächste Generation.

PR: Eigentlich zähle ich auf niemanden, um ganz ehrlich zu sein. Ich hoffe einfach. Wir sind sehr beschränkt in dem, was wir tun können.

JC: Wenn Sie so unsicher sind, warum spekulieren Sie dann so sehr mit der Zukunft? Man würde unter diesen Umständen eher erwarten, daß Sie von einem ganz anderen Konzept ausgehen.

PR: Nein, ich ziehe es vor, zu implizieren, was geschehen könnte. Die Umwelt verändert sich ständig, wie die Geschichte beweist. Wir leben nur kurze Zeit und müssen auf das hindeuten, was kommt.

JC: Trotzdem empfindet man das Art and Architecture Building als fertiges Produkt. Es ist zu einzigartig und zu selbstbewußt, als daß man sich vorstellen könnte, daß irgend etwas hinzukommen könnte.

PR: Aber es enthält Hinweise auf etwas, was kommen mag.

HK: Zum Beispiel den Hinweis, daß der Eingang zu einem Hof führt, der vielleicht nie gebaut wird.

PR: Man muß über die eigene Generation hinaus denken. Für Architekten ist sehr wichtig, daß sie auf mehreren Ebenen denken, und Gebäude müssen auf mehreren Ebenen deutbar sein. Man kann dieses Gebäude als Sache für sich deuten, aber das ist nicht alles. Ich könnte in jedem meiner Gebäude hundert Hinweise auf die Zukunft aufzeigen, aber ich bin nicht sicher, ob sie je erkannt werden. Der Eingang kann an einem kalten Wintertag sehr ungemütlich sein, aber der Luftzug ist bei warmem Wetter ein Plus; wenn ich nochmals von vorne anfangen müßte, so würde ich den Haupteingang genau so lassen.

HK: Wenn man zum Beispiel zur Bibliothek gelangen will, wird man diese Treppe zum zweiten Stockwerk hinaufgeführt. Das ist ein „ergreifendes" Erlebnis, aber man wurde in die falsche Richtung geführt; dann muß man sich in einen Aufzug zwängen und wieder hinunterfahren. Zumeist landet man dann aber im Keller. Beim nächsten Versuch wählt man nicht die große Treppe, sondern findet zufällig die Türe zum Notausgang — und dann ist man endlich dort angelangt, wo man hinwollte.

PR: Dieses Gebäude ist bestimmt für Leute, die etwas hervorbringen, nicht so sehr für Leute, die nur die Bibliothek benützen. Die sind temperamentmäßig sehr verschieden. Und wer die Bibliothek benutzen will, wird auch lernen, wie er dort hinkommt. Ich wollte aber einen ebenerdigen Eingang für Leute, die ...

JC und HK: Schöpferisch sind?

PR: Die etwas herstellen.

JC: Die Maler und die Architekten?

HK: Die anderen, die Gelehrten, können ruhig verlorengehen.

73 Art and Architecture Building. Das Alkovenfenster an der Ecke der Bibliothek.

PR: Es gab Professoren, die haben es mir so schwer gemacht. Deshalb lasse ich sie nun durch den Notausgang gehen, wenn sie zur Bibliothek wollen.
HK: Ich gratuliere.
PR: Ich finde, Gebäude sollten Humor haben.
JC: Und das ist bei diesem Gebäude auch sehr der Fall.
PR: Ist das nicht klar?
HK: Nun ja — zum Beispiel dieses kleine Alkovenfenster an der Ecke (Abb. 73) ...
JC: Mitten in diesen Betonmassen.
PR: Jaja.
HK: Das ist wirklich ein sehr witziger, ironischer Akzent.
JC: Einige der bedeutendsten Werke der modernen Architektur wurden für Kampus-Universitäten gebaut. Sie haben dazu auch beigetragen. Das Art and Architecture Building an der Yale-Universität ist ein Beispiel. Sie haben außerdem, wie schon früher erwähnt, einen ganzen Kampus für das Southeastern Massachusetts Technological Institute geplant (Abb. 66).
PR: Ja, Das Studentenhaus und die verschiedenen Bauten im Zentrum sind bald fertig, und dann werde ich diesem Kampus Adieu sagen.
HK: Die Planung und Erstellung eines Kampus oder einer ganzen Stadt ist für einen Architekten ein sehr reizvolles Unterfangen. Aber kann ein Architekt allein für Vielfalt garantieren? Wäre es nicht besser, wenn mehrere Architekten zusammen eine Stadt bauten, so daß sie nicht nur von einem Individuum geprägt wäre und Monotonie vermieden werden könnte?

117

PR: Ich kenne kein einziges Beispiel aus unserem Jahrhundert, bei dem mehrere Architekten an einer Gruppe von Bauten zusammengearbeitet haben und das Resultat gelungen ist.

HK: Sogar ein kleiner Komplex wie das Lincoln Center hat das bestätigt (Abb. 22).

PR: Das Lincoln Center? Neofaschismus!

HK: Und das Bostoner Regierungszentrum? Es gibt anscheinend einen Gesamtplan von I M. Pei. Dann wurden verschiedene Architekten berufen, um die einzelnen Teile zu realisieren. Sie waren auch dabei.

PR: Das Bostoner Regierungszentrum geht über den Plan von Pei hinaus.

HK: Kallmann, McKinnell und Knowles kamen dazu, auch Gropius und sein Team. Am Ende ist es schwierig, den Zusammenhang eines solchen Projekts noch zu erkennen.

PR: Das ist ein Dilemma der Architektur dieses Jahrhunderts.

JC: Aber innerhalb dieses Gesamtplans gibt es einige sehr gute Bauten. Sie selbst haben gesagt, daß Kallmanns Rathaus eines der großartigsten Gebäude dieses Jahrhunderts sei (Abb. 74).

PR: Es ist ein sehr gutes Gebäude.

JC: Würden Sie es auch neofaschistisch nennen?

PR: Was ist überhaupt ein faschistisches Gebäude?

JC: Sie haben das schließlich ins Gespräch gebracht, aber sagen wir einmal, ein Gebäude, das mit allen Mitteln die Szene beherrschen möchte.

PR: Das Bostoner Rathaus ist ein Magnet, und das ist auch richtig so, weil es durch seine Bestimmung an der Spitze der Hierarchie von Gebäudetypen steht. Der übermenschliche Maßstab und die Lage garantieren, daß es ein Brennpunkt der Stadt bleibt.

74 Rathaus von Boston, Massachusetts. 1963. Kallmann, McKinnell and Knowles.

75 John W. Chorley Elementary School, Middletown, Staat New York. 1964—1969. Paul Rudolph, Peter Barbonne und Partner.

JC: Was bewirkt die Behandlung der Betonoberfläche in diesem Zusammenhang?

HK: Dramatische Betonaußenflächen sind auch Ihre persönliche Handschrift.

PR: Nein, ich habe auch mit Backstein, Holz, Stahl und gar Kunststoff gearbeitet.

HK: Sie finden Beton nicht mehr interessant.

PR: Jedes Material hat seine ihm eigenen Werte und Verwendbarkeiten. Mich interessiert jedes Material, nicht bloß eines. Es stimmt nicht, wenn man glaubt, ich interessiere mich nur für Beton. Gut, ich habe einige Bauten in Beton ausgeführt und werde das wahrscheinlich auch weiterhin tun. Ich arbeite im Moment an zwanzig Projekten, und ich glaube, nur drei davon sind aus Beton. Dann ist noch ein anderer Aspekt zu berücksichtigen: Mich fasziniert die Idee, wie ein Gebäude im Maßstab der Stadt dominant werden kann. Früher dachte ich, dies sei am besten zu verwirklichen, indem man es relativ schwer und kompakt baut. Heute suche ich Wege, es mittels einer Stahlkonstruktion sehr leicht zu gestalten, aber so, daß es trotzdem dominant wird. Ich arbeite gerade an einem neuen Verwaltungszentrum in New Haven. Das wird im Ausdruck ganz anders als das Bostoner Regierungszentrum. Am Ort gegossener Beton ist ein sehr formbares Material wie ein Kunststoff. Eine Stahlkonstruktion ist genau das Gegenteil. Ich habe sehr selten mit Stahlkonstruktionen gearbeitet, aber jetzt fange ich damit an. Also, bitte, verstehen Sie mich nicht nur als Betonarchitekten.

HK: Warum wollen Sie, daß ein Gebäude dominiert? Warum soll es sich hervortun? Warum soll es nicht zurückhaltend bleiben?

PR: Bestimmte Gebäude sollten zurückhaltend sein. Ich habe zum Beispiel eine Schule gebaut — ich hasse diese Schule!

JC: Moment! Sie sprechen von der Chorley Elementarschule (Abb. 75). Sie ist doch sehr gelungen?

PR: Sie sind zu nett.

HK: Und Sie sind sich selbst der größte Feind.

JC: Ihre Schule ist nicht dominant. Sie fügt sich in das Maß der Landschaft. Sie widerspiegelt nicht Erwachsenenwünsche, sondern paßt sich der Spielwelt des Kindes an. Sie erlaubt Freiheit und schränkt das Kind nicht auf einen bestimmten Platz ein. Sie ist hell und einladend (Abb. 76). Warum sollte eine Volksschule nicht eher einem

76 John W. Chorley Elementary School.

Kindergarten gleichen als einer Erziehungsanstalt? Wie können Sie das Gebäude nur hassen?

PR: Ich hasse es nicht eigentlich, ich ...

HK: Kennen Sie die High School in New Haven von Kevin Roche (Abb. 77)?

PR: Ja.

HK: Sie ist das Gegenteil der Chorley School.

PR: Ich weiß.

HK: Sie droht dem Kind, das aus den Slums zur Schule kommt. Sie schafft eine sehr autoritäre Umgebung. Dieser Bau setzt voraus, daß jedes Kind ein Vandale ist. Ihre Schule hingegen geht auf das Kind freundlich ein.

PR: Es fühlt sich zu Hause.

HK: Warum also hassen Sie diese Schule?

PR: Nun, sie ist zweckmäßig und erfüllt somit meine Absichten. Ich finde nicht, daß jedes Gebäude dominant sein muß, aber ein Rathaus muß dominant sein.

HK: Aber warum mögen Sie denn die Chorley School nicht?

PR: Sie ist zu lieb, zu sentimental.

HK: Sie wollen wirklich die Menschen beeindrucken!

PR: Nein, ich will, daß meine Bauten angemessen sind.

HK: Aber das ist doch eine Ausrede. Jeder Architekt will angemessen bauen.

PR: Ich weiß.

HK: Jeder sagt: „Ich baue angemessen", und dann baut er, was er will. Sie hingegen wollen beeindrucken, dominante Architektur schaffen und meinen, daß dies „angemessen" sei.

120

PR: Lassen Sie mich das anders sagen: Es gibt gewisse Gebäudetypen, die mich mehr ansprechen als andere.

HK: Mit anderen Worten, Sie möchten lieber ein Rathaus bauen als eine Schule?

PR: Genau das meine ich. Ich denke ... nun, ich nehme an, daß es möglich ist, ein Gebäude wie die Chorley School für ein Kind ansprechend zu gestalten, ohne auf Formen zurückzugreifen, die rein assoziativ so sentimental werden.

JC: Warum soll das sentimental sein?

PR: Ja, alle diese schrägen Dächer. Ist das nicht sehr pittoresk?

JC: Warum soll denn ein Gebäude nicht pittoresk sein? Es gibt jedoch ein Foto, auf dem die Schule aussieht wie etwa nach einem Erdbeben (Abb. 75).

PR: Das würde mir viel besser gefallen. Die Schule wäre besser geworden, wenn der Hügel steiler wäre, weil dann eine dorfartige Bautengruppe möglich gewesen wäre. Meine Absicht war, für jedes Deckensegment eine andere Farbe zu wählen, aber wir mußten aus finanziellen Gründen alles weiß streichen. Das schadet dem Ganzen. Ich wollte, daß das Innere wie ein arabisches Zelt aussieht, sehr festlich wirkt und das Kind in eine ganz andere Welt versetzt.

HK: Ihr Projekt für Stafford-Harbor bildet einen Kompromiß zwischen den beiden Anforderungen, dominante Bauten zu errichten und gleichzeitig einen intimen Maßstab aufrechtzuerhalten (Abb. 65). Die Megastruktur, die Stufenpyramide, bewirkt Dominanz, aber die Organisation und die Detailausführung der einzelnen Wohneinheiten innerhalb des Ganzen schaffen einen intimen Maßstab. Abwechslung wird dadurch erreicht.

PR: Ich möchte das nicht einen Kompromiß nennen. Ich halte mich einfach an die Möglichkeiten „dominanter" Architektur, was normalerweise bedeutet, gleichzeitig übermenschlichen und „intimen" Maßstab zu umfassen. Mit dem Maßstab richtig umzugehen, ist eine architektonische Pflicht. Architektur muß einerseits aus einer gewissen Distanz verständlich sein, andererseits auch von nahem. Wenn man näherkommt und die Haustür öffnet, so erfährt man Architektur auf eine andere Art. Dieses Problem hat alle Architekten stets beschäftigt, mich eingeschlossen.

HK: Wenn nun derartige Bauten mit den neuen Verkehrssystemen, etwa einer sechsspurigen Autobahn, verbunden werden, würde deren Maßstab beeinflußt werden?

77 Richard C. Lee High School, New Haven. 1966. Kevin Roche, John Dinkeloo und Partner.

PR: Natürlich. Wir wissen darüber noch sehr wenig. Sechzehnspurige Autobahnen sind etwas Neues. Ein faszinierendes Problem.

HK: Ich sagte sechsspurig.

JC: Ihre Studie für eine Schnellstraße in Lower Manhattan, die Sie für die Ford Foundation erstellen, scheint auf dieses Problem bereits einzugehen.

PR: Diese Studie befindet sich noch in einem Frühstadium. Es wird wahrscheinlich noch etwa ein Jahr dauern, bis ich mit einem endgültigen Vorschlag herauskomme.

JC: Ihre allgemeine Idee hat aber schon Form angenommen. Ich finde es sehr ungewöhnlich, daß Sie die Straße selbst als Gebäude betrachten. Das bedeutet, daß es keine Trennung mehr gibt zwischen einer Anzahl von Straßen und den Gebäuden an der Straße. Sie fügen alles in eine einzige Struktur ein.

PR: Ja. — Ich sitze hier und schaue aus meiner Wohnung auf den East River Drive. Am Fluß zu spazieren ist etwas sehr Schönes, und ich beobachte, wie die Leute alle möglichen Umwege auf sich nehmen, um an das Flußufer zu gelangen. Aber hier in New York ist das fast unmöglich.

HK: Mir scheint, die Amerikaner haben sich nie sehr um ihre Flußufer gekümmert; heute jedoch werden sie wiederentdeckt.

PR: Das stimmt. Irgend jemand schimpft immer über Manhattan und seine Uferautobahn. Ich weiß nicht, wie man es hätte anders machen können; aber das war gleichzeitig der erste Schritt in Richtung auf eine Megastruktur. Schade, daß man nicht von vornherein daran gedacht hat, den River Drive zu überbauen.

JC: Heute geschieht das nun aufs Geratewohl.

PR: Wenn man dem East River entlangfährt, so kann man eine der wirklich hinreißenden Raumsequenzen in Manhattan erleben. Es ist eine architektonische Folge von Räumen im Maßstab des Automobils. Man fährt hinein, hinaus, hinunter und erhält eine kaleidoskopische, gestückelte Sicht aus der Bewegung heraus, während man unter schrecklichen Gebäuden durchfährt; man macht eine leichte Kurve, und das UNO-Gebäude steht plötzlich vor einem. Gebilde schießen überall hervor. Es ist alles sehr aufregend.

HK: Eine treffende Beschreibung. Aber wenn man dort fährt, kann man nie anhalten. Es gibt keinen Ort, wo man stillstehen und das alles betrachten kann. Man muß immer weiterfahren und kann den Wagen nicht verlassen. Das fahrende Automobil bestimmt die Perspektive; man hat keine andere Wahl.

PR: Die Bundesregierung zahlt, solange der Verkehr weiterrollt. Und so lange man nur fährt, fährt, fährt, wird der amerikanische Steuerzahler beliebig viel bezahlen. Wenn der Wagen dann aber geparkt ist, so erfährt man, daß die Geldquellen auf einmal versiegt sind. Der geparkte Wagen braucht mehr Aufmerksamkeit, weil man ihn unterbringen muß. Das aber ist auch eine architektonische Möglichkeit und muß nicht unbedingt ein Negativum bedeuten.

JC: Sie betrachten die Autobahn nicht unbedingt als einen Feind der Stadt, und Sie wollen das Parkhaus nicht unbedingt an den Rand der Stadt legen?

PR: Das kommt auf Größe und Lage einer Stadt an. Das kann man sehr schwer verallgemeinern.

HK: Wenn wir Sie richtig verstanden haben, so wollen Sie das Automobil nicht aus dem Stadtzentrum verbannen.

PR: Ich sehe nicht, wie man das in absehbarer Zukunft erreichen kann. Uns steht eine drohende Krise bevor, in der wir zur Einsicht kommen werden, daß gewisse Zonen autofrei sein müssen, wenn wir überhaupt noch vorwärtskommen wollen. Die Fußgängerzone unseres Jahrhunderts wird ganz anders sein als die europäischen Plätze, die wir alle so sehr bewundern. Die Renaissance-Normen, die das Verhältnis zwischen der Höhe

122

der Bauten und deren Abständen voneinander bestimmen, sind sehr menschlich, aber unsere heutigen Bauten sind viel größer. Der Wolkenkratzer ruft nach anderen Normen, und wir sind erst heute langsam im Begriff, sie zu verstehen. Unser rauhes Klima und das Aufkommen der Klimatisierung modifizieren unsere Ideen in bezug auf offene Fußgängerzonen.

HK: Ich habe einige neue Projekte gesehen, in denen die Fußgängerebene mit Glasdächern überdacht wird. Damit taucht innerhalb der mehrgeschossigen Stadt erneut die „galleria" (glasüberdeckte Passage) des 19. Jahrhunderts auf.

PR: Viele Architekten glauben nicht wie ich, daß eine Verkehrszone aus mehreren Ebenen für den Fahr- und den Fußgängerverkehr sinnvoll ist.

HK: Philip Johnson zum Beispiel beabsichtigt, in seinem Welfare-Island-Projekt die Straßen mit Leuten vollzustopfen, weil er von Städten aus mehreren Ebenen nichts hält.

PR: Ja, aber er hat es dort mit einem eng umgrenzten Stück Land, mit einer festen Grenzlinie zu tun, das als Ganzes geplant wird, wie eine neue Stadt. Die Stadt mit einer einzige Ebene ist sehr sinnvoll, wenn sie klein genug ist, so daß man die Autos an der Peripherie parken kann.

HK: Die neuen Stadtzentren mit mehreren Ebenen funktionieren häufig nicht. Die Fußgängerebene nimmt oft einen sehr artifiziellen Charakter an. Nur wenige gehen dort hinauf. Man wird hinaufgehoben über die Alltagswelt und auf eine ganz andere Erfahrungsebene gestellt, die nicht mehr dem eigentlichen Erlebnis der Stadt entspricht. Diese Ebene ist ein künstliches Arrangement von „Tempeln", Plätzen, Brunnen und Sträuchern, ein ästhetizistisches Formentreibhaus.

PR: Es kommt eben sehr darauf an, wie alles angeordnet ist. New York City ist bereits eine Stadt auf mehreren Ebenen. Rockefeller Center und Grand Central Station (Busstation) sind vorzügliche Beispiele. Die Untergrundstraßen durch das Rockefeller Center und durch einen großen Teil Manhattans sind verkehrstechnisch wichtig, ökonomisch lebensfähig, aber sehr oft architektonisch lächerlich. Zwei Ebenen funktionieren erst, wenn viele Funktionen erfüllt werden müssen, und sogar dann ist die Verbindung zwischen beiden schwierig.

JC: Sie wären also nicht gegen die von den Engländern Peter und Alison Smithson entwickelte Lösung, bei der ein Fußgängerweg außerhalb des Gebäudes auf der Höhe des vierten oder fünften Stockwerks vorgesehen ist, die Gebäude gar in der Luft miteinander verbunden werden?

PR: Es kommt auf die Anforderungen und die Ausführung an.

JC: Die beiden haben ein Buch mit dem Titel „Urban Structure" veröffentlicht. Genau besehen ist es ein Buch über Gehsteige. Sie sprechen kaum mehr von Gebäuden. Sie wollen das Leben einer Stadt nur dadurch erneuern, daß sie Gebäude durch Fußgängerbrücken miteinander verbinden. Der Fußgängerverkehr ist ihr einziges Objekt der Betrachtung.

HK: Das scheint eine Überreaktion auf die frühen fünfziger Jahre zu sein, als die Anpassung der Stadt an das Automobil das wichtigste Problem war. Bücher wie „Die autogerechte Stadt" wurden veröffentlicht; die Normen des Automobils wurden zu den Normen der Stadt. Andere Anforderungen wurden einfach beiseite gelassen. Die Sennestadt bei Bielefeld ist ein Beispiel dafür. Es gibt zwar Fußgängerwege, aber die sind langweilig wie die Gebäude. Wenn man nur für die Verkehrsbedürfnisse baut, so werden andere, zumindest ebenso wichtige Dinge ausgelassen. Am Ende besteht eine Stadt nur noch aus nackten Gebäuden und den ebenso nackten Straßen und Wegen, die die Abwicklung des Verkehrs besorgen.

PR: Wenn es um die Stadt geht, so darf man keinen Aspekt auslassen. Eine Idee

78 Lower Manhattan Expressway New York. 1967. Paul Rudolph. Modell.

allein wird nie alle Probleme lösen können. Nichts funktioniert für sich allein. Mich persönlich fasziniert es, daß die Amerikaner in Autos verliebt sind.

HK: Der Rest der Welt ist es auch.

PR: Also gut. Und dann kommen die Planer und Architekten und sagen: „Raus aus den Städten mit dem Automobil!" Das entspricht ihren eigenen Vorstellungen, aber nicht denen der großen Mehrheit. Die Menschen empfinden, daß ihnen das Automobil nie erreichte Freiheit und Komfort bringt.

HK: Mit Ihren Entwürfen für Lower Manhatten (Abb. 78, 80) beweisen Sie, daß Sie die Stadt verändern wollen, doch nicht, indem Sie die gegenwärtigen Probleme ignorieren und eine phantastisch utopische Stadtlandschaft entwerfen, sondern indem Sie die heutigen Schwierigkeiten als Voraussetzung einer zukünftigen Stadt nehmen.

PR: Ja, richtig.

HK: Utopia? Der Architekt als Schöpfer utopischer Strukturen verlangt, daß das Leben der Leute, die in diesen Strukturen leben, sich ändere.

PR: Ein Architekt muß auf verschiedenen Ebenen arbeiten: an dem, was morgen früh gebaut werden kann, und auch an dem, was erst auf die entsprechenden Bedingungen warten muß, bevor es realisiert werden kann. Beides ist gleich wichtig.

HK: Sie haben also nichts gegen Vorschläge wie die der englischen Archigram Group oder der Japaner, die Städte ins Meer hinaus bauen wollen?

PR: Aber nein.

HK: Die normale Haltung des Architekten ist es, die bestehende Gesellschaft zu bestätigen und nur das zu bauen, was die Gesellschaft verlangt. Sie aber wollen ihr einen Schritt voraus sein?

PR: Architekten weisen zwangsläufig auf die Vergangenheit wie auf die Zukunft hin und schaffen die Verbindungen zwischen den Forderungen der Gesellschaft und Utopia. Ein Beispiel dafür ist die Forderung der Gesellschaft nach Schnellstraßen, die unsere Städte auseinanderreißen — was aber gleichzeitig einen ersten Schritt in Richtung auf den Bau von Megastrukturen bedeutet. Ich sehe diese als großartige, verbindende Elemente in der Stadtlandschaft. Wenn ich aus meinem Fenster schaue, so kann ich den Anfang einer Megastruktur erkennen. Sie fragen: „Wo fangen Sie an?" Ich antworte: „Es hat bereits angefangen."

JC: Arbeiten Sie beim Bau von Megastrukturen allein oder mit einem Beraterstab?

PR: Ich werde der Gruppenarbeit die erforderliche Reverenz erweisen. Man kommt nicht darum herum, den Installationstechniker zu fragen, wo das Regenwasser abfließt, den Konstruktionsingenieur, ob die Struktur auch stehen wird, den Beleuchtungstechniker, den Akustikspezialisten, den Geologen — und so weiter. Die Tatsache bleibt, daß jeder nur seinen Problemkreis im Auge hat. Manchmal ist es einfacher, wenn das Projekt sehr groß ist; denn so viele Leute basteln daran herum, daß man sehr oft das Vakuum ausfüllen kann, wenn man nur die geringste brauchbare Idee hat. Das ist faszinierend. Am Ende ist es doch der Architekt, der entscheiden muß, wie das Ganze nun aussehen soll.

JC: Welches sind die Spezialisten für Menschlichkeit?

PR: Spezialisten für Menschlichkeit? Ich glaube, die gibt es gar nicht.

JC: Die Soziologen sagen, sie seien Spezialisten für das Menschliche.

PR: Nun gut, also die Soziologen. Ich bin sehr dafür, daß sie ihre Untersuchungen machen. Sollten wir jetzt aber nicht essen gehen?

* * *

JC: Kann ein Städteplaner bestimmen, was einmal die „Anatomie des Ambiente" genannt wurde? Sagt Ihnen das etwas?

PR: Ich habe den Ausdruck nie gehört. Ich nehme an, es hat etwas mit den psychologischen Implikationen einer gegebenen Umwelt zu tun.

JC: Ich vermute, es bezeichnet den Versuch, psychologische und soziologische Aspekte im Städtebau zu berücksichtigen. Das impliziert, daß es möglich ist, alle Aspekte einer gewünschten Umwelt zu programmieren.

PR: Da bin ich ganz und gar nicht einverstanden. Denn die Intentionen von Leuten, sogar sehr erfahrenen Leuten, die sich mit den drei Dimensionen befassen, vor allem im großen Maßstab, führen oft nicht zu den Resultaten, die man vorausgesehen hat. Als ehemaliger Lehrer kann ich Ihnen versichern, daß das, was Studenten oder sogar manche Architekten über ein Projekt sagen, wenig oder gar nichts mit dessen Wirklichkeit zu tun hat. Manche Planer und Bürokraten sind nicht fähig, das, was dann erreicht werden soll, aufs Papier zu bringen, sei es als Zeichnung oder in Worten. Das erfordert eine ganz besondere Vorstellungskraft. Intentionen und Resultate sind in der Architektur zwei ganz verschiedene Dinge.

HK: Als wir vorhin Ihr Lower-Manhattan-Projekt besprachen, haben wir uns hauptsächlich auf das Verkehrsproblem konzentriert. Bestimmt gibt es jedoch andere Aspekte, die Priorität haben.

PR: Ja. Die Erhaltung der Broome Street (eine Straße der Zeit um 1860, die vorwiegend aus denkmalgeschützten Bauten aus Gußeisen besteht) ist von größter Wichtigkeit. Der Maßstab von Broome Street, der Williamsburg-Brücke, des nahen Italienerviertels, der verschiedenen öffentlichen Gebäude, der kleinen Parks, der bereits bestehenden Fußgängerwege und der auf gleicher Ebene befindlichen Straßen ist sehr verschiedenartig. Jeder dieser Maßstäbe muß berücksichtigt und in die Megastruktur integriert werden. Die Symbolkraft der Brücken als Zugang zu Manhattan könnte unterstrichen werden, indem die Megastruktur an diesen Stellen verbreitert würde zu einer Art „Platz".

HK: Im 20. Jahrhundert gab es keine extensive Städteplanung. Heute nun heißt das neue Konzept „Environment". Die Umwelt, nicht allein den einzelnen Bau zu planen, ist zum Hauptanliegen geworden. Wie verhält sich Ihr Werk zu diesem neuen Bewußtsein?

PR: Auch im 19. Jahrhundert ist in diesem Land keine allzu intensive Stadtplanung betrieben worden. Der Rasterplan war das allgemeingültige Modell. Viel mehr als das war es nicht. Große Avenues gingen von einem zentralen Platz aus, aber die Plätze waren selten dreidimensional ausgeführt. Diese Konzepte wurden in erster Linie deshalb über den Haufen geworfen, weil das Automobil und seine Ansprüche bestimmend wurden und der sogenannte International Style populär wurde. Man führte Zonungsvorschriften ein, aber das hat wahrscheinlich ebensosehr geschadet wie genützt. Wright schlug „Broad Acre Cities" („Städte auf dem weiten Land") vor, aber das war bedeutungslos, denn Wright war ein Antistädter und glaubte, er müsse alles entwerfen, was ihm in die Hände kam. Le Corbusier schlug vor, einen großen Teil von Paris abzureißen und riesige Gebäude in die Parks zu stellen, was prinzipiell auch sehr antiurban ist. Wenn er dann aber in Paris baute, so bewies er stets eine große Sensibilität für die unmittelbare Umgebung. Gropius versuchte, alles auf eine mehr wissenschaftliche Basis zu reduzieren, und stellte Tabellen auf über die Gebäudeabstände, die den Grad der Sonnenbestrahlung und den Luftbedarf bestimmten; aber das Ergebnis war meistens langweilig. Mies war da viel bescheidener; er ging aus vom Grundstück des amerikanischen Geschäftsmannes und stellte darauf das größtmögliche, wundervoll gestaltete Paket, ohne Rücksicht auf die Umgebung. Als ich noch studierte, herrschte allgemein die Ansicht, alles sei sowieso eklektisch und müsse deshalb abgerissen werden; eine der Ideen eines „Meisters" sollte dann aufgenommen und allgemein angewandt werden von jemandem, den man Planer nennt. Die Architekten haben einen großen Teil ihres Erbes willig an die Planer abgegeben, und so war die Berücksichtigung der bestehenden Umgebung nicht mehr wirklich notwendig. Schließlich wurde das Auto als lächerlich angesehen — man sollte es aus der Stadt heraushalten.

JC: Welche Tendenz dominiert seit Mies in der Architektur?

PR: Nach Mies? Die Megastruktur.

JC: Gibt es irgendwelche Modelle, anhand deren man die Megastruktur optisch verstehen kann? Oder verbleibt sie im Bereich der Vorstellungen?

HK: Ein Grund, warum Le Corbusier so viel Einfluß auf die Architektur hatte, war die Tatsache, daß er es verstand, seine Vorstellungen optisch umzusetzen. Seine Utopie hatte in seinen Entwürfen Form angenommen, lange bevor eines seiner Gebäude gebaut wurde. Die Megastruktur existiert heute hauptsächlich als statistische Abstraktion. Ihr Graphic Arts Center für New York ist eine der wenigen Ausnahmen (Abb. 79). Vielleicht ist das der Grund, warum das Modell in so vielen Zeitschriften veröffentlicht wurde.

PR: Leider waren die Architekten in letzter Zeit sehr zurückhaltend in bezug auf idealisierte Darstellungen oder Skizzen über das, was einmal sein könnte. Die Komplexität des Problems, die Planer und der ständige Vorwurf, sie lebten in einem Elfenbeinturm, haben sie eingeschüchtert. Der Pragmatismus hat nun die Theorie überflügelt. In der Studie der Lower-Manhattan-Schnellstraße (Abb. 80) soll angedeutet werden, was einmal durchführbar sein wird. Prototypische Hinweise auf eine mögliche Lösung von bestehenden Problemen sollten hier gegeben werden.

HK: In Ihrem Vorschlag für Lower Manhattan kombinieren Sie verschiedene städti-

79 Graphic Arts Center, New York. 1967. Paul Rudolph. Modell. Foto: Ezra Stoller, Copyright ESTO.

sche Gebilde innerhalb einer einzigen Struktur. Sie wollen das Leben in der Stadt nicht aufteilen, nicht für jeden Funktionsbereich einen verschiedenen Bereich von Gebäuden schaffen. Sie wollen alles im Straßenbereich zusammenfassen. Heute sind die Straßen in einer Stadt wie New York der einzige übriggebliebene Raum. Sie benutzen die Straßen nun als Bauplatz, und zwar auf mehreren Ebenen.

PR: Das Problem der Verlagerung von Wohnhäusern hat astronomisches Ausmaß erreicht, und wir eliminieren heute Wohnungen, ohne sie anderswo zu ersetzen. In manchen Fällen könnte man neue Wohnungen bauen, indem man die Luftraumrechte ausnützt, ohne daß man jemanden umzusiedeln braucht. Wenn die neuen Wohnhäuser dann einmal stehen, so könnte man die baufälligen Gebäude beidseits der Megastruktur abreißen und dadurch neuen freien Raum schaffen.

JC: Die Dichte der Funktionen in Ihrem Vorschlag wirft neue Probleme auf. Die Schalldämmung wird bestimmt sehr schwierig sein. Die Ballung von Menschen und Autos in einer Megastruktur wird das Luftverschmutzungsproblem noch verstärken. Das Automobil wird allgegenwärtig sein.

PR: Die Autos werden einmal über, einmal unter den Menschen sein. Oft ist es schon gelungen, die Abgase und den Lärm von Schnellstraßen erträglich zu halten. Warum sollte man dort etwas gegen das Auto haben, vor allem, wenn es in dichtbesiedelten städtischen Zonen auf Schienen geführt werden kann? Eines Tages wird das Automobil sowohl mechanisch auf Schienen als auch durch einen individuellen Fahrer auf Schnellstraßen gesteuert werden können.

JC: Das ist schwer vorstellbar, da wir doch noch in einer Miesschen Welt leben.

PR: Meist denkt man bei Mies an ein freistehendes, in sich vollkommenes, wunderschön proportioniertes und mit schönen Details versehenes Gebäude, vollkommen losgelöst von irgendwelchen Transportmitteln oder von anderen Gebäuden. Und es ist ja auch ein in den Raum gestelltes, reines, unabhängiges Gebilde, ein Tempel. Selbst wenn es achtzig Stockwerke hoch ist — es bleibt konzeptionell ein Tempel.

HK: Aber wenn Sie diesen kühnen Schritt vom Tempel zur Megastruktur vollziehen, wie können Sie da noch auf Details achten? Sind Sie nicht völlig absorbiert vom Hauptproblem, indem Sie sich mit einer so enormen Struktur auseinandersetzen? Sie wird etwa 2,5 km lang sein. Geht bei einer solchen Quantität nicht die Qualität verloren? Große Projekte tendieren immer dazu, monoton zu werden. Das Bedürfnis des Menschen nach einer vielfältigen Erlebniswelt wird leicht vergessen. Die Megastruktur könnte mit Vielfalt unvereinbar sein, denn sie beruht auf einer Technik, die die Wiederholung von Einzelelementen zur Voraussetzung hat.

PR: Das hängt von den Fähigkeiten des Architekten ab. Ich finde, Le Corbusiers Chandigarh-Projekt weist eine phantastische Vielfalt auf, ist aber ein sehr großes Projekt, das über mehrere Jahre hinweg entstanden ist, überhaupt nicht monoton, voll Licht und Vitalität. Und es ist im wesentlichen das Werk eines einzigen Architekten.

HK: Ich betrachte Chandigarh nicht als Megastruktur. Die Stadt besteht aus voneinander unabhängigen Bauten. Le Corbusier hat seine Gebäude wie riesige Skulpturen über die Fläche verteilt; jedes ist ein Kunstwerk. Doch gleichzeitig sehe ich den Mangel an Planung für die einfachsten menschlichen Bedürfnisse. Breite Aufmarschstraßen im Sinne Haussmanns verbinden die Gebäude, aber der Fußgänger ist gänzlich vergessen worden; es gibt nichts, was ihn vor der Sonne schützen könnte. Das mag in Paris noch angehen, aber nicht in Indien.

PR: Aber es ist doch so, daß in Chandigarh die Funktionen sehr stark auf jedes einzelne Hauptgebäude konzentriert sind, daß also ein Richter kaum je in das Gebäude der Legislative oder jemand vom Sekretariat zum Gebäude des Hohen Gerichts gehen muß.

HK: Deshalb wird die Verbindung zwischen den einzelnen Gebäuden mit dem Automobil hergestellt; es ist eine Autostadt.

PR: Das stimmt. Ich möchte hinzufügen, daß Chandigarh nur durch diese großen Räume zwischen den Gebäuden mit der großartigen Bergkette im Hintergrund in Einklang gebracht werden konnte. Viele fragen sich, warum die einzelnen Gebäude so weit voneinander entfernt sind. Wenn man das Projekt gesehen hat, so versteht man unmittelbar, warum das so ist. Man nähert sich und sieht über den künstlichen Vorhügeln, die Corbusier vor die Gebäude legen ließ, nur den oberen Teil der Bauten — und dahinter stehen die Berge.

HK: Die Lage ist natürlich ideal. In einer unberührten Gegend ist alles möglich. Die Bauten von Le Corbusier sind auch Tempel in einem Park, großartige Tempel. — Sie selbst haben es mit New York zu tun, mit langgestreckten Straßen, ununterbrochenen Bändern durch die ganze Stadt.

PR: O nein. Das bestimmende Element für die Organisation ist nicht die Straße, sondern das sich bewegende Auto. Es entsteht eine Reihe von gekrümmten Linien, und rechtwinklig dazu eine Unzahl von verschiedenen Formen, die sich auf das beziehen sollen, was schon da ist.

JC: Ihr Modell ist also keine Einheit für einen Rasterplan?

PR: Ganz und gar nicht. Es ist wie ein menschlicher Körper, mit einer Wirbelsäule, von der Arme und Beine und Haare und alles Mögliche ausgehen (Abb. 80).

JC: Hatten Sie bei dieser Studie irgendwelche Beispiele, auf die Sie zurückgreifen konnten?

PR: Aber ja, viele haben schon an Megastrukturen gearbeitet. Das beste Vorbild fand ich in der Brücke von Florenz.

JC: Ponte Vecchio?

PR: Läden entlang des Fahrwegs und darüber wunderbare Wohnstätten. Der Maßstab der Stützen richtet sich nach dem Fahrweg, und für alles übrige wird der Maßstab dann entsprechend verkleinert. Nichts ist neu. Das ist auch eine Megastruktur, und wahrscheinlich das reinste Beispiel in der traditionellen Architektur.

JC: Ihr größtes Megastrukturmodell ist das Graphic Arts Center (Abb. 79).

PR: Es war das erstemal, daß ich die Idee auf Papier gebracht und ein Modell gebaut habe.

JC: An diesem Modell sehe ich, daß die Wohneinheiten traubenförmig um riesige vertikale Träger angeordnet sind.

PR: Richtig.

JC: In welcher Beziehung stehen die einzelnen Wohneinheiten zu diesen Trägern? Wie funktioniert das?

PR: Die Einheiten werden neben den vertikalen Schaft hochgezogen, der die Treppen und Aufzüge enthält. Der vorfabrizierte Wohnwagen, das mobile Haus, wird auf Rädern zum Bauplatz gefahren (Abb. 81). Die Räder werden demontiert, die Wohneinheit wird hinaufgehoben und an der Aufhängevorrichtung fixiert. Dann kommt die nächste Einheit und so weiter.

JC: Diese horizontalen Träger ...

PR: Sie sind ein Teil der Konstruktion. Eigentlich eine Art Wolkenhaken. Der Raum dazwischen ist als Freiluftspielplatz vorgesehen.

80 Projekt Lower Manhattan, New York. 1967. Perspektivischer Schnitt.

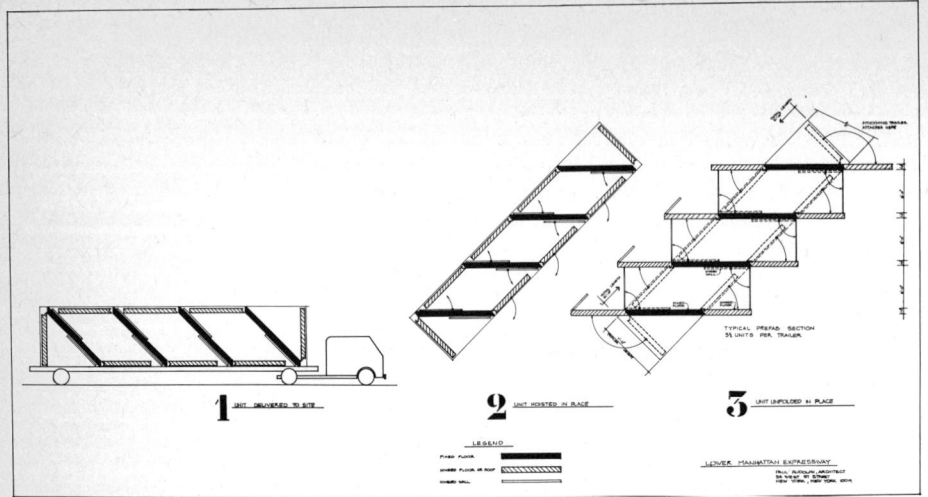

81 Graphic Arts Center. Vorfabrizierte Wohneinheit mit ausklappbaren Wänden. 1967. Entwurf.

JC: Ein Spielplatz auf jedem Geschoß?

PR: Nein, alle zehn Geschosse.

JC: Die horizontalen Träger sind also ein notwendiger Bestandteil der Konstruktion; gleichzeitig werden sie als Spielplätze verwendet.

PR: Ja, weil der Raum ja zur Verfügung steht: alle zehn Geschosse ein horizontaler Träger. Die einzelnen Einheiten werden an diese horizontalen Träger gehängt. Sie hängen buchstäblich; es ist eine Hängestadt. Von der Konstruktion her gesehen, wäre es nicht sinnvoll, alle diese Lasten bis ganz hinaufzuhieven, nur um sie wieder ein Stück hinunterzulassen. Das wäre keine rationelle statische Lösung, also habe ich alle zehn Geschosse einen Bügel angebracht, von dem die Wohnungen herunterhängen.

JC: Die Konstruktion ermöglicht die freie Anordnung der verschiedenen Einheiten zwischen den horizontalen Trägern. Innerhalb des vorgegebenen, festen Skeletts hat man jede Freiheit, Raumkombinationen zu bilden.

PR: Ein großartiges Spiel. Genau deshalb ist es für mich wertvoll.

JC: Auf den ersten Blick sieht das nach einer willkürlichen Anordnung aus.

PR: Letztlich ist es nicht willkürlich. Die Vertikale wird für den Verkehr, die Aufzüge und Treppen, verwendet. Sie ist eigentlich ein Rohr, eine sehr stabile Säule, und entspricht im Maßstab der neuen Stadtlandschaft. Die eigentlichen Konstruktionsstützen werden so dünn, daß man sie aus der Ferne nicht als solche erkennen kann. Aber die Installationskerne sind groß genug, so daß man sie von weitem sieht. Das betrifft das Maßstabproblem. Die Idee der Hängekonstruktion ist auch dann brauchbar, wenn man das Ganze in verhältnismäßig kleine Abschnitte unterteilt. Mit Ingenieuren zusammen haben wir ermittelt, daß ein Abstand von ungefähr zehn Geschossen zwischen jedem horizontalen Träger am rationellsten ist. Dazu kommt, daß zehn Geschosse eine relativ kleine Menschengruppe auf sich vereinigen, die die Spielplätze oder Restaurants oder andere Einrichtungen benutzen können. Sie ersehen aus der Ansicht, daß sich das Graphic Arts Center langsam höherstaffelt. Die Hauptwirbelsäule könnte also nicht logischer oder rationeller sein. Innerhalb dieses Rahmens kann man nun die Elemente frei, beinahe spielerisch, einsetzen.

JC: Diese Freiheit ergibt auch einen interessanten und dramatischen optischen Eindruck.

PR: Vielfalt. Visuelle Stimulation. Bessere Orientierung. Eine Terrasse für jedermann.

JC: Warum wurde es nie gebaut?

PR: Die Gewerkschaften haben es zu Fall gebracht. Die Verwendung von riesigen vorfabrizierten dreidimensionalen Elementen stand im Widerspruch zu ihren Interessen.

HK: Wenn man an die Verhältnisse in Europa denkt, so ist es sehr erstaunlich, daß ein so progressives Projekt von den Gewerkschaften zu Fall gebracht wird. Die Gewerkschaften in den USA wollen die traditionellen Baumethoden aufrechterhalten, weil sie höhere Löhne und ortsgebundene Herstellung garantieren. Das ist einer der Nachteile des kapitalistischen Systems in den USA.

PR: Seit hundert Jahren denkt man auf der ganzen Welt über die Vorfabrikation nach. Wir sind noch nicht sehr weit gekommen, vor allem wegen der inhärenten Interessen der einzelnen Gewerkschaften. Dieser Widerstand wird nun allmählich gebrochen, zum Teil durch die Politik der Bundesregierung, zum Teil wegen der ständig wachsenden Inflation und zum Teil, weil ein so großer Bedarf an zusätzlichen Wohnungen herrscht. Vorfabrikation kann verschiedene Formen annehmen. Meiner Meinung nach ist das wichtigste daran, daß die Elemente groß und dreidimensional sind und die Heizung, die Sanitärinstallationen, die Lüftung und die elektrischen Installationen bereits enthalten. Die Konstruktion macht lediglich etwa 20 Prozent der Arbeitszeit aus, während die Installationen leicht 40 bis 45 Prozent erreichen. Bei den bisherigen Systemen erforderte die einzelne Wandplatte einen großen Arbeitsaufwand auf der Baustelle und sehr viel Einsatz von Handwerkern. Das ist nicht eigentlich ein Fortschritt im Vergleich zu Mauerarbeiten. Wir brauchen viel mehr <u>Vor</u>fabrikation.

HK: Zwischen Ihrem Vorschlag und der englischen Idee der „plug-in city" sehe ich einige Ähnlichkeiten (Abb. 96)

PR: Ja.

HK: Aber Ihr Projekt ist näher an der Wirklichkeit.

PR: Es basiert auf der bestehenden Wohnwagenindustrie in den USA. Etwa ein Drittel der neu erstellten Unterkünfte während der letzten Jahre waren Mobilhäuser, Wohnwagen. Das ist eine Tatsache. Und die großmaßstäbliche vorfabrizierte dreidimensionale Struktur ist auch schon vorhanden. Architekten und Ingenieure neigten dazu, sie zu ignorieren, weil sie glaubten, diese Lösung hätte keine Chance. Aber aus der Wohnwagenbewegung wird eine Wohneinheitbewegung hervorgehen, die schon heute von großer Bedeutung ist. Sehen Sie, Habitat in Montreal ist wunderbar, aber niemand kann es sich finanziell leisten. Vielleicht wird einmal etwas Entsprechendes aus leichtgewichtigen Wohneinheiten gebaut, einem Abkömmling des Mobilhauses.

HK: Für die „plug-in city" werden ebenfalls vorfabrizierte Einheiten verwendet, die an einen bestehenden Kern angeschlossen werden. Mir scheint die Vorstellung ziemlich naiv, daß Leute in einer so kleinen Schachtel, einer Art Raumkapsel, leben wollen. Das „Haus" wird zum Konsumgut, das man loswerden kann wie einen alten Wagen.

PR: An diesem Vergleich stimmt etwas nicht. Die vorfabrizierten Einheiten im Graphic Arts Center sind nicht mehr mobil, wenn sie einmal aufgehängt sind. Es wäre zu teuer, sie wieder abzumontieren. Die Installationen sind viel zu kompliziert. Ich kann das Argument nicht verstehen, daß eine Familie mit solchen Einheiten nicht zufrieden sein könnte, denn die Einheiten können untereinander verbunden und die Deckenhöhe verändert werden, wodurch man eine räumliche Vielfalt erreicht, die nur durch die menschliche Phantasie begrenzt ist.

Man muß versuchen, dieser Idee von Wohneinheiten mehr soziales Prestige zu geben. Jemand sollte das teuerste Wohnhaus von ganz Amerika aus solchen Einheiten bauen.

82 Oriental Masonic Gardens Apartments, New Haven. 1968. Paul Rudolph.

Es ist wie mit den kleinen Autos. Erst als man sehr teure kleine Autos für die Reichen produzierte, fanden es alle übrigen ganz in Ordnung, auch einen kleinen Wagen zu fahren.

HK: Vielleicht erhält man auf diese Weise fünf Schlafzimmer, aber keinen einzigen großen Raum.

PR: Nein. Wir gehen beim Graphic Arts Center von einer Elementbreite von etwa 3,6 m (12 Fuß) aus. Das ist das Maximum, was man auf unseren Straßen transportieren kann. Aber Sie sehen, daß die Wände ausklappbar sind (Abb. 81) und dadurch eine Breite von 7,2 m erreicht wird, was einiges über der Breite der meisten Räume im heutigen Wohnungsbau liegt. Nicht nur die Seitenwände, auch die Decken und die Fußböden sind ausklappbar, wodurch man eine phantastische Variabilität in der Raumhöhe gewinnt. Vielleicht führt das mit der Zeit zu einer ,,ausklappbaren" Architektur.

HK: Das ist sehr faszinierend. Wahrscheinlich wird diese Idee zum erstenmal bei den Wohnhäusern an der Wilmot Street in New Haven realisiert, wo Sie ähnliche Einheiten verwenden (Abb. 82).

PR: Leider kann man sie nicht aufklappen. Dort sitzen wir mit dem Modul von 3,6 m fest.

HK: Die Wände sind nicht aufklappbar?

PR: Nein.

HK: Das bedeutet, daß Sie sich an das Modul halten müssen ...

PR: 3,6 m, das ist die Limitierung.

HK: Die Breite ist also fix, aber die Länge nicht.

PR: In den meisten Staaten der USA beträgt die maximal erlaubte Länge für Straßentransporte 18 m.

HK: Dabei kommt maximal ein Tunnel heraus, 3,6 m mal 18 m!

JC: Der billige soziale Wohnungsbau läßt Ihnen kaum die Möglichkeit, phantasievolle Innenräume zu schaffen. Auf der einen Seite haben Sie den durch die Wohneinheit beschränkten Raum, auf der anderen, in einigen Ihrer Kampusbauten, gibt es diese wunderschönen vertikalen und spiralförmigen Räume. Diese zwei Konzepte scheinen sich zu widersprechen.

PR: Ich war nie der Meinung, daß es in der Architektur nur zwei Konzepte geben solle. Ich hoffe, daß ich mehr als zwei habe. Das Problem ist, daß wir eine Hierarchie von Gebäudetypen brauchen. Über Jahrhunderte hinweg waren Kirchenbauten, Regierungsgebäude, Stadttore und Institutionsgebäude an der Spitze der Hierarchie. Was das Volumen betrifft, so sind Kirchenbauten heute längst nicht mehr an der Spitze. Geschäftshäuser aller Art und Wohnbauten sind viel größer als Kirchen. Dadurch wurde die alte Hierarchie von Gebäudetypen auf den Kopf gestellt. Es ist nun ein architektonisches Problem von äußerster Wichtigkeit, ein kleines Gebäude, dessen soziale Funktion innerhalb der Hierarchie der Gebäudetypen sehr hoch steht, dominant zu gestalten.

JC: Damit zum Beispiel die Kirche im Graphic Arts Center nicht einfach untergeht.

PR: Aus einer gewissen Entfernung wird es schwer sein, sie zu erkennen, aber für die betreffende religiöse Gemeinde wird sie deutlich sichtbar sein. Der Zusammenhalt des Ganzen und die Beziehungen der einzelnen Gebäudetypen zueinander sind als Aspekte unglaublich faszinierend. Bei öffentlichen Bauten gibt es selbstverständlich einen anderen Maßstab und unterschiedliche Anforderungen der Umgebung. Es ist psychologisch gesehen etwas ganz anderes. Oft verwechselt man unangebrachte Monumentalität mit dem richtigen Maßstab. Wenn man am Zusammenhalt einer Anzahl unter-

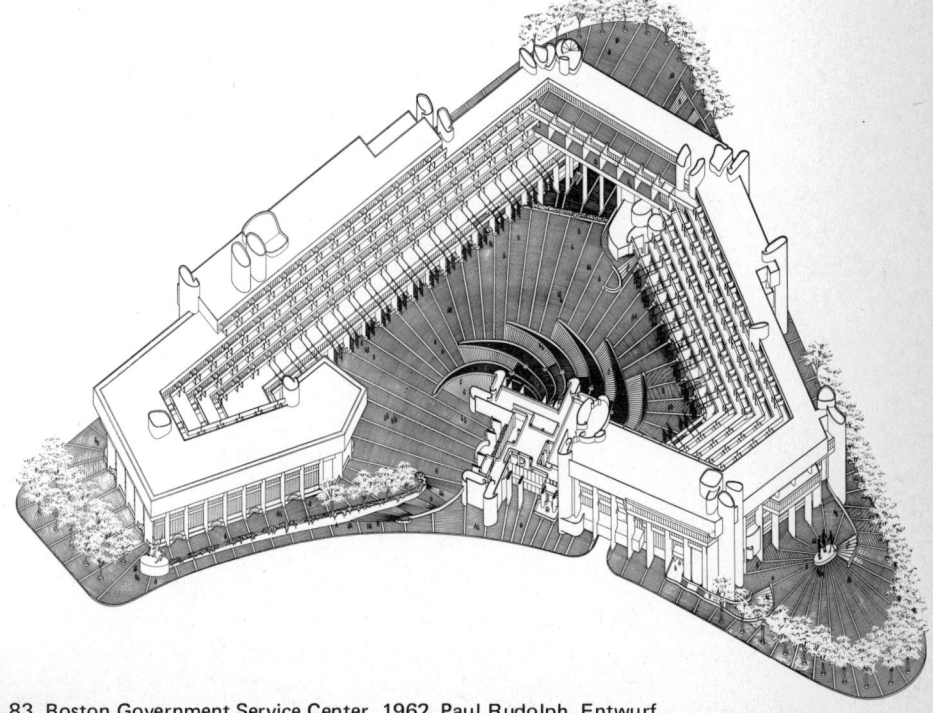

83 Boston Government Service Center. 1962. Paul Rudolph. Entwurf.

133

schiedlicher Gebäudetypen interessiert ist, die Umgebung lesbar machen will, dann ist die Handhabung des Maßstabes — und das hat mit Größe wenig zu tun — das wichtigste Werkzeug des Architekten. Ich bin natürlich gegen Mies. Mies fand, ein Bürogebäude könne wie ein Wohnhaus aussehen, eine Kapelle könne die Empfangshalle einer Fabrik sein. Ich bin absolut dagegen. Die Flexibilität, die ein Bürogebäude innen braucht, muß außen erkennbar sein, im Gegensatz zu den Wohnhäusern, bei denen eine Serie von relativ kleinen, isolierten und privaten Zellen lesbar sein muß. Frei ineinandergreifende Räume sind für den Wohnungsbau nicht geeignet, wegen der Akustik und der erwünschten Privatheit. Der Unterschied zwischen Wohn- und Geschäftshäusern sollte innen und außen absolut klar werden. Ich bin gegen die Vorstellung, daß Gebäude mit Volumen, die durch mehrere Geschosse gehen, universellen Raum schaffen, der für fast alles gebraucht werden kann. Das Verhältnis von großen zu kleinen Räumen kann in solchen Gebäuden nicht zufriedenstellend gelöst werden.

HK: Erachten Sie einen optischen Unterschied zwischen zwei verschiedenen Geschäftshäusern als wichtig, zum Beispiel zwischen dem Gebäude einer Versicherungsgesellschaft einerseits und einem öffentlichen Verwaltungsgebäude andererseits?

PR: O ja, das Bostoner Regierungszentrum (Abb. 83) zeigt das klar. Es besteht im wesentlichen aus einer Reihe von Büros und einer psychiatrischen Klinik. Das Bostoner Regierungszentrum ist an der Peripherie, das heißt gegen die Straße, großmaßstäblich, im Innenhof mit den Terrassen für die Fußgänger kleinmaßstäblich. Der Verwendungszweck bestimmt den Maßstab sowie die Stellung eines Gebäudes in der Stadtlandschaft.

HK: Ich glaube, es ist mehr als das. Nicht nur der Zweck bestimmt den Maßstab, sondern auch die Tatsache, daß es ein Regierungsgebäude ist. „Architecture parlante!"

PR: Was heißt das?

HK: Das bedeutet, daß man einem Gebäude eine symbolische Sprache zuschreibt. Es ist der Versuch, ein Gebäude nicht nur seine Funktion, sondern auch seine Bedeutung aussagen zu lassen.

PR: Ich bin sehr dafür.

JC: Glauben Sie, eine Kirche sollte wie eine Kirche aussehen?

PR: Aber ja.

HK: Eine Kirche könnte aber auch wie ein Bunker aussehen. Es gibt keine etablier-

84 Police Station, Boston, Massachusetts. 1966. Shepley, Bulfinch, Richardson und Abbott.

te Sprache der architektonischen Bedeutungen. Doch das Problem besteht heute darin, daß ein Architekt, wenn er versucht, eine architektonische Sprache zu verwenden, lediglich auf Klischees aus der Vergangenheit zurückgreift. Das Resultat ist sehr oft ein traditioneller Ausdruck. „Regierungszentrum" — wir assoziieren damit unmittelbar Macht und Autorität. Das architektonische Resultat ist sehr häufig ein imposanter Tempel in der Stadtlandschaft. Ist es nicht unumgänglich, daß wir überdenken, was „Regierung" heute heißt, bevor wir eine architektonische Entsprechung dafür finden? Denken Sie zum Beispiel an die kürzlich erbaute Polizeiwache in Boston in der Nähe Ihres Zentrums (Abb. 84). Die Außenwände sind aus dunkelbraunem Stein und erinnern an Rustikmauern. Die Fenster sehen aus wie Schießscharten, das Gebäude wirkt wie eine Burg. Es gewinnt ein unangebrachtes und furchterweckendes Image. Ist das wirklich das, was die Gesellschaft und die Polizei brauchen?

PR: Ich bin einverstanden, daß für unser Jahrhundert neue Bedeutungen innerhalb der Stadtlandschaft gefunden werden müssen, doch verschwinden die Assoziationen aus der Vergangenheit nicht von einem Tag zum anderen. Man könnte sagen, daß der Architektur im nachhinein Deutung widerfährt. Das Washington Monument wurde erst mit dem „Vater der Nation" assoziiert, nachdem es gebaut war, nicht vorher. Kirchliche Bauten sind wahrscheinlich die schwierigsten, weil man unter Religion so viel Verschiedenes verstehen kann. Auf jeden Fall kann nicht alles nüchtern sein. Fülle und Vielfalt des Lebens dürfen nicht negiert werden.

HK: Wie würden Sie eine Polizeiwache bauen? Was würden Sie an einem solchen Gebäude hervorheben?

PR: Ich würde die Polizei innerhalb meiner Megastruktur verstecken.

HK: Wie das Postamt?

PR: Das Postamt ist immer noch eine soziale Einrichtung, zu dem sich die Menschen oft begeben. Worauf ich wirklich hinaus will: Nüchternheit und Eintönigkeit machen sich allmählich überall breit, und alles verliert seinen Charakter.

JC: Aber Sie müssen doch irgendwelche Normen entwickeln, wenn Sie versuchen wollen, Charakter oder einen neuen Symbolismus zu schaffen. Suchen Sie in der Geschichte nach Vorbildern, wie eine Kirche, ein Postamt aussehen sollten? Welches Vokabular verwenden Sie?

PR: Die Grundsätze der Architektur ändern sich nicht. Nur die Mittel, durch die sie realisiert werden, ändern sich. Die Idee der Maßstäblichkeit und der Hervorhebung ist die gleiche geblieben. Die Reaktionen des Menschen wechseln, aufgrund von Konnotationen. Man kann aber die Tatsache nicht ändern, daß wir mit bestimmten Vorstellungen in unserem Gehirn geboren werden.

HK: Aber Einstellungen und Haltungen ändern sich. Um 1900 wollten die Herren Vanderbilt und Frick einen Palast mitten in New York besitzen. Heute versteckt sich ein Millionär in einem Wohnhochhaus; er will nicht erkannt werden. Und genau so kann sich die Einstellung zur Regierung verändern.

PR: Das stimmt. Vielleicht ist meine Überzeugung, daß Unterschiede betont und besser sichtbar gemacht werden sollten, eine heftige Reaktion auf die große Eintönigkeit um uns herum.

HK: Ihr größtes Anliegen ist es, in die Stadt wieder mehr Charakter und Vielfalt hineinzubringen.

PR: Jawohl. Das mag so unzeitgemäß sein, daß es beim Pittoresken steckenbleiben könnte.

HK: In dieser Hinsicht ist Philip Johnson ein sehr gutes Beispiel. Er war der stärkste Anhänger von Mies van der Rohe, doch dann löste er sich vom Miesschen Credo, suchte eine neue Vielfalt und neue Ausdruckskraft. Eklektizismus ist die Folge. Nehmen wir zum Beispiel seine Eingangskolonnade des Kline Biology Tower (Abb. 4) oder die Tempelfassade des New Yorker Staatstheaters (Abb. 23). Er verwendet ein abgenutztes architektonisches Vokabular aus vergangener Zeit.

Der Architekt findet sich heute in einer ganz neuen Situation: Die Identität von Inhalt und Form ist nicht mehr garantiert. Wissen Sie, was geschah, als in New Haven der Atomalarm versehentlich ausgelöst wurde? Die Leute rannten in Kevin Roches High-School-Gebäude, weil sie dachten, es sei ein Luftschutzbunker. Die Sprache der Architektur ist heute unklar und vieldeutig.

JC: Wenn Sie sagen, man müsse der Stadt ihren Charakter wiedergeben, heißt das nicht eigentlich, daß Sie die Stadt mit Ihren eigenen Gebäuden beherrschen wollen? Sie sagten vorhin, Ihre Bauten sollten dominant sein.

PR: Sagte ich, daß ich dominieren will?

JC: Ja.

PR: Was dominieren?

JC: Sie sprachen davon, daß Sie Ihre Bauten zwar mit anderen Bauten in Beziehung bringen wollen, daß sie aber trotzdem dominant sein sollen.

PR: Nun, dann sagte ich nicht genau das, was ich meine. Auch Hintergrundbauten sind notwendig.

HK: Ja, Sie unterschieden zwischen Hintergrund- und Vordergrundbauten. Sie sagten aber, Sie würden lieber ein Vordergrundgebäude errichten.

PR: Ja, weil das leichter ist.

HK: Wollen Sie damit sagen, daß es schwierig ist, bescheiden zu bleiben und Hintergrundbauten zu entwerfen?

PR: Ja, das ist ohne Zweifel schwierig. Es tut mir jedoch leid, wenn ich den Eindruck habe entstehen lassen, daß ich immer dominieren will. Vom Parkhaus in New Haven (Abb. 85) hat man gesagt, es sollte in der Hierarchie von Gebäudetypen ganz unten stehen. Schließlich sei das „nur ein Parkhaus". Meine Antwort darauf lautete: „Gewiß, es beherrscht die Szene. Ich gebe das zu. Aber ich versichere Ihnen, wenn man mich auf der gegenüberliegenden Straßenseite etwas bauen ließe, so könnte ich damit das Parkhaus sehr schnell und leicht übertrumpfen." Es ist eben eine Frage der Tonart, die man wählt.

HK: Sie meinen, daß Sie anstelle des Parkhauses geradesogut ein weiteres langweiliges Gebäude hätten bauen können, und das wäre dann nicht dominant, sondern ein unauffälliger Teil der allgemeinen Monotonie.

PR: Als man das Parkhaus baute, war noch nicht bekannt, welche der alten Gebäude im angrenzenden Block noch erhalten bleiben sollten. Diese Gebäude hätten das Parkhaus dominieren können, aber sie waren allzu durchschnittlich.

JC: Ihr Parkhaus ist in der Tat kein anonymes Dienstleistungsgebäude, durch das der Charakter einer Stadt zerstört wird. Ihr Gebäude trägt zum Charakter der Stadt bei und spielt innerhalb der Gliederung des städtischen Zentrums eine bedeutende Rolle. Sie haben diese Lebendigkeit erreicht, indem Sie das Gebäude plastisch gestalteten, mit ungewöhnlichen Proportionen, breitgezogenen Segmentbögen und dramatischen Balustraden versahen. Das Auge wird von einem rhythmischen Relief von wechselweise aufeinanderfolgenden Elementen gefangengenommen.

PR: Das Parkhaus ist ein spezifisches Phänomen des 20. Jahrhunderts. Das von New Haven entstammt seiner Gestalt nach dem Bau von Hochstraßen. Die meisten Parkhäuser sind einfache Skelettkonstruktionen, aber ohne Wände. Sie sind wie Bürohäuser, bei denen man das Glas weggelassen hat. Ich wollte aber einen Bau, der klar aussagt, daß er mit Autos und Bewegung zu tun hat. Ich wollte, daß kein Zweifel daran aufkommen kann, daß es sich hier um ein Parkhaus handelt.

85 Parkhaus Temple Street, New Haven. 1962. Paul Rudolph.

HK: Wir stimmen darin überein, daß ein Gebäude nicht schon einen charakteristischen Ausdruck gewinnt durch pure Erfüllung der funktionellen Anforderungen. Ihre Balustraden hingegen wirken ausgesprochen „ornamental". Man könnte das als das andere Extrem, als eine Art ästhetischen Formalismus bezeichnen.

PR: Seien wir doch ehrlich: Formale Ästhetik ist stets auch mit im Spiel.

HK: Genau das wollte ich hören. Warum leugnen das die Architekten immer wieder? Weil sie noch unter dem Einfluß der Bauhaus-Tradition stehen. Jeder behauptet, er baue nach Maßgabe des Angemessenen, wie Sie es zu einem früheren Zeitpunkt in diesem Gespräch auch taten. „Angemessen" heißt in der modernen Architektur „funktionell". Aber wie wollen Sie darüber hinaus „Charakter" hervorbringen? Das erreicht man mit der Fassade. Diese Balustraden zum Beispiel erfüllen einen Zweck, aber sie sind auf eine Weise angeordnet, daß sie gleichzeitig zum Ornament werden.

PR: Ich möchte das Wort „Ornament" nicht in diesem Sinne verwenden. Mir erscheint das Wort „Formalismus" hier eher angebracht. Jedes Projekt, an dem ich arbeite, weist einige formale Charakteristiken auf. Das ist der Einfluß des Intuitiven. Ich würde nie behaupten, alles sei bloß Funktionalismus. Es ist ein Unsinn, zu sagen, die Architektur basiere nur auf der Technik oder einem Programm. Sie ist auch eine Kunst. Wie aber kommt man zu den nötigen Formen? Ich bin nicht sicher, ob ich diese Fragen beantworten kann. Es gibt Welten, die man erforschen muß, die man nicht im voraus kennt.

JC: Wer über den reinen Funktionalismus hinausgeht, der befindet sich in einem neuen Entscheidungsbereich, in dem die Resultate als willkürlich erscheinen mögen, denn alles wird eine Frage des Entwerfens. Ihre Balustraden könnten zum Beispiel ganz anders aussehen. Warum haben Sie ihnen gerade diese Form gegeben?

PR: Ich könnte Ihnen nun erzählen, daß das mit dem Wesen des Materials zusammenhängt, in diesem Falle Ortbeton, der sehr plastisch ist und jede Form annehmen kann. Etwas vom Faszinierendsten am Ortbeton ist die Tatsache, daß seine Charakteristik durch das Material modifiziert wird, das als Verschalung hinzutritt, in diesem Falle Holz. Die Überlagerung dieser Materialien, von denen nur eines sichtbar, das andere jedoch spürbar ist, fasziniert mich ganz besonders. Holz kann zum Beispiel leicht zur Bildung von zweidimensionalen Kurven verwendet werden, während der Beton dreidimensionale Kurven mit Leichtigkeit ausfüllt. Hier war das Holz der entscheidende Faktor. Mit anderen Worten, der Entwurf der Balustrade wurde von den Eigenschaften der Materialien mitbestimmt; doch das ist eine zu stark vereinfachende Erklärung.

JC: In der Tat. Denn damit sind die Absätze in der Balustrade nicht erklärt. Sie hätte eine lange, ununterbrochene Mauer sein können, die über die ganze Länge des Gebäudes hinwegläuft.

PR: Ja, das stimmt. Erstens, der Grund für die Absätze liegt darin, daß die Ausdehnung und das Schrumpfen des Materials viele Fugen erforderlich machen. Zweitens, durch die Verdoppelung der Stützen erscheinen diese von weitem als eine einzige, was bedeutet, daß sozusagen ein Intervall übersprungen wird, so daß sich der Maßstab verkleinert. Die Auskragung der Balustraden über den Doppelstützen betont die Vertikale, so daß man, wenn man die Straße hinunterschaut, nicht nur der schier endlosen Horizontalen entlangblickt, sondern bei jeder Doppelstütze innehalten muß. So wird die Beziehung zwischen der Vertikalen und der Horizontalen betont. Ist das willkürlich? Die Gebäude auf der anderen Straßenseite sind funktionell und maßstäblich gelungen. Um mein Gebäude in irgendeiner Form auf sie abzustimmen, mußte ich diese beinahe 250 m (800 Fuß) langen Balustraden vertikal brechen. Ich könnte noch lange so fortfahren und erklären, warum jedes Element so ist, wie es ist, aber man würde am Schluß nie bei der Wahrheit anlangen; denn diese bewegt sich auf vielen unbewußten Ebenen, über die ich mir selbst nicht im klaren bin. Im Grunde geht es hier um das, was die Menschen so verschieden macht.

JC: Sie gehen aus von den technischen Forderungen und gelangen zu visueller Interessantheit.

PR: Das Parkhaus ist nicht nur eine technische Lösung, aber auch keine rein willkürliche.

JC: Eine ähnliche Frage stellt sich bei Crawford Manor in New Haven (Abb. 86), vor allem in bezug auf die Balkone. Sie sind gewiß nicht rein funktionell, sondern schaffen eine bewegte, plastische Silhouette.

PR: Diese Balkone stellen ein Wechselspiel der Kräfte dar und betonen die wesentlichen Gliederungsmomente des Gebäudes. Wenn alle Balkone nach außen stoßen würden, so würde man den Bau von weitem als einen Schaft wahrnehmen. Indem die Kräfte der Balkone einander entgegengesetzt werden, spürt man auch die zellenförmige Natur des Innern.

HK: Da kommen wir nun zum Problem der Konstruktion. Der Grundriß von Crawford Manor ist sehr lose gegliedert, eine Anordnung von Schachteinheiten. Das erinnert an die Gliederung des Arts and Architecture Building, obwohl hier alles straffer ist und mehr in die Höhe gezogen. Eine ähnliche Grundrißmethode kommt im Turm des Bostoner Regierungszentrums (Abb. 83) und in Ihren Tracey Towers (Abb. 87) zur Anwendung. Diese drei Türme stehen zueinander in enger Beziehung und verweisen auf einige Entwurfsprinzipien im Arts and Architecture Building. Das beweist übrigens die Wichtigkeit des Arts and Architecture Building in der Weiterentwicklung Ihres ar-

86 Crawford Manor,
Altenwohnhäuser, New
Haven. 1962—1966.
Paul Rudolph.

chitektonischen Vokabulars. Dabei hat das Crawford-Manor-Projekt immer noch diese rechteckigen, scharfkantigen Schächte, obwohl Sie in den Grundriß bereits runde Aufzugs- und Treppenkerne einfügen. Die Tracey Towers schließlich scheinen nur aus gebogenen Wänden zu bestehen. Wenn man den Grundriß betrachtet, so erhält man den Eindruck, daß es sich um selbsttragende vertikale Schalen handelt. Es scheint aber, daß dieses Resultat eher aus formalistischen Überlegungen entstand.

PR: Bei den Tracey Towers sind die Außenwände nicht aus konstruktiven Gründen abgerundet, sondern weil die Lage des Grundstücks und die Bewegung des Verkehrs ein Abschwächen der Ecken notwendig machte. Sie sind zudem abgerundet, damit das Auge um die Türme herumgeführt wird, was ihre Dreidimensionalität betont. Und sie sind außerdem abgerundet, weil diese Form dem Bewohner eines sehr hohen Gebäudes ein erhöhtes Gefühl von Sicherheit gibt. Man blickt aus dem Fenster und sieht die Wände, die wie riesige Stützen wirken, vom Boden aufsteigen. Es sind jedoch keine Stützen, aber man kann sie als solche deuten; das ist die psychologische Absicht. Die kurvilineare Geometrie des Automobils wird in diesem Beispiel verbunden mit der geradlinigen Anordnung des Gebäudes. Das Projekt ist das Ergebnis von zwei ungleichen Elementen, die aufeinandertreffen.

JC: Die Bewegung des Automobils beeinflußt die Form der Wände.

PR: Richtig.

JC: Mendelsohns Idee!

PR: Ich weiß. Nichts Neues. Die Spannung zwischen der Autozufahrt und dem Ge-

bäude ist faszinierend. Ich mag freistehende Türme nicht besonders. Der Auftraggeber wollte zwei runde Türme, aber ich fand, daß die dabei entstehenden „kuchenstückförmigen" Räume unbewohnbar seien, und verband deshalb geradlinige Räume (innen) mit dem Eindruck von zwei runden Türmen (außen).

HK: Der Auftraggeber wollte „kuchenstückförmige" Zimmer?

PR: Nun, das war nicht sein Hauptanliegen, aber er mochte die Idee der runden Türme sehr. Man sollte sich von solchen Vorstellungen nicht herumkriegen lassen, und so sagte ich mir: „Kuchenstückförmige Räume sind lächerlich." Wer will denn darin wohnen?

HK: Warum denn nicht?

PR: Weil der Mensch in einfach definierbaren, zuverlässigen Formen leben will.

HK: Hat er das Bedürfnis nach vier Ecken?

PR: Zuviel Unregelmäßigkeit würde im Alltag zu unruhig sein. Die Kuchenstücke kann man nicht so schnell verstehen. Man könnte zur Begründung sagen, daß neue Teppiche ja auch nicht in Kuchenstückform hergestellt werden. Dann läßt man sie eben schneiden! Aber irgendwie ist das dem bestehenden Raumgefühl fremd.

HK: Vielleicht sind wir es bloß nicht gewohnt.

PR: Das ist nur ein Teil der Wahrheit. Ich kann Ihnen lediglich sagen, daß ich instinktiv keine solchen Räume haben möchte. Ich muß über das Warum noch genauer nachdenken.

HK: Aber Sie bauen ja selbst keine simplen, quadratischen Räume.

PR: Der freie Grundriß fesselt mich natürlich sehr.

HK: Wie können Sie aber im Wohnungsbau einen freien Grundriß anwenden?

PR: Das ist sehr schwierig, weil ein Bedürfnis nach privatem Raum besteht. Frei fließender Raum ist vertikal eher zu verwirklichen als horizontal.

HK: Sie betonen hier wiederum das optische Erlebnis.

PR: Immer. Nicht _nur_ das optische Erlebnis, weil es noch mindestens fünfzehn weitere Arten von Erlebnissen gibt. Bei diesem Gebäude ist die formale Differenzierung derart, daß man die massiven Teile als runde und die verglasten Öffnungen als flache Elemente deutet. Das Spiel des Lichtes zwischen den gerundeten und den geraden Flächen, also der Unterschied der Lichtwirkung auf den beiden Materialien wird betont.

HK: Die gebogene Schalenwand könnte ein selbsttragendes Konstruktionselement sein wie bei Bertrand Goldbergs Hilliard Center (Abb. 101).

PR: Das Konzept der gewölbten Schale würde ein Tragsystem aus Ortbeton notwendig machen, und das wäre viel teurer gekommen als die Stützen mit Zwischenwänden aus Mauerwerk — in diesem Fall ein spezielles Betonelement —, die wir hier verwendeten.

HK: Aber lassen Sie da nicht eine Möglichkeit der Konstruktion ungenutzt?

PR: Der zentrale Kern nimmt alle Windlasten auf, und flache Platten, die von einem relativ engen Stützenraster getragen werden, sind die billigste Art, in der Gegend von New York Wohnhäuser zu bauen.

HK: Das heißt, daß die Form der Außenwand durch die konstruktiven Überlegungen nicht berührt wird.

PR: Das stimmt.

HK: Sie brauchen diese Außenwände also nicht als Träger des Gebäudes.

PR: Nein, aber man braucht sie unbedingt für die Bewohner, aus psychologischen Gründen.

HK: Sie denken da sehr anders als Bertrand Goldberg. Die Türme des Hilliard Center in Chicago bestehen aus selbsttragenden gewölbten Schalenwänden. Sie sind nicht nur Außenfassade, sondern gleichzeitig die tragende Struktur. Es gibt keine Trennung mehr zwischen innerem Kern und äußeren Tragwänden. Es ist alles eins.

PR: Ich glaube nicht, daß diese Türme tatsächlich auf diese Weise konstruiert sind.

HK: Doch, sie bestehen aus verformten Schalen, die sehr stabil sind. Das ist eine neue Konstruktionsidee, mit der viel Geld gespart werden kann.

PR: Was an einem Ort ökonomisch ist, kann am anderen nicht unbedingt verwirklicht werden. Wir würden Tracey Towers heute nicht bauen, wenn es auf dem Schalenprinzip basierte.

HK: Sie wollen sich jedoch diese Freiheit an der Außenwand bewahren, um mit einer Fassade formal spielen zu können.

JC: Sind Sie so ehrlich und geben zu, daß Sie mit der Fassade spielen? Das wäre uns wichtig zu wissen.

PR (lacht): Die Zeit wird's erweisen.

JC: Wir würden uns nicht zu einer moralistischen Verdammung der Fassade herablassen.

PR: Ich weiß, ich weiß. Ich werde versuchen, das zu erklären. Die eigentlich tragenden Elemente dieses Turms sind so klein, daß man sie aus einer gewissen Distanz niemals als solche erfassen könnte. Deshalb ist es notwendig, eine Wand zu schaffen, die zwei tragende Elemente miteinander verbindet und dadurch eine gewisse symbolische Sicherheit suggeriert. Wenn ich die eigentlich tragenden Elemente zeigen müßte, so hätte man nicht die Gewißheit einer _offen_ sichtbaren tragenden Struktur; man sähe nur zwei schmale Stützen, die eher unsicher wirken.

JC: Das heißt, Sie übertreiben die Stütze. Sie verstärken sie optisch, um ein statisches Zuverlässigkeitsgefühl zu erwecken.

PR: Genau. Die architektonischen und psychologischen Probleme bei hohen Bauten sind außergewöhnlich, und wir wissen eigentlich noch nicht sehr viel über sie. Mies kannte sich da sehr genau aus.

JC: Sullivan sogar noch mehr. Er übertrieb die Stützen, indem er das Skelett mit riesigen Pilastern verdeckte.

PR: Ja, auch Sullivan. Mies wußte ganz genau, daß seine dünnen Stützen nie das nötige Sicherheitsgefühl bei einem hohen Gebäude vermitteln würden. Deshalb führte er als Stützensymbol seine berühmten H-Pfosten ein, die der Vorhangwand eine Kontinuität gaben und das Gebäude als Monolith erscheinen ließen.

JC: Das stimmt, aber bei Mies bleibt der Pfosten ein Pfosten. Außer dem H-Profil wird nichts angefügt. Ist das Dekoration?

PR: Sie wissen das doch. Sie können von der Reinheit der van der Roheschen Konstruktion reden, bis Sie schwarz werden. Sie ist nicht „rein". Sie steht weit über einer solchen „Reinheit". Nun, ich versuche auf meine Art, das Gleiche zu erreichen.

Bertrand Goldberg 4

HK: Wenn man Marina City und das Hilliard Center hier in Chicago sieht, so fragt man sich, warum Sie nicht zu denen gehören, die in den Geschichtsbüchern der Architektur dieses Jahrhunderts einen festen Platz einnehmen, wie Philip Johnson oder Louis Kahn.

BG: Ich frage mich, ob es nicht noch verschiedene andere gibt, die nicht dabei sind. Meist werden solche Bücher doch nur über unsere Modearchitekten an der Ostküste geschrieben.

HK: Das überrascht, wenn man an die berühmte Tradition der Chicagoer Schule denkt; schließlich haben Le Baron Jenney, Sullivan, Wright und Mies van der Rohe hier gearbeitet. Und uns scheint, daß diese Tradition weiter fortlebt. Wir glauben sogar, daß Ihre Gebäude zu den ganz wenigen gehören, die neue Möglichkeiten und Lösungen für Hochbauten aufzeigen, nicht nur konstruktionsmäßig, sondern auch in sozialer Hinsicht. Wie stehen Ihre Bauten zur Tradition der Chicagoer Schule? Das Standardwerk von Carl W. Condit über die Architektur Chicagos widmet Ihnen eine überschwengliche Würdigung. Ihr Werk sei „eine phantastische Bekundung der beispiellosen, unerschöpflichen Kraft in der großen Bautradition der Stadt" (Carl W. Condit, „The Chicago School of Architecture", Chicago 1964, S. 219).

BG: Es erstaunt mich sehr, daß man mich in die Chicagoer Schule einordnet, denn mein Verhältnis zu ihr wird bestimmt durch meinen Widerstand gegen ihre aktuellen Entwicklungstendenzen. Natürlich habe ich meine Lehre in der Chicagoer Schule absolviert, und ich studierte auch bei Mies am Bauhaus in Deutschland. Aber meine Architektur ist ganz bestimmt keine natürliche Fortsetzung der heutigen Ideen innerhalb der Chicagoer Schule oder des Bauhauses.

HK: Würden Sie Condit beipflichten, wenn er sagt, daß Ihre Marina City Towers konstruktiv ähnlich seien wie Frank Lloyd Wrights Johnson Wax Company Research Tower in Racine, Wisconsin? Condit sagt: „Seine (Johnson Tower) erstaunlichen Möglichkeiten sind bis heute in Bertrand Goldbergs Marina-City-Projekt am vollkommensten ausgewertet worden."

BG: Ich bin damit nicht einverstanden. Meine Arbeit hat eine ganz andere logische Grundlage. Vielleicht gibt es ein paar ähnliche Züge, die man im nachhinein feststellen kann. Das ist des Historikers Zeitvertreib.

JC: Aber Sie kannten Frank Lloyd Wright?

BG: Ja. Als Mies in die Staaten kam, hatte ich Gelegenheit, für ihn und für Wright Dolmetscher zu spielen.

JC: Wie reagierte Frank Lloyd Wright, als er Mies van der Rohe zum erstenmal begegnete?

BG: Sehr positiv, denn damals empfand Wright große Achtung für Mies, und Mies hatte große Achtung vor dem Werk von Wright. Zwischen der deutschen und der Chicagoer Architektur bestand damals eine ziemlich enge Beziehung. Condits Buch berichtet ausführlich über die deutschen Ursprünge der Chicagoer Schule, und umgekehrt. Es hat immer eine Art Verbindung gegeben, so daß die beiden Männer sich gegenseitig sehr achteten. Aber es gab keine Frage, wer sich selbst als Meister betrachtete: Wright glaubte, seinen Schüler zu empfangen.

JC: Hat Mies das akzeptiert?

BG: Mies war sehr aufgeschlossen, tolerant und höflich. Aber er akzeptierte Wrights Machtanspruch nicht, und Wright wurde wütend über ihn und seine New Yorker Ausstellung von 1950 im Museum of Modern Art. Eine Bemerkung über diese Ausstellung werde ich nie vergessen, weil sie die tiefe Kluft zwischen den beiden charakterisiert. Klaus Grabe, einer meiner alten Freunde vom Bauhaus und bekannter Möbel-Designer in New York, sagte: „Wenn ich einen Grudriß von Mies anschaue, so kann ich mir das

Gebäude genau vorstellen, ich weiß, wie es aussehen wird. Wenn ich einen Grundriß von Wright anschaue, so weiß ich nicht, wie das Gebäude werden wird."

JC: In welche Kategorie gehören Sie?

BG: Ich glaube, wenn man meine Grundrisse anschaut, so sollte man sehen, welche Form das Gebäude haben wird. Ich finde, ein Grundriß muß in der Zeit der Industrialisierung des Bauens diese Art Kommunikation herstellen können. Ein großer Teil der Architektur der Ostküste ist dazu nicht imstande. Ich halte das in diesem Ausmaß als einen Rückschritt in die Beaux-Arts-Architektur.

JC: Was halten Sie vom TWA-Gebäude von Saarinen (siehe Abb. 113), das man vom Grundriß her nicht verstehen kann, welches man eher als eine Art monumentale Skulptur erfahren muß?

BG: Ich kann es nicht als industrielle oder zeitgemäße Form anerkennen.

JC: Finden Sie nicht, daß beides nebeneinander existieren kann? Schließt das eine das andere aus?

BG: Sie verlangen von mir Architekturkritik. Aber eigentlich bin ich Architekt, und ich habe mein architektonisches Bekenntnis in einer bestimmten Richtung abgelegt. Alles, was ich baue, liegt in dieser Richtung.

HK: Ihre Marina City Towers wirken außerordentlich monumental (Abb. 88).

BG: Das war hier nicht das Hauptanliegen. Aber vielleicht wird heute ein Bau dann zu einer Art Monument, wenn man es anzuerkennen bereit ist als ein Monument des Rationalismus, der Ökologie und der Bauindustrialisierung, das einen schöpferischen Prozeß durchlaufen hat und neue Formen hervorbringt. Die aus dem beschriebenen Prozeß entstandenen Formen schaffen schließlich das Monument. Bewußte Monumentalität hingegen wirkt archaisch. Wenn die Planung des Raums mit diesen neu gewon-

88 Marina City Towers, Chicago, Illinois. 1960.
Bertrand Goldberg.

nenen Formen beendigt ist, so sagen wir, daß das Gebäude nun nicht mehr zu verhindern ist; wir haben keine Kontrolle mehr über den Gang des Entwurfs. Es gibt nur noch eine einzige Möglichkeit, das Gebäude zu bauen, weil wir alle Alternativen bereits durchgespielt haben. Ich finde, solche Gebäude implizieren ein neues ästhetisches Wertungsverfahren. Aber mich entmutigt, daß Marina City von vielen als Kraftakt bezeichnet wird.

HK: Als ästhetischer Kraftakt?

BG: Ja. Ich arbeite gerade für einen Auftraggeber, der ein eigenes Architektenteam zur Verfügung hat: Hausarchitekten. Sie können nicht verstehen, daß die Formen, die wir ihnen vorschlagen und die ihnen ungewohnt vorkommen, keineswegs willkürlich und aus einer Laune heraus räumlich entwickelt und angeordnet wurden.

HK: Bisher war ein Wolkenkratzer gewöhnlich quadratisch oder rechteckig. Ihre Gebäude scheinen auf den ersten Blick Ausdruck einer bloßen Gegenreaktion zu sein. Sie machen sie rund. Und wenn ich dieses Bild hier an der Wand Ihres Büros anschaue, das ein Bündel von runden, babylonischen Türmen zeigt, so kann ich mir vorstellen, daß diese Formen Sie auf wunderliche Art anziehen. Wenn man aber den Entwurf der Marina City Towers genau betrachtet, so kann man zwei Prinzipien herauslesen: Erstens, die Konstruktionslösung, und zweitens, die psychologische Befriedigung von menschlichen Bedürfnissen.

BG: Ja, doch ich möchte das lieber so formulieren: Die Umgebung, das Milieu, ist ein wichtiger Bestandteil des Architekturentwurfs und bringt ihre eigene Struktur mit sich. Das Milieu der Marina City Towers ist für die kinderlose Familie optimal. Ich habe es in den Wohnungen des Hilliard Center (Abb. 89) nicht wiederholt, denn dort war es wichtig, jeder Familie mit Kindern ihre eigene Identität zu geben. Mit anderen

Worten, ich habe eindeutig versucht, nicht alle Lösungen für das Familienleben auf eine fundamentale Raummethode zu reduzieren.

JC: Die Vielfalt, die Sie dadurch erreichen, hat nicht den Zweck, phantastische Formen hervorzubringen, sondern sie entsteht aus der Erfüllung konkreter sozialer Bedürfnisse.

BG: Genau. Und was sind die Folgen? Vergleichen Sie die Hilliard Wohnungen mit Beispielen konventioneller Planung. Sie kennen die Robert-Taylor-Siedlung an der South State Street? Das ist die deprimierendste Sozialvorstellung, die je in diesem Lande verwirklicht wurde! Siebentausend fast identische Wohneinheiten dienen dort ganz einfach als Lagerraum für Menschen. Aufgrund der heftigen Opposition, die diese Art von öffentlichem Wohnungsbau hervorgerufen hat, sind wir beauftragt worden, ein Sozialwohnungsprojekt für etwa siebenhundertfünfzig Einheiten zu entwerfen, das alle Altersstufen umfassen soll. Wir haben also ältere Leute und junge Familien beieinander. Und dieses Beieinander halten wir auch für die Zukunft für wichtig, ganz einfach weil die Möglichkeiten des Bevölkerungsteils, den wir als „Betagte" bezeichnen, sich so schnell verändern. Und das Resultat: Während in den Robert-Taylor-Blocks nur Schwarze wohnen, gelang es uns, in unseren Bauten ein Verhältnis von fünfzig Schwarzen zu fünfzig Weißen aufrechtzuerhalten, obwohl unsere Bauten in der genau gleichen Gegend stehen, in der es oft lebensgefährlich ist, bloß herumzuspazieren.

JC: Kam das zufällig so heraus, oder war das Verhältnis 50 zu 50 geplant?

BG: Dieses Verhältnis wird bei jedem öffentlichen Wohnungsbauprojekt angestrebt, doch ist es nie zuvor erreicht worden; denn die Weißen hatten keinen Grund, in solchen Häusern zu wohnen, weil sie in rein weißen Vierteln auch öffentlich subventionierte Wohnungen finden konnten. In der Robert-Taylor-Siedlung war auch ein Ver-

89 Raymond Hilliard Center, Chicago. 1963.
Bertrand Goldberg. Links die Wohnbauten für
Betagte, rechts für Familien.

90 Raymond Hilliard Center. Wohnturm für
Betagte.

hältnis von 50 zu 50 vorgesehen. Heute gibt es nur noch ganz wenig Weiße dort. Ein weißes Kind ist Mord, Messerstechereien und Erpressungen ausgesetzt – ein Dschungelkrieg herrscht dort. Das Erstaunliche ist, daß solches beim Hilliard Center gar nicht aufkam, obwohl wir die gleichen sozialen Verhältnisse im selben Viertel vorfanden. Das hat ganz gewiß etwas mit der Architektur zu tun.

Bevor ich jedoch näher auf den soziologischen Aspekt eingehe, muß ich Ihnen mehr über die Konstruktion des Gebäudes sagen. Die zwei Türme für die Betagten (Abb. 90) sind ganz aus Betonschalen konstruiert, die die traditionelle Bauweise aus einem stützenden Kern, der die Skelettkonstruktion aus Pfosten und Trägern aufrechthält – wie bei Marina City –, ersetzen. Ich entwickelte für das Hilliard Center somit eine tragende Schalenkonstruktion, die den zentralen Kern überflüssig macht (Abb. 91). Oder einfacher ausgedrückt: Wenn man eine Wand zu einem Halbkreis biegt, so wird sie stabiler und selbsttragend; wenn man nun viele solcher halbkreisförmiger Wände zu einem Kreis zusammenfügt, so wird die Konstruktion sehr stabil und absolut selbsttragend. Das ist das Konstruktionsprinzip der Hilliard Towers, und selbstverständlich werden dadurch die Raumformen beeinflußt. Ich habe versucht, innerhalb der Schalenform eine optimale Konstruktion und optimalen Wohnraum zu realisieren. Ich könnte Ihnen zur Illustration viele Beispiele aus der Natur nennen; eines der treffendsten ist das der Muschelschale, die durch ihre Form stabiler wird und gleichzeitig Raum schafft. Wir verformen das Material, um Stabilität und Raum zu erhalten – was in der modernen Industrie natürlich etwas ganz Normales ist: Denken Sie nur an die Karosserie des Volkswagens.

Bei unseren Projekten gehen wir den Entwurf mit einer Methodik an, die eher jener der heutigen Autoindustrie als der um die Jahrhundertwende herrschenden Technik entspricht. Damit meine ich, daß die industrielle Produktion im 19. Jahrhundert so viel bedeutete wie „lineare Produktion". Eine Maschine wurde für einen einzelnen Arbeitsvorgang benutzt, der dann endlos wiederholt wurde; daraus resultiert eben das, was ich lineare Produktion nenne. Moderne industrielle Produktion ist aber etwas ganz anderes.

Die Industrialisierung im 19. Jahrhundert vervielfachte lediglich die Hebelarmtechnik des menschlichen Körpers, aber die heutige industrielle Produktion verändert die Beschaffenheit eines Materials mittels der Maschine. Mit dem heutigen industriellen Design können wir durch Verformung von Molekularstrukturen aus Stahl leichtere Automobile herstellen. Oder wir können gegossenes Material walzen und es dadurch verdichten; oder wir lassen einen Stahlblock explodieren, so daß Formen entstehen, die bisher für Stahl nicht vorstellbar waren. Wir verändern also durch den industriellen Prozeß eigentlich die Beschaffenheit eines Materials.

Nun, das gehört nicht mehr in die Stütze-und-Träger-Tradition. Die Konstruktion der heutigen Chicagoer Schule, Stütze und Träger, entspricht der viktorianischen, linearen Produktionsmethode. In einem Großteil der heute verwirklichten Architektur werden die Möglichkeiten, Materialien neuartig zu verwenden, weiterhin ignoriert. Zum Beispiel Stahlbeton – die Architekten setzen den Beton weiter so ein, als wäre er ein Stück Holz. Das Verändern von Material durch das Ändern der Form ist bis heute in der Architektur nie angewendet worden.

Unsere Schalenkonstruktion beim Hilliard Center kann mit einer Gleitschalung gebaut werden; das geschieht mittels einer gleitenden Form, die Beton mit einer Geschwindigkeit von etwa 30 cm pro Stunde herstellt. Die Bewegungen dieser Schalung bleiben stets gleich; und sie ändert nie ihren Abstand in bezug auf eine bestimmte Achse. Das Gebäude wächst einfach vertikal aus dieser Maschine heraus, und die Armierung wird fortlaufend eingesetzt. Diese Methode verändert die ganze industrielle Organisation

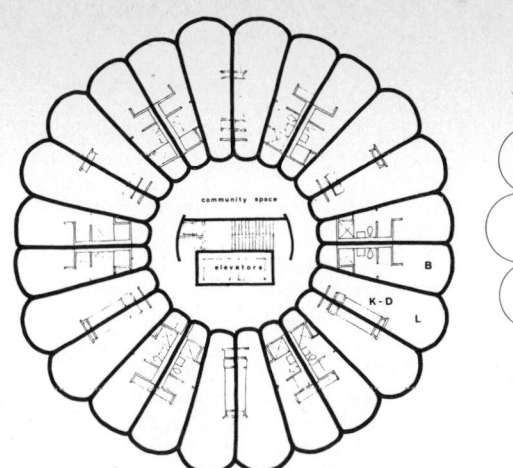

91 Raymond Hilliard Center. Grundriß der
Wohntürme.

92 Marina City Towers. Grundriß.

der Betonkonstruktion. Die runde Schalenkonstruktion der Hilliard-Türme wurde speziell für den Gleitschalenbeton entworfen; aus ihr ergeben sich blumenblattförmige Raumgrundrisse (Abb. 91).

Gemäß den strengen Vorschriften der Regierung ist eine Wohnung für Betagte auf nur zwei Zimmer beschränkt. Im Grundriß bemerken Sie, daß zwei kleine neben zwei größeren Blumenblättern angeordnet sind. Oder: Zwei Schlafzimmer liegen zwischen zwei Wohnzimmern; eine Wohnung entsteht durch die Kombination eines kleinen und eines großen Blumenblattes.

Diese Räume stehen zueinander in einer sich frei entwickelnden, funktionellen Beziehung, denn es gibt keinen einschränkenden, zentralen Konstruktionskern, überhaupt keinen Kern mehr. Ein Kern, wie wir ihn bei Marina City hatten, ist nicht mehr notwendig (Abb. 92). Bei den Hilliard-Türmen habe ich die Tragkonstruktion an die Außenwand verlegt, und dadurch erhält man mehr Stabilität, bei geringerem Materialaufwand. Ich habe hier nun einen räumlichen Kern; das Zentrum ist freier Raum, nicht Konstruktion. Dort findet man, was normalerweise in den Installationskern gehört: Treppenhaus, Aufzug, Müllschlucker und Installationen. Und trotzdem bleibt noch genügend Platz für Gemeinschaftsräume, welche ganz besonders alte Leute unbedingt brauchen. Sie haben ein stärkeres Kommunikationsbedürfnis, und ich meine, daß sie einen Raum haben müssen, um zusammenzukommen, um Kaffeeklatsch und Nähkränzchen abzuhalten.

JC: Fast jedes Geschoß hat also einen Gemeinschaftsraum?

BG: Ja, und man könnte ihn einrichten mit Fernsehgeräten, einer kleinen Bibliothek, in der alle ihre Bücher zusammenlegen. Wir wollten all das verwirklichen und durften es nicht. Wir hatten schon Glück, daß wir die Gebäude überhaupt so bauen durften. Ich mußte zwei Jahre lang mit unserer Bundesregierung in Washington kämpfen, um die Erlaubnis für den Bau dieser Häuser zu bekommen. Vor allen Dingen sagte man, es käme zu teuer. Ich antwortete, daß wir das Risiko schon übernehmen würden. Wenn es zu teuer wird, so verzichte ich auf mein Honorar als Architekt. Schließlich aber sagten sie: „Das ist zu gut für diese Leute."

JC: Wirklich?

BG: <u>Wirklich.</u> Man sagte mir, daß ich Dinge entwerfe, die für die Armen zu gut seien. Das ist sehr angelsächsisch und puritanisch gedacht. Man will die Armen dafür bestrafen, daß sie keinen wirtschaftlichen Erfolg hatten.

JC: Glaubte man, die Bauten seien zu gut, weil sie viel kosteten oder aufgrund des architektonischen Resultates?

BG: Aufgrund des architektonischen Resultates.

JC: Das bedeutet, daß Sie billiger bauen können, aber wenn das Resultat architektonisch besser ist, so ist es sozial trotzdem schlecht?

BG: Es war schlecht, weil solche Wohnungen die Leute angeblich mit ihrer Armut versöhnen. Wenn man in einer angenehmen Umgebung lebt, hat man nicht länger das Bedürfnis, sich in der ökonomischen Hierarchie weiter hinaufzuarbeiten.

JC: Sogar für die alten Leute wurde das geltend gemacht?

BG: Sogar für die betagten Armen, aber vor allem für die armen Familien, denn für diese habe ich noch etwas Besseres vorgeschlagen, wovon ich später berichten werde. Als ich an dem Entwurf zu arbeiten begann, stand ich vor der Tatsache, daß es für den von der Bundesregierung subventionierten Wohnungsbau strikte Raumgrößen-Vorschriften gibt, sowohl für die Wohnungen von einkommensschwachen Familien wie für Altenwohnungen. Beim Entwurf für die Altenwohnung ging ich davon aus, wo sich die Leute schlafen legen, also von der Größe des Bettes. Meine nächste Überlegung war die, daß das Schlafzimmer auch der einzige Ort für diese Leute ist, wo sie sich ungestört ihrem Privatleben widmen können. Dieses Privatleben sollte nun möglich gemacht werden auf den rund 11 m2 (120 Quadratfuß), die nach Regierungsvorschrift gestattet sind. Ich ermöglichte dies, indem ich das Schlafzimmer nicht konventionell rechteckig entwarf, sondern die erwähnte Blumenblattform wählte. Nun ist Platz für einen Schreibtisch, einen Stuhl und für das Bett. Dem Wohnzimmer gab ich eine etwas größere, ebenfalls blumenblättrige Form und brachte darin die Küche und die Toilette unter, die als feste Einrichtungsgegenstände konzipiert sind.

HK: Bevor wir weiter ins Detail gehen, möchte ich noch kurz bei Ihrer Konstruktionslösung verweilen. Ein junger Architekt hat vor kurzem die ironische Behauptung aufgestellt, daß die Architekten des 20. Jahrhunderts lediglich mit der Dekoration von Aufzugsschächten beschäftigt seien. Was er damit meinte, ist natürlich das heutige Hochhaus. Der Aufzugsschacht ist zum Modul geworden, um das herum das Gebäude errichtet wird. Was Sie hier aber verwirklicht haben, ist genau das Gegenteil.

BG: Ja. Was ich Ihnen gezeigt habe, ist eine Konstruktionsstruktur aus Außenwänden. Es gibt in diesem Projekt keine Stützen, keine Träger, nichts anderes als Raum für den Menschen. Die Tragkonstruktion besteht aus der Raumhülle.

HK: Und sie trägt alles andere. Durch eine bestimmte Verformung werden die Wände statisch stabiler.

BG: Richtig.

HK: Biologisch gesehen, haben Sie hier den Wirbelsäulen-Organismus zugunsten eines wirbellosen Systems aufgegeben.

BG: Ja, aber ich möchte die Stütze-Träger-Konstruktion nur ungern mit einem biologischen System, das ja vollkommen ist, vergleichen. Man könnte sagen, die Stütze-Träger-Konstruktion sei ein unorganisches Skelett, während wir ein sehr rationelles biologisches System verwenden: die den Organismus schützende Haut als Konstruktion.

HK: Wurde die Schalenkonstruktion bei den Hilliard Towers nur durch diesen neuen technischen Funktionalismus bestimmt, oder dachten Sie auch daran, welche räumlichen Wirkungen entstehen könnten?

BG: Ich weiß genau, was Sie meinen, und ich wäre ja dumm, wenn ich behaupten würde, daß eine Art Vorausahnen von neuen Raumformen diese Konstruktionsart nicht mitbeeinflußt hätte.

JC: Man möchte annehmen, daß für Sie die Definition des Raums sekundär sei, da Sie doch so lange bei Mies studiert haben.

BG: Aber Sie müssen begreifen, das ist ein neues Gebiet, in dem die Raumform die Konstruktion bestimmt. Es ist die Antithese zu einer Konstruktion, die den Raum bestimmt. Innerhalb des Stütze-Träger-Systems besteht die ganze architektonische Beziehung zum Raum aus einem beschränkten und abgesicherten Vokabular für die Vervollkommnung der rechten Winkel innerhalb des Modularsystems der Konstruktionselemente.

JC: Die Vielfalt des Lebens ist also sozusagen in den rechten Winkel zwischen Stütze und Träger hineingepreßt worden.

BG: Richtig. Aber vergessen wir nicht, daß Mies selbst stets großartige, vortreffliche Räume gestaltet hat. Seine schöpferischen, seine künstlerischen Fähigkeiten sind nie durch die Unmenschlichkeit seines Konstruktionssystems beschnitten worden. Mies hat öfters zu mir gesagt: „Ich will die Menschen lehren, wie sie leben sollten." Es war für mich entsetzlich, als ich mit ihm Werke von Frank Lloyd Wright anschauen ging, weil ich das Fehlen eines klar einsehbaren Systems und die offensichtlich willkürliche Art der Raumbehandlung bei Wright nicht ausstehen konnte. Ich hatte für seine Räume damals überhaupt kein Verständnis.

HK: Sie haben sich nach Abschluß Ihrer Ausbildung nicht ausschließlich mit Architektur beschäftigt?

BG: Nein, ich war auch in anderen Bereichen tätig. Ich arbeitete in Detroit für die Industrie. Ich entwarf zum Beispiel eine Badezimmereinheit, die als Gerät in jeden Raum gestellt werden kann. Mit vier Anschlüssen — Heißwasser, Kaltwasser, Abflußrohr, Lüftungsloch — war ein Badezimmer installiert. Wir nahmen an, wir könnten das zu etwa 250 Dollar je Einheit produzieren. Ich arbeitete den ganzen Produktionsprozeß durch, erfand die Werkzeuge, die Gußformen und die Herstellungsmethode; wir verwendeten verformte Metallplatten, und dabei lernte ich zum erstenmal die Möglichkeit der Transformierung von Materialien kennen. Das war für mich ein wichtiger Teil meiner Industrieerfahrung.

Damals entwickelte ich auch einen Güterwagen für die Eisenbahn. Er war aus Kunststoff. Ich mußte die Maschinen für die Produktion eines Kunststoffblattes von rund 20 m Länge entwerfen. Von diesen Wagen wurden etwa fünfhundert gebaut und auch eingesetzt. Die Vereinigung amerikanischer Eisenbahnen (AAR — Association of American Railroads) wollte fünftausend Stück übernehmen, aber die Exekutivkommission, in der die Stahlindustrie vertreten ist, hat das widerrufen mit dem Vorwand, man habe keine Vorrichtungen, um diese Wagen zu reparieren.

Nach dem Zweiten Weltkrieg war ich zur Überzeugung gekommen, daß eine Architektur für den Einzelnen absolut falsch, sozial gesehen falsch ist, und daß man die Architektur nur dadurch weiterentwickeln kann, daß man ihre Bauteile industriell herstellt. Mein Ziel war es, ein System auf der Basis des größten Einzelteils, das ich entwerfen konnte, zu entwickeln. Auf der Grundlage dessen, was wir beim Entwurf der Güterwagen gelernt hatten, entwickelten wir eine Modulareinheit, die wir „Unishelter" nannten und von der auch einige Tausend gebaut wurden. Seit Habitat in Montreal wird so etwas auch für den Wohnungsbau vorgeschlagen. Wir haben das vor zwanzig Jahren schon realisiert. Ich ging aus von der Röhrenform des Güterwagens und entwickelte daraus zwei Typen von Röhren, die alle notwendigen Bestandteile enthielten: Wohnraum, Küche, Badezimmer, Schlafzimmer.

JC: Wann war das?

BG: Von 1948 bis 1950.

JC: Waren das die ersten vorfabrizierten Wohnungen in den USA?

BG: Nein. Thomas Edison war wahrscheinlich der erste, der so etwas realisiert hat; ganz am Anfang dieses Jahrhunderts hat er ein Betonhaus entwickelt. Ich habe schon 1937 an vorfabrizierten Wohnungen gearbeitet, aber damals verwendete ich ein Plattensystem. Ich kam dann zum Schluß, daß dieses System schlecht ist, weil es zuviel Arbeit auf der Baustelle erfordert.

JC: Wie groß waren die Platten?

BG: 1,2 x 2,4 m (4 x 8 Fuß) wie heute. Ich habe damals gelernt, daß die Industrialisierung von großen Einheiten ausgehen muß.

JC: Gab es denn damals einen Markt dafür?

BG: Die Pressed Steel Car Company baute etwa zweitausend Stück für die Armee.

JC: Aber es fand keinen Eingang in die zivile Architektur?

BG: Nein, denn damals herrschte starker Widerstand gegen Vorfabrikation — ein Problem, mit dem wir uns auch heute noch auseinandersetzen müssen. Einmal sprach ich mit Laurance Rockefeller darüber, weil er mit einem Vorfabrikationsunternehmen, das Betonteile herstellte, Schwierigkeiten hatte. Ich sagte ihm, daß die Vorfabrikation nur eines zu bieten habe: einen Mechanismus, mit Hilfe dessen man ökonomisch und schnell für soziale Bedürfnisse planen kann. Das stimmt heute noch. Mit anderen Worten, man kann eine Siedlung mit vorfabrizierten Elementen bauen, und das braucht nur ganz wenig mehr Arbeit als das Bauen eines einzigen Hauses. Ich sagte ihm auch, daß Beton das ungeeignetste Material für die Vorfabrikation sei. Das glaube ich heute noch. Die gegenwärtige Verwendungsweise von Beton steht in Widerspruch zu den Eigenschaften dieses Materials.

Nun, alles das ist in der Retrospektive sehr interessant, aber was mich mehr beschäftigt, ist das, was ich in dieser Zeit an Erfahrung gewonnen habe. Ich habe gelernt, daß die Industrialisierung in der Architektur fast unbeschränkte Möglichkeiten eröffnet, vor allem in der Architektur wegen der ungeheuren Quantitäten. Mit dem Geld, das in ein einziges John Hancock Building (ein von Skidmore, Owings und Merrill erbauter Wolkenkratzer in Chicago) gesteckt wird, könnte man eine ganze neue Industrie aufbauen.

Die Kosten dieses Hochhauses würden die Verluste der ersten zehn Produktionsjahre decken und gleichzeitig gigantische Produktionsanlagen kapitalisieren. Das müßte von Großunternehmungen durchgeführt werden; die neuen Gesellschaften, die daraus entstehen, wären jedoch noch viel größer.

HK: Haben Sie auch andere Erfahrungen aus Ihrer Tätigkeit in der Großindustrie nutzen können?

BG: Beim Marina-City-Bürogebäude haben wir ein Beleuchtungssystem erfunden, das gleichzeitig ein Heizungssystem ist. Sie sitzen gerade darunter. Es besteht aus einer beleuchteten Decke, die im Winter das Gebäude heizt. Wir haben kein separates Heizungssystem. General Electric hatte ein Interesse daran, bei diesem Gebäude nicht nur das, sondern noch viele andere Neuigkeiten zu verwirklichen. Die 250-Watt-Lampen produzieren genug Wärme, so daß wir dem Licht die Wärme entnehmen und sie zum Heizen verwenden können. Wir mischen die Luft eines Raumes mit der Außenluft und führen dem Gemisch die Wärme der Lampen zu. Dieses System entstand mit Rücksicht auf die veränderte Situation im Geschäftsleben, das sich in der Stadt nicht mehr nur von 9 Uhr morgens bis 5 Uhr abends abspielt. In Zukunft wird Business hauptsächlich eine Sache der Denker sein. Die Büroarbeiter werden verschwinden und durch persönliche Kommunikationsformen ersetzt werden. Ich wollte ein Gebäude bauen, das für viele verschiedene Nutzungen geeignet ist. Ein typisches Beispiel: Wenn man im John Hancock Building am Samstag oder am Sonntag arbeiten will, so wird die Klimaanlage zwar eingestellt, aber es wird einem dafür ein ziemlich hoher Betrag verrechnet, weil man das Gebäude mit seinen technischen Systemen als Ganzes außerplanmäßig in Anspruch nimmt. In unserem Gebäude jedoch kann jede Büroeinheit von etwa 140 m2 (1500 Quadratfuß) jederzeit und ohne Extrazuschlag separat benutzt werden.

Das Lüftungsproblem haben wir ähnlich gelöst. Die senkrechten Gliederungselemente der Fassade sind nicht etwa allein Fensterrahmen, sondern Röhren. Es gibt in dem Gebäude keinen zentralen Luftschacht. Stattdessen haben wir die Fassadenstäbe regelmäßig angeordnet, und sie werden, entsprechend den inneren Raumteilungen, zu individuellen Lüftungsschächten für gefilterte Zuluft und Abluft. Wenn ich hier irgendwo ein Chemielabor installiere, so können die Dämpfe direkt durch die Fassadenröhren abgeleitet werden. Es spielt keine Rolle, wohin man dieses Labor innerhalb des Gebäudes verlegt, denn es findet überall sein eigenes Entlüftungssystem vor. Dieses Luftsystem hat sich als sehr nützlich erwiesen.

In diesem Gebäude gibt es Unternehmen, in denen täglich 24 Stunden gearbeitet wird. Ihr Hauptsitz wurde in dieses Gebäude verlegt, weil seine Büros so vielfältig nutzbar sind. Das Bürogebäude ist Ausdruck der Arbeit des Menschen: Die Wandlung der Büroarbeit bedeutet nichts anderes als eine Befreiung aus dem starren Gefüge. Das Bürogebäude sollte die Vielfalt der schöpferischen Initiativen widerspiegeln — nicht das Monolithische von gleichgeschalteten Vorstellungen.

Gestatten Sie mir, daß ich Ihnen etwas vorlese, das ich verfaßt habe:

In unserem Zeitalter dominiert nicht mehr ein kleinster gemeinsamer Nenner, sondern der größte gemeinsame Nenner. Diese Verlagerung hat uns vom Begriff einer einfach strukturierten Idee weggeführt, hin zu dem Verständnis von mannigfaltigen, gleichzeitig nebeneinander existierenden Ideen, die eine organische Einheit bilden.

In der Architektur haben wir diese Veränderung dadurch ausgedrückt, daß wir von der Konstruktionsmethode der Stütze und des Trägers (als dem kleinsten gemeinsamen Nenner) abgekommen und zur Konzeption vom Raum als Konstruktion (dem größten gemeinsamen Nenner) gelangt sind. Raum umfaßt Mensch und Zeit; Raum umfaßt Materialien, Formen und das Bewußtsein des Menschen, sich auf den Raum zu beziehen. Diese miteinander verbundenen Elemente enthalten einen anderen Nenner, den ich als Konstruktionssystem identifizieren kann. Ich habe diese miteinander verbundenen Elemente „kinetischen Raum" genannt.

Marina City war für uns das erste größere Hochhaus, das wir aus dem ausgeklügelten Formalismus des rechten Winkels von Stütze und Träger befreiten. Während dieser Studie wurden wir der Wirkung des kinetischen Raumes sowohl auf die dynamische Reaktion des Menschen als auch auf die statische Reaktion der Konstruktion gewahr. Auf der Basis unserer Untersuchungen während der Planung von Marina City haben wir bei den Hilliard-Gebäuden weitere kinetische Raumstudien betrieben. Der Konstruktionskern bei Marina City wurde durch eine wirksamere Schalenkonstruktion ersetzt, deren Form den Raum definiert und die Aktivitäten des Menschen im Rauminneren widerspiegelt. Die Konstruktion stand im Mittelpunkt des Interesses bei Marina City. Beim Hilliard Center steht der Mensch im Mittelpunkt, eine Kombination von Beziehungen, die im Zentrum jedes Geschosses untergebracht sind. Im Mittelpunkt des Wohngebäudes für die Familien (Abb. 94) standen die einzelnen Familien-Wohneinheiten, die in einer Hochhaus-Schalenkonstruktion zusammengefaßt sind. Diese Bauten sind nach den gleichen Konstruktionsprinzipien entwickelt wie die der anders gestalteten Wohnhäuser für Betagte. Die Schale für die Familiengebäude ist so angelegt, daß die freiere Form menschlichen Lebens gefördert wird durch freiere

Raumformen. Die geometrische Unregelmäßigkeit der Schalen ergab gleichzeitig eine natürliche Zunahme konstruktiver Stabilität, die beim Stütze-Träger-System nur durch zusätzliche Verstärkung und zu einem Mehrpreis erreicht wird.

Das Prinzip der humanen Formen des Hilliard-Projekts ist viel umfassender als das eines rein technischen Moduls, wie es im System von Stütze und Träger zur Anwendung kommt. Die beiden Konstruktionssysteme können etwa so verglichen werden: Die Schale entspricht der Disziplin des größten gemeinsamen Nenners, Stütze und Träger der Disziplin des kleinsten gemeinsamen Nenners.

Stütze und Träger stellen die abstrakte Disziplin auf, die ein räumliches technisches System erfordert. Die Konstruktion der Hilliard-Häuser stellt die humane Disziplin auf, die für das Leben einer Familie notwendig ist: Raum als tragende Struktur. Anstatt daß der Raum durch die Bedingungen eines technischen Moduls bestimmt wird, regt das Hilliard-Projekt dazu an, unsere Vorstellungen von der Schönheit der Konstruktion zu erweitern und in sie das Gefüge der menschlichen Gefühle, der Gedanken und des sozialen Milieus aufzunehmen.

HK: Können diese Konzepte zu Grundsätzen werden? Können Sie über die Dimension des Wohnungsbaus hinaus angewendet werden?

BG: Da Raum seine Form verändern muß, sollte jede Konstruktion, die Raum ist, den Wechsel mitmachen. Mit anderen Worten: Die Konstruktion folgt dem Raum. Und heute sind wir zum erstenmal in der Geschichte der Menschheit in der Lage, jeden Raum zu bauen, den wir uns vorstellen können.

HK: Als Sie an dieser neuen Konstruktionsmethode zu arbeiten begannen, hatten Sie da die Absicht, vom Rechteck wegzukommen?

93 Marina City Towers. Blick vom Chicago River.

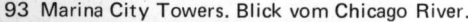

BG: Einmal, als ich noch bei Mies studierte, fragte ich ihn: „Wenn gute Architektur zwangsläufig die Übernahme Ihrer rechtwinkligen Formen impliziert, warum sollte es dann noch andere Architekten geben? Wird unsere Zukunft bloß aus Kopien Ihrer Werke bestehen?" Van der Rohes Antwort lautete: „Na, Goldberg, genügt das nicht?"

HK: Wenn man durch die Innenstadt von Chicago mit all ihren rechteckigen Blöcken und Gebäuden geht und von der State Street aus zum Chicago River gelangt, so ist man von der sich bietenden Aussicht höchst überrascht. Die Marina-City-Türme stehen da wie zwei Maiskolben inmitten von Zigarrenkisten(Abb. 88). Sie geben der Stadt eine ganz neue Atmosphäre. Es ist schon ein Erlebnis, diese Bauten nur zu sehen. Haben Sie bewußt versucht, eine Alternative zur bestehenden Umgebung zu schaffen?

BG: Wenn ich je in meinem Leben nur ein bißchen Verstand hatte, so diente er dazu, mir klar zu machen, daß ich nur durch Ausprobieren zu einer neuen Aussage gelangen kann. Entweder entsteht etwas aus einer Entwicklung heraus, deren ich selbst sehr wahrscheinlich nicht einmal bewußt bin, oder es wird überhaupt nichts. Und genau so war es auch. 1954 erhielten wir den Preis „Progressive Architecture" für das beste Wohnbauprojekt. Die aus diesem Projekt gewonnene Erkenntnis war zunächst nicht die Tatsache, daß wir den rechten Winkel eliminiert hatten, sondern daß rechtwinklige Räume so in Beziehungen zueinander angeordnet werden konnten, daß eine daraus abgeleitete, neue und sehr wichtige Aussage entstand. Bei diesem Projekt wurde ich dessen gewahr, was ich später die geozentrische Raumordnung genannt habe.

HK: Das haben Sie bei den Marina-City-Türmen zum erstenmal realisiert?

BG: Ja. Ich arbeitete zwar immer noch mit dem Modul, aber mein Modul war nicht das Fenstermodul des Ingenieurs, sondern das Modul menschlichen Raumgebrauchs. Dann fand ich ein Schema, nach dem diese Räume zueinander angeordnet werden konnten, denn logischerweise brauchte jeder dieser Räume eine ähnlich gute Verbindung zu einem Zentrum. Ich habe sie also in gleichem Abstand zum Zentrum angeordnet und begann mit dem Entwurf.

JC: Sie sagten vorhin, daß dies nicht nur ein formales, sondern auch ein soziales Konzept sei.

BG: Der Kern enthielt, was man „Gemeinschaftsräume" nennen könnte: Die Waschküche, Lagerräume, kleine Versammlungsräume, Platz zum Spielen. Davon ausgehend war die Entwicklung zur Kreisform eine sehr natürliche, denn jeder Wohnraum mußte gleichviel Anteil an den zentralen Einrichtungen haben. Deshalb legte ich die Wohnungen in gleichem Abstand zum Zentrum.

JC: Damit vermieden Sie lange Korridore und Quergänge.

BG: Ja, aber diese Einsparung war weniger wichtig als andere Ergebnisse: Es war faszinierend, als ich herausfand, daß die Probleme, die man bei geradlinigen Gebäuden stets mit der Eckstütze hatte, hier aufgrund der innenliegenden und kontinuierlichen Auflager nicht auftauchten. Das Eckproblem verschwand von selbst, weil es gar keine Ecken gab. Wir hatten eine ununterbrochene Linie, eine unendliche Reihe von Punkten. Dann machten wir uns Gedanken darüber, ob die daraus entstehende Rundform nicht einfach eine architektonische Kraftart sei. Könnten unsere Probleme nicht auch auf neue, aber unauffälligere, vertrautere und geradlinige Art gelöst werden, die uns nur noch nicht bekannt war? Wir kontrollierten also alles nochmals und prüften alle statistischen und technischen Details, um innerhalb einer geraden oder gar quadratischen Form gleichwertigen Raum zu schaffen. Ich fand heraus, daß die Kreisform in jedem einzelnen Fall mindestens 7 bis 10, höchstens 25 Prozent mehr bieten konnte. Man brauchte dabei weniger Material, und innerhalb des Außendurchmessers wurde mehr Fläche bereitgestellt. Das Gebäude bot dem Wind weniger Widerstand, die Installationen waren besser verteilt, der Bau selbst feuersicherer und so weiter. Wir haben ständig solche Vergleiche gezogen, indem wir unsere Form mit

155

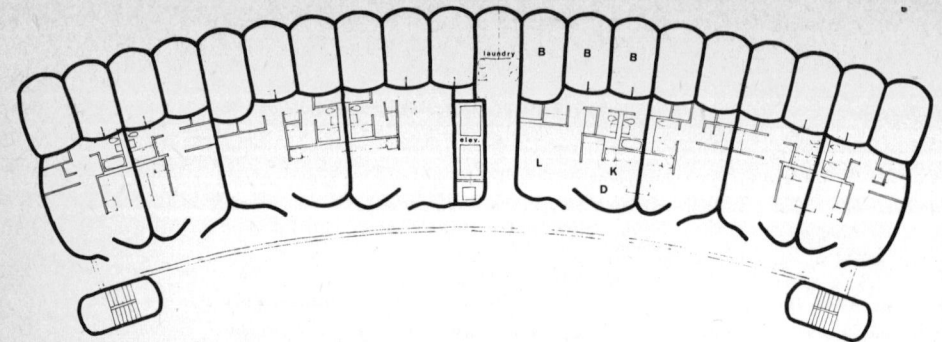

94 Raymond Hilliard Center. Grundriß der Familienwohnungen.

anderen ziemlich ungewöhnlichen Formen maßen, und wir machen solche Vergleiche auch heute noch.

HK: Das heißt, daß Sie den kreisförmigen Grundriß sogar aufgeben würden, wenn Sie einen besseren fänden?

BG: Nun, bei den Hilliard-Häusern für die Familien ist der kreisförmige Grundriß zwar noch enthalten, aber er ist aufgefaltet, was auch eine interessante Form ergibt (Abb. 94). Im Augenblick arbeiten wir an Spitälern, deren Grundrisse Kreisstücke sind. Wir begannen dann, die Geschichte der Form zu studieren. Hat der Mensch Rechteck, Stütze und Träger schon immer verwendet? Die Antwort ist selbstverständlich Nein. Es gibt in der Geschichte der Architektur viele Beispiele von unregelmäßigen Formen.

HK: Sie meinen barocke Bauten?

BG: Ja, oder auch das Nymphaeum der Villa Hadriana.

HK: Oder noch einfacher, den Rundtempel in der griechischen und römischen Architektur.

BG: Ja. Und diese Form existiert auch in der Architektur von vielen primitiven Völkern. Hier im Südwesten der USA zum Beispiel, im Canyon de Chelly im Staate New Mexico, weisen die indianischen Siedlungen geradlinige Räume für Profanbauten und kreisförmige Räume für Sakralbauten auf.

HK: Das bedeutet demnach, daß das runde Gebäude einen höheren Rang einnimmt als das rechtwinklige, das eher dem Alltagsleben zugeordnet ist.

BG: Für diese Indianer schon. Ich würde aber darüber noch hinausgehen: Das Gebäude, das eine kontinuierliche Tradition hat und einen festen Platz in der Gesellschaft einnimmt, ist der Rundbau.

HK: Es gibt moderne Beispiele von runden Türmen, die Ihrer Lösung erstaunlich gleichen. Ich denke dabei vor allem an den Entwurf von Kiyonori Kikutake aus dem Jahre 1959, dessen Turmstadt ein Vorgänger von Marina City zu sein scheint (Abb. 95). Der runde Turm steht auf einer mehrstöckigen Unterstruktur gerade am Wasser wie Ihre Gebäude (Abb. 93).

BG: Ich bin überzeugt, daß auch viele andere auf diese Lösung aufmerksam werden. In meinem Büro habe ich ein Foto eines Gemäldes mit dem Vorschlag eines Stadtzentrums aus runden Türmen. Es stammt von Erastus Salisbury Field und ist 1876 datiert. Eigentlich haben wir die Kreisform das erstemal 1956 beim Projekt Astor Tower ausprobiert, nicht bei Marina City. Wir haben die Idee dann aber verworfen, weil wir diese Lösung in jener übervölkerten Gegend nicht sehr zivilisiert fanden. 1954 habe ich es bei einer Parkgarage für Shell mit einer Kreisform versucht, und zwar mit der Spirale.

HK: Ein weiteres Beispiel kommt mir dazu in den Sinn. Der englische Architekt Warren Chalk, der 1964 eine futuristische Skizze für einen „Plug-in Living Unit Circular Tower" (Wohneinheit-Einsteck-Rundturm) entworfen hat, könnte durch Ihre Marina-City-Türme inspiriert worden sein (Abb. 96). Der untere Teil besteht aus einer spiralförmigen Parkrampe, und oben sind die Wohneinheiten wie auch bei Marina City.

BG: Ja, das ist sehr interessant.

JC: Der prinzipielle Unterschied liegt natürlich darin, daß Ihr Projekt Realität ist, das von Chalk jedoch ein utopischer Traum.

BG: Vielleicht, aus ökonomischen Gründen. Das Marina-City-Projekt hat mir erneut bewiesen, was ich schon beim Experiment Astor Tower gelernt hatte, nämlich wie rationell die Kreislösung ist. Und mir war klar, daß wir bei Marina City ökonomisch etwas leisten mußten, das nie zuvor erreicht worden war. Mit anderen Worten, wir mußten in einem Hochbau eine große Menge Raum schaffen, und zwar zu einem Preis, der vergleichbar sein sollte mit den Kosten eines niedrigen Gebäudes. Das hätte mit konventionellen Methoden nicht realisiert werden können.

HK: Sie meinen, daß ein Hochbau auf dem gleichen Grundstück, mit dem gleichen Volumen, aber nach traditionellen Methoden konstruiert, mehr gekostet hätte?

BG: Doppelt so viel. Die Wohntürme von Marina City haben 10 Dollar pro Quadratfuß (= etwa 0,1 m2) gekostet.

HK: Das ist in der Tat eine Überraschung.

BG: Sie müssen natürlich bedenken, daß es 1961 gebaut wurde.

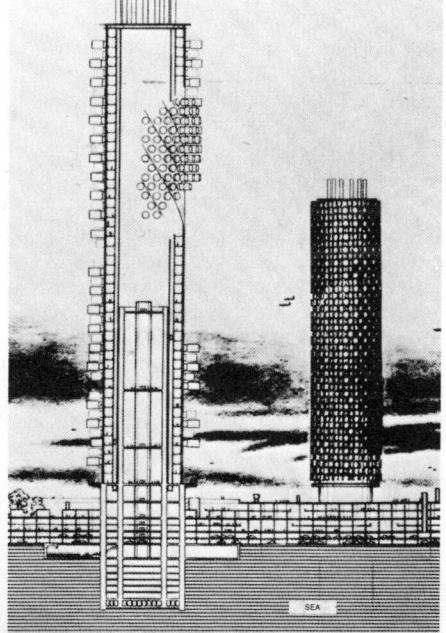

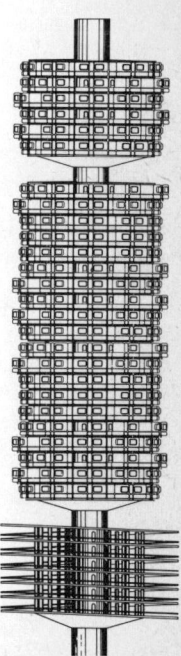

95 Tower City, Tokio.
1959. Kiyonori Kikutake.
Schnitt und Ansicht.

96 Plug-in Living Unit
Circular Tower.
Living-City-Ausstellung
London, 1964.
Warren Chalk.

JC: Wenn man diese Türme zum erstenmal sieht, so hat man den Eindruck, es seien sehr teure, elegante Stadtwohnungen für reiche Leute. Der starke Eindruck, den diese Bauten hinterlassen, wird nicht durch irgendwelche herausgeputzten Details verursacht, sondern durch die Verwendung der rationellsten Konstruktion, die zu jener Zeit möglich war.

BG: Wir haben uns nicht aus Eitelkeit ein Image geschaffen. Sie müssen begreifen, daß wir, wenn wir die Kosten nicht niedrig gehalten hätten, die Mieten nicht hätten so ansetzen können, daß wir die Bewilligung von der Federal Housing Authority (FHA) erhalten hätten — was das ganze Projekt ja erst ermöglicht hat. Sehen Sie, die FHA hatte den Bau von solchen Gebilden, wie wir eines bauen wollten, verboten, und die hiesigen Zonenvorschriften sprachen auch dagegen. Wegen dieser Beschränkungen konnte man die verschiedenartigen Nutzungen nicht auf einem Grundstück unterbringen, was wir jedoch unbedingt wollten. Wir mußten also die Zonenvorschriften ändern. Wir glaubten, daß uns das gelingen würde, denn die Stadt brauchte neue Bauten.

JC: Welche Nutzungen haben Sie miteinander kombiniert?

BG: Freizeitzentrum, Theater, Bootsgaragen, Autogaragen, Wohnraum, Büroraum.

JC: All das auf diesem kleinen Grundstück?

BG: Ja, das Grundstück hat eine Fläche von nur 14 164 m2 (3,5 acres). Nicht die Beziehung zwischen der Vielzahl von Nutzungen und dem beschränkten Raum gab uns Probleme auf, sondern die Beziehung der verschiedenen Nutzungen zueinander. Das ist ein typischer, auch heute noch aktueller Zonenplankonflikt: In einer Geschäftszone der Innenstadt ist der Bau von Wohnhäusern nicht unbedingt erlaubt. In Boston zum Beispiel hatten wir eine Gelegenheit, auf einem sehr schönen Grundstück am Wasser eine City zu bauen. Das Grundstück von 52 610 m2 (13 acres) lag aber in der Zone für Schwerindustrie. Wir durften dort keine Wohnhäuser bauen, wegen der Ausnützungsziffer. Wir versuchten, die Stadtverwaltung zu einer Zonenplanänderung zu bewegen. Sie haben völlig mißverstanden, was wir wollten, und der Antrag wurde abgelehnt. Anstelle von Familienhäusern gibt es dort nun Lagerhäuser und Öltankanlagen. Die Hafenregion, die für Groß-Boston einen vollkommen natürlichen Entwicklungsraum dargestellt hätte, ist damit zerstört, und die Verwendung dieses Gebiets für die heutigen Bewohner von Quincy (Vorstadt Bostons) sowie jede zukünftige Nutzung wurde dadurch verhindert.

JC: Wie haben Sie Ihr Projekt hier in Chicago durchgebracht?

BG: Nun, ich will nicht behaupten, daß wir ganz ohne politische Hilfe erreicht haben, daß man uns überhaupt anhörte. Wir wollten damals verständlich machen, daß der Charakter der amerikanischen Familie im Wandel sei, daß die Definition der Familie nicht unbedingt der „Sandkastenfamilie" entspreche, wie sie von der FHA seit ihrer Gründung propagiert worden war. Die neue Konzeption der städtischen Familie mußte jene Familien miteinschließen, deren Kinder vielleicht schon auf der Universität sind und die ein Interesse daran haben, in einer städtischen Umgebung zu leben. Eine Familie ohne kleine Kinder ist immer noch eine Familie; daran hatte die FHA nicht gedacht. Nach unserer Initiative änderte die FHA den Wortlaut der „Title 207"-Vorschriften, so daß nun anstelle des „Bauens für Familien mit Kindern" das Konzept des Bauens für das Familienleben trat.

Es gibt nicht nur Normalfamilien. Man kann sogar bei einem unverheirateten Paar von Familienleben sprechen. In anderen Ländern hat man das längst kapiert, und unsere sexuelle Revolution hat es an vielen Beispielen evident gemacht. Aber damals reagierte das lokale FHA-Büro in Chicago ziemlich rigide, und ich mußte unseren Fall bis nach Washington bringen, wo man ihn schließlich günstig aufgenommen hat.

JC: Hatten Sie bei Ihrer Reise nach Washington schon die endgültigen Pläne bei sich, oder haben Sie einfach Ihre Ideen dargelegt?

BG: Ich schäme mich, Ihnen zu gestehen, daß ich damals so ängstlich und besorgt war wegen der Konzeption der runden Türme, daß ich sie als quadratische Türme präsentiert habe.

JC: Um die Leute vom Amt zu überzeugen?

BG: Nicht unbedingt, sondern um die Frage des Entwurfs gar nicht erst aufs Tapet zu bringen. Ich wollte verhindern, daß man den Gesamtentwurf als ebenso umstürzend erfassen konnte wie die neue Raumform. Sie müssen bedenken, daß es für Wohnungen in Geschäftsvierteln im Zentrum keine Bewilligung gab. Die FHA verstand sich selbst als Ruralisierungskraft innerhalb unserer Wirtschaft, eine Kraft, die die Menschen aus den Städten aufs Land hinaus bringt. Nur dort könne ein lebenswertes Dasein geführt werden. In unserer amerikanischen Ethik wird die Stadt als Stätte des Übels betrachtet, in der ein gutes Leben nicht möglich ist und nicht möglich sein kann.

JC: Frank Lloyd Wright?

BG: Thomas Jefferson, Lewis Mumford, eine lange Liste. Es gibt ein Buch, dessen Titel lautet: „The Intellectual versus the City" von Morton und Lucia White. Ich mußte also zwei Dinge erreichen: Die FHA-Vorstellung von der Familie ändern und ihre Vorstellung darüber, wo es wünschenswert ist, zu leben. Schließlich gaben sie zu, daß auch ein Gebiet in der Innenstadt eine reizvolle Wohngegend sein könnte, vorausgesetzt, die Mieten sind niedrig genug. Wenn Marina City also mehr gekostet hätte als das für Sozialwohnungen übliche, so wäre das Projekt gar nicht gebaut worden. Es gab in der ganzen Innenstadt und in der Nähe keine Wohnung auf privatwirtschaftlicher Basis, die für weniger als 150 Dollar im Monat zu haben war. Vielleicht dachte die FHA, daß wir scheitern würden und das Projekt nicht ausführen könnten, als sie uns auf eine noch kleinere Summe, etwa 125 Dollar im Monat, beschränken wollte.

JC: Was da verlangt wurde, hätte mit normalen Mitteln auch gar nicht realisiert werden können.

BG: Das stimmt, aber sie beabsichtigten, mich mit dem Projekt scheitern zu lassen, solange ich darauf angewiesen war, auf irgendeinem magischen Wege zum Ziel zu kommen. Die meisten Leute stellen sich nicht vor, daß Marina City mit äußerst geringen Mitteln gebaut worden ist.

HK: Die Planer und Befürworter von Co-op City in New York (Abb. 29) hätten das in Betracht ziehen sollen. Eigentlich scheinen mir all die typischen städtischen Sanierungsprojekte im Vergleich mit Marina City recht lächerlich.

BG: Obwohl alles dafür sprach, daß es uns gelingen würde, so rationell und so wirtschaftlich wie möglich zu bauen und den Kredit zu erhalten, und obwohl es auch schien, als ob alle Räder ineinandergriffen, so hatten wir doch das ungute Gefühl, es könnte irgendwo doch ein geheimer Fehler stecken. Wir glaubten eigentlich nicht recht daran, daß wir mit diesem Projekt so sehr recht hatten. Also bat ich unsere Auftraggeber, einen Prototyp von einer Zweizimmerwohnung und einer Einzimmerwohnung im Maßstab 1:1 zu konstruieren. Wir erstellten sie in einem Lagergebäude in Chicago und umgaben sie mit einem Zyklorama von etwa 24 m Länge, der Vergrößerung einer Reihe von Fotos, die aus einem Helikopter von der Höhe aus aufgenommen worden waren, die dem 40. Stockwerk unseres geplanten Gebäudes entsprach. Das wirkte so realistisch, daß die Leute buchstäblich Angst hatten, auf den Balkon dieser Wohnungen hinauszutreten, obwohl sie doch im Inneren eines Bürogebäudes standen. Die Möblierung der Wohnungen hatten wir dem Möbelhaus Marshall Field anvertraut, das die Einrichtung aus seinen Lagerbeständen besorgte.

HK: Normale Alltagsmöblierung?

BG: Ja. Ich wollte da nicht den Innenarchitekten spielen, sondern die Wohnungen sollten so möbliert sein, wie der Durchschnittsbürger es sich leisten kann. Bei diesem Experiment machte ich eine erste Entdeckung: Während die Wohnungen so hübsch wurden, wie ich vermutet hatte, geschah doch etwas sehr Unerwartetes — allen Besuchern schien der Raum viel größer, als er tatsächlich war.

JC: Und doch war es nur genausoviel Raum, wie er in öffentlichen Wohnprojekten bewilligt wird?

BG: Es war der Minimalraum, den die FHA vorschrieb. Unserer Meinung nach wäre diese Fläche als rechtwinkliger Raum nicht akzeptierbar gewesen für eine Familie mit mittlerem Einkommen, als Wohnungsbau nach „FHA Title 207". Ich habe natürlich versucht, die Reaktionen auf diese Prototypen zu testen. Wenn die Leute hereinkamen, so sagten sie meistens: „Oh, sind das aber große Wohnungen!" Das ließ mich nachdenken: Warum schaffen diese Räume, die absolute Minimalräume sind, einen solchen Eindruck? Niemand wußte, wieviel Quadratmeter jede Wohnung hatte, deshalb war der Eindruck ein rein subjektiver. Ich ging dieser Frage nach und kam zum Schluß, daß sogenannter kinetischer Raum, der durch nichtparallele Wände gebildet wird, die Illusion einer größeren Dimension gibt.

HK: Der Grundriß jedes Raumes gleicht einem Blumenblatt, wie Sie sagen. Ist das „kinetischer" Raum?

BG: Nicht nur. Ich bezeichne jeden Raum in Bewegung als kinetisch.

HK: Ein barocker Raum wie das Innere von „Vierzehnheiligen" ist also kinetischer Raum, Raum in Bewegung?

BG: Ja. Wenn sich die Beziehung des Individuums zu seiner räumlichen Umgebung ständig ändert, während es sich im Raume bewegt, so ist der Raum kinetisch. Das heißt aber nicht unbedingt, daß alle kreisförmigen Räume kinetisch sind. Ein vollkommen kreisrunder Raum wie das Pantheon ist gewiß nicht kinetisch.

HK: Das ist die Antithese zur Klassik, die den Raum auf seinen vier Ecken oder auf den regelmäßigen Kreis festlegt.

BG: Die einzige Raumform, die genau in dem Moment völlig erkennbar ist, in dem man den Raum betritt, ist der klassische, statische, nichtkinetische Raum. Er verändert sich auch dann nicht, wenn der Mensch seine Stellung im Raum verändert.

JC: Haben Sie für die Hilliard-Häuser auch Attrappenwohnungen gebaut?

BG: Ja, sowohl für die Familien- als auch für die Alterswohnungen. Das Amt für Öffentlichen Wohnungsbau als Auftraggeber hatte vor den neuartigen Räumen ebenso große Angst wie ich damals bei Marina City. Man wollte sie in bezug auf die Reaktion der Menschen testen, vor allem jener Menschen, deren Ansprüche nicht bekannt und vorher nicht getestet worden waren und die aus verschiedenen, sich rapid verändernden Stadtvierteln stammen. Diese Leute, die ihren Voraussetzungen gemäß in dieser Siedlung hätten wohnen können, waren ganz begeistert, nachdem sie die Prototypwohnung gesehen hatten.

JC: Sie haben also die potentiellen Mieter um ihre Meinung gefragt?

BG: Ja, die Armen, die jetzt in den Robert-Taylor-Häusern oder in anderen öffentlich subventionierten Wohnungen leben.

JC: Wie viele wurden befragt?

BG: Es waren einige Tausend.

HK: Und wieviel Prozent antworteten zustimmend?

BG: Nicht nur hatte niemand etwas dagegen, sondern keiner bemerkte auch, daß es sich um etwas radikal Neues handelte. Für die Leute war das einfach ein sehr angenehmes neuartiges Gefühl. Sie fanden die ungewöhnlichen Fenster herrlich. Sie mochten all die Dinge, die sie nicht kannten und die für Leute aus dem Mittelstand möglicherweise zu Angstobjekten geworden wären. Die Warteliste der Bewerber für diese Wohnungen war phantastisch. Als wir dem Bürgermeister von Chicago, Daley, diese Prototypen vorführten, waren wir alle ziemlich nervös, weil er bekannt ist für seine Unbeugsamkeit in bestimmten Situationen. Ich stand da und sah ihn hereinkommen;

sein Gesicht strahlte, und er rief: „So sollten die Menschen wohnen." Er hatte genug Sozialwohnungen gesehen, um anzuerkennen, was wir erreicht hatten. Das gab mir ein sehr gutes Gefühl. Wir haben somit verschiedene wichtige Erfahrungen mit dem Raum gemacht, und wir fahren fort damit.

Wir planen nun gerade etwa fünf staatliche Gesundheitsdienst-Zentren, die aus Universitäten und Spitälern bestehen: eines für Harvard, eines in Stony Brook, Long Island; für unseren neuartigen Entwurf erhielten wir von dem katholischen Orden aus Tacoma im Staate Washington enthusiastische Zustimmung. Das gleiche für Stanford; der Dekan der dortigen Universität ist begeistert. Obwohl man an der Northwestern University etwas vorsichtig ist, hat man uns doch für die Fortsetzung der Arbeit die Zustimmung gegeben.

JC: Ihre außergewöhnlichen Konstruktionen und Räume können selbstverständlich bei Laien skeptische Reaktionen hervorrufen. Man möchte aber doch annehmen, daß Architekten rationaler reagieren. Haben Sie diese Lösungen mit Kollegen diskutiert?

BG: Ja, aber ohne großen Erfolg.

HK: Ich hatte ein interessantes Erlebnis, als ich das Büro von Mies van der Rohe besuchte. Ich sprach mit seinem Nachfolger, Dirk Lohan, und fragte ihn, was er von Marina City halte. Er machte bloß eine abfällige Geste. Dann erzählte er mir händereibend, daß sie gerade gegenüber Marina City das IBM-Gebäude bauen und daß Marina City dadurch zur Hälfte verdeckt werde. Die zwei antagonistischsten Hochhausinterpretationen werden sich demnach bald gegenüberstehen. Es wird interessant sein, zu sehen, welches von beiden die Konkurrenz gewinnt.

JC: Erhalten Sie auf Ihre Bauten viele abfällige Reaktionen?

BG: O ja, ziemlich. Ich glaube, daß die rationale Disziplin der Marina City von den meisten meiner Kollegen völlig übersehen wurde.

JC: Glauben Ihre Kollegen, es sei eine ausgefallene Protzerei?

BG: Ja. Sie verstehen den Bau als einen architektonischen Kraftakt — bloß um irgend etwas Ungewöhnliches hinzustellen. Ich habe mit größtem Interesse entdeckt, daß meine Bauten von europäischen Architekten eher anerkannt werden als von amerikanischen.

JC: Können Sie dafür einen Grund nennen?

BG: Ja. Ich glaube, daß besonders die deutsche Tradition die erfreuliche Fähigkeit hat, den Ursprung der Formen, der Konstruktion und der Räume vorurteilslos zu verstehen.

HK: Mir ist aufgefallen, daß das Bauhaus in Amerika nicht mehr gewürdigt wird. Natürlich sind die Funktionalisten, die aus den Bauhausideen Dogmen gemacht haben, weitgehend verantwortlich für die faden Stadtlandschaften von heute. Doch Sie waren imstande, zu zeigen, wie aus der Suche nach sauberen Konstruktionsprinzipien eine lebendige architektonische Form entspringen kann. Scheinbar muß man den funktionellen Aspekt nicht ignorieren, um zu bedeutsamen Formen zu gelangen.

BG: Natürlich nicht. Ich möchte betonen, daß wir den funktionellen Raum und seine Wirkung auf den Menschen gründlich studiert haben. Das hat uns selbstverständlich direkt zum Problem der Dichte geführt, der städtischen Dichte. Es stimmt absolut, daß es äußerst schwierig gewesen wäre, eine Dichte von fünfhundert Familien pro acre (= 4046,8 m2) mit einer anderen Form als derjenigen der Marina-City-Türme zu erreichen. Ich glaube, das ist die höchste Dichte in der Welt überhaupt. Und doch haben wir zwei Drittel der Grundfläche frei und offen gelassen, unbebaut. Man hat uns nie vorgeworfen, wir hätten das Areal überfüllt; im Gegenteil. Wir haben sogar Pläne ausgearbeitet, die zeigen, daß wir die ganze Bevölkerung von Chicago am Nordufer des Chicago River unterbringen könnten, in einem vier Block breiten Streifen, der von Merchandise Mart bis zum See führt — mit dem Marina-City-Modell. Denken Sie an all die Schulen, die wir dafür mit unseren Steuern bezahlen könnten. Und stellen Sie sich vor, wie viel billiger unser Lebensunterhalt sein könnte, die Elektrizität, das Telefon und so fort.

JC: Ein großer Teil der modernen Städteplanung geht selbstredend zurück auf Le Corbusiers Idee, hohe Wohntürme lose in die Landschaft zu stellen, um den Charakter der Stadt abzuschwächen. Marina City und das Hilliard Center verleugnen jedoch nicht die städtische Dichte. Obwohl es dort viel Raum um die Gebäude herum gibt, verlieren die Bauten nie ihre Beziehung zueinander.

BG: Ich glaube, meine Vorstellungen von Stadtplanung sind ziemlich unbeeinflußt von Le Corbusier, und ich kann nur betonen, daß solche Männer auf mich keinen Einfluß hatten; das war ex post facto, sowohl was Wright als auch was Le Corbusier betrifft. Meine Ideen über Urbanisierung hätte Le Corbusier nicht einmal akzeptiert. Ich glaube, er hatte hier einiges gemeinsam mit Mies; beide schätzten die „Wohnmaschine". Aus Le Corbusiers Schriften geht hervor, der rechte Winkel sei die vollkommenste aller Formen, weil er allein exakte Abmessungen aufweise. Das kann ich natürlich nicht akzeptieren.

Ich habe vorhin begonnen, etwas über räumliche Eigenschaften zu sagen. Es gibt etwas, was wir zum Beispiel „räumliche Anonymität" nennen.

HK: Was bedeutet das?

BG: Es bezeichnet anonymen Raum, der keine Beziehung zum Menschen herstellt, Raum, in dem man sich fehl am Platz fühlt.

HK: Würden Sie die großen Räume in den Mehrzweckgebäuden von Mies als anonyme Räume bezeichnen?

BG: Ein Raum muß nicht gigantisch sein, um anonym zu wirken. Ich finde, die Durchschnittswohnung im öffentlichen Wohnungsbau ist auch so ein anonymer Raum. Der Raum widerspiegelt nicht den Menschen. Dagegen finde ich, daß der Raum in den Hilliard-Häusern die Hoffnungen, die seine Bewohner für sich selbst innerhalb der Gesellschaft haben, bestätigt. Und das meinte ich, als ich am Anfang vom größten gemeinsamen Nenner sprach. Das ist eine neue Ästhetik.

Wir übertragen sie auf unseren neuen Entwurf für die Universität in Stony Brook, auf Long Island. Dort verdoppeln wir den Umfang der Universität mit dem Trakt für Medizin und Naturwissenschaften, und wir werden etwa 185 800 m2 (2 Millionen Quadratfuß) bauen, in einem einzigen Projekt. 185 800 m2 bauen ist an und für sich schon eine große Aufgabe; diese Fläche nun aber zu den Menschen in Beziehung zu bringen, anstatt numerierte Räume zu schaffen, ist die eigentliche Aufgabe, die wir uns stellen. Wir müssen etwas schaffen, was ich „Raumdörfer" nenne, mangels eines besseren Ausdrucks. In einem Dorf kann sich ein Mann mit seinen Nachbarn verbunden fühlen; es gibt für ihn einen Mittelpunkt, einen eigenen Bezugspunkt. Dieser Bezugspunkt im Leben des Menschen ist meiner Ansicht nach die entscheidende Erfahrung.

Die Palladio-Tour, die ich in den frühen fünfziger Jahren in Italien unternommen habe, war für mich sehr aufschlußreich. Palladio hat den Raum völlig erfaßt. Er verstand es, Raum zu verschwenden. Er verstand es auch, ihn zusammenzufassen, damit er sich auf den Menschen bezieht. Und darin liegt meiner Ansicht nach seine Größe. Ich halte es für notwendig, Brennpunkte zu schaffen, Bezugspunkte für das Individuum in unserer Megastrukturgesellschaft. Ich bin nicht so sicher, ob wir mit diesen mehr als 180 000 m2 auch richtig umgehen können, aber wir geben uns jedenfalls die größte Mühe.

HK: Die Türme von Marina City und die Hilliard-Häuser sind Wohnbauten. Jeder Raum ist direkt mit dem Geozentrum verbunden. Können Sie bei der kreisförmigen Schalenkonstruktion bleiben, wenn das Programm mehr und größere Räume, zum Beispiel Büroräume, vorschreibt?

97 American Broadcasting Company Building,
New York. 1969. Bertrand Goldberg. Grundriß.

98 American Broadcasting Company Building,
Modell.

BG: Ja. Sehen Sie sich einmal das Modell und den Grundriß dieses Wolkenkratzers an, den wir für die American Broadcasting Company in New York (Rundfunk- und Fernsehgesellschaft) entworfen haben (Abb. 97 und 98). Wir haben hier keine Reihe von Schalen mehr, die an gebrochene Gelenke angeschlossen sind wie bei den Hilliard-Türmen, sondern eine fortlaufende, wellige Schalenwand (Abb. 97). Das, was im Grundriß einer Blume gleicht, ist die Tragkonstruktion. Die Wellenlinie ergibt zwei Raumtypen: Die von ihr umschlossenen Räume sind nach innen gewandt und als Büroräume vorgesehen, und die verglasten Räume dazwischen sind halböffentliche Räume wie Vorzimmer, Tagungsräume und Sekretariate.

JC: Sie brauchen also wiederum keinen Kern. Die wellige Wand, welche diese besonderen Räume schafft, ist die selbsttragende Struktur des ganzen Gebäudes. Die Flächen zwischen den Blumenblättern entstehen durch Ausnützung des negativen Raumes, den die Betonstruktur bildet. Werden die breiten Fenster zwischen den vorspringenden Schalen eine Vorhangwand sein?

BG: Nicht ganz.

JC: Sie sind nicht freihängend.

BG: Nein. Ich wollte ein einziges Stück Glas verwenden, damit möglichst viel Licht ins Gebäude dringt. Ich hätte das mit einer Glasplatte von fast 2 cm Dicke erreichen können, welche in der Größe erhältlich ist, die ich brauche. Weshalb ich nicht mag, daß Sie das eine Vorhangwand nennen: Eine Vorhangwand war für mich immer ein Vorhang aus Glas vor einer Konstruktion aus Stütze und Träger, während die „Wand" hier, ob aus Glas oder aus einem anderen Material, einfach einen negativen Raum umschließt. Es ist die Umfassung eines Raumes, der durch die Wellenlinien gebildet wird.

JC: Könnten Sie uns die Verteilung der Räume beschreiben?

BG: Unsere Grundkonzeption geht davon aus, daß wir drei oder vier Kategorien von nach innen gewandten Schalenräumen haben. Leitende Angestellte und Manager werden diese Räume belegen.

JC: Je ein Blumenblatt?

BG: Ja. Nun, es ist nicht ein richtiges Blumenblatt, weil wir hier keinen Kern haben wie bei den Marina Towers; das Blumenblatt gehört zu einem Kern.
Wir haben dann die einzelnen Räume weiter aufgeteilt, den verschiedenen Tätigkeitsbereichen entsprechend. Wir mußten auch Raum bereitstellen, der variabel war und mehreren Zwecken dienen konnte. Der Raum mußte flexibel sein.

HK: Was Mies mit mehrgeschossigem Mehrzweckraum zu lösen versucht hat.

BG: Genau.

HK: Doch im Gegensatz zu Mies definieren Sie den Raum und garantieren trotzdem Flexibilität.

BG: Ja, aber obwohl wir einsehen, daß nicht jede Funktion in jeder räumlichen Bedingung optimal sein kann, halten wir doch jeden Raum in unserem Entwurf für stets verwendbar. Eine Anforderung, die zum Beispiel bei einem Bürobetrieb immer eine Rolle spielt, ist die Kommunikation. Wir gingen durch die Büros der American Broadcasting Company und taten etwas, was nie zuvor unternommen wurde: Wir fanden heraus, wie die tausendfünfhundert Angestellten organisiert sind. Die Analyse zeigte, daß sie in kleinen Verwaltungs- oder Dienstleistungsgruppen organisiert waren und nicht als ein großer Betrieb. Es gab lediglich zwei Ausnahmen: die Buchhaltung und die Rechtsberatung. Hier hatten wir bis zu fünfundachtzig Angestellte in einer Abteilung; aber alle anderen Abteilungen des ganzen Betriebs bestanden aus kleinen Verwaltungs- oder Dienstleistungsgruppen, die von höchstens acht bis zehn Personen gebildet wurden.

HK: Normalerweise wären sie alle in einem Großraum beisammen.

BG: Ja. Aber in unserem Vorschlag haben wir versucht, jeder Gruppe das Gefühl zu geben, ein Ganzes zu sein, und mehr als das: Wir berücksichtigten auch, wieviel sie miteinander kommunizieren. Wir fanden zum Beispiel heraus, daß es bestimmte schematische Kommunikationsmuster gab. Ein Mann, der einen Fernsehfilm produzieren will, bespricht sich notwendigerweise mit der Rechtsberatung oder mit der graphischen Abteilung oder mit dem Werbebüro. Die Kommunikation und die Erreichbarkeit der Leute wurde zu einem wichtigen Faktor in unserer Raumbehandlung. Wir schufen Räume, die nicht weiter als 15 m (50 Fuß) von den Beförderungsmitteln entfernt waren; wir konnten in diesem Entwurf ein vertikales Transportsystem realisieren, Aufzug oder Treppe, und den Gehweg von einem Bereich zum anderen sehr kurz halten. Dadurch konnten wir die tausendfünfhundert Angestellten viel näher zusammenbringen, als es in irgendeiner weitflächigen, rechtwinkligen Form möglich gewesen wäre.

JC: Woher wissen Sie das?

BG: Nachdem der Entwurf für dieses Gebäude fertig war, haben wir ihn von einer Büroorganisationsgruppe testen lassen. Wir verwendeten als Vergleichsbasis eine Reihe von Gebäuden, die schon gebaut waren. Im Vergleich zu Saarinens CBS Building (siehe Abb. 5), das auf einem Modul von 1,5 m basiert, bestimmten wir die jeweilige Wirtschaftlichkeit. Obwohl unser Raum viel unregelmäßiger scheint, haben wir auf jedem Stockwerk 10 Prozent mehr verwendbaren Raum als Saarinen.

JC: Saarinens Büros sind Großräume, die um einen zentralen Kern angeordnet sind.

BG: Ja. Mit einem Raster von 1,5 m. Wenn ich sage, 10 Prozent mehr, dann meine ich 10 Prozent der Bruttogeschoßflächen. Mit anderen Worten, Saarinens Raum war zu 68 Prozent benutzbar, unser Raum zu 78.

JC: Wird Saarinens Gebäude als sehr rationell angesehen?

BG: Ich bezweifle, daß es das ist. Das rationellste Gebäude, welches wir fanden, war das Sinclair-Oil-Company-Gebäude, dessen Geschosse je eine Fläche von rund 18 600 m2 (200 000 Quadratfuß) aufweisen.

JC: Ist es rationeller als Ihr Gebäude?

BG: Ich glaube nicht, wenn man all die Unterteilungsflächen für den Personenverkehr berücksichtigt. Wenn dort die öffentlichen Korridore und der Horizontalverkehr dazugerechnet werden, so schneiden wir wahrscheinlich gleich gut ab.

JC: Kennen Sie einen amerikanischen Architekten, der die gleichen Konstruktionsideen hat wie Sie?

BG: Nein. Es gibt Architekten, die mit dem Raum arbeiten, aber die Raumstudien, die sie betreiben, sind oft das, was ich ,,skurril" nenne; entweder haben sie keine architektonische Weltanschauung oder kein technisches Verständnis.

HK: Man schafft heute entweder sehr ,,billigen" Raum oder eine Art Kunstraum. Wenn man zum Beispiel Saarinens TWA-Gebäude betritt, so hat man das Gefühl, in eine große Skulptur hineingeraten zu sein (siehe Abb. 112).

BG: Pier Luigi Nervi sagte über dieses Gebäude so ganz leichthin: ,,Ein Haufen Arbeit, um einen Raum zu bauen."
Was ich anstrebe, nämlich innerhalb des industriellen Vokabulars zur Ästhetik zu gelangen, um vermenschlichten Raum zu entwickeln, das finde ich bei keinem anderen Architekten.

HK: Und Nervi selbst?

BG: Ich glaube nicht, daß viele von Nervis Bauten, die ich so sehr bewundere, in unserer industrialisierten Gesellschaft noch möglich sind. Nervis Konstruktionen sind nur dort realisierbar, wo es — aufgrund der Ungleichheiten in unserer Welt — noch eine Beziehung zwischen Handarbeit und Materialien gibt. Ich versuche, ein allgemeingültiges Konzept der Beziehung zwischen Arbeitskraft und Material zu entwickeln, nach welchem wir den Menschen in keinem Land der Welt mehr ausbeuten können. Es stößt mich ab, wenn einer sagt, daß wir weiterhin gewisse Gegenstände für Hand-

99 Raymond Hilliard Center. Detail des Wohnturms.

arbeit entwerfen können, da es ja noch ein paar Länder gibt, die ihren Arbeitern täglich nur einen Dollar zahlen. Auch in der Kunst und in der Architektur kann es Unmenschliches geben.

Ich finde, einige der Unstimmigkeiten der heutigen Zeit lassen sich darauf zurückführen, daß wir in einer sich rasch wandelnden Gesellschaft leben, und meine architektonischen Lösungen mögen hier etwas fortschrittlicher sein als die Gesellschaft selbst. Wir müssen Gebäude für heutige Bedürfnisse bauen und trotzdem versuchen, das vorwegzunehmen, was die Zukunft verlangen wird. Im Idealfall sollte ich die Flexibilität, die ich im ABC Building angestrebt habe, gar nicht bereitstellen müssen. Diese Architektur sagt ganz einfach aus: Wir haben euch einerseits Verwaltungs- und andererseits Dienstleistungsräume zur Verfügung gestellt. Aber in der Zukunft werden sich diese beiden Raumtypen immer mehr gleichen, weil die Arbeitsmethoden ständig mechanisierter werden und weil die Menschen aus dem industriellen Bereich herausgenommen werden. Man muß an die Automation im Bereich der Administration denken. Verwaltung bedeutet heute einfach das System der Wiedergewinnung gespeicherter Information. Mit der Automatisierung wird dieser Arbeitsgang immer kürzer, und die Büroangestellten haben mehr Zeit, um kreativ zu arbeiten. Man braucht also immer weniger administrativen Raum, je kleiner das System wird. Der zukünftige Wandel im städtischen Büroraum wird berücksichtigen, daß Business nicht mehr ein Nebenprodukt von Systemtechnik sein wird, sondern von sehr weit entwickelten Ideenstrukturen, die durch stark individualisierte Verwaltungsbeziehungen persönlicher gestaltet und nur durch das System der Informationsgewinnung getragen werden. Was ich hier über

100 Raymond Hilliard Center. Wohnblocks für Familien.

den Büroraum gesagt habe, soll die Atmosphäre schaffen, die als Wegbereiter für die nicht mehr unpersönliche Büroarbeit dient.

HK: Aus diesen Überlegungen heraus sträuben Sie sich gegen den Mehrzweckraum, der eine Reaktion auf das Debakel war, daß man nicht mehr wußte, wie die Räume nach Fertigstellung verwendet werden.

BG: Mehrzweckraum ist aber auch nur beschränkt nutzbar, denn er ist zu allgemein. Das tönt paradox. Hinter der Idee des Mehrzweckraumes stecken viktorianische Überbleibsel. Als Viktorianer suchten wir eine einzige Wahrheit für die ganze menschliche Umwelt, und wir glaubten, eine einzige Wissenschaft genüge, um die einzige Wahrheit zu erklären und ihr Gestalt zu geben. Und jedes menschliche Streben sollte aus den Modulen dieser Wahrheit geformt und mit einem Faktor x multipliziert werden. Das war das viktorianische Konzept, ob es nun von Freud, Marx oder Mies kam.
Nun, wenn Sie wollen, wir haben das Konzept der Konfusion der individuellen Ideen und die Konzepte der Wahrscheinlichkeit geschaffen; aber die Konfusion ist produktiv; wir nennen sie Pluralismus. Der neue Denkstil in Detroit zum Beispiel hängt zusammen mit einer Aufteilung und Individualisierung des Spitzen-Management der größten Industrie der Welt.

JC: Ihr Entwurf für das ABC-Gebäude wurde abgelehnt; heißt das, daß man in diesem Medienverbund noch nicht weit genug vorausdenkt?

BG: Das mag sein.

JC: Wir haben die Funktionen von Konstruktion und Raum besprochen. Es ist schwierig, in Ihrem Werk die ästhetischen Voraussetzungen zu erkennen. Trennen Sie ästhetische Überlegungen von funktionellen? Die totale Form schafft offensichtlich eine Wirkung, die selbst schon ästhetisches Erlebnis ist.

HK: Mir scheint, daß es einige Details gibt, die nur aus ästhetischen Entscheidungen entstanden sein können. Die Oberfläche der Hilliard-Türme (Abb. 99) ist dafür ein gutes Beispiel. Die Streifen an jeder Schale sind auf jene der höhergelegenen Schale abgestimmt, so daß ein Vertikalmuster, das durch die Holzverschalung am Beton entstanden ist, über die ganze Fassade geht. Diese Streifen müßten nicht aufeinander abgestimmt werden, sondern könnten auf jedem Geschoß neu ansetzen, ganz zufällig.

BG: Wir haben uns sogar gefragt, ob wir überhaupt irgendeine Textur wollen. Bei Marina City haben wir eine Kunststoffverschalung verwendet, keine Bretter, wodurch eine Oberflächenmusterung von vornherein eliminiert war. Die Anwendung eines industriellen Prozesses hat die Texturierung des Betons ausgeschaltet. Die Bretterstreifen, die Le Corbusier aus Notwendigkeit eingeführt hat, erscheinen heute als Dekoration. Sie sind nicht mehr unumgänglich. Wir gießen viel besseren Beton mit den glattest denkbaren Verschalungen. Was also sollten wir hier tun? Am Ende ist es eine Sache des Formenvokabulars, das einem zusagt. Wir verwenden im Augenblick die Außentextur, weil wir nichts anderes haben, das uns gefällt. Wir brauchten an den Marina-Türmen keine Streifen, weil die Balkone eine lebendige Gliederung ergaben. Die kompakten Wände bei den Hilliard-Türmen verlangten hingegen nach einer Textur.

HK: Hier kommen wir nun zum alten Problem der Ornamentierung, zum Problem, für das Auge zu bauen.

BG: O ja. Ornamentierung und Dreck. So überlebt die „Form"!

HK: Die schnittigen Fenster des Hilliard Center erinnern an die Fenster eines Flugzeugs oder eines D-Zuges; sie haben eine recht modernistische Form, die auch in Wohnwagen und in der Pop Art vorkommt. Ich nehme an, daß es hier mit der Konstruktion der verformten Schalen zusammenhängt.

BG: Diese Fensterform ergibt sich notwendigerweise aus der Konstruktion. Bei monolithischen Betonwänden folgen die Spannungen unweigerlich der Verteilung des Materials. Und wenn man die Richtung der Spannung radikal ändert, so kriegt man Schwierigkeiten, weil eine Anhäufung von Spannung entsteht. Das ist bei Flugzeugen und Automobilen so, wie beim monolithischen Beton auch. Wir hatten im ursprünglichen Entwurf sogar eine reine Ellipse, aber um einen Fensterrahmen einsetzen zu können, der billiger ist, mußten wir die Fenster ellipsoid machen. Das Modell des ABC Building weist hingegen elliptische Fenster auf.

JC: Ist die Ellipse konstruktionsmäßig besser?

BG: Ja, weil sie eine mehr fließende Spannungsübertragung ermöglicht.

JC: Wir haben vor allem von den Hilliard-Türmen für die Betagten gesprochen (Abb. 89), weniger von den Wohnbauten für Familien (Abb. 100 und 103). Wir haben die drei Typen von zentralisiertem Grundriß diskutiert, das Blumenblattsystem (Marina City, Abb. 92), das Schalensystem (Hilliard-Türme, Abb. 91) und die fortlaufende Wellenwand (ABC Building, Abb. 97). Aber die Familienwohnungen des Hilliard Center sind mindestens ebenso interessant, wenn auch weniger dramatisch (Abb. 94). Sie erwähnten einmal, daß sich hier die Kreisform geöffnet habe.

HK: Wenn man diese Häuser anschaut, so fallen einem zwei Sachen sofort auf; eine betrifft die Konstruktion, die andere die Situation. Jeder Block ist gebogen, zur Erhöhung der Stabilität, aber gleichzeitig dienen die Bogen als optische Reflektoren in bezug auf die Türme (Abb. 89). Dieser doppelte Effekt ist für Ihr Werk sehr typisch, und man fragt sich, was zuerst da war, das Huhn oder das Ei. Die konvexe Seite besteht aus den gleichen Schalen, die in den Türmen verwendet wer-

101 Raymond Hilliard
Center. Wohnblocks für
Familien, rückwärtige
Fassade.

102 Raymond Hilliard
Center. Wohnblocks für
Familien, Außengänge.

den; sie machen das Gebäude stabil (Abb. 101). Die konkave Seite besteht aus welligen Wänden, welche die Eingänge zu den Wohnungen in Richtung der Außenkorridore drehen (Abb. 102). Die bewegte Fassade bewirkt einen optischen Reiz und dient gleichzeitig der Verstärkung der Konstruktion.

BG: Alle diese Formen geben dem Gebäude eine Stabilität, die mit einer fortlaufenden, flachen Wand nicht erreicht wird. Aber zusätzlich sind die ungewöhnlichen Bewegungen der Wände zur Gestaltung des Innenraumes ausgenützt (Abb. 94): Im Wohnbereich brauchen wir mehr Platz als im Küchenbereich. Und deshalb sind die Wohnraumwände in fast jedem Fall nach außen über die Küchenwände hinausgeschoben. Diese Überlappung hat individuelle Wohnungseingänge geschaffen, was den Menschen das Gefühl gibt, in einem eigenen Haus zu wohnen (Abb. 100). Während die Struktur des Schlafzimmers auf der Rückseite als Schalenform erkennbar ist, stellt die wellige Wand auf der Vorderseite, die den Wohnbereich bildet, eine unkonventionelle Weiterführung des organischen Raumprinzips dieser Konstruktion dar; das ist auch eine Schale, wenn auch etwas andersartig (Abb. 102).

JC: Die Außenkorridore oder Laubengänge auf jedem Geschoß dienen als gedeckte Spielplätze für die Kinder, verbinden den Aufzug in der Mitte des Gebäudes mit den Wohnungen und führen schließlich zu den Feuertreppenschächten am Ende der Gebäude (Abb. 103). Diese Feuertreppen sind eine weitere Konstruktionsüberraschung. Der Schacht besteht aus zwei Schalenwänden, die einander gegenüberstehen und die Treppe zwischen sich tragen. Werden sie vom Gebäude überhaupt gestützt?

BG: Nein, sie sind selbsttragend.

JC: Es ist, als ob man einen halbierten Schornstein hinaufginge.

BG: Hoffen wir, daß sie bleiben, was sie sind.

Morris Lapidus
Alan Lapidus

5

ML: Ich werde den ersten Anblick von Coney Island nie vergessen. Ich kam als Kind im Jahre 1903 mit meinen Eltern aus Rußland in die USA und bin in den Ghettos von New York aufgewachsen. Für ein Kind, das überhaupt nicht wußte, was ein Karussell oder elektrisches Licht ist, war es nicht einfach irgendein Erlebnis, das alles vor sich ausgebreitet zu sehen, sondern es war ein Wunder. Daß ich als Architekt überhaupt je selbständig geworden bin, ist für mich auch ein kleines Wunder, denn als Kind hatte ich unglaublich Angst, in die Welt hinauszugehen. Was man als Kind erlebt, beeinflußt, was aus dem Manne wird. Als Knabe war ich durch Ängste schrecklich gehemmt; als junger Mann war ich voller Furcht und versuchte, tiefverwurzelte Minderwertigkeitsgefühle zu überwinden. Später dauerte es Jahre, bevor ich mich in die Praxis wagte, obwohl ich wußte, daß ich als Architekt eine ausgezeichnete Ausbildung genossen hatte.

HK: Welche Schulen haben Sie besucht?

ML: Meine Vorbildung in der Architekturschule der Columbia-Universität, New York, war absolut klassizistisch. Als ich mein Studium 1927 abschloß, mein Diplom machte, wurde von Columbia eine Art isoliertes akademisches Wissen vermittelt — so sehr, daß keiner der Dozenten oder Professoren je über den „International Style", über das Bauhaus und über das, was so in Europa vorging, gesprochen hätte. Das war von 1923 bis 1927. Selbstverständlich war der „International Style" damals schon ziemlich fortgeschritten, aber die Columbia-Universität war recht reaktionär und konservativ. Es wurde ganz einfach nicht darüber gesprochen. In einer einzigen Vorlesung wurde uns etwas darüber erzählt; ich erinnere mich noch sehr genau daran. Es kam uns beinahe vor, als ob man uns nun irgendwelche schmutzigen Geschichten erzählen würde. „Wir sagen Ihnen nun etwas, aber Sie müssen es sofort wieder vergessen", und dann erfuhren wir alles über Gropius, Le Corbusier, Mies van der Rohe und die Stijl-Gruppe in Holland. Es war Professor Boring, der Dekan der Schule, ein Mann von fast siebzig Jahren, der diese Vorlesung hielt. Die meisten unserer Professoren standen schon im reifen Alter, und sie kämpften um das, was sie als ihre berufliche Existenzberechtigung empfanden. Sie mußten mitansehen, wie alles zerstört wurde; sie gaben aber nicht auf, sondern sagten uns: „Schau es dir an, aber vergiß es wieder."

Einer unserer Professoren, Hirons, war ein bedeutender Klassizist, und er führte aus, was er für zeitgenössische Architektur hielt, unbeeinflußt von dem, was im „International Style" vor sich ging. Auch er kämpfte um seine berufliche Existenz. Anstelle des korinthischen Kapitells verwendete er Blattverzierungen, die ein wenig vom Jugendstil, ein wenig von De Stijl inspiriert und ein wenig Eigenerfindung waren. Seine Bauten lassen eine ansprechende klassische Einfachheit erkennen. Weiter ging er allerdings nicht. Wir hielten uns an die klassischen Proportionen und ließen einfach die dazugehörigen Säulen, Kapitelle und Sockel weg; aber das war vom „International Style" meilenweit entfernt, weil man die vollkommene Proportionierung immer noch spürte, die unserer klassischen Schulung entsprach: die Säulenordnungen usw. Ein anderer Dozent, der damals an die Schule kam, jedoch wenig Einfluß hatte, war Wallace Harrison. Er war mein letzter Lehrer für Entwerfendes Zeichnen, und ich war an der Schule sozusagen seine große Leuchte. Weil er mich kaum je kritisierte, wurde ich sein inoffizieller Assistent. Aber sogar ein Mann wie Harrison war nicht bereit, den Sprung zu wagen.

Anläßlich der Pariser Ausstellung von 1925 merkte ich erstmals, daß etwas los war, aber dort spürte man noch wenig vom „International Style". Es war einfach ein wilder Versuch, alles auseinanderzureißen und zu schauen, was daraus wird.

Ein weiterer Fingerzeig kam damals vom Wettbewerb des Hochhauses für die „Chicago Tribune" im Jahre 1922, den Raymond Hood mit seiner gotischen Architektur gewann. Zum erstenmal in Columbia bekamen wir einen Entwurf von Eliel Saarinen zu Gesicht und begannen, einen neuen Stil zu erkennen. Ein weiterer Entwurfsprofessor an der Columbia-Universität war Harvey Wiley Corbet. Seine Philosophie war interessant, denn als wir ihn wegen Saarinens Entwurf ansprachen und diesen mit dem Woolworth Building von 1913 verglichen und fragten: „Wie kann man gotische Architektur in Einklang bringen mit diesem schönen Beispiel eines modernen Wolkenkratzers?" antwortete er, daß die Konstruktion zeitgemäß, das Äußere jedoch unwichtig sei. „Wenn Sie einen Chinesen in ein kaukasisches Gewand kleiden, bleibt er trotzdem ein Chinese. Das Woolworth-Gebäude ist ein moderner Bau; die gotische Verkleidung ändert daran gar nichts." Das war die damalige Entwurfsphilosophie; ihr bin ich ausgesetzt gewesen.

Damals gab es einen Menschen, der mich mehr als alle anderen beeinflußte, von dessen Werken ich heute jedoch sehr wenig halte, Mies van der Rohe. Mit seinem Ausstellungspavillon von Barcelona (1928/29) hat er den geschlossenen, rechteckigen Raum zerstört. Das war für meine Karriere die wichtigste Beeinflussung. Als ich den Grundriß sah, sagte ich: „Das ist phantastisch, das ist Raumgefühl." Er verwendete zwar das Rechteck, aber ich ignorierte das. Warum denken wir eigentlich in Rechtecken? Wir können jede Form bauen, und das ist im Grunde auch meine Philosophie. Bloß weil Grundstücke in Rechtecken verkauft werden, sollte ein Gebäude auch rechteckig sein? Ich habe in meinen späteren Bauten das Rechteck eliminiert, im Fontainebleau-Hotel (Abb. 104) und im Summit-Hotel (Abb. 105).

Meine frühen Bauten waren alles Läden und Ausstellungsräume — von 1927 bis 1945 — eine lange Zeit. Eigentlich verstand ich mich nicht als Architekt. Zuerst habe ich mich in der Architektur betätigt, indem ich für andere Architekten arbeitete. Es gab die Firma Warren und Whetmore, große Klassizisten. Ich arbeitete an der Ornamentierung

104 Hotel Fontainebleau, Miami Beach, Florida. 1952. Morris Lapidus.

105 Hotel Summit, New York. 1959. Morris Lapidus.

des New York Central Building, weil ich Akanthusblätter mit geschlossenen Augen zeichnen konnte. Ich zeichnete alle Baldachine und ähnliches, weil meine Ausbildung eben klassizistisch war. Man mußte mir bloß eine Oberfläche vorlegen, und ich versah sie mit Akanthusblättern, Voluten, Eierstabornamenten und Zahnschnitt. Ich beherrschte das alles auf Abruf; ich hatte mein Alphabet gut gelernt. In den paar Jahren, die ich in Architekturbüros arbeitete, kam ich keinen Schritt weiter. Und seither bin ich ein Außenseiter.

Ich ging zu einer Baufirma, wurde dort Angestellter und blieb rund fünfzehn Jahre. Sie baute nur Geschäftsräume und Ausstellungsräume, und ich war ihr Hausarchitekt. Aber ich betrachtete mich selbst nicht als Architekten. Ich wurde nicht Mitglied des AIA (American Institute of Architects). Ich glaubte, daß ich mein Erstgeburtsrecht für ein Linsengericht verkauft hatte. Ich traf mich nicht mit Architekten, sprach nicht mit ihnen. Ich hatte mich sozusagen selbst aus der Architektur exiliert. Die Tatsache, daß ich trotz meinem Architekturstudium kein Architekt mehr war, gab mir ein Schuldgefühl. Was ich tat, war für mich nicht Architektur, weil ich nicht Häuser baute, sondern Läden entwarf.

Und trotzdem, seltsamerweise, wollte „Architectural Forum" etwas über einen der ersten Läden publizieren, die ich entworfen hatte — es wurde dann nichts daraus. Aber von jenem Zeitpunkt an wurden meine Entwürfe oft veröffentlicht, während ich mich noch immer nicht als Architekt fühlte. Es handelte sich um das Schuhgeschäft Parisian Bootery (1928, Abb. 106), das unter dem Einfluß der damaligen Pariser Architektur entstand. Ein Interieur eines Versicherungsbüros wurde dann aber publiziert. Ich führte bei diesem Projekt aus, was ich für zeitgenössisches Design hielt, aber es war sicher weit davon entfernt. Nun, jedenfalls entwarf ich einen Schreibtisch, der anders aussah als die Schreibtische, die es früher gab. Ich entwarf einen Stuhl, der eine schlechte Kopie der Metallstühle war, die damals in Europa entworfen wurden, das war 1928 oder 1929. Ich war mit meiner Un-Architektur häufiger in Zeitschriften vertreten als mancher Architekt; über diese ganze Zeit war ich nämlich ein „hauseigener" Architekt. Meine Werke wurden dauernd veröffentlicht, doch waren es nur Läden. Man publizierte meine Sachen, weil man auf der Suche nach einer neuen Richtung war. Ich konnte mit einem Laden experimentieren, denn fünf Jahre später wurde er vielleicht abgerissen; aber ein Architekt kann mit einem Gebäude nicht so experimentieren. Der Herausgeber der Zeitschrift „Interiors" nannte mich den Meister dreier Dinge: der „Bohnenstange", des „Käselochs" und der „Wackellinie". „Bohnenstange", weil ich in den Interieurs sehr viel Stengelartiges verwendete, „Käseloch", weil ich Decken mit Löchern drin entwarf, „Wackellinie", weil ich mich weigerte, das Rechteck anzuerkennen. Das brauchte ich bei Verkaufsläden auch nicht. Wenn ich ein Interieur entwarf, so fing ich mit solchen geschwungenen Linien an. Die Leute sollten nicht in rechteckigen Zellen leben, sondern in freifließenden Räumen, weil der Durchschnittsmensch auch nicht gradlinig geht. Die Grundidee stammt von Mies van der Rohe. Eine gebogene Wand in einem seiner frühen Entwürfe, dem Tugendhat House, inspirierte mich dazu, bis auf den heutigen Tag in Kurven zu denken.

In all den Jahren habe ich bestimmte Theorien entwickelt, über die ich hin und wieder schreibe. Eine davon ist, daß die Menschen nicht in geraden Linien gehen, außer wenn sie in großer Eile sind. Wenn man einem Spaziergänger zuschaut, so bemerkt man, daß er in Mäandern geht. Damals, als ich serienweise Schaufensterfassaden entwarf, entwickelte ich eine Theorie, die, wenn ich so sagen darf, meine „Periode der gebogenen Scheiben" begründete. Die Menschen lassen sich sehr leicht führen. Sie gehen die Straße entlang und gucken in ein Schaufenster, das um die Ecke in den Ladeneingang hineinführt. Ich begann, die Menschen unbewußt hineinzuziehen. Sie werden direkt in den Laden gelotst.

106 Parisian Bootery, Schuhgeschäft in New York. 1928. Morris Lapidus.

Eine weitere Theorie, die ich entwickelt habe: Die Menschen sind wie Motten; man stelle ein helles Licht auf, und sie stürzen sich darauf, ohne zu wissen, weshalb. Wir gehen aufs helle Licht zu, ob wir es wollen oder nicht; wir werden von ihm angezogen. Die Linie und das Licht bringen die Leute in den Laden. Dann entwickelte ich die offene Ladenfront. Ob das meine Erfindung war oder nicht, kann ich nicht sagen, aber ich versuchte, Abtrennungen zwischen der Ladenfront und dem Inneren zu eliminieren. Ich merkte, daß diese Schranke fallen mußte. In den alten Läden gab es richtige Schranken: „Das ist ein Schaufenster! Schauen Sie es an und treten Sie dann ein." Nun, das ist blöd. Ich wollte alle Trennlinien abschaffen. Ich glaube, daß ich in mancher Hinsicht von Richardson beeinflußt war, der kurvenförmig baute. Er suchte sich einen Stil aus, in dem er das verwirklichen konnte, nämlich die Romanik, wo alles rund ist. Natürlich wußte ich das damals nicht, aber nachdem ich Sigfried Giedions „Space, Time, and Architecture" (Raum, Zeit und Architektur) gelesen hatte, merkte ich, daß es im Barock auch so war. Ich kannte den Barock nicht sehr gut. Ich wußte nicht, daß der barocke Stil das verwirklicht, was ich versuchte, nämlich die geradlinigen Flächen aufzubrechen.
Als ich mein erstes Gebäude entwarf, habe ich genau das gleiche getan. Mein erster Bau war das Fontainebleau-Hotel in Miami Beach (Abb. 104). Sie haben also einen Architekten vor sich, der von 1927 bis 1945 kein einziges Gebäude entworfen hat. Zwar hatte ich bei anderen Bauten als Berater gedient; doch mein erster Auftrag, den ich ganz selbständig entwarf, war dieses Hotel, das 1952 gebaut wurde. Ich fing also an zu schnörkeln. Etwa sechs Jahre früher bin ich durch einen Zufall als Innenarchitekt und Entwurfsberater bei einem Hotelbau engagiert worden. Das geschah auf recht

175

107 A.S. Beck Shoe Store,
Schuhgeschäft in
New York. 1949.
Morris Lapidus.

interessante Weise: Wenn jemand zu mir gekommen wäre und gesagt hätte: „Entwirf
ein Hotel", so hätte ich gesagt: „Nein, es tut mir leid, ich bin ein Innenarchitekt und
entwerfe Läden." Ich gestaltete zu der Zeit einige Läden für A. S. Beck. Ich glaube,
einer davon existiert noch, an der Fifth Avenue (Abb. 107). Während ich daran arbeitete, rief mich Becks Architekt an und sagte, er hätte einen Freund, der gerade ein
Hotel in Florida baue. Dieser sei mit der Arbeit des ortsansässigen Architekten nicht
zufrieden und er wolle deshalb mich kennenlernen. Ich ging hin. Er zeigte mir die
Pläne für sein Hotel, das Sans Souci Hotel in Miami Beach. Er fragte mich, was ich davon halte, und ich antwortete: „Es ist ein Hotel, aber es ist nichts Aufregendes daran."
Der Mann hatte gehört, daß ich eine Fähigkeit hatte, Flair, Dramatik, etwas Erregen-
des in alles hineinzubringen, was ich entwarf; etwas so zu gestalten, daß die Leute
stehenbleiben und es anschauen. Der Architekt von Beck dachte vielleicht, ich könnte
diesem Mann einige Anregungen geben, wie er das in seinem Hotel verwirklichen könne. Ich sagte also: „Ich weiß zwar nichts über Hotels, aber wenn Sie meine Meinung
wissen wollen, so schieße ich los." Ich fing mit dem Innenraum an. „Sie müssen dieses
rechteckige Interieur loswerden. Es ist lächerlich. Wieso bringen Sie nicht ein paar
Kurven und Terrassen, einige Zwischengeschosse oder ähnliches hinein?" Er fragte:
„Was würden Sie außen verändern?" Ich antwortete: „Sie müssen die Fassade auf-
brechen. Es gibt da den Ansatz eines Turmes. Das sollte auch wie ein Turm wirken.
Der Baldachin sollte eine kleine Rundung bekommen, ein bißchen Schwung. Und beim
Eingang müssen Sie terrassieren, Schwung und Rundungen hineinbringen." Ich arbeite stets mit Rundungen und geschwungenen Linien, weil ich sehe, daß das die Leute
anspricht. Ich machte also einige Skizzen. Er fragte nach meiner Honorarforderung,
und ich nannte die lächerliche Summe von 15 000 Dollar — als beratender Architekt
und Innenarchitekt. Er meinte, das sei zu hoch. Das war übrigens der Mann, für den

ich dann später das Fontainebleau-Hotel entwarf, Ben Novak. Darauf sagte ich: „Hier haben Sie alle Skizzen, Herr Novak, ich schenke sie Ihnen. Bitte geben Sie sie Ihrem Architekten." Einige Tage später rief er mich an: „Kommen Sie sofort nach Florida. Sie kriegen Ihr Honorar." So wurde ich also Mitarchitekt und Innenarchitekt. Das führte zu einem halben Dutzend weiterer Hotelaufträge. Man hatte von mir gehört und von dem, was ich beim Sans Souci geleistet hatte. Sans Souci bedeutet so etwas wie den Beginn des zeitgenössischen Hotels, im Gegensatz zum klassischen Hotel.

JC: Ist es sofort akzeptiert worden?

ML: Akzeptiert? Mehr als das. Die Leute redeten alle davon. Normalerweise kommen die Leute in ein Hotel und sagen: „Nun, das ist ein Hotel. Dort ist der Empfang, hier das Foyer. Ich gehe nun auf mein Zimmer." Ein klassisches Beispiel eines Hotels ist für mich das Waldorf-Astoria, das letzte große klassische Hotel. Aber es entspricht dem üblichen Schema: Foyer, Empfang usw. Alles streng rechtwinklig aufgebaut. Es ist schön, aber es fehlt das Erregende. Man geht nicht in eine Ecke, um zu sehen, was dort los ist. Ich habe die Gäste gelehrt, hinauf und hinunter zu gehen – ich zwang sie, um abgerundete Ecken herumzugehen, und weckte ihr Interesse. Ich stellte überall helle Lichter auf, die gar nichts bedeuteten. Und wenn die Leute zum erstenmal mein Hotel betreten, so werden sie von einer Show empfangen. Es ist unmöglich, darüber hinwegzugehen und zu sagen: „Hier bin ich also. Gut. Jetzt gehe ich auf mein Zimmer." Die Leute müssen hereinkommen und sich umsehen, darüber diskutieren, sich von einem Ort zum anderen begeben. Ich wollte, daß ihre Neugierde geweckt wird. Es sollte alles wie zufällig wirken und doch sehr aufregend sein. Man sieht nicht alles auf den ersten Blick.

JC: Wollten Sie, daß sich die Gäste wichtig vorkommen?

ML: Die meisten Leute, die ins Hotel kommen, erwarten etwas Bombastisches. Sie sind meist nicht besonders gebildet. Es sind keine Universitätsprofessoren, keine kultivierten Leute. Einige vielleicht, aber sie vergessen ihre Kultur. Man kommt nicht wegen der Kultur nach Miami Beach, sondern um Ferien zu machen.

HK: Aber die Kritiker haben Sie zerrissen.

ML: Man hat mich zur Hölle verdammt – nicht die Leute, die Architekten. Die sagen mir: „Warum zum Teufel baust du dieses Zeug?" Tom Creighton, der ein großer Kritiker war und mich aufrichtig bewunderte, sagte immer wieder: „Morris, warum zum Teufel machst du solches Zeug, du kannst es doch besser!" Ich antwortete: „Aus einem einzigen Grund, Tom. Ich will, daß niemand an einem meiner Gebäude vorbeigehen kann, ohne es zu bemerken, vor allem an den Hotels. Ich will, daß die Leute stehenbleiben. Es ist mir völlig egal, wenn sie sagen: ‚Meine Güte, wer hat denn das gebaut?'." Ich bringe die Durchschnittsmenschen dazu, stehenzubleiben. Sonst gehen sie einfach die Straße entlang und sehen die Häuser nicht einmal. Es mag Exhibitionismus oder Effekthascherei oder Selbstsucht sein; ich habe vielleicht einige der meist kritisierten Gebäude auf dieser Welt gebaut, aber ich habe nur an eines gedacht: „Daß mir bei Gott keiner daran vorbeigeht, ich bin ein Architekt, der etwas zu zeigen versucht, schaut es an!" Vielleicht hat mich das zu allen möglichen Fehltritten geführt, architektonischen Fehltritten. Aber ich habe selten ein Gebäude entworfen, vor dem nicht hin und wieder jemand stehenbleibt und sagt: „Was ist denn das überhaupt?" Philip Johnson sagte: „Ich mag das. Es ist verrückt, aber ich mag es." Am Radio sagte er einmal: „Lapidus verwendete achtundzwanzig Farben. Ich will mit ihm darüber nicht einmal streiten. Es ist höchst amüsant."

JC: Werden Sie von Ihren Kollegen, den Architekten, verstanden?

ML: Vielleicht – im allgemeinen sind sie entweder sehr heftig für oder sehr heftig gegen meine Werke. In Biographien etikettiert man mich im allgemeinen mit „umstritten": „Morris Lapidus ist ein umstrittener Architekt", was nichts anderes bedeutet, als daß ein Teil der Architektengilde nicht mit mir einverstanden ist. Und ich habe mittlerweile meinen Spaß daran.

Wenn ich etwas Seriöses unternehme, so wird es auch gut. Ich habe gegenüber der Universität von Miami eine Synagoge (Abb. 108) gebaut, die ernst genommen wird. Der Eingang besteht aus einer dreiteiligen Arkade. Die Leute glauben, daß diese Form eine biblische Bedeutung habe. Nun, wenn das so ist, dann weiß ich wirklich nicht welche, denn ich habe das einfach gebaut, weil ich es irgendwie ansprechend fand. Die Leute von der Universität haben diesen kleinen Tempel bewundert. Er ist kein Meisterwerk, aber saubere Arbeit, sicherlich nicht sehr bedeutend, eben nur eine Form. Sie wird als biblische Form verstanden. Ich habe keine Ahnung, welche biblische Bedeutung dahintersteckt.

JC: Ist es Ihnen denn bei „A Quest for Emotion in Architecture" (Auf der Suche nach Gefühl in der Architektur; American Institute of Architects Journal, November 1961) nicht ernst?

ML: Dort bin ich todernst.

JC: Aber gleichzeitig sagen Sie: „Nehmen Sie diese Miami Beach Hotels nicht ernst; sie sind zum Vergnügen gebaut worden."

ML: Das ist ein ernsthaftes Geschäft. Die Menschen verlangen etwas. Sie sind bereit, dafür zu bezahlen. Mein Auftraggeber gibt Millionen aus, um ihnen das zu bieten, was sie meiner oder seiner Ansicht nach wollen. Aber es ist Vergnügungsgeschäft, auch wenn es ernst ist. Meine Hotels sind stets seriöse finanzielle Unternehmen, aber

108 Judea-Tempel, Coral Gables, Florida. 1964. Morris Lapidus.

keine seriöse Architektur. Beim AIA-Treffen im Americana-Bal Harbour (Abb. 109) gab es einen ziemlichen Wirbel. Man veranstaltete ein Seminar über „A Quest for Quality in Architecture" (Auf der Suche nach Qualität in der Architektur). Das hat mich sehr amüsiert, weil ich bereits drei „Quest"-Artikel geschrieben hatte; zwei davon waren schon veröffentlicht, am dritten arbeitete ich damals noch. Ich war bei der allgemeinen Diskussion dabei. Einer der Diskussionsteilnehmer war der Erbauer der Kathedrale von Coventry, Sir Basil Spence; dann waren da noch Wally Harrison, Roy Allen und Nikolaus Pevsner, und jeder von ihnen, der zum genannten Thema das Wort ergriff, begann seine Ausführungen mit: „Nehmen wir doch dieses Gebäude, dieses Hotel, als abschreckendes Beispiel." Sir Basil Spence sagte: „Als ich mich diesem Gebäude, wenn man es überhaupt als das bezeichnen kann, näherte, dachte ich, dieses Ding würde sich gleich aufbäumen und mich beißen." Pevsner sagte: „So ein Gebäude kann man nicht ernst nehmen. Das ist nicht ‚Qualität in der Architektur'." Allen zerriß es in Stücke als billiges, geschmackloses Ding; und ich saß mitten drin. Mittlerweile starrte etwa die Hälfte der Anwesenden, immerhin einige tausend Architekten, auf mich. Ich saß wie auf Kohlen. Dann folgte eine öffentliche Diskussion, und ich mußte mich entschließen, ob ich mich nun hinausschleichen und im Gebälk verkriechen oder ob ich mich erheben und etwas sagen sollte. Ich erhob also meine Hand und sagte: „Ich habe eine Frage." Und sie lautete: „Meine Herren, Sie reden vom Streben nach Qualität in der Architektur, aber ich frage Sie, ob Sie hier überhaupt diese Art Qualität haben wollen? Sie sind hierher zu einer Tagung gekommen, und Sie haben diese Gegend gewählt, weil Sie sich gleichzeitig etwas amüsieren wollen; Sie woll-

109 Americana-Hotel, Bal Harbour, Florida. 1955. Morris Lapidus. Foto: Ezra Stoller, Copyright ESTO.

ten ein wenig Vergnügen. Ich möchte nun wissen, ob Sie Ihren Aufenthalt hier genie-ßen. Gefällt Ihnen der Nonsens, den ich geschaffen habe? Wenn ja, dann vergessen Sie die Architektur." Daraufhin sah sich jeder veranlaßt, sich zu entschuldigen, und sagte: „Es ist herrlich hier." Pevsner meinte: „Es ist eine Wonne, hier herumzuspazie-ren. Ich genieße es sehr." Sir Basil Spence sagte: „Nun, von diesem Standpunkt aus ist es herrlich hier. Ich bin im Foyer umhergegangen, das gefiel mir. Betrachten wir es also nicht als Architektur." Nun, genau das wollte ich. Ich habe nicht versucht, Monumente zu bauen. Meine Hotels wollen nicht in erster Linie Architekten beein-drucken, nicht „gute Architektur" sein.

Ich möchte Ihnen eine kleine Episode erzählen, auf die ich ziemlich stolz bin. Als Frank Lloyd Wright zu einem Vortrag in Miami Beach war, führte man ihn in der Stadt herum. Das damals auffälligste Hotel war das Fontainebleau, das man dem Meister zeigte und fragte: „Was halten Sie davon?" Er schaute hinauf und sagte: „Ein Amei-senhügel." Das war alles, was er darüber zu sagen hatte. Die lokalen Zeitungen brach-ten das: „Der Weise hat gesprochen: Es ist ein Ameisenhügel." Dann wurde ich ge-fragt, was ich dazu meine. Was hätte ich sagen können? „Ich bin sehr geschmeichelt. Ich finde, die Ameisen haben einige sehr schöne Konstruktionen gebaut, die der Mensch noch nicht übertroffen hat." Etwa ein Jahr später gab Frank Lloyd Wright einen Emp-fang im Metropolitan Kunstmuseum, und ich war dabei. Jemand fragte mich, ob ich Frank Lloyd Wright kennenlernen möchte. Ich sagte: „Sehr gerne. Ich möchte diesem Mann einmal Guten Tag gesagt haben." Um ihn herum war ein großes Gedränge, jeder-mann wartete darauf, ihm vorgestellt zu werden. Einer meiner Architektenfreunde kannte Wright ziemlich gut; er ging zu ihm und sagte: „Mr. Wright, darf ich Ihnen Morris Lapidus vorstellen? Ein Architekt, der sehr viel in Miami Beach gebaut hat, wo sie kürzlich waren." Er wandte sich an mich und sagte: „Miami Beach? Sie haben dort einiges gebaut?" Ich sagte: „Ja." — „Nun", sagte er, „wenn ich Sie wäre, würde ich darüber nicht reden." Worauf ich versuchte, aus dem Gedränge herauszukommen, aber es war unmöglich. Da stand ich also, direkt neben Frank Lloyd Wright, der mich ge-rade zerschmettert hatte. Es war ganz still, und ich saß da fest. Ich konnte einfach nicht weggehen. Er wandte sich erneut an mich und sagte: „Junger Mann, kenne ich eines Ihrer Werke?" Ich sagte: „Ja, Mr. Wright, Sie haben es sogar kommentiert: das Fontainebleau." Er legte nun tatsächlich seinen Arm um meine Schulter und sagte: „Junger Mann, davon dürfen Sie reden." Das war natürlich ein großes Lob. Sie sehen also, wie es normalerweise läuft. Die meisten Architekten verurteilen mein Werk auf Anhieb, aber wenn sie ihr Urteil nochmals überdenken können, so nehmen sie es zu-rück und gestehen ein: „Nun, der Bau erfüllt seinen Zweck."

Alan Lapidus (Sohn von Morris): Ein Hotel hat zwei Funktionen zu erfüllen: Die Leute sollen sich vergnügen, und es muß für den Besitzer profitabel sein. Diese Dinge hängen eng miteinander zusammen, und ich glaube, das ist in den Hotels gelungen, die mein Vater entworfen hat. Sie sind wahrscheinlich die erfolgreichsten Hotels in Betrieb. Keines hat je Verluste gebracht.

ML: Wegen des Summit-Hotels in New York (Abb. 105) bin ich mehr kritisiert wor-den als wegen aller anderen. Wir entwarfen zuerst ein nettes, modernes Hotelgebäude mit fünfhundert Zimmern. Die Auftraggeber wollten jedoch mehr. Also fing ich an, mit Schwüngen und Bogen zu experimentieren. Die Linie wurde länger, es entstand immer mehr Raum, und wir erhielten dreihundert Zimmer mehr, durch Verformung des Gebäudes. Finanziell gesehen ist das sehr vorteilhaft, eine S-Kurve auf einem klei-nen Grundstück. Es hat mich nicht aufgeregt, daß Peter Blake, der Architekturkritiker, sagte: „Bitte keine Schlangentänze an der Lexington Avenue." Er ist also gegen Schlan-gentänze. Aber andererseits hat er gesagt: „Das S-förmige Wohnhausprojekt am Chat-ham-Platz ist sehr schön." Nun, Sie sehen den Unterschied: Derjenige, welcher das

Wohnhaus entworfen hat, kann nichts falsch machen. Lapidus aber hat nie etwas richtig gemacht, gemäß einigen Kritikern. Deshalb ist der Schlangentanz an der Lexington Avenue nicht gut, aber jener am Chatham-Platz schon. Offen gesagt, diese Spitzen tun manchmal weh. Ich bin sensibel und versuche, gute Architektur zu machen. Ich habe das Gefühl, mein Bestes gegeben zu haben, um ein schönes Gebäude zu bauen. So ist das.

JC: Sie kombinieren nichtzueinanderpassende Elemente. Beim Fontainebleau zum Beispiel legen Sie einen französischen Barockgarten direkt neben ein mondänes Schwimmbad mit Sonnenterrasse (Abb. 110).

ML: Ich konnte nicht anders. Mein Auftraggeber wollte das, weil das Hotel „Fontainebleau" heißt. Ich fand das lächerlich und sagte das auch. Aber er wollte es trotzdem. Ich sagte: „Also gut, ich werde dort ein Versailler Blumenbeet anlegen." Ich finde es immer noch blöd. Aber Sie sprechen von Stil. Also gut, ich werde versuchen, zusammenfassend zu antworten, was mir so vorkommt, als ob ich mein Inneres entblößen und dem Psychiater erzählen müßte, wie all das kam. Das Fontainebleau sollte modern werden. Ich wollte ein für allemal ein schönes, zeitgenössisches Interieur entwerfen. Zu den ersten Skizzen sagte der Auftraggeber: „Sie sind verrückt. So etwas will ich nicht. Ich will französischen Provinzialstil." Versuchen Sie einmal, Moderne und französischen Provinzialstil zusammenzubringen! Ich glaubte, ich müsse nun etwas vorschlagen, was er sich unter französischer Provinz oder irgend etwas Französischem vorstellte. Mein Auftraggeber war genau so ungebildet und unkultiviert wie viele seiner Gäste. Ich stand also vor dem Problem, wie ich unter diesen Umständen

110 Hotel Fontainebleau. Französischer Garten und Schwimmbadanlage.

den Innenraum ausführe. Ich sagte mir also: ,, Ich habe es mit dem Durchschnittsgeschmack zu tun. Ich versuche, ein Gefühl von Fülle und Spannung und ,französische Provinz' hervorzurufen. Was für ein Gemisch soll das sein?"
Sehen Sie, ich versuche, die Menschen zu verstehen; meine ganze Architektur beruht auf dem Menschen. Wer sind sie? Aus welchem Milieu kommen sie? Welche Ausbildung haben sie? — Die Leute kommen nach Miami. Sie haben gehört, daß auf dem früheren Firestone-Grundstück das <u>tolle</u> Fontainebleau-Hotel gebaut wird. Es mußte also von Anfang an toll sein. Ich mußte dem Traumbild gerecht werden, das von den Werbeleuten entworfen worden war. Wo holen sich diese Leute ihre Bildung her? Nicht von der Schule, nicht von Reisen, sondern von Filmen, vom Kino! Was muß ich dann also tun? Angenommen, es käme nun ein Regisseur mit einem Drehbuch zu mir, für das er eine tolle, luxuriöse tropische Hotelkulisse benötigt. ,,Bau mir das. Es muß die Leute umwerfen. Es muß ganz toll sein." Ich würde antworten: ,,Gut, ich entwerfe einen tollen Szenenaufbau für diesen Film." Und genau das habe ich getan. Nun, einige Filmkulissen sind ganz einfach Unsinn — aber das Fontainebleau war herrlicher Unsinn. Ich baute ihm sein ,,Französisch", das nicht französisch ist. Ich setzte ihm kannelierte Säulen hin, die nicht authentisch sind. Sie sind auch nicht französisch. Ich zeigte ihm ein Photo und sagte: ,,Sehen Sie sich das einmal an. Diese altmodische Säule ist eine französische Säule. Wollen Sie so etwas?" — ,,Aber nein, nein." Ich zeigte ihm meine geriffelten Säulen. ,,Jetzt haben Sie mich verstanden", sagte er. Mit anderen Worten, ich habe ihn erwischt. Die Interieurs, die ich gestaltet habe, sind ein Potpourri aus dem, was mir gerade einfiel. Das ist nicht radikaler als die Haltung eines Pop-Künstlers, der sagt: ,,Ich brauche keinen Regeln zu gehorchen." Ich habe eine Palette. Meine Palette enthält Materialien und stilistische Mittel, die aus der Vergan-

111 Hotel Eden Roc,
Miami Beach.
Morris Lapidus.
Foto: Ezra Stoller,
Copyright ESTO.

112 Flughafenempfangs-
halle der TWA,
Kennedy Flughafen,
Long Island, New York.
1956—1962.
Eero Saarinen und
Partner.

genheit stammen. Ich setze sie ein, wie es mir paßt. Sie haben untereinander gar keine Beziehung. Ich versuche nicht, einen Stil zu schaffen. Das Eden-Roc-Hotel (Abb. 111) ist ein Ausdruck davon: ein wunderbarer Nonsens in klassischer Ausführung. Mein ursprüngliches Interieur des Americana in Florida ist herrlich stilloser Nonsens. Na ja, ein wenig Maya-Architektur ist drin, ein wenig Kolonialstil; von nichts zuviel. Und doch habe ich keinen besonderen Stil geschaffen. Niemand wird das nachmachen. Ich habe nur getan, was ein Pop-Künstler auch tun könnte. Und ich will das auch. Sie können mir nicht erzählen, das sei verkehrt.

JC: Was Sie über die Filmkulisse sagten, weist hin auf die Tatsache, daß der Mensch gerne eine Rolle spielt.

ML: Ich möchte noch weiter gehen. Beim Fontainebleau zum Beispiel liegt der Eingang zum Restaurant, einem sehr üppigen, kunstvoll ausgearbeiteten Restaurant, auf der gleichen Ebene wie das Foyer. Eigentlich könnte man direkt hineingehen. Aber ich habe es so arrangiert, daß die Leute drei Stufen hinaufgehen müssen, auf eine Plattform gelangen, die von Flutlichtern beleuchtet wird, und dann müssen sie wieder drei Stufen hinuntergehen. Man muß ja verrückt sein, um so etwas zu bauen. Warum erst hinauf, dann hinüber, dann hinunter? Und doch hat nie jemand gemerkt, daß es dafür keinen Grund gibt außer der Theatralik des Restaurant-Betretens. Man tritt auf die Plattform und sieht alle. Man wird auch von allen gesehen. Man steckt im Sonntagsstaat. Der Nachbar ist auch dort. Er sieht, daß man im Fontainebleau ist. Es ist nichts anderes als Effekthascherei. Ich stelle die Leute auf eine Bühne, und sie lieben das. Bis heute hat mich noch niemand gefragt: „Was ist das denn für eine verrückte Idee?" Gerade dieser Eingang faßt meine ganze Theorie zusammen, daß die Menschen das Dramatische, das Aufregende daran lieben, Teil einer Kulisse zu sein. Natürlich gibt es auch bei erstklassigen Gebäuden das gleiche Theater. Sie finden es im Lincoln

Center (Abb. 22): Die Treppen in Harrisons Opernhaus — ungefähr das Beste, was er gebaut hat — sind großartig. Natürlich hat er das von der Pariser Opera. Wer auf den Treppen steht, auf den Treppen geht, ist Teil der Vorstellung. Das ist seit Jahren verwirklicht worden. Ich wende es nur auf meine Art an.

HK: Das TWA Terminal-Gebäude (Abb. 112) von Saarinen hat auch solche Treppen.

ML:Ja, das ist einer der besten Räume, die je geschaffen wurden, aber außen wirkt das Gebäude sehr plump. Es sieht wie eine tote Heuschrecke aus (Abb. 113). Aber innen ist es ganz einfach phantastisch. Herrlich, das Gefühl, in einen weiten Raum zu gelangen, dann in einen kleinen Raum, wieder in große Räume; interessant, bewegt. Er hat das so großartig gelöst, wie ich es jahrelang versucht habe.

HK: Wie die geschwungene Treppe im Foyer des Fontainebleau (Abb 114)?

ML:Diese Treppe führt eigentlich nirgends hin. Wenn man dort hinaufgeht, so kommt man zu einem kleinen Raum, in dem ein Fernsehgerät steht und man Karten spielen kann. Das ist alles. Ich habe hier also diese großartige Treppe, und dort oben ist wirklich nichts.

AL: Wie mein Vater schon sagte, ist das Fontainebleau als Filmkulisse entworfen. Als Hollywood den endgültig letzten romantischen Film über Miami Beach drehen wollte, ,,Goldfinger" mit James Bond, den allerletzten Nurunterhaltungsfilm, brauchte man eine prachtvolle Kulisse für Spione und süße Mädchen. Diese Kulisse existierte schon: das Fontainebleau.

ML: Joseph L. Mankiewicz, der Regisseur des Films, kam zur Eröffnung des Hotels, und ich wurde ihm vorgestellt. Er sagte: ,,Wissen Sie was, Lapidus? Sie haben hier eine tolle Kulisse geschaffen. Ich könnte hier direkt einen Film drehen. Ich müßte überhaupt nichts verändern, denn alles ist perfekt."

HK: Bestärken Sie mit solchen Filmkulissenhotels nicht den mittelmäßigen Geschmack, den Kitsch?

ML: Ja, das tue ich. Man hat mir das oft vorgeworfen. Ich bin gefragt worden, warum ich nicht das Geschmacksniveau der Leute zu heben versuche. Nun, ich finde, ich habe nicht das entsprechende Talent, um die Leute zu bessern. Ich bleibe auf halbem Wege stehen und merke, daß ich schon über ihren Köpfen bin. Und obwohl Mies van der Rohe behauptet, es sei Aufgabe des Architekten zu erziehen, habe ich

113 Flughafenempfangshalle TWA.

114 Hotel Fontainebleau. Treppe mit Piranesi-Druck.

von vielen Leuten, die in van der Rohes Bauten wohnen, nur folgendes gehört: „Das ist ein sehr schlimmes Wohnhaus, ein lächerlicher Ort, drin zu leben. Es hat zu viele Fenster. Scheußlich!" Ich überlasse das Erziehen also ruhig Mies. In der kurzen Zeitspanne, die mir zur Verfügung steht, will ich mich wenigstens darüber freuen, daß ich sagen kann: „Immerhin mögen die Leute gern, was ich gebaut habe." Sehen Sie, ich habe mich in der Vergangenheit sehr intensiv mit Verkaufspolitik beschäftigt. Ich habe fünfzehn oder zwanzig Jahre damit verbracht, zu untersuchen, was die Leute dazu bringt, etwas kaufen zu wollen. Ich verachte diese Schule nicht. Ich habe gelernt, wie ich Leute dazu bringen kann, etwas zu tun, zum Beispiel in einen Laden zu kommen und etwas zu kaufen. Ich habe ein fast 70 m in die Tiefe sich erstreckendes Schuhgeschäft eingerichtet; der Besitzer fragte sich, wie er die Leute je so weit nach hinten lotsen könne. Ich stellte dort hinten also ein extravagantes Stück Nonsens auf (Abb. 115), nichts anderes als ein glänzendes Prunkstück, das übrigens nichts darstellte. Ich pflegte mich in den Laden zu setzen, um die Frauen zu beobachten, die hereinkamen. Man bot ihnen vorne einen Sitz an; sie haben ihn abgelehnt und gingen 60 m weiter nach hinten zu einem Stuhl. Hätte man sie gefragt, warum sie das taten, so hätten sie nie eingesehen, daß ich sie so programmiert hatte. Und es funktionierte. Nun, wenn jemand so viele Jahre damit verbracht hat, menschliche Reaktionen zu studieren, so bleibt er beeinflußt durch die menschlichen Eigenschaften, mit denen er so lange Zeit gerechnet hat. Bei jedem Projekt spüre ich unbewußt, daß ich versuche, jemandem etwas zu verkaufen, denn ich bin immer noch ein Verkäufer, ein Händler. Was möchte ich an den Mann bringen? Ich versuche, das zu verkaufen, was die Leute

115 Ansonia Shoe Store, New York. 1944. Morris Lapidus.

wollen. Das meine ich, wenn ich sage, daß die Leute mögen, was ich baue – ich plane es so, daß sie es mögen.
Zwar bin ich deshalb sehr kritisiert worden, aber es scheint, als ob mir eine Art späte Anerkennung zuteil werde. Der Architektenverband und einige der Architekten, die im Verband einflußreich sind, kommen nun zum Schluß, daß das, was ich in meinen frühen Jahren gemacht habe, offensichtlich ziemlich außergewöhnlich und vielleicht richtungweisend war. Der Verband hat eine Ausstellung meiner Interieurs in seinen Räumen veranstaltet. Ein Architektur-Spezialist hat einen Artikel über meine Interieurs geschrieben; er spricht hauptsächlich darüber, warum sie stimmten und weshalb viele andere, die später üblich wurden, falsch waren, und warum wir nun wieder meine damalige Richtung aufnehmen.
Wir leben in einer unsicheren Welt; wir haben keine Ziele mehr und den Sinn für echte Realitäten verloren. Zwei Dinge gehen heute vor sich, die voneinander ganz unabhängig scheinen, nach meiner Überzeugung jedoch eng miteinander verbunden sind. Auf der einen Seite stehen die Hippies, das psychedelische Happening und all die wilden Dinge, die jetzt Mode sind. Auf der anderen Seite steht die breite Masse, die die zeitgenössische Architektur, die sogenannte moderne Architektur, ignoriert und sich zurück in die Vergangenheit stürzt. Die Leute wollen traditionelle Häuser, traditionelle Möbel. Es gibt die kleinkarierten Bürger einerseits und die Hippies andererseits. Doch ihre Motive sind die gleichen. Sie reagieren auf die Unzufriedenheit mit der Zeit, in der wir leben, mit der Welt um uns herum, mit dem Hintergrund, vor dem wir unser

Leben leben. Diese zwei Gruppen gehen in entgegengesetzter Richtung, aber beide suchen fundamental das gleiche: eine menschliche Note, etwas, was einen mehr berührt als der oberflächliche Modernismus der zeitgenössischen Architektur.

HK: Sie selbst wurden als Klassizist ausgebildet und entschlossen sich plötzlich, das alles abzuschütteln. Wie kam es dazu?

ML: Die erste Firma, bei der ich längere Zeit arbeitete, beschäftigte sich mit Ladeneinrichtungen. Ich sah ein, daß meine traditionelle Ausbildung für die Läden nichts taugte.

JC: Warum?

ML: In erster Linie, weil die schon bestehenden Läden klassizistisch stilisiert waren. Das war nicht verlockend.

JC: Sie wollten die alte Tradition nicht übernehmen.

ML: Das hatte keinen Sinn. Mein erstes Interieur war ein Blumenladen, den ein Architekt, ein Klassizist, eingerichtet hatte. Alles war in einem lieblichen Kolonialstil ausgeführt, und wohl erwarteten die Leute Gleiches von mir. Ich nahm die Skizzen des Architekten, entwickelte die Ideen weiter und zeichnete die Details. Der Architekt fand sie großartig. Mein Auftraggeber, der später mein Chef wurde, entschied, daß ich gut in sein Team passen würde. Das war 1927. Aber ich wollte eine richtige Aufgabe haben. Ich sah nicht ein, welche Beziehung zwischen dem Verkauf von Kleidern und klassizistischen Pilastern im Kolonialstil bestand.

JC: War der Stil des Kleides unvereinbar mit dem Stil der Architektur?

ML: Wenn ich ein Interieur entwarf, das ich für zeitgenössische Ladenarchitektur hielt, so fragte der Auftraggeber jeweils: „Was hat das mit den Kleidern zu tun?" Und ich antwortete: „Was verkaufen Sie denn? Krinolinen oder moderne Kleider? Warum wollen Sie solche klassizistische Kästen?" — „Weil wir immer so verkauft haben." — „Aber Sie verkaufen keine klassizistischen Kleider." — „Vielleicht haben Sie recht. Warten wir ab, was geschieht." Ich hatte hier also eine Gelegenheit, die nur wenigen jungen Architekten geboten wird: das Experiment. Es ging nicht um Gebäude, bei denen der Auftraggeber sagt: „Mein Herr, das können Sie mit mir nicht machen; das wird mich Tausende oder Millionen kosten, und ich lasse Sie da nicht einfach experimentieren." Ich hatte Glück, daß ich experimentieren konnte, weil Läden nicht so teuer sind wie Häuser.

Ich glaube, ich realisierte allmählich, daß die Bewegung, das Fließende das war, was ich suchte — wie Mendelsohns geschwungene Linien —, ohne daß ich wußte weshalb. Während meiner ganzen Karriere ist mir das Rechteck ein Feind gewesen. Städte sind rechteckig angelegt, wir leben in rechteckigen Räumen, Gebäude werden rechteckig gebaut. Das war mein ständiger Konflikt.

HK: Haben Sie Kindheitserinnerungen an das Leben in einer rechtwinkligen Umwelt wie New York City?

ML: Eigentlich nicht, nichts Konkretes jedenfalls. Man reagiert nicht so intensiv auf die alltägliche Umgebung, sondern auf das Außergewöhnliche; zum Beispiel, als ich zum erstenmal ein weites, wogendes Feld von wilden Blumen sah. Das war meine erste Erfahrung von dem, was ich „Schönheit" nennen konnte; sonst bedeutete dieses Wort für mich als Kind nichts.

HK: Sie hatten so etwas nie zuvor gesehen?

ML: Nein. Ich nehme an, weil ich in der Stadt wohnte mit ihren Straßen und den kleinen, schachtelartigen Räumen, entwickelte ich diese Abneigung gegen geradlinige Architektur. Aber seltsamerweise waren es zwei oder drei Beispiele aus frühen Entwürfen von Mies van der Rohe, die mich auf die Bogenlinie in der Architektur aufmerksam machten, zwei frühe Wolkenkratzerentwürfe. Später ließ er das fallen und hat nie wieder eine Bogenlinie verwendet. Jene Entwürfe waren Experimente, die er wahrscheinlich als mißlungen betrachtet hat. Später mußte dann alles modular sein; eine geschwungene Linie kann nicht in ein Modul gepreßt werden, also ließ er es sein.

JC: Als Sie die Ladenfassaden entwarfen, stützten Sie sich da auf andere Vorbilder als die der Architektur?

ML: Ja, da war etwas anderes, was mich sehr beeinflußte. Es gab (und gibt vielleicht heute noch) eine deutsche Zeitschrift namens ,,Gebrauchsgrafik''. In den zwanziger Jahren wurden in Deutschland, Frankreich und Holland sehr schöne Dinge entworfen. Mir gefiel die Freiheit, mit der die Probleme angegangen wurden – die Verwendung von freien Formen und Farben beeinflußte mich wahrscheinlich am meisten. ,,Gebrauchsgrafik'' war eine Art Bibel für mich. Ich habe die Hefte immer noch, gebündelt. Jahrelang habe ich sie immer wieder zusammengebunden, dann wieder herausgeholt, und ich glaube, daß sie immer noch ein ausgezeichnetes Quellenwerk sind, auf das man zurückgreifen und von dem man etwas lernen kann.

JC: Weshalb interessierten Sie die Plakattechnik und die Dekorationsgrafik als architektonische Mittel?

ML: Wie zieht man die Aufmerksamkeit der Leute auf etwas? Welches sind die Mittel? Denken Sie an den Jahrmarkts-Ausrufer, der vor seiner Schaubude steht und ruft: ,,Kommen Sie herein, wir haben dies und das, und Sie werden die größten Wunder der Welt sehen.'' Dann tritt ein Schauspieler heraus und bleibt eine Minute oder zwei draußen, geht wieder hinein, bloß um die Herangetretenen etwas zu kitzeln. Hier ist der Mann, der sich seine Lunge ausbrüllt. Wenn er ruhig sprechen würde, so bliebe niemand stehen. Dieser Mann muß heiser und laut, jedoch nicht abstoßend sein; diese Ausrufer haben die wunderbare Fähigkeit, einen zu fesseln und nicht mehr weggehen zu lassen. Das gleiche bewirkt ein Plakat. Meine Ladenfassaden mußten laut und bunt sein und doch nicht zu aufdringlich, damit die Leute stehenbleiben und schauen, auch wenn es nicht schön oder ästhetisch ist. Aber es durfte natürlich nicht vulgär sein. Wenn Sie mein Werk über all die Jahre charakterisieren wollen, so liegt genau da der Kern: aufregend genug, prickelnd genug, laut genug, aber doch noch nicht vulgär.

HK: Ein Jahrmarkts-Ausrufer macht Versprechungen, die dann nicht gehalten werden.

ML: Sehr richtig. Vielleicht hat man meiner Architektur gerade das vorgeworfen: sie sei aufregend, aber ziemlich hohl. Es fehlt eine echte Bedeutung, eine deutliche Richtung. Wenn mein Werk überhaupt einen Einfluß gehabt hat, dann nur im Sinne einer Anregung. ,,Versuch einmal etwas, versuch, aufregend zu bauen'', aber ich kann nicht behaupten, daß mein Werk je eine Schule begründen wird, wie das dem Werk Mies van der Rohes gelungen ist.

JC: Aber Ihr Werk hat überall den Bau von Motels und Hotels beeinflußt. Deren Interieurs beweisen, daß man Ihr Entwurfsvokabular mit seiner unbeschwerten Eleganz begriffen hat. Was jedoch weniger offensichtlich ist, aber gleichwohl wichtig: der Einfluß Ihrer frühen Ladeninterieurs. Nicht nur führten Sie einen neuen Ladentypus ein, sondern dadurch brachten Sie auch Elemente des ,,International Style'' aus Europa hierher. Ihre Experimente im Ladenentwurf sind in der Architektur der Ostküste Pionierarbeit.

HK: An der Ostküste waren Sie einer der ersten, der das Vokabular des Stijl und des Bauhaus auf die amerikanische Geschäftsstraße übertrug. Sie setzten das den Leuten direkt vor die Nase. Die kleinen Häuser von William Lescaze und Morris Sanders aus den Jahren 1934 und 1935 in New York gehören zu den ersten amerikanischen Stadthäusern im ,,International Style''. Morris Sanders war einer Ihrer besten Freunde. Ihre Ladenfassaden machten den neuen Stil akzeptabel, weil Sie ihn auf eklektische Weise in Ihren persönlichen Entwurfsstil integrierten, der aus vielen traditionellen wie modernen Quellen gespeist wurde. Sicherlich haben die Architekturhistoriker Ihre frühen, wegbereitenden Werke einfach übersehen, weil sie so wenig Lobenswertes an Ih-

116 Herbert's Home of
the Blue White Diamonds.
Juwelierladen in New
York. 1930.
Morris Lapidus.

117 Swank Jewelers.
Juweliergeschäft, New
York. 1931.
Morris Lapidus.

ren späteren pompösen Hotels fanden. So wird Geschichte gemacht oder besser: nicht gemacht. Aber andererseits, wenn wir Sie richtig verstanden haben, nehmen Sie selbst Ihr Frühwerk auch nicht sehr ernst.

ML: Dieses Gespräch ist beinahe so, als ob ich auf der Couch des Psychiaters läge. Ich hatte ein Schuldgefühl. Ich fand, Läden seien keine Architektur. Mein Freund Morris Sanders sagte mir: „Du hast die Architektur aufgegeben, um mit dem Ladenentwurf mehr Geld zu machen. Das ist doch nichts für einen Architekten.''

HK: Aber gerade deshalb hatten Sie doch die Freiheit, Dinge zu verwirklichen, die kein anderer Architekt verwirklichen konnte.

ML: Ich konnte tun, was ich wollte, vor allem, weil meine Läden die Leute anzogen. Deshalb ließ mir der Auftraggeber freien Lauf und sagte, ich solle einfach eine meiner „verrückten Sachen'' machen.

HK: Merkwürdig — alle Architekten, mit denen wir bisher gesprochen haben, sind sich ihrer Bedeutung sehr stark bewußt. Aber von Ihnen haben wir den Eindruck, daß Sie jenen Aspekten Ihres Werks, die Ihnen eine gewisse historische Bedeutung geben könnten, keine Beachtung schenken. Ihr Wunsch, als Architekt von der Mehrheit akzeptiert zu werden, verdrängt ihre frühen Leistungen als Designer.

ML: Der alte Konflikt! Nun, ich wurde für eine bestimmte Arbeit ausgebildet, und ich leistete eine ganz andere. Ich sprach nie mit Architekten, ich blieb ihnen fern. Es war mir peinlich, als Architekt zu gelten. In den späten dreißiger Jahren begann ich zu verstehen, daß ich gute Arbeit leistete. Das war zu einer Zeit, als andere Architekten anfingen, sich auf dem Gebiet des Ladenentwurfs zu betätigen, und als ihre Arbeiten in den Zeitschriften erschienen. Ich dachte: „Nanu, ist Morris Lapidus ansteckend?''

118 Doubleday Doran Book Shop, Detroit, Michigan. 1934. Morris Lapidus.

119 Schwobilt Clothing Store, Tampa, Florida. 1936. Morris Lapidus.

JC: Wissen Sie, wer den Anspruch erhebt, der erste moderne Laden-Designer in Amerika gewesen zu sein?

ML: Morris Ketchum soll es gewesen sein. Aber er fing auf diesem Gebiet erst in den späten dreißiger Jahren zu arbeiten an, ich dagegen in den späten zwanziger. Ich leistete harte Pionierarbeit. Es war Effekthascherei. Der alte Jahrmarkts-Ausrufer tat seine Pflicht.

JC: Die Arbeiten von Ketchum und José A. Fernandez sind sehr früh publiziert worden; ein Anspruch wurde da erhoben, der eigentlich für Ihr Werk hätte geltend gemacht werden sollen. Denn in Wirklichkeit haben diese beiden viele Ihrer Ideen übernommen. Eine sorgfältige Untersuchung aller Architekturzeitschriften in den USA zwischen 1925 und 1935 beweist ganz deutlich, daß Ihnen niemand voraus war. Die Pionierarbeit, die Sie bei Läden wie der Parisian Bootery (Abb. 106), Herbert Blue White Diamonds (Abb. 116) und Swank Jewelers (Abb. 117) geleistet haben, führt alle die neuen Wirkungsmittel ein, die den Laden zu einem Paradestück machten, zu einem Environment, in dem Grafik sich mit Geschäft verband. Ihre Ladenfassaden wurden zu auffallenden Reklameflächen, was durchaus in Beziehung zu gegenwärtigen Strömungen in der Architektur steht.

ML: Das ist mir gesagt worden, aber ich akzeptiere das nur zögernd. Ich war vielleicht der erste hier in Amerika, aber ich stützte mich auf die Ideen anderer Leute. Die Zeitschrift „Gebrauchsgrafik" war eine der Quellen, wie ich schon sagte. Eine weitere war „Ladenbau", ebenfalls eine deutsche Zeitschrift. Die Franzosen steckten immer noch in ihrem Klassizismus. Die deutschen Läden gefielen mir, weil sie experimentell waren.

Meine Ladenfronten waren Reklameflächen (Abb. 118 und Abb. 119). Wenn ich einen Entwurf begann, so machte ich mir klar, wie groß der Anteil des Ausstellungsgegenstandes sein mußte, sozusagen, das Bild auf dem Plakat. Der andere Teil wurde vom Signet und dem Schriftzug bestimmt. Der Namenszug mußte schlagend sein und voll grafischer Effekte. (Ich weiß nicht einmal, ob der Begriff „Grafik" damals schon erfunden war.) Ich baute also das Bild einer Schaufensterfront.

HK: Wie haben Sie sich vom traditionellen Ornament befreit?

ML: Ich suchte intensiv nach dem, was ich „ein Alphabet des Ornaments" nannte. Wir kannten das Alphabet der griechischen, romanischen, gotischen oder ägyptischen und anderer Ornamente. Natürlich kam ich am Ende zum Schluß, daß unsere Epoche kein Ornament braucht.

Meine Suche nach einem neuen Alphabet des Ornaments geht zurück in die zwanziger Jahre, als ich einen typischen Pilaster mit einem klassizistischen Kapitell in ein Wolkenkratzermotiv einzuarbeiten begann. Es wurde eine Art Hochzeitskuchenkapitell daraus. Dann, so um 1929, wuchs meine Enttäuschung über unsere Wolkenkratzerarchitektur, und ich fragte mich, was denn sonst noch möglich sei. Bei meiner nächsten Arbeit versuchte ich es mit der menschlichen Gestalt. Es entstand ein Pilaster in Form eines menschlichen Körpers. Aber Pilaster und Gesims hatte ich noch nicht aufgegeben. Dann versuchte ich es mit Fächerformen, die aus den Pilastern herauswuchsen, wie bei einem ägyptischen Kapitell. Sie sehen, es ist schwierig, mit der Tradition zu brechen. Selbstverständlich bin ich dann Pilaster und Sims und all das Zeug wenige Jahre später losgeworden. Anstatt nach einem neuen Ornament zu suchen, beschäftigte ich mich mit der Plakatkunst. Ich war ganz vernarrt in Schriftentwürfe. Das ist etwas, was die Architekten heute vernachlässigen. Ich betrieb in der Tat Grafik.

An diesem Punkt mußte ich innehalten und mich fragen, was ich eigentlich wollte. Ich hatte viele verrückte Sachen ausprobiert. Das Ornament zu eliminieren heißt nicht, des Menschen Liebe zum Schmuck zu negieren. Ich glaube wirklich, daß der Mensch in dem Augenblick zum menschlichen Wesen wurde und kein Tier mehr war, als er anfing, seine Behausung zu schmücken. Er fühlte den ursprünglichen Wunsch, sich und seine Höhle zu schmücken. Das ist der menschlichen Natur so sehr eigen, daß ich nicht glaube, daß es je ausgerottet werden kann. Ich glaube auch, daß der Mensch viel glücklicher wäre, wenn er in bewegtem, fließendem Raum wohnen könnte. Die Menschen haben nie in Kisten gelebt, und sie sollten das auch heute nicht tun. Meine Raumdecken entstanden aus dieser Überlegung. Das heißt, ich mache eine Deckenöffnung, gebe ihr etwas Schwung und stanze Käselöcher hinein.

HK: Sind die „Käselöcher" für die Beleuchtungskörper bestimmt?

ML: Nicht speziell. Ich bringe überall Lichter an. Mit Lampen hatte ich Schwierigkeiten. Trotz der Elektrizität sind sie eigentlich nur eine Weiterentwicklung der Fackel, der Petrollampe. Wir haben aber heute eine Lichtquelle ohne Flamme. Warum sollten wir also den Leuchtkörper zeigen? Mein erster Versuch vor Jahren endete mit einer Katastrophe. Ich entschloß mich, in einem Laden keine Lampen zu verwenden. Ich setzte die Birnen, und zwar übermäßig viele, ganz weit nach oben in die Decke. Doch der Besitzer rief mich eines Tages an und sagte: „Meine Stromrechnungen sind entsetzlich hoch, und in meinem Laden ist es zappenduster." Ich sagte, das könne doch nicht sein, sein Laden werde nach modernsten Methoden beleuchtet. „Am besten kommen Sie selbst einmal her." Ich nahm also den Zug und fuhr in diese Stadt in den Süden, um mir den Laden anzuschauen. Als ich näherkam, sagte ich: „Warum zum Teufel ist das Licht nicht eingeschaltet?" Es war ganz dunkel, obwohl alle Lichter brannten, weil das Licht direkt ins Leere hinunterschien. Meine erste Lektion in Beleuchtung bestand darin, zu begreifen, daß das Licht selbst nicht zu sehen ist. Man muß eine Flä-

120 Seagrams Privatbar im Chrysler Building, New York. 1934. Morris Lapidus.

che schaffen, die beleuchtet wird. Eine Fläche leuchtet. Die Beleuchtung spielt bei allem, was ich ausgeführt habe, eine sehr große Rolle.

Anstelle des Ornaments arbeitete ich nun mit geschwungenen Wänden, grafischen Effekten und Beleuchtung. Die Farbe spielt in meinem Werk ebenfalls eine große Rolle. Ich habe van der Rohes Vorliebe für Schwarz, Weiß und Grau nie geteilt; ich wurde im Gegenteil ein großer Jünger von üppigen Farben, einer Fülle von Lichtern und beschwingten Wänden. Die Menschen mögen das Licht, sie mögen Farben, sie mögen Formen, die sie erforschen und ergründen müssen. Sie wollen nicht in einen Raum hineinkommen und sagen ,,Ich habe alles gesehen'', sondern ,,Was ist hier los?'' und ,,Was verbirgt sich dort?'' Neugierde.

JC: Ihre Seagram-Bar (Abb. 120) im Chrysler-Gebäude enthält bereits alle diese Merkmale.

ML: Ja. Ich habe sie 1933 eingerichtet.

JC: Was Sie hier für die Leute von Seagram gestalteten, ist in jeder Hinsicht überraschend. Das Chrysler-Gebäude selbst war ein Symbol für Modernität. Man kam in die große Vorhalle, ging zum Aufzug und fuhr zum Seagram-Geschoß; die Türen öffneten sich, und auf einmal befand man sich in der Vergangenheit, in elisabethanisch getäfelten Räumen. Das war die erste Überraschung. Dann gelangte man in die supermoderne Bar mit ihren geschwungenen Kurven und leuchtenden Oberflächen, Käselöchern und Bogenlinien und runden Sofas und so weiter, sehr ähnlich dem, was Sie nachher in Ihren Hotels verwirklicht haben. Das war die zweite Überraschung.

ML: Dahinter steckt eine gewisse Logik. Das alles ist nicht einfach zufällig. Ich habe nie etwas ohne einen Grund getan, obwohl ich den Grund nie preisgegeben habe. Die

193

Prohibition (Alkoholverbot in den USA) war zu Ende. Ich arbeitete immer noch bei den Ladenbauunternehmern Ross-Frankel. Frankel hatte einen neuen Klienten erhalten, die Firma Seagram, die uns fragte: „Was sollen wir tun? Wir lassen uns in den Staaten nieder; wir sind eine kanadische Gesellschaft." Alkohol hieß das schreckliche Monstrum, das angeboten wurde und das wir nun wieder in unser Leben einlassen durften. Man wollte wissen, welche Art Interieur für die Firma vorteilhaft sei. Es kostete mich enorm viel Kopfarbeit, was ich nie eingestanden habe. Dann legte ich das Ergebnis vor und sagte, dies sei es, was sie meiner Meinung nach brauchten; es gefiel ihnen tatsächlich. Meine Überlegung war die folgende: Trinken, Alkohol war bis vor kurzem verboten gewesen. Wir wollten es wieder mit dem Alkohol versuchen, doch war er in unserer Vorstellung noch immer der Ruin der menschlichen Gesundheit; jedenfalls war das der Unsinn, den die Antialkoholiker jahrelang verkündigten. Trinken war nichts Anständiges, sondern etwas, was man nur in Flüsterkneipen tat, also dort, wo Alkohol illegal verkauft wurde. Die Schmuggler produzierten Alkohol. Ich spürte geradezu, wie die Seagram-Leute mir zu sagen schienen: „Machen Sie uns zu ehrbaren Leuten; wir wollen wieder als anständige Menschen aufgenommen werden. Geben Sie uns ein würdiges Image. Wir sind eine alte Firma, und es wird bald einen Haufen neuer Firmen geben, die aus dem Boden schießen; deshalb müssen wir das Gefühl von Zugehörigkeit erwecken, als ob wir schon lange Zeit hier wären." Ich hatte mir gedacht, daß diese Leute eine Stilkulisse wollten, eine Kulisse, die derartig historisch-seriös wirkt, daß niemand leichtfertig sagen könnte: „Schon wieder dieser vergiftende Alkohol." Ich suchte also nach einem Stil für Seriösität. Ich war mir klar, daß es eine Kulisse sein mußte. Ich berücksichtigte, daß die Bar in einem ultramodernen Gebäude lag. Wenn ich also für Seagram ein modernes Foyer schuf, so erreichte ich gar nichts. Ich wollte bewirken, daß die Leute hereinkommen und sagen: „Das ist etwas ganz anderes." Ich wollte, daß sie einen Eindruck des Erhabenen gewinnen, so daß sie nicht daran herumnörgeln konnten. Ich probierte alle Stile durch: Georgisch? — das haben die Leute schon zu Hause. Kolonial? Amerikanisch? — das haben sie auch in ihren Häusern, das ist zu gewöhnlich. Welcher Stil ist so traditionell, daß die Leute sich scheuen würden, zu sagen, es stimme etwas nicht mit diesen Interieurs? Ich suchte etwas, wogegen gar nichts einzuwenden war. Ich verfiel also auf den elisabethanischen Stil, weit genug zurück in der Geschichte, damit der Durchschnittsmensch, der diese Räume betrat, das Gefühl bekam, gut aufgehoben zu sein. Ich setzte den Besucher auf eine Bühne mit historischer Kulisse. Ich wählte einen riesigen, offenen, wunderbar geschnitzten Kamin aus. Die zwei Pferde am Sekretariatseingang trugen Kronen auf ihren Häuptern, Seagrams Kronen. Die getäfelten Büros strahlten große Würde aus. Bei alledem hatte ich meine Hintergedanken.
Ich setzte ein ernstes Gesicht auf und sagte, daß dies raffinierte Eleganz sei; aber ich weiß genau, was es ist. Ich mache mir selbst nichts vor. Als ich zum Beispiel das „Fontainebleau" baute, fanden auch mein Auftraggeber und dessen Kunden, es sei wunderschön traditionell. „Was?", sagte ich, „es ist französische Renaissance." Nun weiß ich aber genau, was es ist: Nonsens — herrlicher, lustiger Nonsens — elegante Kulisse für den Urlaub.
    JC: Man hat Ihnen vorgeworfen, etwa gewisse kirchliche Kreise, Sie seien zynisch.
    ML: Ich bin froh, daß Sie das anführen — die Kirche. Das sind selbst die größten Zyniker! Sie bauen selbst die herrlichsten Kulissen, damit der Kirchgänger Ja sagt. Der Priester sagt: „Wir müssen Sie für den Gottesdienst vorbereiten." Das heißt doch: „Wir bereiten die Kulisse vor, in welcher Du bereit bist, Deinen Gott zu empfangen." Die großen Kathedralen sind nichts anderes als Bühnen für die Darstellung des Dramas religiösen Zeremoniells. Es braucht sehr viel Energie, um Gott in einer kleinen Hütte zu finden; doch in einem wunderschön ausstaffierten Interieur ist es leicht.

194

HK: Hätten Ihre Seagram-Büros nicht auch den vollständigen Bruch mit der Vergangenheit durch Anerkennung der neuen und modernen Formen propagieren können?
ML: Das war noch zu neu. Ich getraute mich nicht. Nur in der Bar konnte ich richtig loslegen. Dort habe ich das ausgedrückt, was für mich zeitgenössischer Lebensstil bedeutete. Ich nahm die Gelegenheit in der Bar wahr, und ich ging mit meinem persönlichen Stil so weit ich konnte. Hätte ich den zeitgenössischen Stil von 1933 verwendet, so wären es weiße Wände mit schwarzen Barstühlen und einer großen, grünen Pflanze in der Ecke und eine mit Spiegeln verkleidete Bar gewesen. Damit wäre ich ja wieder bei der Flüsterkneipe gelandet. Das wagte ich aber nicht. Ich ging bei dieser Bar in der Wiedergabe des zeitgenössischen und feinen Lebens von heute so weit wie möglich. Nicht von morgen, denn ich weiß nicht, was morgen ist.
JC: Haben Sie versucht, in jenen Empfangsräumen authentisch elisabethanisch zu sein, oder war es wie beim Foyer im „Fontainebleau": eine sehr ehrwürdige Atmosphäre wird suggeriert, indem Sie gewisse Wertvorstellungen mittels Symbolen heranzitieren?
ML: Ich habe den Stil sehr exakt verwendet, aber mit persönlichen kleinen Späßen. Ich wußte, daß ich da kein echt elisabethanisches Interieur schuf. Am Schreibtisch saß schließlich ein Geschäftsführer und kein Herzog. Dort war der Eingang zum Büro des Vorstandsvorsitzenden. Ich fragte ihn, ob Seagram irgendeine Besonderheit zu bieten hätte, die ich aufgreifen könnte. Er erzählte mir, daß Seagram einen phantastischen Rennstall besaß. Also verwendete ich den Pferdekopf und setzte ihm die Seagram-Krone auf, und das ist heute noch das Symbol der Firma. Diese „Erfindung" bewachte nun den Eingang zum Büro des Chefs. Das war mein persönlicher kleiner Spaß. Der Schreibtisch des Vorsitzenden war eine sehr würdevolle Abart eines elisabethanischen Schreibtisches, eine Kombination aus elisabethanisch und zeitgenössisch. – Es war nicht allzu verrückt, aber hie und da schaute das Verrückte hervor. Im Grunde war es eben doch eine Bühnenkulisse.
JC: Gefiel den Seagram-Leuten, was Sie Ihnen als Environment bereitgestellt haben? Haben sie es ernst genommen, oder spürten sie den Witz dahinter?
ML: Nein, nein. Die meisten Geschäftsleute haben keinen Sinn für Humor, was _ihr_ Geschäft angeht. Sie sind ganz ernst. Das war für sie Seagram.
JC (zu Alan Lapidus): In Ihrem Büro sahen wir ein erstaunliches Modell (Abb. 121). Sie haben anscheinend die Absicht, an der Fifth Avenue einen Wolkenkratzer zu bauen, der die St.-Patrick-Kathedrale und einige weitere Gebäude unter sich begraben wird. Wie kam es dazu?
AL: Wir erfuhren vor zwei Jahren zum erstenmal von diesem Projekt. Wir haben lange versucht, den Auftraggeber zu überreden, daß er uns einen Vorschlag ausarbeiten lasse, aber er glaubte nicht, daß wir dazu imstande seien. Endlich, nachdem er bei verschiedenen anderen Architekten gewesen war, ließ er uns daran arbeiten. (Das Projekt ist inzwischen annulliert worden. Skidmore, Owings und Merrill wurden stattdessen mit dem Neubau beauftragt. Bestehende Gebäude wurden bereits abgerissen; das neue Projekt ist im Bau.)
Der Bau wird das erste „Luftrecht"-Gebäude sein, obwohl das eigentlich falsch ausgedrückt ist. Ganz einfach: Wir bauen dort weiter, wo die bereits bestehenden Altbauten enden, also über deren Dächern. Hierbei müssen wir die Vorschriften des „Zoning law" von New York beachten. Bei einer Hochbebauung können wir nicht das Grundstück voll nutzen, sondern müssen des Lichteinfalls wegen den Bau nach oben hin zurücktreppen lassen. Von einem bestimmten Punkt an können wir dann steil in die Höhe gehen. Auf dieser Höhe beginnt unser Bau. Es wurde ein Konsortium gebildet, dem die Arlen Properties, die Besitzer des Kaufhauses Best und Aristoteles Onassis angehören. Diesem gehört das Grundstück, worauf der tragende Hauptschaft zu stehen kommt.
HK: Auf dem schmalen Streifen Land an der Fifth Avenue, wo sich die Büros der

121 Alan Lapidus vor dem Modell für das Olympic Building, New York. 1970.

Olympic Airways heute befinden, wird einer der tragenden Schäfte dieses riesigen Wolkenkratzers stehen?

AL: Ja, und der andere Schaft steht an der 52. Straße.

JC: Und was geschieht mit Cartier's an der Ecke? (berühmter Juwelierladen).

AL: Cartier's gehört auch den Bauherren. Best, Arlen und Onassis besitzen zusammen alle Gebäude dort.

JC: Sie hätten also eigentlich die ganze Ecke des Blocks abreißen können?

AL: Ja, aber wir hätten dadurch enorme Probleme geschaffen. Bei einigen Gebäuden lohnte sich der Abbruch nicht. Einige Leute hatten Pachtverträge auf fünfundzwanzig Jahre, und Cartier's, ein Wahrzeichen dieser Gegend, sollte nicht abgerissen werden; es ist eine weltberühmte Einrichtung. Es wird ein Kunststück sein, den Betrieb in keiner Weise zu unterbrechen, während unser Gebäude gebaut wird.

Von außen wirkt unser Gebäude wie eine Schachtel auf zwei Beinen; es sieht fast ein wenig lächerlich aus. Obwohl es konstruktionsmäßig durchaus gebaut werden könnte, sieht es einfach unstabil aus: zwei dünne Beinchen mit einer riesigen Schachtel drauf. Die Auftraggeber waren bereit, mehr Geld als normal für die Konstruktion und den Entwurf auszugeben, weil das Land nicht erst erworben werden mußte. Sie schneiden dabei finanziell immer noch gut ab. Unser Vorschlag, den wir machten, war erschreckend: ein riesiges Gebäude, das hoch über den anderen Gebäuden schwebt (Abb. 122).

HK: Oberhalb der St.-Patrick-Kathedrale?

AL: Nicht direkt darüber, sondern daneben, und völlig aus dem Maßstab der übrigen Gebäude an der Avenue ausbrechend. Es war uns klar, daß wir hart angegriffen

122 Modell für das Olympic Building. Morris und Alan Lapidus.

123 Frühe Skizze für das Olympic Building. 1970. Morris Lapidus.

und kritisiert werden würden, was auch immer wir dort hinstellen würden. Aber die Frage ist, wie man es richtig macht.

Die erste Prämisse lautet, daß „Luftrecht"-Bauten auf jeden Fall aufkommen werden. Für das Funktionieren der Stadt New York ist das die einzige Lösung. Diese Gebäude müssen kommen. Es gab einen solchen Entwurf über Grand Central Station, aber er wurde von den Behörden abgelehnt und zu Fall gebracht.

HK: Kennen Sie irgendwelche andere Entwürfe, die von anderen Architekten für dieses Projekt hier an der Fifth Avenue vorgelegt worden sind?

AL: Einer der Vorschläge glich dem verworfenen Grand-Central-Station-Entwurf. Man wollte das Grundstück an der 52. Straße komplett nutzen und einfach nach oben bauen. Wir waren da anderer Ansicht. Es handelt sich hier um eine ganz andere Gattung von Gebäude. Es ist so verschieden von allen bestehenden Gebäuden wie ein Wolkenkratzer sich gegenüber den fünfgeschossigen Häusern unterscheidet, die hier früher standen. Hier passiert etwas ganz Neues, und so soll der Bau auch aussehen. Da er riesig ist, wird er schon von weitem zu sehen sein. Wenn wir nun einen konventionellen Glaskasten bauen, so erwartet man, daß er bis hinunter auf das Straßenniveau reicht; aus der Nähe wäre es einem ganz verkehrt vorgekommen, daß der Bau nicht auf der Erde steht. Deshalb versuchen wir auszudrücken, daß es sich hierbei nicht um ein normales Gebäude handelt.

HK: Kevin Roche steht mit seinem Entwurf für die Federal Reserve Bank vor einem ähnlichen Problem (Abb. 49). Seine Lösung: ein großer Glaskasten auf vier riesigen Betonbeinen.

AL: Gerade das schien uns verfehlt, weil ein solcher Bau in bezug auf die anderen Gebäude hier in der Gegend völlig herausfallen und geradezu schockierend wirken würde. Der Maßstab ist das Problem; wie gestaltet man ein so großes Gebäude neben der St.-Patrick-Kathedrale, ohne daß letzere klein wirkt? Dieses Problem blieb beim Pan Am Building gegenüber Grand Central Station ungelöst. Grand Central Station sieht wie ein Spielzeug aus, weil der Bau aus dem Maßstab fällt. Um diesem Dilemma zu entgehen, haben wir vor, einen Eindruck von überwältigender Vertikalität zu erzielen. Das war die erste Idee meines Vaters: ,,Führe diesen Schaft bis ganz hinauf ans Ende des Gebäudes, brich ihn nicht vorher ab! Hör nicht bei der unteren Plattform auf!''

JC: Ihr Vater hat uns eine seiner ersten Skizzen gezeigt, die diesen Gedanken festhalten (Abb 123).

AL: Ja. Als ich ihn in Miami anrief und ihm sagte, daß wir den Auftrag bekommen würden, antwortete er: ,,Ich werde einige Ideen skizzieren und sie euch schicken.'' Das geschah auch, und er fügte hinzu: ,,Weiter komme ich nicht damit. Macht etwas daraus.'' Doch wir konnten die Idee des durchgehenden Schaftes aus verschiedenen praktischen Gründen nicht realisieren. Zwar können wir den Schaft, der die Aufzugsschächte enthält, vom Straßenniveau bis zu einem gewissen Punkt hinaufziehen. Aber dann, auf der Höhe der Plattform, müssen wir den Übergang von den Schnellaufzügen zu den Bummelaufzügen, die die einzelnen Stockwerke bedienen, herstellen. Die oberen Aufzugsschächte müßten entweder nach hinten oder nach vorne gelegt werden. Deshalb konnten wir nicht einen kompakten Schaft bis hinunter auf die Straße führen. Wir erhielten also allmählich verschiedene Elemente und merkten, daß es sehr wichtig war, die groben von den feinen Elementen abzusetzen, die kompakten von den hohlen. Wir begannen, mit diesen Formen wie mit einer Skulptur zu spielen, und entfernten uns dadurch immer mehr vom reinen Glaskasten.

HK: Um die Glasbox herum führen Sie eine riesige Klammer.

JC: Sie haben also die Aufzugsschächte in die Vertikalzange der Klammer verlegt?

AL: Ich bin da sehr schuldbewußt, aber ich habe mich entschlossen, mich nicht schuldig zu fühlen. Die Klammer ist kein echtes Konstruktionselement, die den Glaskasten festhält. Während der Schaft von unten zur Plattform aufsteigt, auf der der ganze Bau aufsteht, greift die Klammer von oben herab und gibt dem Ganzen etwas Kompaktes und Solides, so daß nicht der Eindruck entsteht, als würde der Kasten gleich umkippen. Und der Maßstab der Glasbox selbst muß so gehalten werden, daß diese in der bestehenden Stadtlandschaft nicht allzu aufdringlich wirkt. Der ursprüngliche Grund für den Bau von Glasgebäuden war ja der, daß sich der Himmel in ihnen so schön spiegelte. Das gelang jedoch nur sehr selten. Aber seit der Erfindung von reflektierendem Glas ist dies möglich geworden. Wir kamen zu dem Ergebnis, daß aufgrund des Sehwinkels von der Straße her eine voll reflektierende Fassade angebracht sei. Wenn man zu diesem Gebäude hinaufblickt, so sieht man die vollkommene Spiegelung des Himmels, was einen recht dramatischen Anblick abgeben wird. Der Glaskasten verschwindet jedoch nicht, weil die Klammer auf definierte Größen zurückverweist und zu einer Art Bilderrahmen wird. Innerhalb des Rahmens sieht man eine sich dauernd verändernde Konstellation von Wolken und Himmel. Das Gebäude dort oben brauchte sich seiner Existenz nicht zu schämen, und gleichzeitig wirkt es gegenüber den unten zurückbleibenden Häusern nicht zu erdrückend. Zuerst wollten wir es in die bestehenden Gebäude integrieren, mit einer Verkleidung aus Stein und einem kräftigen Fassadenrelief. Aber das wäre absurd gewesen, als ob ein Wolkenkratzer wie ein fünfstöckiges Haus aussehen müßte.

JC: Es wird sicherlich das geschoßflächenmäßig teuerste Gebäude von New York werden.

AL: Ja, aber die Auftraggeber mußten ja nicht die schwindelerregenden Preise für den Boden bezahlen, wie hier an der Fifth Avenue üblich. Ich wappne mich allerdings gegen die zu erwartenden Attacken mit verschiedenden Argumenten. Vor allem wird man sich auf die Unberührbarkeit der Fifth Avenue berufen. Doch hat das neue Tishman Building die Avenue bereits verunstaltet. Ich weiß, daß zweimal schlecht nichts wieder gut macht. Aber ich finde, unser Gebäude ist architektonisch gesehen positiv zu beurteilen. Ein weiteres Argument der Kritiker wird ganz einfach sein, daß Morris Lapidus dieses Projekt entworfen hat.

JC: Erwarten Sie, daß Ada Louise Huxtable (eine angesehene Architekturkritikerin der New York Times) es ablehnen wird?

AL: Sie wird einen Anfall kriegen. Ich glaube, daß alle Kritik, die man bisher an uns geübt hat, harmlos ist im Vergleich zu dem, was hier auf uns zukommt.

HK: Das Projekt unterscheidet sich sehr stark von allen Bauten, die Ihr Vater bisher entworfen hat. Wenn man es mit seinen Hotelbauten vergleicht, so ist das hier eine ganz neue Welt. Ihr Vater hat stets auf die Wünsche und Meinungen von Mr. and Mrs. America Rücksicht genommen. Darauf aber können Sie sich bei diesem Entwurf gewiß nicht berufen. Dieses Gebäude paßt nicht mehr in die Welt des Durchschnittsamerikaners.

AL: Aber in die des Touristen, der nach New York kommt. Das wird eine der größten Touristenattraktionen, besonders weil jedermann den Bau betreten und die Galerie auf der Plattform besuchen kann. Und sie werden das Ding auch unbedingt sehen wollen; denn von New York erwartet man schließlich Außergewöhnliches.

JC: Wie das Empire State Building.

AL: Ja. In diesem Entwurf sind auch meine Phantasien enthalten. Während die Zukunftsvisionen meines Vaters von den Busby Berkeley Musicals der dreißiger Jahre stammen, bezog ich die meinigen aus Buck Rogers Comic Strips der vierziger Jahre. Ich habe diese glitzernden, silbrigen Gebäude nicht vergessen. Man kann den Stammbaum des Gebäudes so charakterisieren: Der schwarze Stein stammt von meinem Vater, die Spiegelfassade von mir.

HK: Mit schwarzem Stein meinen Sie die Verkleidung der Klammer?

AL: Ja, sie wird aus schwarzem Granit sein. Ich war mir sehr bewußt, daß wir im Begriffe waren, ein Gebäude zu entwerfen, das ein Gebäude der Zukunft ist, ein ganz neuer Gebäudetypus, der hier und wohl auch in Europa aufkommen wird. Ich glaube einfach nicht, daß wir noch immer die gleichen Ausdrucksmittel wie beim Bau von Wolkenkratzern verwenden können. Das Gebäude mußte einen besonderen Charakter annehmen; daran ist nichts Forciertes.

HK: Welche Art Büros bieten Sie in diesem Gebäude?

AL: Sehr teure Büros. Wahrscheinlich wird es das teuerste Bürogebäude in ganz New York. Das Gebäude steht noch nicht, aber man hat mir mitgeteilt, daß alles schon vermietet ist. Einer unserer Auftraggeber, der Eigentümer des Kaufhauses Best, besitzt eine phantastische Privatkollektion moderner Kunst. Er beabsichtigt, in diesem Gebäude eine öffentliche Galerie einzurichten.

HK: Das heißt, daß es im horizontalen Träger unterhalb des Glaskastens einen großen öffentlichen Raum geben wird, der gleichzeitig als Aussichtsdeck und Ausstellungshalle dienen soll.

JC: Ist das ein Geschenk an die Öffentlichkeit, damit diese den Bau akzeptiert?

AL: Wir verlangen eigentlich keine Ausnahmebewilligungen. Bei anderen Bauten, vor allem im Zentrum, wird von den Bauherren die Eliminierung einer Straße gewünscht, und man bietet als Gegenleistung der Stadt einen kleinen Park. Wir verlangen gar nichts. Es ist alles absolut legal. Das Gebäude wird für die Stadt verblüffend sein, aber wir brauchen keinerlei Zugeständnisse von den Behörden.

HK: Sie erwähnten zuvor, daß Sie sich auf Kritik gefaßt machen. Vielleicht kann

Ihnen auch passieren, daß die Stadt alle Zonungsvorschriften (Zonung: Vgl. Kevin Roche, S. 67 ff.) gerade wegen eines solchen Gebäudes ändert.

AL: Das ist durchaus möglich.

HK: Als man die Zonungsvorschriften für New York ausarbeitete, konnte niemand mit einer derartig neuartigen Lösung rechnen, wie Sie sie vorschlagen. Normalerweise werden durch die traditionellen Zonungsvorschriften Neuerungen verhindert. Hier jedoch haben einschränkende Verordnungen bewirkt, daß man sie gewissermaßen tief unter sich zurückließ und sich oberhalb von deren Geltungsbereich in den Luftraum befreite.

AL: Ich sorge mich um dieses Gebäude mehr als um alles, was ich bisher getan habe. Ich fühle mich wie ein Kind mit seinem Spielzeug — sie werden es mir eines Tages wegnehmen, und ich werde nicht bauen können! Aber andererseits glaube ich doch daran, daß es was wird.

HK: Besteht eine reelle Chance?

AL: Ja, bestimmt. Der Bau wird bereits vorbereitet.

JC: Wieviel wird er kosten?

AL: Ich nehme an, so um 50 Dollar pro Quadratfuß (0,093 m2). Es ist sicher das teuerste Gebäude, aber es wird auch die höchsten Mieten von New York einbringen. Jedermann wird es kennen. Bis zu einem gewissen Grad trifft das auch für das Lever House und das Seagram Building zu. Aber bestimmt kennt jeder das Empire State Building und das Chrysler Building. Ich glaube, auch das Olympic Building wird eine gleiche Bedeutung gewinnen.

HK: Sie schaffen also ein Image, das nicht zu übersehen ist.

AL: Richtig. Das gibt dem Gebäude enormes Prestige.

JC: Sind die Bauherren an dem Prestige interessiert, das dieses Gebäude auch ihnen selbst verleihen wird?

AL: Aber gewiß. Die gefallen sich schon jetzt sehr dabei. Es gab offensichtlich einen heftigen Kampf darum, wie das Gebäude heißen sollte, wer die Ehre hat, ihm seinen Namen zu geben. So endete man bei einer Art Tauschhandel. Der, welcher seinen Namen nicht durchsetzte, erhielt dafür das oberste Geschoß.

HK: Und Onassis kriegt den Namen: Olympic.

AL: Ja, die Onassis Airlines!

HK: Hat er die Pläne gesehen?

AL: Ja. Seine erste, lachend abgegebene Stellungnahme war, daß es irgendwie komisch ausschaue. Aber er war sehr einverstanden mit dem Entwurf, und er hat seinen Segen dazu gegeben.

JC: Wird es für Onassis nicht schwierig sein, sich an die Modernität dieses achten Weltwunders zu gewöhnen? Oder kriegt er eine korinthische Säule hinter seinen Schreibtisch?

AL: Er haßt klassische Säulen, also gaben wir ihm eine minoische.

HK: Dann sind Sie ja gar nicht so sehr verschieden von Ihrem Vater. Sie geben auch Onassis, was er haben will. Beide möchten Sie, daß sich die Leute mit falschem Bildwerk identifizieren. Allmählich glauben sie an diese Symbole. Sie werden stolz auf ihre pseudoaristokratische Kulisse.

ML: Ganz genau.

JC: Die Menschen schaffen sich ein gewisses Image von sich, das gar nichts mit der Wirklichkeit zu tun hat. Natürlich passiert das viel stärker durch Ihre Hotels als durch das Olympic Building. So lange der Jahrmarktschreier schreit und etwas verspricht, muß er den Erwartungen gerecht werden und ...

ML: ... eine gute Show bieten?

JC: Ja. Aber oft verspricht er mehr, als er halten kann; man wird also getäuscht.

Ein recht einfacher Mann kann in Ihr Foyer kommen und sich dabei ungeheuer wichtig vorkommen. Er schreit die Bediensteten an und gibt zwei Wochen lang vor, ein Plantagenbesitzer zu sein. Sie ermutigen ein ganzes Kaleidoskop von Gefühlen. Das mag oft spaßig sein, oft aber auch geschmacklos.

ML: Wenn Sie das von jemandes Eigenheim sagen, so würde ich das falsch finden. Es ist ein Unterschied, ob man seine persönlichen Dinge zur geschmacklosen Szenerie werden läßt oder ob man vorübergehend eine Kulisse genießt. Es gibt einfach Leute, die eine solche Kulisse brauchen. Andere brauchen Status, so wie die Seagram-Leute ihren Status erhielten dadurch, daß sie sich mit dieser untadeligen historischen Atmosphäre umgaben, die niemand in Zweifel ziehen konnte; sie hatten augenblicklich ihren Status.

Lassen Sie mich zum Thema Status kurz abschweifen. Ich habe den damaligen, inzwischen verstorbenen Vorsitzenden des Seagram-Verwaltungsrates viele Jahre später wieder besucht. Er saß in seinem riesigen Büro im Seagram Building von Mies van der Rohe. Und da saß dieser kleine Mann, er war nur etwa 1,65 m groß. Im Chrysler Building saß er hinter meinem sehr bescheidenen, aber wundervoll geschnitzten Schreibtisch und hatte das Gefühl, es zu etwas gebracht zu haben. Nun aber sah ich ihn hinter einem riesigen Schreibtisch in einem riesigen Raum, dessen Wände mit Kunst im Wert von wahrscheinlich einer halben Million Dollar behangen waren, Wände aus teuerstem Holz, die kostbarsten Teppiche am Boden; ein kleiner Mann in einem großen Büro. Er sagte mir bei jenem Treffen: „Morris, erinnern Sie sich an mein erstes Büro, das Sie entworfen haben?" — „Ja", sagte ich. Und er: „Das gefiel mir." Dann meinte er: „Was halten Sie von diesem hier?", und in seiner Stimme lag ein Ausdruck von Unsicherheit. Er sagte: „Ich schaue um mich und frage mich, was das alles bedeuten soll." Man hatte diese imposante, wunderschöne Umgebung für ihn geschaffen, aber das hatte mit ihm nichts mehr zu tun. Er merkte, daß etwas an ihm vorbeigegangen war. Er hatte den Punkt erreicht, an dem die Kulisse für ihn nicht mehr tauglich war. Er hatte seine Rolle gespielt, aber nun war er auf der falschen Bühne. Er konnte diese Rolle nicht ausfüllen.

Zurück zu den Hotels: Ich möchte doch behaupten, daß es Leute gibt, die ins „Fontainebleau" kommen und sagen: „Das ist nichts für uns. Das ist ja lächerlich." Eine kleine Minderheit empfindet das als plump, überladen und theatralisch. Aber Mr. und Mrs. America haben sich dazu entschlossen, ins teuerste Hotel von Miami Beach zu gehen. In ihrer Phantasie haben sie bereits das Bild heraufbeschworen, das Leben von Millionären zu leben. Und für sie habe ich das entworfen: ein sinnlos riesiges Foyer, eine Überfülle von schönen Antiquitäten, das Gefühl von großem Überfluß. Wenn sie hereinkommen, so müssen sie sofort empfinden, das sei nun das, wovon sie geträumt haben, was sie in den Filmen gesehen, was sie sich vorgestellt haben. Aber ich lasse meine Darsteller in dieser Scharade nie allein. Beim Empfangsbüro gibt's das Fontainebleau-Wappen, ein prunkvolles Wappen. Man meldet sich an einem wunderschönen Marmortisch an. Die Empfangsdame steht hinter einem Schalterfensterchen aus geschmiedeter Bronze. Die Szenerie, die Atmosphäre wird konsequent durchgehalten. Dann kommen die Gäste in den Aufzug — ich habe übrigens auch alle Kostüme für das Hotelpersonal entworfen. Das Liftmädchen ist wie ein Mannequin-Hotelpage gekleidet, und der Aufzug ist voller Verzierungen und Kinkerlitzchen. Wenn man aus dem Aufzug steigt, sieht man einen wunderschönen, antiken Spiegel, eine antike Uhr und ein paar antike Sessel. Antiquitäten, Reichtum, Tradition. Alles ist da. Auf der Tapete ist das Schloß Fontainebleau abgebildet mit dem Wappen, das ich entworfen habe. Fontainebleau, Frankreich, Luxus, Fürstlichkeit. Die Gäste betreten ihren Raum, für den ich übergroße Möbel entworfen habe, die an jedem anderen Ort lächerlich aussehen müßten. Aber dort sind sie richtig, weil das dem Traum entspricht. Es ist die große Erfüllung. Meine ganze Haltung als Designer findet sich konzentriert im Eingang zum Restaurant, den ich Ihnen schon beschrieben habe. Diese Plattform, dieser Paradeort, ist das Sinnloseste, was man tun kann. Sie ist weder funktionell noch notwendig, aber sie befriedigt das emotionelle Ich.

JC: Was passiert nun, wenn das durchschnittliche amerikanische Ehepaar für seinen zweiwöchigen Urlaub ins „Fontainebleau" kommt? In gewissem Sinne verleiten Sie die beiden dazu, zu glauben, sie befänden sich in einer Musikkomödie, sie seien Helden für zwei Wochen. Werden sie dann nicht unzufrieden mit der Wirklichkeit, wenn sie wieder nach Hause kommen?

ML: Nein. Ihnen bleibt ja die geliebte Erinnerung! Etwas, worüber sie mit ihren Bekannten reden können. Das wäre doch kein Urlaub, wenn man nach Hause käme und nichts zu erzählen, keine Fotos zu zeigen hätte. Ich komme stets auf das Menschliche zurück, auf die der menschlichen Natur eigenen Wesenszüge. Man sagt mir oft genug: „Das ist das Problem mit dir, Morris. Du bestätigst die Leute. Warum willst du nicht lieber ihren Geschmack verbessern?" Meine Antwort darauf lautet: „Ich finde, daß das nicht meine Aufgabe ist." Das kann von mir aus Mies van der Rohe tun. Je öfter ich Mies hörte, um so mehr dachte ich: „Ich bin richtig froh, daß er das tut, denn ich selbst will es nicht."

HK: Ihre Vorstellung von Schönheit bezieht sich auf den subjektiven menschlichen Erlebnisbereich. Sie haben nichts gegen Kitsch.

ML: Gut, wenn Sie so wollen, ist es Kitsch. Ich hatte nie das Bedürfnis, ein Status-Architekt zu sein. Ich habe mich sehr früh in meiner Karriere entschlossen, da ich ja aller Wahrscheinlichkeit nach keine großen Spuren hinterlassen würde, daß ich dann wenigstens Freude haben sollte an dem, was ich tue, und auch den Leuten, die meine Architektur benutzen, Freude bereiten will. Und darum beschuldigt man mich, ich würde die Ansprüche der Masse befriedigen. Aber mein Sohn Alan sagte mir einmal: „Weißt du, was du getan hast? Du hast eine Architektur für die Menschen geschaffen. In allen früheren Epochen war die Architektur auch etwas, was die Menschen verstehen konnten. Ein Theater sah aus wie ein Theater, eine Kirche wie eine Kirche, und wenn ein Gebäude gebaut wurde, so ging das die Menschen auch etwas an. Sie konnten darüber sprechen." Ich glaube, daß das die Architektur in den fünfziger Jahren übersehen hat. Die Architektur war sozusagen hochmütig geworden und drückte nur noch aus: „Wenn du das nicht verstehst, so bist du eben dumm." Ich aber fand, es sei meine Aufgabe, den Leuten Freude zu machen, sie teilhaben zu lassen. Sie liebten oder haßten meine Bauten, aber keiner ging einfach daran vorbei. Vielleicht gab es einige, die vor dem Summit-Hotel stehengeblieben sind und sagten: „Mein Gott, wer hat denn das gebaut?" Vielleicht war das meine Methode, einen Status für mich selbst zu finden.

JC: Finden Sie nicht, daß Sie hierin einen auf seine Art Gleichgesinnten haben, nämlich Oscar Niemeyer?

ML: Habe ich ihn nicht erwähnt? Er hatte großen Einfluß auf mich. Ich reiste 1949 nach Brasilien, und ich mußte natürlich unbedingt Oscar Niemeyer treffen, denn er war einer, der die Dinge so gestaltete, wie ich es für richtig hielt.

HK: Auch bei ihm gab es Schlangenlinien und gewellte Wände.

ML: Ja, alles. Aber Sie dürfen nicht vergessen, daß ich 1949 noch sehr unsicher war; ich hielt mich nicht für einen Architekten, der lohnende Arbeit leistete. Aber ich hatte Niemeyers Werk beobachtet, und im Jahre 1949 war er eigentlich noch nicht fest etabliert. Er hatte schon Pampulha (Abb. 124) entworfen. Ich habe mehr als einen halben Tag mit ihm in seinem Büro verbracht, und dann verlebte ich einen Abend bei ihm zu Hause. Wir sprachen ungeheuer viel, und ich bin sicher, daß seine Anregungen noch sehr gegenwärtig sind. Ich spürte jedoch seinen Einfluß nur in der architektonischen Hülle. Seine Interieurs waren ziemlich steril. Er hatte dafür gar kein Gefühl.

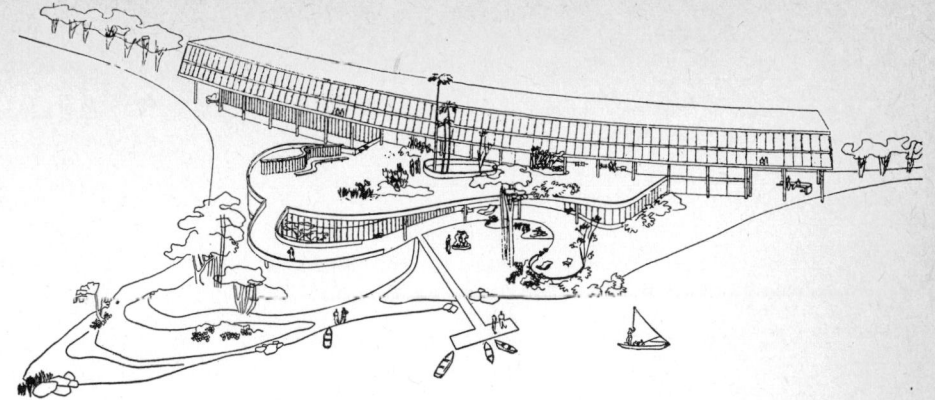

124 Pampulha Casino, Brasilien. 1942. Oscar Niemeyer.

Interieurs bedeuteten ihm nichts. Er wollte bildhauerische Architektur, wie sein großer Meister, Le Corbusier.

HK: Die frühen fünfziger Jahre, das war die Zeit der Nierentische. Plötzlich wollte
jeder einen Nierentisch, eine bewegte, fließende Form. Es wurde auf der ganzen Welt
Mode. In diesen Kontext gehören Ihre Hotels. Aber Sie haben diese Möglichkeit auf-
gespürt zu einer Zeit, als nur ganz wenige außer Ihnen sie erkannt hatten. Das gleiche
gilt für Ihren Dekorationssinn. Das „Fontainebleau" ist selbst ein Ornament.

ML: Im weiten Sinne, ja. Ich schmückte die Gegend, putzte sie heraus, gab ihr eine
Kulisse, alles aus dem Wunsch heraus, zu vermeiden, daß man sagen könnte: „Ein
Blick genügt, und man hat alles gesehen." Wenn Sie das „Fontainebleau" genauer betrachten, so finden Sie eine Hauptkurve und eine Gegenkurve und dazu noch einen
Kreis. Es ist nicht wie das Seagram Building, bei dem ein einziger Blick genügt, um es
zu verstehen. Dort muß man nicht drin herumspazieren, es gibt nichts weiter mehr zu
sehen, und wenn man es doch täte, so fände man nichts Neues. Meine Architektur muß
man anschauen, man muß in ihr wohnen, in ihr herumgehen, sie erleben.

JC: Aber es ist schwierig, Ihre größeren Räume zu ergründen. Wenn man einige der
großen Ballsäle in Ihren Hotels betritt, so ist man vollkommen verloren. Man wird vom
Raum verschlungen. Und irgend etwas passiert mit dem Maßstab. Flair, Spannung und
Intimität in den kleineren Räumen, die Sie gestalten, finden in Ihren größeren Räumen
nicht die entsprechenden Qualitäten. Die Wände sind groß gemustert und die Möbel
wirken so aufeinandergehäuft, weil Sie viele Leute unterbringen müssen.

AL: Das ist nicht das Problem; das ist seine Lösung. Mein Vater bemerkte einmal,
daß sich die Leute in Gesellschaftskleidung in einem dieser Hotels viel wohler fühlen.
In einen Ballsaal kommt man im Abendkleid, in Gala; man nimmt an einem großen
Ereignis teil. Man will beeindrucken und beeindruckt werden, und deshalb ist das der
Ort für gigantische Muster. Intimität ist gar nicht sonderlich erwünscht. Wenn man zu
einem großen Ball geht, so will man sich vorkommen, als ob man in Versailles wäre.

ML: Ja, ich habe die Ballsäle absichtlich übermaßstäblich gehalten. Ich habe jede
Möglichkeit ausgenutzt, um sie noch größer erscheinen zu lassen. Alles sollte sich
vom menschlichen Maßstab entfernen. Der große Winterpalast in Leningrad zum Bei-

203

spiel, den ich besucht habe, ist dafür geschaffen worden, grandios zu sein. Das gleiche habe ich bei meinen Ballsälen verwirklicht.

JC: Ich meine jedoch etwas anderes. Die klassischen Ballsäle der Vergangenheit, wie „Plaza" oder „Pierre" (Hotels in New York), sind sehr großräumig, aber trotzdem erwecken sie nicht die Assoziation an leere Flugzeughangars. Es gibt eine Art Stufungsdetails, die den Maßstab vom Grandiosen zum Menschlichen staffeln.

ML: Sie kritisieren etwas, was ich absichtlich so gemacht habe. Die Ballsäle, auf die Sie Bezug nehmen, das „Plaza" zum Beispiel, richteten sich an den großen Ballsälen Europas aus. Ein Salon war ein Ort, wo man herumspazierte und seine Freunde begrüßte; man saß herum und sprach miteinander. Wenn die Musik anfing, so stand man auf und ging tanzen. Dieses Salonleben war ein Lebensstil. Aber im 19. Jahrhundert! Für uns trifft das nicht mehr zu. Heute ist ein Ball eine Massenveranstaltung, und ein Ballsaal muß diese Masse aufnehmen. Heute glauben die Leute, sich besser zu amüsieren, wenn sie in Massen zusammengepfercht sind.

HK: Mit anderen Worten, mit dem Verschwinden gesellschaftlicher Differenziertheit gingen auch die Differenzierungen im Maßstab verloren.

ML: Auch hier bestärke ich die Leute in ihren Vorstellungen.

HK: Es stellt sich jedoch die Frage, ob Sie Wünsche erwecken oder ob Sie bestehende Wünsche bestätigen. Es ist ein Teufelskreis. Mit anderen Worten, Sie unterstützen die Mentalität, bestätigt zu sein, indem Sie bestätigen.

JC: Was tun Sie, wenn Sie eine Kirche oder eine Synagoge bauen müssen?

ML: Ich betrachte die Religion als etwas Separates, abseits vom täglichen Leben, im Gegensatz zu dem, was Religion im Mittelalter bedeutete. Das muß so sein. Die Religion muß heute mit so vielen anderen gesellschaftlichen Einrichtungen wetteifern. Ich versuche, die Synagoge in die städtische Landschaft einzufügen, aber gleichzeitig trenne ich sie ab, damit sie als Ort für religiösen Kult erkennbar wird. Wenn wir in den Gottesdienst gehen, so erwarten wir Abgeschiedenheit und Ruhe. Für mich, in meinem Glauben, ist die Synagoge kein Ort, den ich jeden Tag besuchen möchte; ich gehe nur während der hohen Feiertage dorthin. Man soll auch daran vorbeigehen können und sagen: „Das ist meine Kirche, das ist meine Synagoge." Aber man sollte nicht das Gefühl haben, man müsse hineingehen, oder ein schlechtes Gewissen haben, wenn man daran vorbeigeht, wie es einem Katholiken ergehen könnte, der an der St.-Patrick-Kathedrale vorbeigeht. Dort steht sie; und weil du ja schließlich katholisch bist, so gehst du wohl besser hinein. Heute werden Kirchen nicht mehr so gebaut. Sie scheinen uns zu sagen: „Wenn du gerne eintreten willst, so komm; wir sind immer für dich da." So muß man sie entwerfen. Und sobald man näher tritt, sollte die Atmosphäre für die Andacht entstehen. Wenn mir das im Äußeren gelingt und das Gebäude trotzdem ein Teil der Stadt wird, dann habe ich meiner Ansicht nach das Ziel erreicht.

JC: Wenn Sie einen Auftrag für eine Schule erhalten, versuchen Sie dann, eine spezielle Umgebung zu schaffen, die sich von der des Hotels oder der Synagoge unterscheidet?

ML: Ja. Die Schule ist ein Ort, wo man lernt oder, besser: wo Lernen Spaß macht. Ich habe bisher nur eine Schule gebaut, die Hebrew Academy in Florida (Abb. 125), und ich habe versucht, mich vom förmlichen Schulmilieu zu lösen. Es gibt dort Innenhöfe, Spazierwege, Brücken, offene Treppenhäuser. Das Ganze ist sehr bewegt und amüsant. Lernen sollte kurzweilig und vergnüglich sein.

HK: Wenn es Ihr Ziel ist, die Gesellschaft zu bestätigen, vermögen Sie auch den Teil dieser Gesellschaft zu bestätigen, der revoltiert?

ML: Ich glaube nicht, daß die Architektur das leistet, noch daß sie es je leisten wird. Revolution will nicht nur Institutionen niederreißen, sondern auch etablierte

Handlungsweisen. Ich nehme aber genau das auf, was sich etabliert hat, und dramati-
siere es, sensibilisiere die Leute in dieser Richtung. Was ein anderes Gebäude zurückhaltend ausdrückt, gestalte ich bei meinen Bauten auf bombastische Weise. Ich will
weder diskret sein noch ...

JC: Konservativ?

ML: Nein, nicht konservativ. Ich will, daß alles deutlich ist, zum Teufel. Wenn man
in eine Synagoge kommt, so ist man in einer Synagoge. Wenn man in ein Hotel kommt,
so ist man an einem tollen Ort, an dem man sich prima amüsiert. Wenn man in ein
Krankenhaus kommt, so wird man kuriert, weil dort alles so wunderbar auf den Pa-
tienten abgestimmt zu sein scheint, und man wird gesund. Der Empfangsraum, der
Korridor, die Schlafräume, alles strömt Wärme aus. Ich versuche, mich auf den menschlichen Maßstab zu beziehen, nicht auf den klinischen. Und ich werde keinesfalls je
subtil arbeiten. Ich bin verdammt dreist, verdammt deutlich. Aber das ist keine Revolution! Nehmen wir einmal an, Sie mögen Eiscreme. Warum sollten Sie dann nur
einen Löffel nehmen und nicht drei?

JC: In den fünfziger Jahren sagte Auntie Mame (populäre Figur einer Reihe von Ro-
manen von Patrick Dennis): „Das Leben ist ein Bankett, und so viele arme Teufel sterben vor Hunger." Würde das auf die ganz besondere Fünfziger-Jahre-Eigenart Ihres
Werkes passen?

ML: Ja, warum nicht? Es ist genau so. Unsere Gebäude sollten angenehm sein. Das
Leben ist hart genug; man soll weder belehren noch predigen. Oder wenn man schon
predigt, dann so wie in der katholischen Kirche. Wenn der Priester zu seiner Predigt

125 Hebrew Academy (Hebräische Akademie), Miami Beach, Florida. 1960. Morris Lapidus.

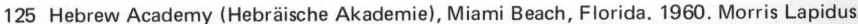

ansetzt, so sollte er nicht so mühsam predigen müssen wie ein Negerpriester in einer Holzhütte, denn in der Kirche hat der Mensch die Botschaft schon angenommen! Die Kulisse stimmt, ist akzeptiert; man ist Teil des ganzen Dramas. Der arme schwarze Priester hingegen muß sich abmühen, in der Kirche aber ist man schon religiös. Wenn man die St.-Patrick-Kathedrale betritt, so kann man sich gar nicht dagegen wehren: Man wird schon beim Eintreten gepackt und überwältigt. Ich versuche, die Menschen auf diese Art zu überwältigen. Sie wollen sich amüsieren? Strengen Sie sich nicht an! Sie sind in meinem Hotel. Sie amüsieren sich bestimmt; Sie haben Spaß; Sie erleben die tollsten Tage Ihres Lebens. Der Gute weiß nicht, ob er sich wirklich amüsiert oder nicht. Aber ich habe alles für ihn eingerichtet. Es macht ihm wirklich Spaß.

Louis Kahn

6

JC: Mr. Kahn, Sie kommen soeben aus Dacca, wo Sie die zweite Hauptstadt Pakistans (heute Bangladesch) bauen; diese Arbeiten begannen 1962 (Abb. 126). Sind Sie mit den noch nicht vollendeten Bauten zufrieden?

LK: Ich habe sie vor kurzem gesehen und finde sie wunderbar. Jetzt erkenne ich, daß meine Vorstellung von Landschaftsgestaltung ganz anders ist, als ich ursprünglich dachte. Ich will als Kulisse nichts als Gras, nichts außer einem großen Teppich vor strenger Geometrie.

JC: Zu diesem Entschluß sind Sie eben erst gekommen?

LK: Ja, heute. Früher glaubte ich, daß ich alles Mögliche bräuchte. Doch ich brauche das Pittoreske gar nicht.

JC: Aber vielleicht wollen die Menschen, die dort leben, ein paar Bäume.

LK: Wenn sie Bäume wollen, so ist das ihre Sache. Meine Sache ist es, so überzeugend zu bauen, daß sie die Bäume gar nicht erst wollen.

HK: Da wird man an Ihre berühmte Kunstgalerie, die Yale Art Gallery, erinnert, vor allem an die riesige, kahle Backsteinwand an der Chapel Street (Abb. 127), die unmittelbar an den Gehsteig heranführt. Die Architekturstudenten haben heftig gegen diese Mauer protestiert, weil sie für den Fußgänger, der dort auf seinen Bus wartet, so unfreundlich wirkt. Es gibt keine Bank, keinen Raum, bloß diese Mauer. Es mag eine wunderschöne Mauer sein, aber sie wirkt feindselig und ist zu monumental. Was haben Sie zu dieser Kritik zu sagen?

LK: Ich persönlich finde das unsinnig. Aber ich muß Ihnen doch eine andere Antwort geben, weil ich die Meinung eines anderen Menschen immer respektiere. Wenn es sich um die Kollektivmeinung von mehr als einer Person handelt, so schenke ich

126 Regierungszentrum von Bangladesch in Dacca. 1962—. Louis Kahn.

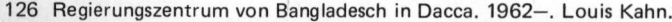

127 Museum der Yale-Universität, New Haven, Connecticut. 1951–1953. Louis Kahn.

ihr keinerlei Beachtung; für die Meinung eines Individuums empfinde ich jedoch großen Respekt.

Ich finde nicht, daß diese Wand monumental ist — nicht im geringsten. Eine Wand ist eine Wand. Ich fand, der Regen sei für diese Mauer wichtig, deshalb habe ich jene Wasserschlagleisten eingefügt, damit die Wand von Zeit zu Zeit gewaschen wird. Ich hätte die Mauer kahl lassen können — nur um der Monumentalität willen.

HK: Wir haben Ihren Entwurf eines Hochhauses für die Universal Atlas Cement Company vor uns, der aus dem Jahre 1957 stammt (Abb. 128). Könnten Sie uns das Projekt erklären?

LK: Dieses Gebäude versinnbildlicht, wie eine strukturelle Ordnung aus sich selbst heraus entstehen muß, nicht aus vorsätzlicher Formgebung, sondern aus ihrer eigenen Charakteristik heraus. Es drückt auch den Glauben an die latente Kraft des Menschen aus, der eine Ordnung will, eine psychologische Ordnung, die eine physische Ordnung nach sich ruft. Der Wunsch wendet sich an die Natur als Schöpferin aller Gegenwart. In diesem Fall hieß das, ein physikalisches Phänomen ohne Einwirkung von außen sich entwickeln zu lassen, jedoch im Wissen, daß die Räume, die daraus entstehen, für den Menschen nützlich sind.

HK: Ist dieser Entwurf nicht utopisch?

LK: Er ist keineswegs utopisch. Vor dem Entwurf, der eigentlichen Formgebung, existiert etwas schon als Gestalt mit ihren unbestreitbaren Eigenschaften; es gibt vorläufig noch nichts Gegenwärtiges. Entwerfen heißt Gegenwart verleihen. Die physikalischen Gesetze müssen dem beistimmen, so daß das Wesen eines Raumes und seine

Entstehung eins werden. Den Abstand Boden–Decke habe ich auf rund 3,3 m (11 Fuß) festgesetzt, was zum Modul des Tetraeders wurde.

HK: Brauchten Sie für dieses Hochhaus keinen zentralen Kern?

LK: Er war nicht nötig. Die vertikalen Räume, welche für die Aufzüge gebraucht wurden, sind in der spiralartig ansteigenden Struktur natürlich enthalten. Für die Un-

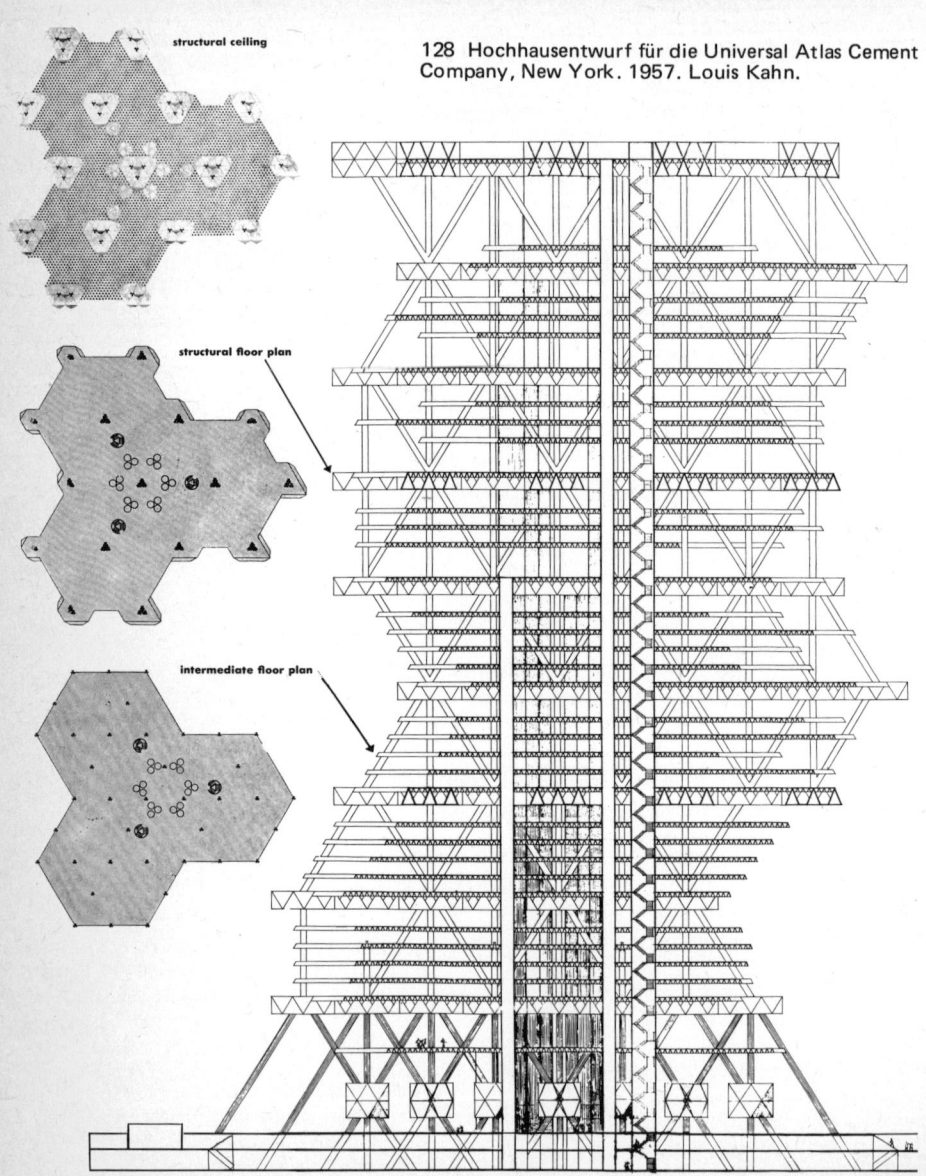

128 Hochhausentwurf für die Universal Atlas Cement Company, New York. 1957. Louis Kahn.

terbringung von Räumen wurde nichts durchbrochen. Das Tetraeder offenbart auch neue räumliche Möglichkeiten: Die Struktur ist eine Lehrmeisterin. Das hier ist die natürliche Gestalt, die ein tetraedrisches System annimmt, wenn es in seinem Ablauf nicht beeinträchtigt wird.

HK: Es braucht also kein stützendes Rückgrat?

LK: Nein. Das Gebäude ist von selbst stabil, durch die Zusammensetzung von Dreiecken. Die Spiralform entspricht der Natur des Tetraeders; sie ist keineswegs meine Erfindung.

JC: Sie sind dafür bekannt, daß Sie Ihre Arbeit auf ganz eigene Art erläutern. Sie sagten einmal: „Der Entwerfende verleiht einer Gestalt Gegenwart, indem er sich an die Natur wendet, um die Bedürfnisse des Menschen zu erfüllen." Könnten Sie Ihre Auffassung von der Rolle des Architekten näher erläutern?

LK: Die Räume zu ahnen, die die Wunschvorstellungen des Menschen verkörpern, die unzertrennbaren Teile zu finden oder die Gestalt der „Gemeinschaft" von Räumen, die den menschlichen Tätigkeiten zuträglich sind. Wenn der Architekt entwirft, so hat er stets die unzertrennbaren Teile im Geiste vor sich. Er beruft sich auf die Natur, um schöpferisch sein zu können.

JC: Ist diese Natur für Sie etwas Konstantes oder eine Reihe von historischen Gegebenheiten?

LK: Was ist, war immer schon. Eine gültige Wahrheit, die dem Menschen entspricht, bietet sich dem Menschen immer in bestimmten Gegebenheiten an. Der Mensch kann Katalysator einer gültigen Wahrheit sein. Sie muß aber ihre eigene Verwirklichung abwarten, ihr muß erst Gegenwart verliehen werden.

JC: „Verliehen werden?" Es muß doch jemand da sein, der Gegenwart verleiht.

LK: Gegenwart gegenüber dem Bestehenden! Ja, jemand muß es tun. Aber Wahrheit ist allgegenwärtig, als ob sie in der Luft wäre. Bedingt durch die Gegebenheiten, kann sie jedoch erst wirklich werden, wenn einer sagt: „Ich erkenne, daß es so ist." Der Künstler ist bloß ein Mittler dessen, was schon immer da war. Man kann nichts Gegenwart verleihen, das nicht schon potentiell existiert.

JC: Leistet der Künstler diesen Akt der Vergegenwärtigung auf individuelle Art und Weise, oder ist er lediglich das Agens, das erschließt, was schon existiert?

LK: Der Künstler ahnt die für den Menschen gültige Wahrheit. Diese Wahrheit transzendiert die Zeit. Was ist, war immer schon. Was war, ist immer schon gewesen. Was sein wird, ist immer schon gewesen.

JC: In diesem Sinne ist der Künstler ein Philosoph. Wo aber steht er als kreativer Mensch?

LK: Der Künstler arbeitet durch die Eingebung, welche der Antrieb zu seinem Werk ist, aber mit seinem Werk allein genügt er dieser Eingebung nicht. Er ist immer mehr als nur sein Werk; deshalb strebt er stets nach mehr Möglichkeiten, sich auszudrücken.

JC: Kann die Wissenschaft dem Künstler den Weg zu gültigeren Antworten und Äußerungen weisen?

LK: Der Wunsch im Märchen ist der Anfang der Wissenschaft. Der Mensch weiß sehr wohl, daß er nicht einfach fliegen kann durch den Wunsch allein, sondern daß er diesen Wunsch erst erfüllen muß.

Das erste Gefühl des Menschen muß das der Schönheit gewesen sein, ein Gefühl vollkommener Harmonie. Dann kam das Sich-Verwundern, dann die Erkenntnis, daß sich die Türen zu den Schätzen der Gestalt öffnen, die die Formgebung inspirieren, also den Prozeß des vergegenwärtigenden Gestaltens. Gegenwart erwächst aus dem Wunsch und aus dem Gesetz. Das Gesetz leitet den Künstler auf der Suche nach Ordnung. Ordnung ist unbewußt, ist Natur. Das Gesetz ist des Menschen Ordnung. Der Mensch lebt, um sich auszudrücken. Was zum Ausdruck anregt, dient der Kunst.

Ein Kunstwerk ist eine Opfergabe an die Kunst. Alles kehrt in sich selbst zurück, denn es gibt keinerlei Ende.

HK: Ich habe den Eindruck, daß Sie nicht mehr zwischen Subjekt und Objekt unterscheiden, daß Sie den Unterschied zwischen dem Subjekt Mensch und der Welt als Objekt nicht anerkennen. Das erinnert an Heideggers Ontologie.

LK: Ja.

HK: Und andererseits erinnert es mich an Mies van der Rohes Credo. Er könnte etwa gesagt haben: „Was ich getan habe, war eigentlich nicht wichtig als individuelle Leistung. Ich habe bloß ausgeführt, was die Zeit und meine Gegenwart mir eingegeben haben. Und ich habe lediglich ausgedrückt, was zum Ausdruck kommen mußte." So gesehen, ist der Künstler ein demütiger Mensch, der sein Werk als eine Art Opfergabe darbringt.

LK: Ja. Er ist unendlich dankbar. Dankbar ist nicht das richtige Wort, aber er empfindet sich als Dienender. Was Sie sagen, stimmt ganz genau, und die Analogie zu Mies macht mich schrecklich glücklich, denn ich weiß, diese Demut und dieses Gefühl der Freude, welche er ausdrückt, sind die eigentliche Substanz meines Denkens. Man kann ohne Freude kein Kunstwerk schaffen. Mies drückt Daseinsfreude aus. Er befand sich in einer bestimmten Situation, aus der heraus eine Verwirklichung möglich wurde. An der Quelle der Verwirklichung liegt eine Wahrheit, eine Wirklichkeit des Menschen. Alles, was geschieht, ist Wahrheit.

HK: Wollten Sie irgend etwas anderes werden, bevor Sie dann die Architektur als Beruf gewählt haben?

LK: Eigentlich geschah das ziemlich zufällig. Man kann nicht in Abrede stellen, daß ich entweder Maler, Bildhauer, Musiker oder Architekt werden mußte — wegen meiner Liebe zu dem, was noch nicht ist. Wenn ich nun den wahren Ursprung meines Entschlusses bezeichnen muß: Es geht ganz grundsätzlich um das, was noch ungewiß ist, was noch nicht ist. Denn es widersetzt sich dem Bedürfnis, befaßt sich ausschließlich mit Wünschen.

HK: Verstehen Sie unter „Bedürfnis" die alltäglichen Wünsche nach Geld, Obdach, Brot und all diesen ...

LK: „Bedürfnis" steht für das, was bereits gegenwärtig ist und so zu einer Art Maß für das schon Bestehende wird. Der Wunsch wird zum Gefühl dessen, was noch nicht geschaffen ist. Das ist der grundsätzliche Unterschied zwischen Bedürfnis und Wunsch. Und man kann sogar so weit gehen und sagen, Bedürfnis sei einfach eine bestimmte Anzahl Bananen. Das architektonische Programm, das einem zukommt, wird dann verwandelt, weil man die Bedürfnisse in ihm sieht, und zudem sieht man das, was in den Eingebungen, die man fühlt, nicht ausgedrückt worden ist. Die Gemeinschaft von Räumen, die in einem Grundriß miteinander kommunizieren, sie offenbart sich als architektonische Wahrheit, als Harmonie, die allein aus den Flächen eines Programms gefunden wurde. Die Umsetzung geschieht von der Fläche zum Raum.

JC: Sie meinen, daß sich das Programm auf Bedürfnisse bezieht, während der Architekt Wünsche ausdrückt.

LK: Richtig. Und dabei fällt mir ein, was ich über die Astronauten und ihre Ansicht der Erde dachte: eine Glaskugel, blau, grün und rosa. Wenn man sie anschaut, so verschwinden Paris, Rom und all die uns teuren Orte, die durch das Spiel der Umstände entstanden sind. Doch Beethovens Fünfte Symphonie könnte nicht verschwinden. Das hat ganz einfach die wahre Substanz des Geistes offenbar gemacht. Das Unmeßbare blieb unzerstörbar, weil es dem Geiste so nahe ist.

HK: Bedeutet das, daß Ihr Wunsch, sich auszudrücken, mehr in Richtung Musik geht als in Richtung Architektur? Liegt denn nicht darin das eigentliche Problem, daß die Architektur der Realität der irdischen Bedürfnisse zu nahe ist, als daß sie „reine

Kunst" sein könnte? Sie liegt diesen Bedürfnissen so nahe, daß die Architekten während der letzten fünfzig Jahre sogar wollten, daß sie nichts anderes sei als eine Antwort auf diese Bedürfnisse und Funktionen, und damit also die Kunst fallenließen. Sie wollten eine rein technische, keine ästhetische Architektur, und sie sollte keine Kunst mehr sein. Sie aber sehen die Architektur als Kunst, ohne das je in Frage zu stellen.

LK: Die einzige Sprache, die der Mensch hat, ist die Kunst.

HK: Baut der Architekt denn nie nur für bestimmte Bedürfnisse?

LK: Nein. Man soll nie für Bedürfnisse bauen! Denken Sie an das, was ich über die Bananen sagte. Wenn Raum Kunst ist, so wird er ein Hauch der Ewigkeit. Ich finde, ein Raum ruft seine eigene Nutzung wach. Er transzendiert das Bedürfnis. Sonst ist er mißlungen. Sicher wird die Architektur mehr durch Funktionen bestimmt als die Malerei. Ein Gemälde soll so sein, daß seine Motivierung über das Sichtbare hinaus ist, so wie der Raum seine Nutzung wecken soll. Das ist psychologisch. Ein Gebäude ist etwas anderes als ein Gemälde: Wenn es gebaut wird, ist man ungeduldig, es zum Leben zu bringen. Nicht ein einziger Grashalm kann in der Nähe dieses Geschehens wachsen. Sehen Sie sich das Gebäude an, wenn es fertiggestellt ist. Jeder Teil, der mit soviel Sorge, Freude und dem Willen in die Zukunft gebaut worden ist, versucht dem Benutzer des Gebäudes zu sagen: ,,Warte, ich sage dir, wie ich entstanden bin." Aber keiner hört zu, weil das Gebäude nur Bedürfnisse erfüllt. Der Wunsch hinter seiner Erzeugung wird nicht offenbar. Mit der Zeit, wenn es eine Ruine ist, kommt der Geist seiner Erzeugung wieder hervor. Es begrüßt das Blätterwerk, das es umschlingt und verhüllt. Wer an ihm vorbeikommt, kann die Geschichte vernehmen, die es von seiner Entstehung erzählen möchte. Es ist kein Sklave mehr; der Geist ist in es zurückgekehrt.

HK: Was tun Sie mit einem Bauherrn, der ein Gebäude haben will, das nichts weiter als nützlich ist, ein bloßes Instrument alltäglicher Bedürfnisse?

LK: Man baut, was er möchte. Da gibt es gar kein Problem. Ich bekomme schließlich auch, was ich will.

HK: Mit anderen Worten, wenn Sie mit einem Bauherrn verhandeln, so sprechen Sie nicht über Kunst.

LK: Aber nein.

HK: Sie sprechen über seine Bedürfnisse.

LK: Dann ist Kunst eben die Kunst, ein gemeinsames Vokabular zu finden, das einen aus dem eigenen Kode herausführt, damit man den anderen ansprechen kann. Das ist für ihn wie für einen selbst äußerst wichtig.

JC: Wir sprachen bisher von einzelnen Bauten. Wie würden Sie eine ganze Stadt bauen? Oder anders ausgedrückt: Was ist das Wesen einer Stadt?

LK: Die Stadt ist die Versammlung der menschlichen Institutionen. Mit anderen Worten, sie ist der Ort, wo die Institution dem Menschen bewußt wird. Das Zusammentreffen von Mensch und Gesetzgebung schafft die Institution dessen, was gemeinsamer Wille ist. Ich glaube, ,,Verwendbarkeit" ist heute ein sinnvollerer Ausdruck als Institution. Die Art ihrer Verfügbarkeiten, wie empfänglich sie auf das Streben des Menschen nach Wohlbefinden reagiert, das bildet heute das Maß einer Stadt. Das Verkehrsnetz und andere Bedürfnisse sind bloß die Diener der Verwendbarkeit.

JC: Und wo hat der Soziologe in diesem System seinen Platz?

LK: Er ist ein Beobachter und Berater, aber kein Planer. Ein Sozialplan ist anmaßend. Man muß unterscheiden zwischen Lebensform (way of life) und Lebensart (way of living). Die erste ist allgemein, die zweite persönlich.

JC: Nehmen wir doch Ihre Stadtplanung für Philadelphia aus den Jahren 1952 und 1953 (Abb. 129) als Beispiel.

LK: Erstens liebe ich meine Stadt und will also, daß sie gut ist. Das bedeutet für mich, daß ihr Entwicklungsprozeß ihrem besonderen Charakter entsprechen muß. Ei-

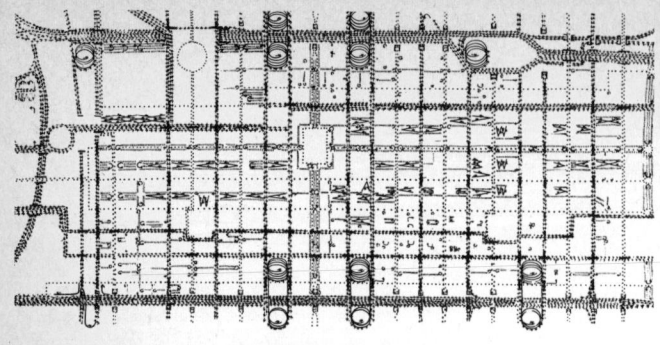

129 Philadelphia City Plan. 1952/53. Louis Kahn. Oben: Verkehrsplan. Unten: Ost—West-Perspektive des Verkehrsplans.

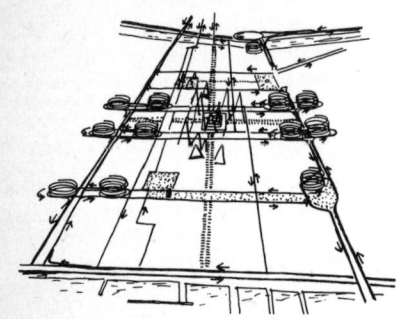

130 Philadelphia City Plan. Skizze der „Gebäude zum Anhalten".

ne Stadt könnte zum Beispiel ein Ort sein, wo man eine freie Fläche auch als solche bewahren kann, ohne sie in ihrer Größe zu beschneiden, weil der Boden so teuer ist. Man sollte keine Rücksicht nehmen müssen auf den Preis von Grundstücken, oder man sollte nicht erst fragen müssen, ob es vernünftig ist, einen Spielplatz mitten in der Stadt anzulegen. Wenn man weiß, daß ein Kind, das in der Stadt wohnt, genauso gerne spielt wie ein Kind auf dem Lande, so kann man diesen Spielplatz nicht groß genug machen. Das ist ein zwingendes Recht.

Ich stelle das Dasein der Stadt nicht in Frage, nicht nur weil es sie gibt, sondern auch weil die Stadt unvermeidlich ist. Sie entspricht einem grundsätzlichen menschlichen Motiv: der Begegnung.

HK: Wenn es in Ihrer Macht läge, würden Sie dann Philadelphia abreißen, um es ganz neu zu bauen?

LK: Nein, denn ich wüßte nicht, wo anfangen. Die Stadt bildet selbst einen Ausgangspunkt. In der Stadt ist so vieles schon da, was den Gang der Ereignisse bestimmt. Die Ergebnisse können nicht vorausgeahnt werden. Was aus der Summe der Gegebenheiten entsteht, kann man nicht antizipieren. Darin liegt der Unterschied zwischen einem Plan und dem, was tatsächlich geschieht, denn man kann Gegebenheiten nicht planen.

HK: Die Überlegungen, die Sie soeben angeführt haben, sind aus dem Plan, so wie er veröffentlicht wurde, nicht klar ersichtlich (Abb. 129). Wenn ich diesen Plan anschaue, so habe ich den Eindruck, daß die Stadt identifiziert wird mit einem bloßen Verkehrssystem.

LK: Ich muß gleich von Anfang an etwas bemerken, das mit einer großzügigeren Betrachtung des Plans aus dem Jahre 1952 zu tun hat. Ich glaube, daß eine Stadt an

214

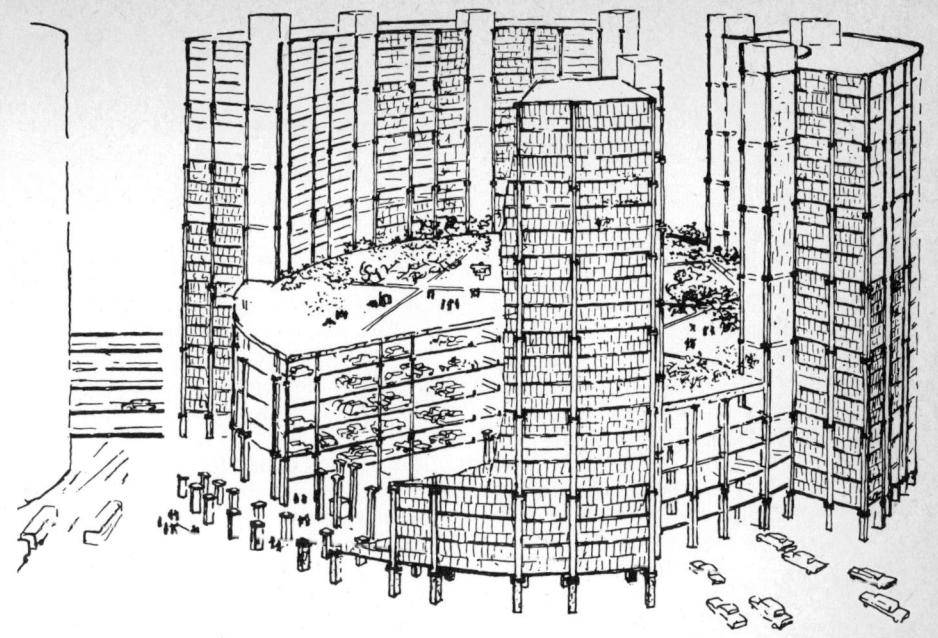

ihren Verwendbarkeiten gemessen wird. Dieser Plan berührt jedoch diese Frage nicht. Er vermittelt nichts anderes als ein Gefühl der Landaufteilung in einem Bewegungsablauf. Ich versuche also, eine physische Gültigkeit für die Bewegung zu finden. Ich setze einige Straßen von anderen ab, entsprechend ihrem Bewegungswert. In diesem Plan wird die Bedeutung des Anhaltens betont. Man kommt irgendwo hin, dann hält man an. Dieser Stelle Form zu geben, das hat mich hier wirklich beschäftigt.

HK: Wenn man zum Beispiel um Manhattan herumfährt, so ist man gezwungen, immer weiterzufahren, weil alle anderen auch in Bewegung sind.

LK: Ja. Es wird einem sehr schwer gemacht anzuhalten. Obwohl man anhalten will, muß man weiterfahren. Sie sehen, das Ganze ist nicht sehr klug.

HK: Was bedeutet Anhalten in Ihrem Sinne?

LK: Anhalten heißt, daß es einen in bezug auf einen Sektor der Stadt strategischen Punkt gibt, wo der Wagen geparkt werden kann.

HK: Es könnte also ein Parkhaus sein?

LK: Das kann heißen, daß eine Straßenkreuzung innerhalb eines Bewegungssystems ein Gebäude sein könnte. Dieses Gebäude wäre eine Haltestelle. Wenn es „Parkhaus" hieße, würden Sie es hassen. Aber wenn es ein Gebäude ist, wo man innerhalb einer Stadt voller Bewegung anhalten kann, dann ist das etwas anderes. Es könnte ebenso bedeutsam werden wie der wichtigste Ort in der Stadt selbst.
1951, als ich mich mit der Verkehrsplanung von Philadelphia zu beschäftigen begann, wurde mir klar, daß die Straßen in gewissem Sinne Flüsse sind und daß diese Flüsse Docks, Kais und Landeplätze brauchen (Abb. 130). Daraus erwuchs das Gefühl, daß es strategische Zonen geben müsse, wo die Docks größer sind als an anderen Stellen. Ich schlug vor, daß diese Landeplätze auch in Gestalt eines Stadions konzipiert wer-

den könnten, das von Parkplätzen umgeben ist; das Innere, das wenig Parkkapazität aufweist, dient als Stadion. Durch die Form dieser Landeplätze entsteht der Raum für das Stadion ganz von selbst und sozusagen umsonst.

HK: Das ergab diese riesigen, runden Hochbauten.

LK: Ja. Es sind nicht einfach nur Parkhäuser. Ich sah keinen Sinn darin, natürliches Licht an geparkte Automobile zu verschwenden; deshalb beabsichtigte ich, die Außenseite der Rundtürme für Hotels, Motels oder gar für Büros zu nutzen. Im inneren Kern sollten also die Versorgungsdienste für das Automobil untergebracht werden und außen die Wohn- und Arbeitsräume.

JC: Glauben Sie nicht, daß ein kontinuierlicher Verkehrsfluß durch die Stadt notwendig ist?

LK: Nein, ich finde, der Verkehr soll außerhalb der Stadt ohne Unterbrechung fließen. In der Stadt selbst sollte dieser Strom organisiert werden und zu Stationen führen, wo man anhalten kann.

HK: Werden unsere Städte nicht mit zunehmendem Fahrzeugverkehr von Autos schließlich ganz verstopft sein? Eines Tages müssen wir das Automobil aus der Innenstadt verbannen. Das trifft jedenfalls für Europa zu.

LK: Je näher man dem Stadtkern kommt, desto mehr muß sich der Aufbau der Stadt ändern. Ein Teil der Stadt sollte Räume haben, die das Ländliche verkörpern — vielleicht auf der dritten, vierten oder fünften Ebene. Auf der ersten, zweiten oder dritten Ebene der Stadt müssen beträchtliche Flächen an das Versorgungssystem abgetreten werden, ungeachtet des Transportsystems, das zur Anwendung kommt.

HK: Wird dadurch der Fußgänger eliminiert?

LK: Nein, es ist eine Stadt für Fußgänger, jedoch auf neuen Ebenen.

HK: Das heißt, Sie müßten die Stadt ziemlich eingreifend verändern. Es könnte bedeuten, daß die alten Häuser, die wir von diesem Fenster aus sehen können, für solch ein neues Verkehrssystem zerstört werden müßten.

LK: Der Neuaufbau würde die Gebäude nur wenig beeinträchtigen, wenn man bloß das Erdgeschoß umbaut und auf der höheren Ebene neue Eingänge erstellt; der Fahrzeugverkehr bleibt ja unten. Die oberste Ebene wäre dann absolut autofrei und würde wirklich zur Straße; sie wäre kein Fahrweg mehr, sondern würde ausschließlich dem Fußgänger gehören. Ich finde es wichtig, daß man die Straßen als Ausgangspunkt großer Veränderungen ansieht. Die Kreuzung ist ein Stück städtischen Bodens; indem sie die vier Ecken dazu erwirbt, kann die Stadt ihren Besitz vergrößern — zur Schaffung eines neuen Straßengebäudes für die Bedürfnisse der Bewegung.

HK: Dann werden also auch die neuen Ebenen, von denen Sie sprechen, zu Gebäuden.

LK: Aber sicher, die Straße selbst wird zum Gebäude. Ich erlebe täglich, daß die Stadt nicht realisiert, wie reich sie ist. Sie sollte alles Land über den Straßen als ihr Eigentum betrachten. Wie hoch ist der Wert eines Grundstücks, das einen Drittel der Stadt ausmacht?

HK: Wenn aber die Straße zum Gebäude wird, wo bleiben dann der freie Himmel, die frische Luft?

LK: Moment mal. Die einfache Tatsache, daß die Straße dort ein Grundstück ist und daß man darauf bauen könnte, wird nicht realisiert. Man sieht es bloß als Straße an, mit ein bißchen Himmel darüber, wunderbar, und bitte, nichts daran ändern! Die Straßen selbst sind nicht ausgenützt worden, obwohl sie Milliarden Dollars wert sind. Den Himmel und die frische Luft gäbe es ja über der Fahrzeugebene.

JC: Es gibt eine Methode der Stadtplanung, die „Anatomie des Ambiente" genannt wird.

LK: Das klingt mir nicht echt, „Anatomie des Ambiente". Das Ambiente ist etwas, das man spüren kann, also kein physisches Merkmal, das eine Anatomie hat. Ich würde eher „Geist des Ambiente" sagen, das gefällt mir besser. Ich glaube nicht an die Soziologie als Schiedsgericht — dafür habe ich keinerlei Sympathie. Ich möchte nicht, daß jemand kommt und sagt, hier sei ein bestimmtes soziales Modell gültig. Man kann auch nicht ein solches Modell vorausplanen. Ich glaube nicht, daß man das tun kann.

JC: Eine Stadt kann man nicht soziologisch planen?

LK: Nur ein Faschist kann so etwas tun. Man kann sich nicht einmal vorstellen, was passiert, wenn sich zwei Personen begegnen. Das ist überhaupt nicht voraussagbar.

JC: Wenn der Soziologe eine Stadt plant, so wird also das Spontane negiert?

LK: Es wird vollkommen negiert. Und keiner kann je ein Modell aufstellen, es sei denn ein völlig starres und unmenschliches. Solange die Städteplaner versuchen, aus ihrem Fach eine Wissenschaft zu machen, anstatt die Wissenschaft für das arbeiten zu lassen, was menschlich ist, so habe ich keine Verwendung für ihr Wissen. Städteplaner, die einen schnurgeraden Fußgängerweg durch die Luft ziehen, denken nicht wirklich menschlich. Die Menschen gehen nicht in geraden Linien, es sei denn, sie müssen einen Zug erwischen, aber dann tun sie es ja auch nicht zu ihrem <u>Vergnügen.</u> Die Stadtplaner stellen sich vor, daß es ein großes Vergnügen sein müsse, hoch in der Luft auf Rampen zu gehen. Und die Stadt New Haven baut Hochhäuser für alte Leute: Die Planer betrachten es vom soziologischen Standpunkt aus, klassifizieren die Menschen und trennen die Alten von den Jungen und so weiter.

HK: Nehmen wir an, die Stadt New York hätte Sie gebeten, das acht Kilometer lange Areal an der East Side neu zu überbauen. Wie würden Sie vorgehen?

LK: Ich würde zuerst einmal sehr stolz sein.

JC: Glauben Sie wirklich, daß der Architekt ein <u>uomo universale</u> sein kann? Ist er überhaupt imstande, alles zu wissen, was er wissen muß, um eine solche Stadt zu bauen? Kann ein Architekt überhaupt all das wissen, ohne Soziologen, Psychologen, Städteplaner, Verkehrsingenieure und Statistiker um Rat zu fragen?

LK: Wenn man ein Haus baut, so kann man mit der Familie reden. Wenn man eine Kirche baut, so kann man mit den Gemeindemitgliedern reden. Wenn man aber eine Stadt baut, so ist man kaum imstande, mit all ihren Bewohnern zu reden, sagen wir mal mit fünfzigtausend Leuten. Das bedeutet, daß man das ganze Problem abstrahieren muß. Auf einmal ist man ganz allein auf sich selbst angewiesen. Doch ein Haus ist in gewissem Sinne nicht so verschieden von einer Stadt. Ich weiß, daß in ersterem nur wenige Leute wohnen werden, und es gibt eine gewisse Grenze in der Größe, die man mit dem Wort „Haus" umschreibt. Mit der Gestalt Haus bedenke ich auch das allen Gemeinsame. Ich denke an jeden Menschen, der in diesem Haus leben könnte, nicht an einen ganz spezifischen. Und in der gleichen Weise sollte auch jeder Mensch in der Stadt leben können, die ich baue.

HK: Wenn Sie eine Stadt für fünfzigtausend Menschen bauen, so müssen Sie sich doch überlegen, welche Einrichtungen diese Menschen brauchen: Läden, Dienstleistungen, Straßen usw. Lauter einfache, konkrete Anforderungen. Es gibt jedoch heute Architekten, die für die fundamentalen Informationen Soziologen heranziehen. Ein so großer Block wie Le Corbusiers Unité in Marseille enthält einen Haufen Läden, die nicht benützt werden. Corbusier dachte wohl, daß alle Leute, die dort wohnen, die Läden im mittleren Geschoß benutzen würden, aber kaum jemand kauft heute dort ein. Das heißt doch, daß er wahrscheinlich zu einer rein statistischen Lösung gelangt ist: so und so viele Leute macht so und so viele Läden. Es kam ihm nicht in den Sinn, daß die Leute das Gebäude zum Einkaufen vielleicht verlassen wollen — daß sie den Wunsch haben könnten hinauszugehen. Die Statistik hat nicht an die Psychologie gedacht. Vielleicht hätte Le Corbusier einen Psychologen konsultieren sollen, wie es heute einige Architekten tun.

LK: Das ist aber jammerschade. Ich glaube nicht, daß man das tun sollte. Mir würde das nicht passieren, weil ich den Unterschied zwischen Einkaufsbummeln und Einkaufen kenne. Vielleicht wurde Le Corbusier einfach falsch verstanden. Man geht nicht unbedingt dort einkaufen, wo man auch kauft. Es gehört zum wahren Charakter des Einkaufsbummels, zum Handelsgeist, daß es nicht in der Isolation vor sich gehen kann. Man geht nicht nur zum Bäcker nebenan, bloß weil er so nahe ist, sondern man geht zum besten Bäcker der Stadt. Das funktioniert eben nicht nach mathematischen Grundsätzen. Es funktioniert erst dann, wenn man das wahre Wesen erkannt hat. Wenn eine Sache keinen Erfolg hat, so entspricht sie eben dem Wesen der Sache nicht. Das Krokodil muß ein Krokodil sein wollen aus der Krokodillogik heraus. Das hat nichts zu tun mit der menschlichen Logik, die man dem Krokodil aufzwingen möchte. Es ist sehr bemerkenswert, daß die gleiche Ordnung für alle gilt, aber die Gestalt ganz verschieden ist. Wenn das Krokodil ein Krokodil sein will, so heißt das, daß seine Neigungen, sein Streben, etwas zu sein, sich von unseren Neigungen und Bestrebungen unterscheiden. Und in uns sollte das Staunen so groß sein, daß wir das Krokodil nicht einmal antasten. Es gibt eine Natur, die man nicht übergehen kann. Ich glaube an Begabungsschulen. Ich glaube nicht an Erziehung, weil das Methodik impliziert. Man kann einen Menschen nicht <u>zwingen</u>, etwas zu verstehen, was nicht Teil seiner Neigungen ist. Die Leute sagen, man müsse versuchen, seinen Verstand zu entwickeln. Das klingt nicht sehr wahr. Man kann einen Menschen nicht ändern, was seine Neigungen betrifft. Er kann das ausüben, wofür er von Natur aus begabt ist. Er entwickelt sich,

131 First Unitarian Church, Rochester, Staat New York. 1963/64. Louis Kahn.

indem er diese Begabung ausdrücken kann. Gut, er wird ein Buch zur Hand nehmen und es lesen. Aber es kann geschehen, daß er die Sache für den Rest seines Lebens haßt, wenn er etwas lesen muß, das nicht seinen Neigungen entspricht. Lernen ist nicht etwa Übungssache. Wenn ein Mensch die anderen Menschen um ihn herum beneidet und ihre besonderen Fähigkeiten erkennt, so wird er ein Buch zur Hand nehmen; andernfalls wird er es sein lassen.

Ich zum Beispiel möchte nie ein Anwalt sein, andere dagegen würden für das Recht sterben. Ich habe nie den geringsten Neid auf die Ärzte verspürt. Aber ich beneidete stets die Leute, die schreiben können. Die Schönheit irgendeiner Dichtung brachte mich fast um den Verstand. Warum war es so schwierig zu wissen, wo ich hingehöre? Ich mußte den Weg zu mir selbst durch meinen eigenen kleinen Privatkrieg gegen mich selbst und gegen andere finden, und das hat mich stark gemacht. Wenn man mir also ein paar Tricks beibringt, zum Beispiel wie man einen Bleistift richtig in die Hand nimmt, so kann ich anfangen. Das bedeutet, daß ich glücklich bin.

Ich muß meine Scheu vor dem Tonbandgerät überwinden; es irritiert mich. Deshalb habe ich etwas für Sie geschrieben, das ich Ihnen gerne vorlesen möchte. ,,Des Menschen Geist schuf die Architektur, deren Wunder sich in den großen Stilen kristallisierten. Die Architekturstile der Zukunft sind nicht voraussagbar. Die Eingebungen, die dem heute noch nicht Gedachten, nocht nicht Geschaffenen Gegenwart verleihen, werden von den Visionen unserer Führer (leader) abhängig sein. Der inspirierte Führer ist der natürliche Mitarbeiter eines inspirierten Architekten, der den Geist der Architektur durch seine Werke auf neue Weise offenbaren wird ... ''

JC: Es tut mir leid, Sie unterbrechen zu müssen, aber was verstehen Sie unter einem ,,Führer''?

LK: Unter ,,Führer'' verstehe ich eine Person mit visionärer Kraft. Alle großen Führer hatten sie, sogar die despotischsten unter ihnen.

HK: Dabei muß man unmittelbar an Hitler und seine Architektur denken, die doch ein völliger Fehlschlag war.

LK: Ja, aber er glaubte, ohne einen inspirierten Architekten auskommen zu können. Das war sein Problem. Wäre er wirklich ein großer Führer gewesen, so hätte er die Größe eines anderen Führers anerkannt.

JC: Wir hatten im 20. Jahrhundert viele große Führer, die keine gute Architektur hervorgebracht haben: Roosevelt nicht, Pius XII. ganz bestimmt nicht, Mussolini und Franco auch nicht, und Stalin war vielleicht der Schlimmste von allen.

LK: Vielleicht ist meine Formulierung nicht deutlich genug. Unter einem Führer verstehe ich nicht unbedingt einen nationalen Führer. Ich meine damit einen Führer wie Jonas Salk (amerikanischer Mikrobiologe, der den Impfstoff gegen die Kinderlähmung erfand; er war der Auftraggeber Louis Kahns für den Bau eines neuen Forschungszentrums in San Diego, USA). Er ist ein Führer im wahrsten Sinne des Wortes, weil er nie zuerst an sich selbst dachte. Ein Führer ist nicht einfach ein Mensch, der etwas will; meist ist er ein Mensch, der etwas geben will. Denken Sie nicht an Hitler und Stalin, sondern an Oppenheimer und Salk, Beethoven und Newton. Dann verstehen Sie, was ein Führer wirklich ist.

JC: Nun, Sie sprechen von bedeutenden Männern.

LK: Wir sprechen doch immer von bedeutenden Männern. Hitler war notgedrungen ein Versager. Was er erreichen wollte, entsprach nicht dem unmittelbaren Verständnis der Allgemeinheit. Er plante eine Rasse von Giganten, zum Beispiel. Aber die Menschen sind keine Giganten. Das ist eine Voraussetzung, die der Mensch nicht erfüllen kann.

HK: Hitlers Architektur mußte auf künstlichste Weise das eigennützige Machtgefühl des Führers symbolisieren. Obwohl sie monumental ist, erfüllt sie bloß eine Funktion der Politik. Sie bleibt im Bereich der „Bedürfnisse".

LK: Denken Sie stets daran: Man muß über die Bedürfnisse hinaus bauen! Man baut ein Zimmer, das einen anregt, wenn man es betritt. Über ein solches Zimmer kann man vieles sagen. Es kann als Anfang der Architektur bezeichnet werden.

Denken Sie zum Beispiel an das Heim. Wenn man ein Haus baut, so dient man der Institution des Heims. Während man es baut, denkt man ständig: „Kann das ein Heim für jemanden werden?" Gewiß, aber das hängt von denen ab, die es bewohnen. Denn sehen Sie, ein Haus erfüllt ein Bedürfnis, aber ein Heim erfüllt einen Wunsch.

HK: Wir wollen den Unterschied, den Sie zwischen Bedürfnissen und Wünschen machen, etwas genauer betrachten. Ihre Unitarier-Kirche in Rochester, Staat New York (Abb. 131), besteht aus einem großen, inneren Versammlungsraum, der umgeben ist von einem äußeren Gürtel aus kleinen Räumen, die für den Religionsunterricht, den Kindergarten und gesellige Anlässe bestimmt sind. Die Außenwand dieser Räume wird durch Nischen aufgebrochen, welche über die Fensterlinie hinaus vorspringen. Dadurch erhalten Sie ungewöhnliche Innenräume und gleichzeitig dieses kubistische Äußere. Zuerst empfanden die Leute diese Nischen als überflüssig. Ich habe mit ihnen gesprochen und erfuhr, daß sie zunächst nicht wußten, was sie mit ihnen anfangen sollten. Sie waren völlig beherrscht von der Vorstellung, daß jeder Raum und jeder Teil eines Raumes eine Funktion haben müsse. Irgendwie waren sie frustriert, und sie fragten sich, wozu die Nischen wohl zu gebrauchen seien, bis sie bemerkten, daß sie keine besondere Funktion hatten. Doch die Kinder im Kindergarten sitzen mit Vorliebe in diesen kleinen Alkoven; sie verstecken sich dort und spielen. Sie fühlen sich hingezogen zu einem Raum, der offensichtlich überflüssig ist. Dann fingen auch die Erwachsenen an, diese Nischen zu schätzen und sie räumlich zu erleben. Der ganze Raum wäre charakterlos gewesen, wie es oft genug der Fall ist, wenn ihm diese „überflüssigen" Nischen nicht einen besonderen Reiz verliehen hätten, auch durch ihr eigenartiges Licht.

LK: Ich arbeitete in zwei Stufen an diesem Projekt. Die erste betraf den Eingang und das Hauptgebäude. Dann fügte ich ein weiteres Stück an, das später ausgeführt wurde. In beiden Fällen waren die verfügbaren finanziellen Mittel sehr bescheiden. Aber beide Male stellten die Leute, welche die Ausgaben für die Stiftung verwalteten und sich um die Planung jedes einzelnen Abschnittes kümmerten, sehr hohe Ansprüche. Mein erster Entwurf enthielt viel größere Räume als der heutige Bau; sie waren viel schöner und reicher an Atmosphäre, und man hätte damit viel mehr Leute erfreuen können, aber ich mußte sie aufgeben wegen der beschränkten Mittel. Immer wenn ich mich einschränken muß, lasse ich mich anregen von der Architektur der Shaker (amerikanische Sekte, die sehr einfache, aber eindrückliche Bauten erstellte). Der Bau sollte zunächst viel größer und in seinen Merkmalen vielfältiger werden, so daß ein weiteres Reaktionsspektrum entstanden wäre.

Doch ich war mir bewußt, daß ich auf diese Nischen nicht verzichten konnte. Was Sie darüber sagen, trifft meiner Meinung nach zu. Ihre Verwendung — und ihre Würdigung — entspricht dem Wunsch und nicht bloß dem Bedürfnis. Wenn sie nicht wären, so hätten diese Räume das Bedürfnis gar nicht transzendieren können. Sie waren in meinem Projekt von Anfang an sehr wesentlich.

Es ging hier nicht um einen persönlichen Ort für ein Individuum, sondern um einen Ort für viele. Selbst wenn man die Befehle von Individuen ausführt, hat man keinen eigentlichen Kunden in dem Sinne, wie ich das Wort verstehe. Der Kunde ist die menschliche Natur. Für mich besteht kein Unterschied, ob man einer oder mehreren Personen dient. Dieser Kirchenbau ist eine kleine Welt innerhalb einer Welt, so wie auch ein Haus eine kleine Welt innerhalb einer Welt ist, aber die beiden sind doch verschieden voneinander. Die eine Welt schafft ein Zuhause, die andere einen Ort, der zwar von zu Hause entfernt ist, trotzdem aber an das Zuhause erinnern soll. Man verliert das Heim also nie aus den Augen, denn ein Mensch, der an einen entfernten Ort kommt, muß spüren, daß er sich an einem Ort befindet, wo sein Zuhause nicht von ihm getrennt ist.

JC: Das Individuum, das Ihnen den Auftrag erteilt ...

LK: Anstatt „das Individuum, das" sagen wir doch einfach „die Lebensform, die den Auftrag erteilt". Vergessen wir doch, wer das ist, ob es nun ein König oder ein einfacher Mensch sei. Man nimmt keinen Auftrag von einem Individuum entgegen. Man erhält ihn von der Lebensform. Das heißt, wenn man ein Haus entwirft, so tut man das zwar für ein bestimmtes Individuum, aber ebenso für das nächste, welches das Haus nachher übernimmt. Sonst dient man der Architektur ja überhaupt nicht.

Man kann keine gewaltigen Burgen bauen, die sich niemand leisten kann, weil es die Lebensform nicht mehr gestattet; sie sagt mir, daß das heute unmöglich ist. Es gibt keine Könige mehr. Heute kann ein ganz gewöhnlicher Mensch, ein Lehrer zum Beispiel, dem Architekten sagen, was er wünscht. Das ist dann die Lebensform, die zum Architekten spricht, nicht eigentlich der Lehrer oder der Ladenbesitzer oder der Bankier; es ist ihre Lebensform, die mich verpflichtet. Der Ausdruck einer Epoche kann nur aus einer Architektur kommen, welche der Lebensform ihrer Auftraggeber entspricht.

JC: Es gibt Kunden, die sich wie Könige benehmen und in ihren Forderungen der Zeit, in der sie leben, nicht Rechnung tragen, die also extravagante und wirklichkeitsfremde Vorstellungen haben. Wie würden Sie ihnen diese Vorstellungen ausreden?

LK: „Extravaganz" ist unbegründet, darum geht es gar nicht. Es geht um die Wahrheit, ob etwas echt ist in dieser Epoche.

JC: Oder sagen wir einmal, Sie haben einen Kunden, der getrennte Toiletten für Schwarze und Weiße haben will, an einer Bushaltestelle oder in einer Arztpraxis.

LK: Ich würde ihm sagen: „Das ist nicht wahrhaftig. Um nichts in der Welt könnte ich das tun."

JC: Oder Sie haben einen Bauherrn, der ein Hotel in Miami Beach mit einem Foyer in französischem Provinzialstil wünscht.

LK: Wenn er findet, das sei die heutige Lebensform, so irrt er sich. Nein, mein Lieber. Nichts von der Sorte werde ich tun. Das gleiche trifft zu für das Theater. Wenn man einen Koitus als Ausdruck der Freiheit auf die Bühne bringt, so ist das nicht mehr Theater; Symbole werden geschändet. Der Akt wird zufällig und beiläufig, ein Bordell am falschen Ort. Theater beruht nicht auf der wirklichkeitsgetreuen Darstellung; die wahre Substanz des Theaters entspricht eigentlich meiner Auffassung von der Substanz des Lichtes: unendlich viel heller, als ich es beschreiben könnte.

JC: Wir möchten mehr über den Weg erfahren, den Sie vom ersten Vorstellungsmoment bis zum endgültigen Ergebnis verfolgen oder, um es mit Ihren eigenen Worten zu sagen, der Sie vom Wunsch zur Verwirklichung führt. Wie gelangen Sie vom Wunsch zum Gebäude?

Nehmen wir doch als konkrete Beispiele die zwei Wolkenkratzer, die Sie entworfen haben, den mit dem Tetraeder, der nie gebaut wurde (Abb. 128), und den Kansas City Tower (Abb. 132). Der erste ist reine Phantasie, die Verwirklichung eines Wunsches. Der zweite hat alle Stufen der Anforderungen, die praktische Bedürfnisse stellen, durchlaufen und wird gebaut werden. Diese beiden Gebäude erweisen sich als sehr verschieden. Der Turm in Kansas City gleicht eher einem normalen städtischen Hochhaus. Warum sind die Bauten so verschieden?

LK: Das ist eine wunderbare Frage. Warum sind sie so verschieden? Das ist wunderbar. Man könnte sagen, daß der Wolkenkratzer aus Tetraedern wahrhaftig etwas mit dem Märchen zu tun hatte. Man will einen Wolkenkratzer, der einfach von selbst entsteht, ohne daß man etwas über Wolkenkratzer lernen muß. Man faßt den ersten Gedanken, und schon steht er da. Man macht sich die befreienden Kräfte der Natur zunutze, die Art, wie die Natur die Dinge schafft — mit einer völlig unzugänglichen Antwort auf die Frage nach dem, was über dieses Schaffen gebietet. Diese Gebote sind schrecklich unwiderlegbar. Das hat mit Geschichte nichts mehr zu tun. Ich wußte, daß ich bei der Konstruktion eines Wolkenkratzers den Wind berücksichtigen mußte, aber ich kannte keine von den Formeln, die das Windproblem betreffen. Ich wollte mich nicht einfach auf irgendeine Lösung festlegen, sondern eine Ordnung finden, die das Problem des Windes von selbst löst. Ich wußte, das Dreieck ist nicht verformbar, und vertraute darauf, daß es halten würde. Ich ging nie ab von der natürlichen Spiralenentwicklung der Tetraeder.

HK: Hätte dieser Plan verwirklicht werden können?

LK: Ja. Aber sehen Sie, es liegt nicht im Rahmen der Führergesellschaft — was ich eigentlich meine, wenn ich ,,Führer'' sage. Das entspricht dieser Gesellschaft von Führern nicht. Sehen Sie, ich bin immer abhängig von jemandem, der mein Projekt ausführt; dieser Jemand ist ein Mensch mit eigenen Neigungen.

Was ich mit meinem Tetraederentwurf erreichen wollte: die Freiheit, etwas zu entdecken. Es gibt Entwürfe, die keinen Auftraggeber haben. Sie sind wunderschön, Offenbarungen eines reinen Herzens. Denken Sie an Boullée oder an Ledoux, die Formen entwarfen, welche keiner anderen Sache dienten als dem Geist der Architektur. Was den Geist des Menschen erfüllt, drängt nach außen.

HK: Utopische Architektur hat Schwächen, die man nicht übersehen darf. Es gibt Architekten, die ihre utopischen Ideen der Welt aufzwingen wollen, und es gibt eine Architektur, die allein ihre eigene Großartigkeit zelebrieren möchte und das wirkliche Leben mißachtet. Auch Boullées gigantische Übertreibungen schaffen eine unwirkliche Welt aus reiner Phantasie.

LK: Er ist dennoch stets ein Mensch; das heißt, das Wunder seiner Einzigartigkeit kann, wenn es enthüllt wird, die anderen Menschen rühren. Urteilen ist schlecht. Sie haben soeben zu schnell geurteilt, zu sehr bereit, etwas zu klassifizieren. Das ist eine typische Gewohnheit der Historiker. Sie entscheiden, was sie vernichten und was sie retten wollen.

JC: Aber es gibt eine Art utopischer Architektur, die aus der Realität hervorgeht, und eine, die der Realität aufgezwungen wird.

LK: Wenn Sie das Märchen aus der Realität verbannen, so bin ich Ihr Gegner, denn es ist doch die schillerndste Realität, die es gibt. Die Utopie ist auf eine Weise Realität, sie ist in der Realität. Das ist der springende Punkt: Utopia ist wirklich.

JC: Gibt es heute überhaupt eine utopische Architektur?

LK: Nein. Die Utopie regt manchen an, aber Utopie selbst? — Nein, es gibt heute keine Utopia. Wenn etwas wirklich utopisch wäre, so würde ich ihm alles verzeihen. Denn das wäre doch irgendwie ein Ausdruck von Jugend, wie Boullée und Ledoux.

HK: Die Utopie unterliegt heute einem Mißverständnis, das seinen Ursprung in einer hypothetischen Sicht vom Dasein in der Zukunft hat, einer Sicht, die einzig und allein durch mutmaßliche Bedürfnisse bestimmt wird. Diese Utopie wird verstanden als mechanische Megastruktur von Funktionen — wie Warren Chalks Plug-in Living Unit (siehe Abb. 96). Das ist eher futuristisch als utopisch.

LK: Wieder etwas, was man nicht sagen darf. Denn man kann nur für die Gegenwart bauen. Es geht nicht darum, daß man die Gegenwart wie eine Formel begreift und daß deshalb auch die Zukunft in eine Formel gefaßt werden kann. Futuristisches gibt es bei Beethoven, aber er ist keineswegs ein Futurist. Er kennt den Sinn einer Sache, kennt sein Gebiet so phantastisch, daß er über die Gegenwart hinausreichen kann. Das ist alles. Wer baut, baut nie für die Zukunft.

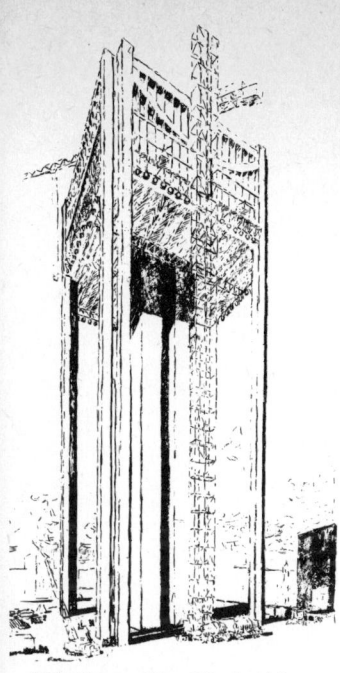

132 Kansas City Bürohochhaus, Kansas City, Missouri. Louis Kahn. Skizze des Turms im Bau.

133 Kansas City Bürohochhaus. Perspektive.

JC: Sagen wir einmal, Sie erhalten einen Auftrag für ein bestimmtes Projekt. Fangen Sie mit dem Entwurf an, als ob sie keinen Auftraggeber hätten — mit Traumzeichnungen, die frisch aus dem Reich der Wünsche kommen?

LK: So muß es anfangen.

JC: Jedes Projekt beginnt mit dieser Art von ...

LK: Aber sicher. Es muß ohne Auftraggeber anfangen, denn dieser darf nicht bestimmen. Wenn er etwas bestimmt, so wird sich das nur zu einem Haufen vorgegebener Teile zusammenfügen, und er stellt einen nur an, weil man die Materialien kennt und dem Ganzen ein hübsches Äußeres verleihen kann. So leistet man nichts, absolut nichts, und man ist in keiner Weise ein Architekt. Man ist dann vielleicht ein Außendekorateur.

JC: Dachten Sie beim Kansas City Tower auch an seine Umgebung (Abb. 133)? Wie verhält er sich zur Straße und zu den umliegenden Gebäuden? Haben Sie sich darüber Gedanken gemacht?

LK: Nein, eigentlich nicht. Ich machte mir darüber keine Gedanken, weil eine Atmosphäre von gegenseitigem Respekt von selbst entstehen muß, vermittelt durch die Gebäude selber. Wenn es um einen herum Bauten gibt, die man nicht respektieren kann, so besteht die natürliche Tendenz, sein eigenes Gebäude offen und eindeutig einzusetzen als etwas, was dann hoffentlich respektiert wird. Aber wenn man in Gegenwart eines Gebäudes arbeitet, das man respektiert, so soll man ehrerbietig sein, als ob die Gebäude Menschen, lebendige Wesen wären.

JC: Gab es in der Gegend nichts, worauf Sie sich positiv beziehen konnten?

LK: Nein.

JC: Beim Durchblättern eines Ihrer Skizzenbücher habe ich einige Zeichnungen von römischen Bauten entdeckt — vor allem von Hadrians Villa in Tivoli. Ich frage mich, ob diese römischen Ruinen auf Ihr Werk einen gewissen Einfluß ausüben, insbesondere bei den Bauten in Dacca und Ahmedabad.

LK: Nein. Ich bin versucht, zu sagen, „Einfluß" ist wieder eines dieser Wörter, die von jedermann falsch interpretiert werden können. Es könnte heißen, daß man sich hingesetzt und etwas abgezeichnet hat. Ich bin nicht so beschaffen. Ich gehöre nicht zu denen, die etwas wörtlich von irgendwo übernehmen. Ich denke mir die Dinge selbst aus. Selbst wenn ich einen wissenschaftlichen Bericht lese, pflege ich daraus das zu ziehen, was mir persönlich an einer wissenschaftlichen Darstellung entspricht. Ich nehme so etwas nie nur als Tatsache oder verwende es als Quelle, aus der heraus ich arbeite.

JC: Ich habe eine Gegenüberstellung Ihrer Bauten in Dacca und der Villa Hadrians gesehen; die Gebäude waren nebeneinander abgedruckt, wie eine Art Erklärung ...

LK: Lächerlich!

JC: Sie finden das lächerlich?

LK: Absolut!

JC: Sie machen es sich ein wenig leicht. Warum finden Sie das lächerlich?

LK: Vielleicht gibt es irgendein Fragment oder einige äußerliche Merkmale, die übereinstimmen. Die Kreisform zum Beispiel (Abb. 134); ich käme jedoch nie auf die Idee,

134 Regierungszentrum von Bangladesch. Portikusbogen im Spital.

224

einen Kreis zu verwenden, den ich irgendwo gesehen habe, wenn er nicht einer Ordnung entspricht, innerhalb deren ich etwas Geeignetes suche. Der Unterschied ist beträchtlich. Wenn Sie sehr sorgfältig hinsehen, so bemerken Sie, daß einige Kreise gar keine echten Kreise sind. Sie sind sogar im Zentrum gebrochen, und zwar wegen der Erdbebengefahr in dieser Gegend. Auch in Hadrians Villa findet man einige Kreisformen; ich kenne sie sehr gut. Aber wem gehört der Kreis? Das ist doch lächerlich.

JC: Sie können jedoch nicht abstreiten, daß Ihre Backsteinbogen unmittelbar an römische Bauten erinnern.

LK: Das liegt doch in der Natur des Backsteins. Wenn man Backsteine verwendet, so gelangt man zu bestimmten Lösungen, die eben manchmal wie römisches Mauerwerk aussehen, denn Backsteine ergeben so ein Mauerwerk. Ich verwende das ohne Bedenken, obwohl es römisch aussieht, denn das ist die Ordnung, die dem Backstein entspricht. Wo können Sie in römischem Mauerwerk einen Segmetbogen sehen, der so eingesetzt ist (Abb. 135), ohne durch einen Haufen Backsteinverstrebungen verstärkt zu werden? Das Bindeglied unter den beiden Segmentbogen (oben) ermöglichte eine Mischordnung aus Backstein und Beton. Beton verwende ich deshalb, weil ich die Eigenschaften des Backsteins kenne. Ich wäre nie imstande, so etwas auszuführen, wenn ich Backsteinmauerwerk nicht ganz allgemein respektieren würde, das römische wie jedes andere. Das ist niemandes Eigentum, keine willkürliche Form. Es ist kein Motiv, sondern liegt in der Ordnung des Backsteins.

HK: Die großen Öffnungen in den Schirmwänden in Ahmedabad und Dacca schei-

135 Indisches Verwaltungsinstitut, Ahmedabad, Indien. 1964–1966. Louis Kahn. Mauerwerkdetail.

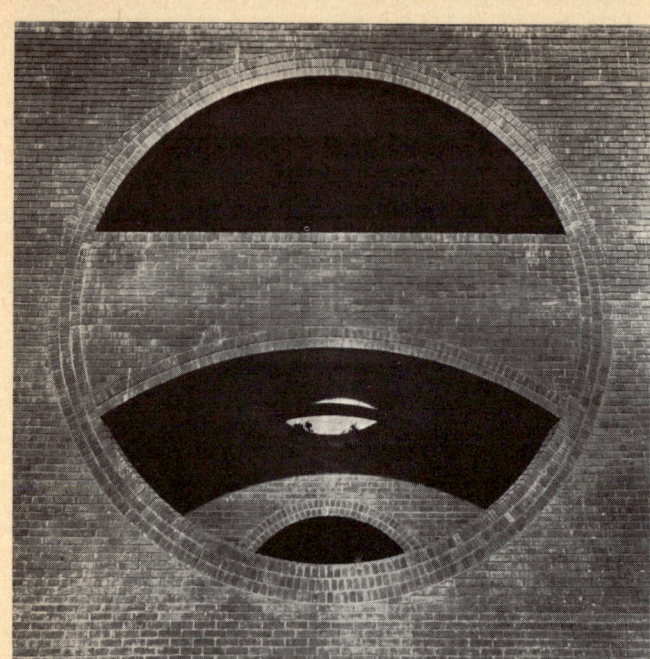

136 Regierungszentrum
von Bangladesch.
Bogendetail.

137 Erdmann-Studenten-
siedlung, Bryn Mawr
College in Bryn Mawr,
Pennsylvania. 1964/65.
Louis Kahn. Türgriff.

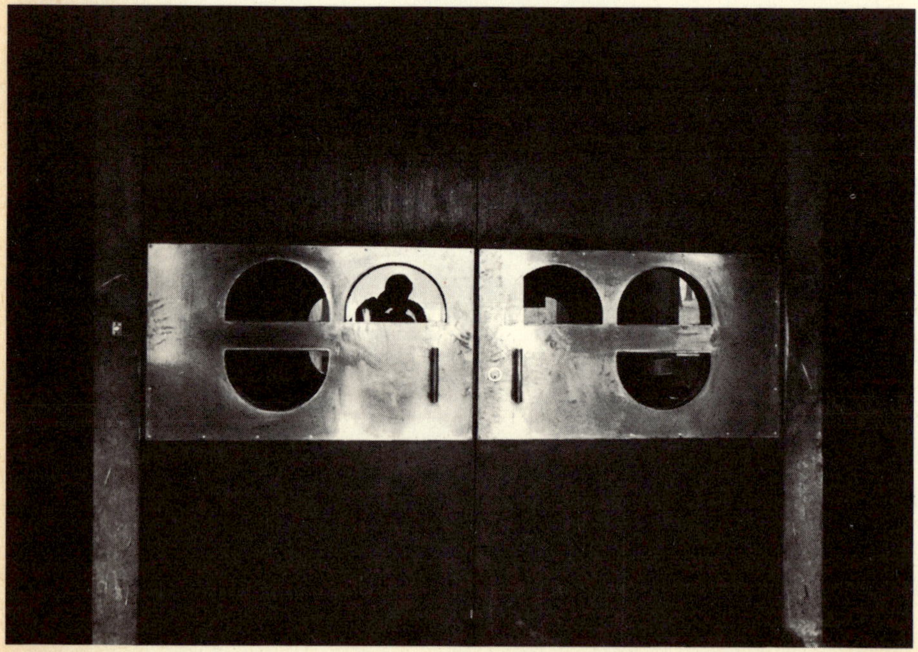

138 Indisches Verwaltungsinstitut. Wohneinheiten.

nen ihre Vorgänger in einem ornamentalen Motiv beim Bryn Mawr College zu haben (Abb. 136 und 137). Bei den Studentenhäusern haben Sie Türgriffe aus flachen Metallplatten verwendet, in denen Kreise und Halbkreise ausgeschnitten sind.

LK: Ich weiß. Das stimmt. Ich habe eine Tendenz, auch in meinen Zeichnungen, runde Öffnungen zu machen, irgendeine Öffnung oder einen Bogen.

HK: Das ist eine Kombination von Formen, die zum erstenmal bei diesen Türen am Bryn Mawr College erscheint. Sind diese Türgriffe nicht eine Miniatur Ihrer großartigen Schirmwände in Indien und in Dacca?

LK: Nein, da gehen Sie zu weit. Das stimmt nicht.

HK: Aber kann man denn nicht eine gewisse Vorliebe für eine bestimmte Form haben, ohne Rücksicht auf Dimension und Funktion?

LK: O ja, bestimmt, aber ich interpretiere das ganz anders. Selbst wenn die Form die gleiche ist, so hat es doch mehr mit der Gliederung und der Richtung der Kräfte in einer Ebene zu tun. Wenn ich eine Türe aus einem rechteckigen Plattensystem hätte, deren Platten also quadratisch oder rechteckig sind, so würde ich eine diesen Platten konforme Öffnung machen. Wenn ich jedoch eine glatte Oberfläche habe, durch die ich ein Loch stanzen muß, so möchte ich die Öffnung leicht erscheinen lassen, sie kreisförmig gleiten lassen, als ob sie keinen Rahmen bräuchte. Ich spüre die Richtung der Kräfte in der Türe; diese Kräfte spielen und widersetzen sich mir, der ich diese Öffnung durchbrechen will — als ob ich in die Türe einschneiden würde. Die Türe ist empfindlich gegen das Ausmaß der Zerstörung, das man ihr antut. Ich gehe so schonend wie möglich vor, und das ergibt eben eine Kreisform.

Das ist nicht so sehr eine Vorliebe als der Glaube an eine Form. Ich würde nie mit neuen Formen spielen, nur um nicht stereotyp zu sein. Ich könnte eine Form nie als Mittel forcierter Abwechslung einsetzen.

JC: In der Wand des Wohnblocks in Ahmedabad gibt es ein horizontales, freihängendes Betonelement (Abb. 138) ...

LK: Das Betonbindeglied, das den Bogen daran hindert, nach außen zu drücken. Es hält den Bogen in der Wand. Das nenne ich eine Mischordnung. Der Beton kann dem Backstein helfen, so daß dieser wieder verwendbar wird. Der Backstein trägt sein

227

139 Regierungszentrum von Bangladesch. Speisesäle.

eigenes Ende in sich, denn er ist nicht wendig genug. Wenn ich diese Mischordnung nicht entdeckt hätte, so wäre das ganze Projekt in Beton ausgeführt worden.

JC: Wofür waren diese langen Segmentbogen unter der Dachlinie nötig?

LK: Auf jedem Dach befindet sich eine Terrasse. Man schläft hier auf den Dächern, deshalb brauchte ich eine Balustrade. Jene Öffnung, die durch den Segmentbogen gebildet wird, ist nötig, damit die Luft sich nicht staut. Ein Geländer hätte nicht genug Privatsphäre gewährt, und wenn man einen Vorhang an das Geländer gehängt hätte, so wäre wieder zu wenig Luft durchgeströmt. Ein anderer hätte vielleicht ein Geländer eingesetzt, aber ich wollte kein zusätzliches Material. Ich wollte die Backsteinordnung weiterentwickeln und nicht allzu viele Materialien auf dem Schauplatz haben — so wie jemand, der sehr reich ist und zuviel Geschirr hat, von dem er essen kann. Nein. Ich wollte genügsam sein, deshalb hielt ich an der Ordnung fest, soweit ich konnte. Es ist, als ob man einen Walzer komponierte, und da versucht man nicht eine Symphonie mit hineinzukomponieren. Es geht hier nur um <u>eine</u> Art von Materialkombination: Backstein und Beton.

Der Beton half mir, große dicke Wände zu vermeiden und soviel Luft wie möglich zu bekommen. Der Beton entspricht den Riemen bei einem Schrankkoffer: Der Koffer selbst ist aus Holz, aber man nimmt Metall, um das Holz zu verstärken. Das ist auch eine Mischordnung.

JC: In der dreiteiligen Fassadenkomposition, wenn ich es so nennen darf, scheint das Bindeglied im mittleren Teil überflüssig; die Betonelemente zu beiden Seiten würden ausreichen, um zu tragen.

LK: Ja, ich hätte es so machen können, denn die beiden Bindeglieder auf den Seiten genügen vollauf; dieser Muskel ist stark genug. Aber das dritte Glied ist aus einem anderen Grund erforderlich: Ich brauche die Öffnung für die Luft im mittleren Teil.

HK: Denken Sie manchmal zurück an Ihr Studium, an die Zeit, in der Sie korinthische Kapitelle und Beaux-Arts-Grundrisse zeichneten?

LK: Nur im Sinne einer Würdigung der Bedeutung von Ordnung. Diese Ausbildung gab <u>mir</u> das Verständnis für die Ordnung, das heißt für eine ästhetische Ordnung.

HK: Dekorative Ordnung?

LK: Nein, nein, denn es war nicht eigentlich Dekoration, sondern Schmuck. Es war schmückende Betonung der Nahtstelle, des Aufeinandertreffens verschiedener Teile, eines Ereignisses also; genau das war es in der Tat. Ich begriff, daß ein Kapitell seine Voluten ausstrecken mußte, um den Architrav zu empfangen. Es mußte sich ihm entgegenstrecken, diesen aufnehmen, und diese Stelle mußte dicker sein als die Säule. Das war eine ungeheure Erkenntnis, und heute ist das mit dem Beton nicht anders, als es vor langer Zeit mit den Säulen war.

HK: Sie würden keine Säulen mehr verwenden?

LK: Das kann man nicht. Wenn man heute eine Säule verwendet, so ist es nie eine echte Stein- oder Backsteinsäule, weil diese ja gar nicht genug Stabilität verleihen könnte. Wenn man heute ein hohes Gebäude mit Backsteinsäulen baute, so wären die Spannweiten enorm klein und die Konstruktion sehr schwerfällig.

HK: Könnte man sagen, daß die Klarheit der Nahtstelle, die Zelebration der Nahtstelle in Ihren Bauten, der Bedeutung eines Kapitells entspricht?

LK: Ja. Um es verständlicher zu machen: Es geht eigentlich um die Verherrlichung des Treffpunkts zweier Materialien.

HK: Welche Funktion haben diese riesigen Wände mit den kreisförmigen Öffnungen (Abb. 139)?

LK: In den heißen Ländern braucht man einen überdachten Vorbau, der Gebäude und Menschen vor der Sonne schützt. In Ahmedabad (Abb. 140) habe ich damals keine Klimaanlage vorgesehen, weil dafür kein Geld vorhanden war. Auch in Bangladesch ist eine Klimaanlage beinahe überflüssig, denn die Orientierung der Gebäude stimmt. Da die Sonne nie ins Gebäude hereinscheinen kann, wird die Klimaanlage sehr viel

140 Indisches Verwaltungsinstitut. Studentenwohnhäuser.

weniger belastet. Diese Wände sind ein Sonnenschutz; sie bilden eine Wand von reflektiertem Licht, was das blendende Hell, das durch die Öffnungen kommt, bricht.

HK: Das definiert die Funktion dieser Wände; zugleich sind sie unglaublich eindrucksvolle Figurationen.

LK: Ich weiß. Wenn ich es nur vom funktionellen Standpunkt aus betrachtet hätte, so hätte ich einfach einen <u>brise-soleil</u> vorlegen können. Da ich jedoch Architektur mache, wurde es ein Vorbau. Und dieser Vorbau ist ein Raum. Es entstand somit etwas, was mehr bewirkt als nur eine Funktion zu erfüllen. Man könnte das mit einem Sonnenschirm oder irgendeinem Zubehör, das in keiner Weise eine architektonische Identität hat, auch lösen. Ich aber baute Gebäude innerhalb von Gebäuden. Der Sonnenschirm wurde Außenwand eines Vorbaus, der das innere Gebäude vor der Sonne schützt.

Natürlich gibt es andere Möglichkeiten, ein Gebäude abzuschirmen: Das amerikanische Botschaftsgebäude in New Delhi von Ed Stone ist ein gutes Beispiel dafür. Er baute einen wunderschönen Innenhof. Ich finde ihn wunderschön, wenn man sich nicht zu lange drin aufhält. Er ist schön, weil über eine relativ große Fläche ein Wasserspiel plätschert. Aus einem großen Teich sprüht diffuses Wasser auf, und über dem Teich ist ein <u>brise-soleil</u>, durch den die Sonne scheint. Man sieht die Sonne nicht, man sieht nur die Gischt des Wassers im Licht; das ergibt ein leuchtendes Licht und schafft wirklich eine zauberhafte Atmosphäre. Aber wenn man nähertritt und den <u>brise-soleil</u> sieht, so wendet man sich ab, denn der Himmel wird in winzige Rauten zerschnitten, was sehr häßlich aussieht. Stone hätte hier etwas äußerst Schönes erreichen können, wenn er das sprühende Wasser eine Art „Vorbau" hätte bilden lassen.

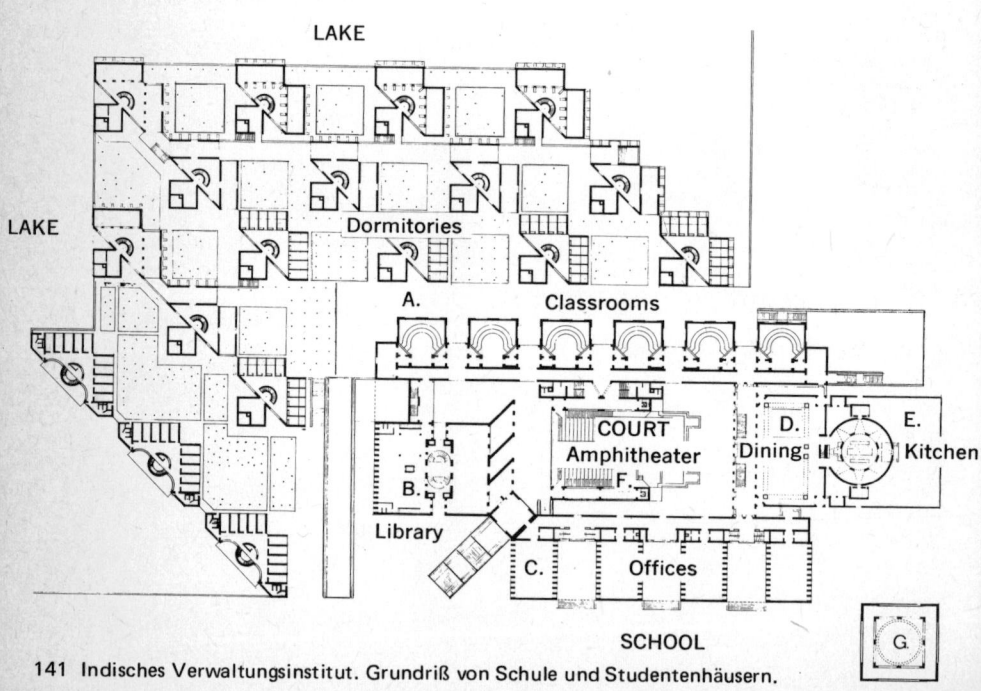

141 Indisches Verwaltungsinstitut. Grundriß von Schule und Studentenhäusern.

Ich habe die Vorbauten aus Backstein gebaut. Der Beton war sehr teuer. Ich habe ihn deshalb nur für die Decken verwendet. Nirgendwo gibt es Betonstützen. Der Backstein wurde für die Wände und Stützen verwendet, und da es keine Träger gibt, weil es keine Betonstützen gibt, wurde der Bogen zum Wandöffner, das heißt, er schuf die Öffnungen.

HK: Sie mußten sich von Anfang an mit einer ziemlich konservativen Konstruktionsmethode auseinandersetzen.

LK: Ja, diese Bauweise ist sehr alt.

HK: Deshalb diese Bogen, die an römische Bogen erinnern.

LK: Richtig. Das Wort ,,konservativ" ist hier nicht angebracht. Was man als konservative oder traditionelle Bauweise bezeichnen könnte, erfüllt heute die Forderung nach größeren Öffnungen; das mag auch in alten Zeiten notwendig gewesen sein, aber man wußte damals noch nicht, wie man das lösen sollte. Heute wird der Beton zum Regenerator der im Backstein latenten Kraft. Das Betonglied fängt den seitlichen Schub des Bogens auf, so daß der Bogen bis fast zu den Außenwänden führen kann, ohne sie mit Seitenschub zu belasten.

HK: Dadurch konnten Sie die Wände dünn halten und Material sparen.

LK: Nun, ich konnte größere Öffnungen machen. Das bedeutet, daß man den Mund weiter aufsperren kann, damit mehr Luft hereinkommt. Ich fand im Beton einen Partner für den Backstein.

JC: Könnten Sie uns etwas über das Konzept von Ahmedabad sagen?

LK: Es ist ein nationales Institut für Unternehmensleitung, das errichtet wurde, um Menschen aller Kasten zusammenzubringen, um sie zu Managern auszubilden. Die Schule ist wie die Harvard Business School aufgebaut. Professoren von Harvard halfen bei der Entwicklung der Lehrmethoden mit. Ich konnte den ganzen Kampus allein entwerfen. Es waren so zirka 263 000 m2 (65 acres), auf denen eine Schule, Studentenwohnhäuser, Wohnungen für die Professoren und für das übrige Dienstpersonal unterzubringen waren ...

JC: Alles um einen natürlichen See herum?

LK: Nein, den See habe ich gemacht. Ich habe einen See angelegt. Die Studenträume liegen direkt neben der Schule, als ob sie mit der Schule eins wären (Abb. 141). Die Wohnungen der Studenten und die Klassenzimmer sind im Gesamtplan zusammengenommen als eine vom übrigen Kampus unterscheidbare Einheit. Der übrige Kampus besteht aus den Wohnungen für den Lehrkörper, das Verwaltungspersonal und die Dienstboten.

JC: Haben Sie das Kastensystem bei dieser Aufteilung respektiert?

LK: Ich habe das Land einfach als das akzeptiert, was es ist. Ich will eine Atmosphäre schaffen, in der die Studenten nicht das Gefühl haben müssen, daß Leben und Lernen zwei verschiedene Dinge seien. Das wird durch den Komplex Studentenwohnungen—Schulgebäude erreicht. Sogar die Vorbauten dienen als Unterrichtsräume. Der Vorbau jedes Studentenwohnhauses wird dadurch zur Übergangszone, in der Leben und Lernen aufeinandertreffen (Abb. 142). Der Vorbau schützt einen nicht nur vor der Sonne; er kann auch als Gemeinschaftsraum verwendet werden. Neben dem Eingang ist ein Tea Room; Tee ist sozusagen das Nationalgetränk. Er wird sehr oft serviert. Jedes Studentenzimmer geht direkt auf diesen Vorbau, wodurch sich Korridore erübrigen. Aber lassen Sie mich gleich den ganzen Grundriß dieser Wohnhäuser erklären (Abb. 142). Die Studentensiedlung besteht aus einer Reihe von vollständigen Häusern; sie ist aus Einzelhäusern zusammengesetzt, die sich der Brise zuwenden. Alles ist eng ineinander verwoben, denn je enger die Bauten zusammenstehen, um so besser schützen sie vor der Sonne.

JC: Der Grundriß jedes Hauses besteht aus rechteckigen Räumen, die auf eine dreieckige Vorhalle gehen, welche einem Viereck gegenüberliegt.

LK: Ja, und in diesem Viereck sind die Toiletten und andere spezielle Nutzräume untergebracht. Die Eingangstreppe befindet sich im Vorhalledreieck. Man kommt dort hinein und befindet sich direkt im Innern des Gebäudes.

JC: Ist die ungewöhnliche Nebeneinanderstellung dieser beiden Formen, Dreieck und Viereck, durch die Sonne und den Wind bestimmt worden?

LK: O ja, die Orientierung stimmt genau in bezug auf den Wind und die Sonne.

JC: Sind jene tiefen Rücksprünge, jene scharfen Ecken, die geradezu in den Körper des Gebäudes hineinschneiden, zum Auffangen der Brise gedacht (Abb. 140)?

LK: Ja, sie dienen als Luftlöcher, durch welche die Luft hereingezogen wird, und gleichzeitig auch als Schattenspender.

HK: Könnten Sie uns den Grundriß des Unterrichtsgebäudes (Abb. 141) erläutern?

LK: Das Gebäude umfaßt Schulräume (A), eine Bibliothek (B), Verwaltungsräume (C), einen Eßsaal (D), die Küche (E) und den Innenhof (F). Der Haupteingang ist eine Rampe, die von den Parkplätzen zum Innenhof führt (zwischen B und C).
Ich wollte keinen kahlen Hof, weil das ganz fürchterlich heiß werden kann. Ich legte also in den Hof ein Amphitheater, das nichts anderes ist als ein mit einem Baldachin überdeckter Ort, an dem alles Mögliche sich abspielen kann. Eigentlich ist es nur ein Ort in einem Hof, der vor der Sonne geschützt ist. Ich wollte kein Amphitheater, das einen bloß anglotzt und nicht genutzt wird.

JC: Eine überraschende Form im Grundriß ist die runde Küche, die an den viereckigen Eßsaal grenzt.

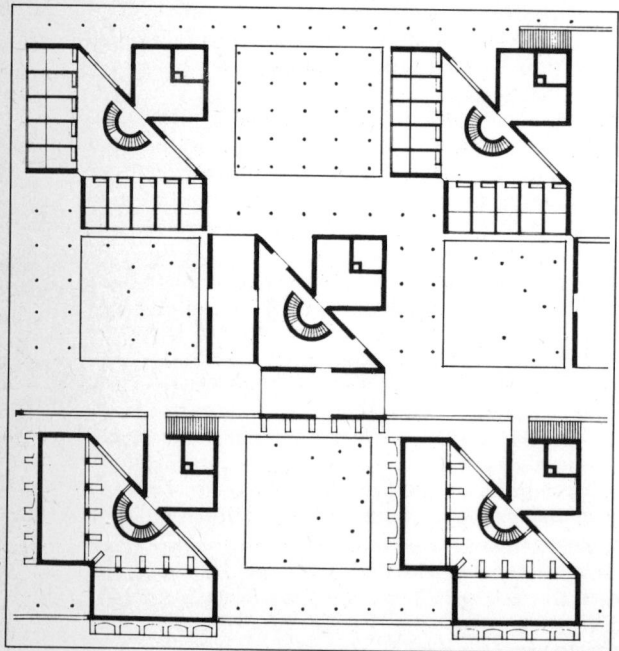

142 Indisches Verwaltungsinstitut. Detail des Grundrisses der Studentenwohnhäuser.

232

LK: Die Küche ist als riesiger Ventilator konzipiert, denn dort werden viele Speisen zubereitet, die scharf gewürzt sind und ziemlich stinken. Eigentlich ist es eine Küche in einem Lüftungsloch.

JC: Also ein großes Auspuffrohr.

LK: Der Bauherr verlangte, daß die Küche eine Meile vom Gebäude entfernt sein müsse! Ich erklärte ihm, daß ich sie in der Nähe lassen und sie trotzdem außer Geruchweite bringen könne! Dann erfand ich diese Lösung, und er akzeptierte sie. Die Küche ist vom Zentrum des Kampus doch weit abgesetzt, und der Luftzug trägt die Gerüche mit sich fort. Am Ende des Grundrisses, dort, wo sich die Küche befindet, habe ich einen Kühlturm erstellt (G), für die Klimatisierung der Studentenhäuser und der Verwaltungszone. Auch dieser Bau bildet ein großes Lüftungsloch, in das die Luft an einem bestimmten Punkt eintritt und das warme Wasser der Klimaanlage mit Luft durchsetzt. Das Wasser wird dann ganz nach oben gepumpt, fließt über unzählige Glasflächen, auf denen die Luft spielen und das Wasser sich abkühlen kann, wieder herunter. Dann wird das Wasser zu den Luftregleranlagen geleitet, die die Temperatur regulieren und kühle Luft ans Innere abgeben.

HK: Alle Installationsbauten liegen am gleichen Ende des Kampus.

LK: Ja, denn die Abluft muß von den Gebäuden ferngehalten werden. Der Kühlturm ist übrigens auch ein Wasserturm, ein Tank für die Wasserversorgung; sie haben dort ihre eigenen Quellen. Deshalb habe ich das alles zusammengefaßt. Für eine Stadt in Indien habe ich einmal eine ähnliche Idee entwickelt; diese Türme sollten die ganze Landschaft durchsetzen. Es war eine wunderschöne Idee. Es sollte eine Stadt an einem breiten Fluß werden, der im Sommer ganz ausgetrocknet ist. Diese Stadt ist bekannt unter dem Namen Ghandinaga, was Ghandistadt heißt. Der Fluß führt in der Regenzeit Hochwasser. Die Fluten kommen vom Himalaya. Es ist ein sehr schöner Anblick, denn das Wasser kommt daher wie „galoppierende Pferde", wie man sagt. Plötzlich sieht man diesen Pferdegalopp das trockene Flußbett herunterkommen.

Meine Idee war, dieses Wasser an Kreuzungspunkten mittels Konstruktionen über dem Fluß abzufangen, das Wasser zur Stadt zu leiten und es in Reservoirtürmen aufzubewahren; so hätte die Stadt auch im Sommer genug Wasser gehabt. Ich begann die Planung der Stadt mit diesen wichtigen Stationen, den Wassertürmen, die auch als Energiezentren dienen sollten. Wasser ist ein Geschenk für eine indische Stadt. Es fließt nicht einfach aus den Leitungsrohren. Hier kommt es aus einem Fluß, hier kann man es also auch dramatisieren, während das in anderen Städten nicht möglich wäre.

Ein weiterer Leitgedanke waren die Mangobäume. Es gibt in Indien ein Gesetz, das das Fällen von Mangobäumen verbietet. Also machte ich die Wohnzonen abhängig von dem Standort dieser Bäume. Diese Zonen wurden weiter durch die Verbindungen zwischen den Wassertürmen und den Mangobäumen definiert. Die Regierungsgebäude sollten längs des Flusses stehen. Durch die Monsunregen bilden sich sehr pittoreske und skulpturhafte Erosionen, wenn das Wasser vom Land über die hohen Uferböschungen in das Flußbett zurückfällt. Ich beabsichtigte, aus diesen ausgewaschenen Flächen einen Park zu gestalten, indem ich den Grund mit Backsteinkonstruktionen befestigen und — den Konturen folgend, so wie sie waren — die bestehenden Formen nur so weit verstärken wollte, daß sie nicht weiter ausgewaschen würden. Das hätte den herrlichsten von der Natur inspirierten Spielplatz ergeben, den man sich nur vorstellen kann. Diese Formen dort! Natürlich kam mein Vorschlag nicht an. Heute bauen dort die Armee-Ingenieure. Sie fangen an, diese Gegend zu zerstören, buchstäblich zu zerstören. Es ist schrecklich. Ich hatte sogar Pläne vorbereitet für die Industrie, die sich mit der Backsteinherstellung zum Bau der Stadt befassen würde, und das Ausschußmaterial hätte zur Befesti-

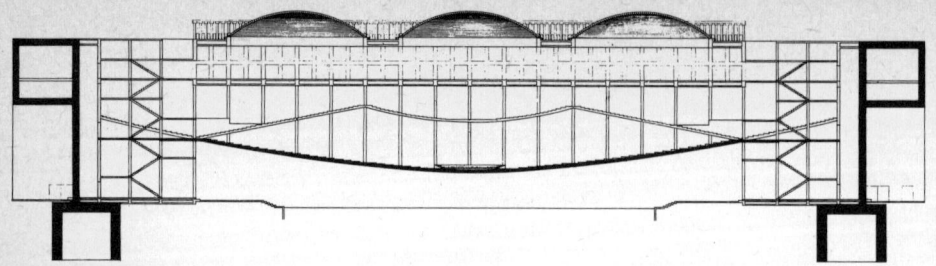

143 Kongreßhalle, Venedig. 1969–. Louis Kahn. Schnitt durch die drei Auditorien über der zentralen Halle.

gung der Uferböschungen dienen können. Die Stadt war für fünfhunderttausend Menschen geplant.

HK: Und was wird nun dort gebaut?

LK: Eine langweilige Rasterplanstadt.

HK: In einem kürzlich gehaltenen Vortrag stellten Sie Ihr Projekt für die Kongreßhalle in Venedig vor (Abb. 143). Ihre erste Feststellung war, daß Sie eine große Menschenmenge zusammenbringen müßten: Sie gingen zur Wandtafel und zeichneten einen Kreis. Dieser Kreis war für Sie das Symbol für die versammelte Menschenmenge.

LK: Ja.

HK: Sie fuhren fort und erklärten, daß das Gebäude auf einem langen, schmalen Grundstück erstellt werden müßte. Sie schnitten also den Kreis oben und unten an.

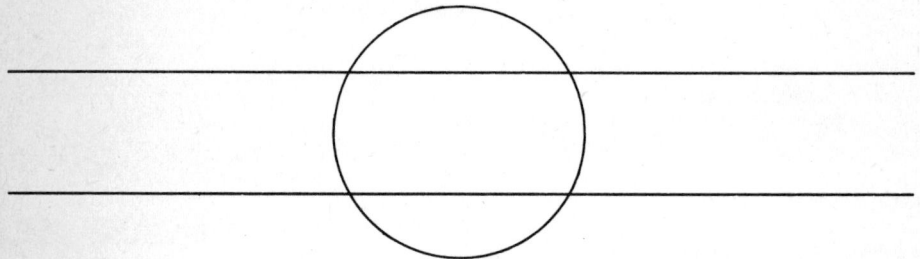

Was in der Mitte übrigblieb, nahmen Sie als Grundkonzept für den Grundriß (Abb. 144). Dies scheint mir eine gute Illustration ihrer Denkweise. Ihre Vorstellung nimmt sogleich eine fest Gestalt an und geht über in eine Primärform.

LK: Das ist sehr schön dargestellt. Ich weiß nicht, wie man die erste Idee als solche erkennt, aber für mich ist es gewöhnlich das Gefühl vom Kern eines Gebäudes, von seiner wahren Bedeutung, seinem Wesen, nicht seiner äußeren Form. Das Wesen dieses Gebäudes hier war Engagement, Teilnahme. Eine einfache Form, die bloß eine Richtung betont, hätte das nicht ausgedrückt. Sie würde im Gegenteil eher einem Zuschauen oder Zuhören entsprechen. Der Kreis bedeutete für mich Teilnahme: Da ich auf ein schmales Grundstück Rücksicht nehmen mußte, ergab es sich, daß die eine Seite zur anderen blickte. Aber die Grundform durfte an das schmale Grundstück nicht auf eine Weise angepaßt werden, daß die Halle richtungsbestimmend geworden wäre, weil es dann keine Teilnahme geben könnte.

HK: Ist es nicht ziemlich willkürlich, eine Menschenmenge mit der Kreisform zu identifizieren?

LK: Teilnahme heißt nicht unbedingt, daß jeder sich laut äußert. Wenn man sich in einem Theater befindet, hat man kein Mitspracherecht, sondern man schaut zu. Es mag wahr sein, daß man mit beteiligt ist, weil man andere Menschen um sich spürt, aber meist ist man ziemlich mit sich selbst beschäftigt. Es ist ja nur eine Vorführung. Die Kongreßhalle, die aus der Vorstellung einer Grundform, der Arena, entstanden ist, mußte sich an das schmale Grundstück anpassen. Im Zentrum liegt der das Ganze organisierende Punkt, und dieses Zentrum war die Dimension, die ich umschließen mußte, um sicher zu gehen, daß die Leute einander sehen konnten. Es ging um die Konfrontation der Menschen miteinander.

HK: Es ist, wie Sie sagen, eine Arena. Ist der Kreis nicht ein zu simples Symbol für eine Menschenmenge? Ist es nicht zu starr, Menschen in eine Arena zu zwängen? Könnte es denn nicht so sein wie in Hans Scharouns Philharmonie in Berlin (Abb. 145)? Obwohl sich eine große Menschenmenge um ein Zentrum versammelt, wird sie doch aufgebrochen in kleinere Gruppeneinheiten. Die Primärbetonung liegt nicht auf der Simplizität des Ganzen, sondern auf der Komplexität der vielen Einzelteile, wodurch hier Versammlung und Teilnahme gewährleistet sind.

LK: Ich würde nicht das gleiche tun wie Scharoun, aber ich schätze unendlich hoch, was er zu erreichen versuchte. Ich könnte Ihnen frühe Skizzen dessen zeigen, was ich für Venedig im Sinne hatte. Es war sehr ähnlich, indem ich mich nicht starr an die geometrische Form hielt, sondern verschiedene Publikumszonen schuf, anstelle eines strengen Kreisgrundrisses. Aber sehen Sie, mein Gefühl ist anders. Ich sehe nicht malerisch. Ich nehme einen solchen Bau nicht einmal als skulpturale Form. Wenn ich eine Gruppe hier, eine dort und eine hier plaziere, so zwänge ich die Menschen viel eher in einen bestimmten Bereich hinein, als wenn ich sie in einen allgemeinen Rahmen bringe, in welchem Ihre Vorstellungskraft die Gruppen bilden kann. Ihre Vorstellung bildet die Gruppen, nicht die Architektur.

HK: Mögen Sie keine lockere Anordnung?

LK: Nein, ich mag sie nicht, wenn sie von vornherein festgelegt ist. Wenn man sie jeden Tag ändern könnte, ohne damit ein <u>Wesen</u> zu determinieren, dann gut.

HK: Aber es könnte doch sein, daß eine Architektur, die locker ist, sich auf die Menschen überträgt und diese lockert. Vielleicht muß das Publikum in Berlin erst etwas gelockert werden?

LK: Was Sie hier sagen, könnte vielleicht einen großen Einfluß auf mich haben. Ich sage Ihnen das ganz offen. Es könnte auf mich großen Einfluß haben, und ich könnte mit Leichtigkeit eine Lösung finden, die eine lockerere Anordnung bietet. Aber da ist noch etwas anderes, das mich ständig in andere Richtungen drängt: Ich sehe ein Gebäude anthropomorph, als menschlichen Körper. Und ich will mir doch nicht ständig

144 Kongreßhalle. Grundriß.

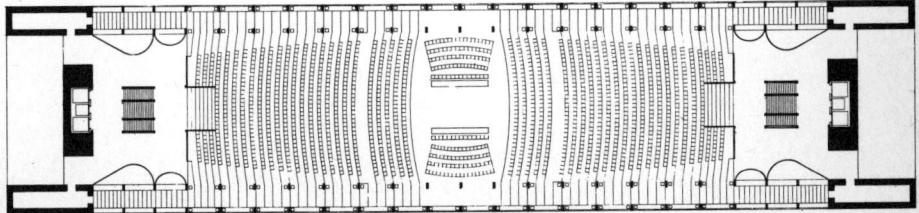

145 Philharmonie, Berlin. 1960—1963. Hans Scharoun und Werner Weber. Innenansicht.

bewußt sein, wie mein Körper funktioniert. Ich erwarte nur, daß er ungeheur beweg-
lich ist. Ich habe Bedürfnisse, die mein Körper stets erfüllen kann: rennen, springen,
mich schnell bewegen, mich langsam bewegen. Ich will jede beliebige Stellung einnehmen können, nicht nur gewisse selektive Stellungen. Deshalb neige ich dazu, einen
Raum ohne Vorsätzlichkeiten zu schaffen.
In einer Versammlung möchten die Leute entweder sehr nahe oder sehr weit weg vom
Redner sein. Wenn sich die Leute innerhalb von vielfältigen Möglichkeiten in Gruppen
zusammentun, was die Anordnung in Venedig planmäßig gestattet, dann finde ich das
dem Wesen von Menschen, die zusammenkommen, stärker entsprechend als eine ge-
gliederte Anordnung von Sitzplätzen. Ich möchte sie nicht festfrieren, weil sonst nicht
so viel passieren kann, wie wenn das Ganze als Feld angelegt ist, in dem alles möglich
ist.
Am besten ist es, wenn man sich der Raumgrenzen nicht bewußt ist, wie prächtig diese auch immer sein mögen.
   HK: Als Mies van der Rohe und Hugo Häring in Berlin zusammen arbeiteten, zu
einer Zeit, als die moderne Architektur eben im Entstehen begriffen war, stellten sie
sich dauernd die Frage: „Soll der Architekt spezifische Räume schaffen, die dem Menschen genau sagen, wie man sie nutzt, oder eher ganz allgemeine Räume, die dem Menschen die Möglichkeit geben, selber zu entscheiden?" Häring entwarf sehr komplizier-
te, unregelmäßige, jedoch hochinteressante Grundrisse. Mies hingegen erfand den
Mehrzweckraum. Er schuf riesige Räume, die nur durch ihre Außenwände definiert
waren; der Benutzer bestimmt ihre Nutzung selbst. Ihr Vorschlag für Venedig ist die-

ser Idee verwandt, und doch unterscheiden Sie sich ziemlich stark von Mies van der Rohe.

LK: Wir sind sehr verschieden. Ich empfinde die Tatsache viel stärker, daß der Raum sichtbar machen muß, wie er entstanden ist. Wenn ein Miesscher Raum nicht unterteilt wird und diese Eigenschaft erkennen läßt, so bin ich mit Mies einverstanden. Wenn er jedoch seine allgemeinen Räume unterteilt, dann nicht mehr. Ich konzipiere einen Raum als Angebot und lege nicht fest, wofür er gebraucht werden soll. Der Raum soll selbst zu einer Nutzung anregen; mit anderen Worten, ich baue ein Haus, in dem der Wohnraum als Wohnraum entdeckt werden muß. Ich will nicht bestimmen, daß dies nun der Wohnraum ist und er daher als solcher genutzt werden muß. Und das Schlafzimmer, das irgendwie auch ein Wohnraum sein muß, trägt nie die spezifischen Merkmale eines Schlafzimmers.

HK: Ich habe aus der Art, mit der Sie Ihre Bauten beschreiben, bemerkt, daß die Funktionen, auf die sich andere Architekten konzentrieren, für Sie sekundär sind. Wenn man zum Beispiel eine Bibliothek baut, so braucht es besonderen Raum für Büchergestelle, Kataloge, Schreibtische und so weiter, aber die Summe all dieser Räume macht für Sie das Ganze noch lange nicht zur Bibliothek. Nebensächliches, das darin Platz findet, wie zum Beispiel eine Ecke, in der man eine Tasse Tee trinken kann, verleihen der Sache erst wirklich Leben.

LK: Ja.

JC: Als wir früher einmal über das geplante Mellon Center an der Yale-Universität

146 Paul Mellon Center for British Art and British Studies, Yale-Universität, New Haven, Connecticut. Louis Kahn. Blick Ecke Chapel Street und High Street. 1970 im Entwurf, heute im Bau.

(Abb. 146) sprachen, sagten Sie: „Solange ich nur die Funktionen eines Gebäudes in Betracht gezogen habe, kann ich das Gebäude nicht bauen." Ein Gebäude, das bloß funktioniert, wäre also in Ihrem Sinne gar kein Gebäude?

LK: Nein. Und es hätte auch keinen bleibenden Wert. Es wäre nicht wirklich lebendig. Wenn man ein Gebäude baut, so baut man ein Stück Leben. Es erwächst aus dem Leben, und man schafft mit ihm ein Stück Leben. Es spricht zu einem. Wenn man nur die Funktion eines Gebäudes begreift, so wird es kein Teil einer lebendigen Umwelt.

JC: Zum Mellon Center sagten Sie, es sei wesentlich, über die Funktionslösung hinauszugehen. Das Gebäude fängt erst an, wenn das Nutzungsproblem selbst gelöst ist.

LK: O ja. Genau das versteht man unter dem Charakter eines Raumes. Auf der einen Seite steht der Zweck eines Raumes, auf der anderen sein Charakter (Abb. 147).

JC: Und der Zweck eines Raumes ist nicht immer identisch mit seinem Charakter?

LK: Nein. Der Zweck eines Raumes ist definierbar, sein Charakter hingegen nicht. Das Gebäude kann sowohl einen sehr edlen als auch einen sehr niedrigen Charakter haben und trotzdem funktionieren.

JC: Wenn Sie alle sich beim Mellon Center stellenden Probleme gelöst haben, wie weit ist der Bau dann schon gediehen?

LK: Wenn einmal die Grundprobleme geklärt sind, so kann man anfangen, sich um die Architektur zu kümmern. Hier fängt es nun erst wirklich an. Es geht um die Anordnung von Räumen, in denen man sich gerne aufhält, und da ist die Funktion kaum mehr wahrnehmbar.

HK: Sie sind nicht der Ansicht, daß die Form der Funktion folgt?

LK: Nein. Man könnte sagen, daß die Form der Funktion folgt, wenn man sie als Wesen betrachtet, und daß der ihrem Wesen entsprechende Teil das ist, was auf be-

147 Paul-Mellon-Zentrum.

148 Erdmann-Studentenwohnheim. Bryn Mawr.

stimmte Weise funktionieren soll. Die Erwägung, wie ein Gebäude den einzelnen Menschen beeinflussen wird, ist keine Frage der Funktion.

Ich glaube eben, daß sich das Wort „Funktion" auf das Technische bezieht. Man kann doch nicht sagen, ein Gebäude müsse auch „psychologische <u>Funktionen</u>" erfüllen, denn Psychologie ist keine Funktion. Der funktionelle Aspekt versieht mich nur mit den Instrumenten, mit denen ich eine psychologische Reaktion hervorrufen kann. Man könnte sagen, es sei wie der Unterschied zwischen Seele und Verstand. Der funktionelle Aspekt ist der Verstand; aber die Seele ist nicht etwas, was man nach Bedarf regulieren kann. Architektur beginnt dort, wo die Funktion bereits gründlich erfaßt worden ist. An diesem Punkt öffnet sich das Gemüt dem Wesen der Räume selbst, die dem Gemüt erst entspringen, wenn die Funktionen verstanden worden sind, und dann entstehen die Räume zur psychologischen Bedürfnisstillung.

JC: Könnten Sie uns dazu ein Beispiel nennen? Nehmen wir doch das Studentencollege von Bryn Mawr (Abb. 148). Auf welche Weise führt der Entwurf über die bloße Zweckerfüllung hinaus?

LK: Das ist eine ausgezeichnete und sehr treffende Frage, die ich kaum auf den ersten Anhieb zufriedenstellend beantworten kann. Aber ich werde es einmal versuchen. Zuerst zur Funktion des Gebäudes: Die Wohnräume waren nur für je eine Person vorgesehen, so daß jeder mögliche Widerstreit zwischen zwei verschiedenen Individuen ausgeschlossen ist. Eine Person kann frei wählen, wen sie um sich haben will.

JC: War das die wichtigste Programmanforderung?

LK: Das ist nicht nur eine physische, sondern bereits eine psychologische Überlegung. Ich schließe das nicht aus. Es geht hier um Menschen, nicht um Maschinen. Weitere Anforderungen waren ein Eßraum, ein Aufenthalts- oder Wohnraum sowie eine Eingangshalle.

JC: Diese elementaren Programmanforderungen finden wiederum, wie in Venedig, ihren unmittelbaren Niederschlag im Grundriß; die Studentensiedlung besteht aus einer dreiteiligen Anlage auf der Basis von drei Quadraten (Abb. 149).

LK: Ja. Die Funktionen sind bei diesem Gebäude einfach. Was die Anforderung der Eingangshalle betrifft: Ich habe nicht einfach einen Eingang entworfen, sondern

239

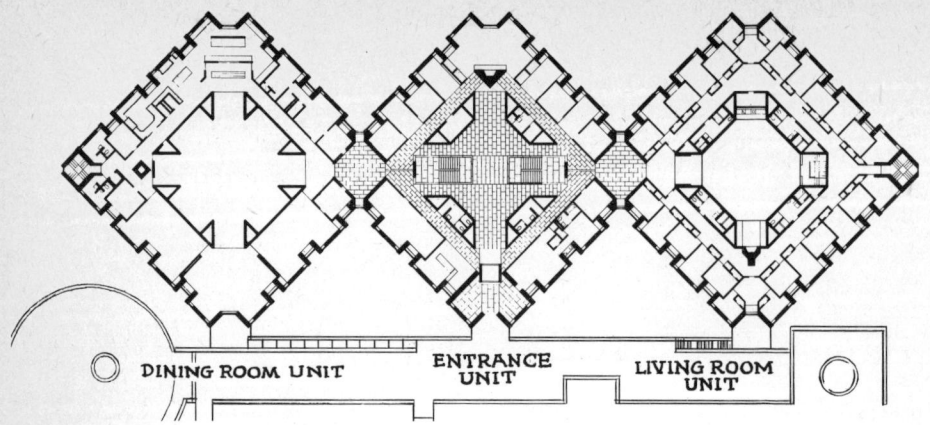

DINING ROOM UNIT   ENTRANCE UNIT   LIVING ROOM UNIT

149 Erdmann-Studentenwohnheim. Grundriß.

einen Treffpunkt (Abb. 150). Das war für mich keine Frage der Größe, sondern der Atmosphäre. Ich habe ganz einfach die Eingangshalle genau so wichtig genommen wie den Eßraum und den Aufenthaltsraum; der mittlere Teil im Grundriß wurde zur Eingangs-Treffpunkt-Zone.
Ich beharrte darauf, daß hier Kamine eingebaut werden, weil ich finde, ein Kamin schafft ein Gefühl, als ob ein Mann im Raum wäre. Das war auch eine funktionelle Anforderung ...
    JC: Für ein Studentinnenwohnheim?
    LK: Ich beharrte also auf den Kaminen, damit der Eindruck entstehen kann, als ob man eingeladen wäre. Ich rechnete mit der Sensibilität der Mädchen für solche Räume, denn ein offenes Kaminfeuer ist doch etwas, das an den Mann erinnert — normalerweise entfacht der Mann ein Feuer. Meine Auftraggeber stichelten ein wenig, weil ich diese Kamine unbedingt haben wollte. Aber sie erlagen dann schließlich auch der psychologischen Bedeutung dieser Kamine. Sie waren teuer, und das Gebäude war sehr knapp kalkuliert. Sie fanden aber doch, ich hätte recht, daß diese Kamine einen Teil des Lebens dieses Gebäudes ausmachten, einen Teil seines Charakters.
Ich will sagen, daß ein Studentenwohnheim schließlich kein Appartementhaus ist. Der Eßraum soll nahebei sein, so daß ein Gefühl des Zusammenlebens vermittelt wird. Ich umgab den Eßraum mit Studentinnenzimmern, so daß jeder Wohnbereich seinen eigenen Zugehörigkeitsbereich erhielt. Wer also um den Wohnraum oder um den Eßraum herum sein Zimmer hat, kann sich mit etwas identifizieren, hat das Gefühl, irgendwohin zu gehören. Wenn die Mädchen alle in einem Block wohnen würden und die Versorgungsräume sowie die Gemeinschaftsräume völlig abgetrennt wären, so hätte man nicht das Gefühl der Zugehörigkeit, das ein Zuhause geben soll.
Die Eingangshalle ist schon immer öffentlich gewesen. Sie ist der Ort, wo man ein Gebäude betritt, und sie war für nichts anderes da als fürs Hereinkommen. Ich teilte das College in drei Teile, die jeweils eine andere Nachbarschaft entstehen lassen: die Nachbarschaft des Wohnraums und die Nachbarschaft des Eßraums, und dann den anderen, der sich um den Eingang konzentriert, der eine Art Straßengefühl vermittelt. Die Geometrie stimmt, denn es bleibt der Eindruck einer Gliederung der Räume.

240

Die Zentralräume haben nun nichts mit Funktion zu tun. Wenn ich einfach einen Block mit Einzelzimmern und Korridoren entworfen hätte, so würde das genauso gut funktionieren; man könnte von seinem Zimmer in den Korridor und von dort in den Eßraum gelangen. Aber das habe ich aus grundsätzlichen Überlegungen abgelehnt. Bei meiner Lösung wird eher ein Gefühl von pulsierendem Leben hervorgerufen. In gewissem Sinne lebt man wie in einem Haus, denn um einen herum sind all die Dinge, zu denen man eine Beziehung hat; sie sind nicht voneinander getrennt in verschiedenen Einheiten untergebracht, zu denen man sich jeweils erst begeben muß, sondern sie liegen mitten im Wohnbereich. Die Studentinnen fühlen sich eigentlich zu Hause, nicht in ihrem eigenen Heim, aber sie empfanden es als ihr Studentenheim-Zuhause. Es wird niemandem vorgegaukelt, das sei nun das Zuhause. Aber die Tatsache, daß man mit einer öffentlichen Einrichtung in enger Beziehung steht, daß man das Gefühl bekommt, eingeladen zu sein, daß man seinen persönlichen Wohnbereich hat und daß man auch in einen anderen Bereich gehen kann, um gemeinsamen Raum zu genießen — all das kam zusammen und ergab etwas viel Angenehmeres als das Wohnen in einem Block voller Einzelzimmer, der abgetrennt von allen übrigen Einrichtungen ist. Natürlich funktioniert das auch, aber das Besondere am Bryn-Mawr-Gebäude ist dieses Gefühl, eingeladen zu sein. Ich wohne um die Halle, und ich um den Eßraum — es hat etwas Gemeinschaftliches, was andere Studentenwohnheime vermissen lassen.

Ein weiterer wichtiger Aspekt dieses Entwurfs ist die Tatsache, daß ich nicht versucht habe, die Räume scharf zu trennen. Man geht eigentlich nicht von einem Ort zum anderen. Es geht alles irgendwie ineinander über. Der Raum, der die Einheiten miteinan-

150 Erdmann-Studentenwohnheim. Eingangszone.

151 Erdmann-Studentenwohnheim. Gemeinschaftsraum.

der verbindet, ist eine heikle Stelle. Ich habe ihn so gestaltet, daß man nicht das Gefühl bekommt, man müsse nun durch einen nichtssagenden Raum hindurch. Der Übergang hat einen Wert an sich.

JC: Es ist durchaus möglich, daß ein anderer Architekt drei größere öffentliche Räume mit umliegenden Einzelzimmern baut und trotzdem nicht das Gefühl des Zuhause zu vermitteln vermag, wie es Ihnen hier doch gelungen ist. Es müssen noch andere Dinge mitspielen, die den Charakter des Gebäudes ausmachen.

LK: Ja. Es ist eigentlich die <u>Stimmung</u> in diesen Räumen; sie entsteht durch den Charakter des natürlichen Lichtes, das durch die Oberlichtnischen hereinkommt (Abb. 151). Man bemerkt das vor allem gegen Tagesende, wenn drinnen die Lichter angehen und es draußen noch hell ist. Dann fühlt man sich, wie wenn man hier wirklich wohnen würde. Und genau das macht die „Seele" aus.

JC: Sie scheinen von den Ideen Ihres ehemaligen Schülers Robert Venturi weit entfernt zu sein. Er sucht das „Gewöhnliche" als erneuernde Alternative zur heroischen Sprache in der Architektur.

LK: Wenn er bloß das Wort „gebräuchlich" verwenden und es im einfachsten Sinne verstehen wollte, so wäre ich einverstanden.

JC: Ich fürchte jedoch, daß es nicht das ist, was er ...

LK: Aber „gewöhnlich" um des Gewöhnlichen willen entspricht keineswegs dem Wesen des Menschen. Er erkennt nicht, daß etwas gewöhnlich ist. Das unbewußt Gewöhnliche kann sehr schön sein; aber das geschieht nie dadurch, daß das Gewöhnliche zu einer Tugend wird. Nein, ich bin da nicht einverstanden. Tatsächlich besteht ein

152 Alfred Newton Richards Medical Research Laboratories, Universität von Pennsylvania, Philadelphia. 1958—1960. Louis Kahn.

Bedürfnis, von vorne zu beginnen, und ich finde das großartig — eher als das bloße Akzeptieren dessen, was schon gegeben ist. Der Impuls, von vorne anzufangen, nicht um etwas Ausgefallenes, sondern um etwas zu schaffen, das einen Neubeginn bedeutet, was auch voller Einfachheit, ohne die geringste bewußte Übertreibung sein kann — dieser Impuls kann sehr, sehr großartig sein. Woher kommt denn das Gewöhnliche? Es ist die Summe aller gelösten und ungelösten praktischen Probleme. Es ist eine Auslegung des Menschen, die besagt: „Wir haben Probleme, wirtschaftliche Probleme, Grundstückprobleme, technische Probleme und so weiter. Wir müssen schwer arbeiten, damit das Gebäude nur zu stehen kommt." Das nennt man dann gewöhnlich. Und da sich die Probleme überall gleichbleiben, ist fast alles gewöhnlich.
Ich glaube immer noch, daß jedes Gebäude Architektur ist. Das Gewöhnliche kann schön sein, aber nur, wenn es nicht gewöhnlich um des Gewöhnlichen willen ist. Ich sehe durchaus, daß ein Gebäude „schön gewöhnlich" sein kann. Im Gewöhnlichen steckt dann eine ungeheure Stichhaltigkeit.
    HK: Genau das möchte Venturi.
    LK: Wenn er in diesem Gewöhnlichen die Schönheit sucht, dann bin ich absolut dafür.
    HK: Er widersetzt sich der heutigen Tendenz nach dominierender heroischer Architektur.
    LK: Wer könnte denn da nicht mit ihm einiggehen? Ich fürchte jedoch, daß ich das Wort „gewöhnlich" nicht unbedingt übernehmen möchte, außer es ginge erst durch die Hände eines Dichters.

243

HK: Gewöhnliches, das durch die Hände eines Dichters geht, ist nicht mehr gewöhnlich.

LK: Nein, einen Moment, es muß doch eine schönere Art geben, das auszudrücken, denn das hat doch hauptsächlich mit dem zu tun, was wir im wahren Sinne des Wortes Einfachheit nennen. Ich habe mich über die Türme der Richards Laboratorien (Abb. 152) folgendermaßen geäußert: „Diese Schächte sind herausgelöste Abgasschächte." Heute werden sie als Schaustücke angesehen. Ich hätte nie an so etwas gedacht. Sie sind es nicht wert. Diese Schächte sind Sammelanlagen für bestimmte Installationen, ohne daß man sie genau als solche erkennen kann. Ich habe hier nicht ein Schmuckstück aus Auspuffrohren gemacht. Sie sind einfach, aber sie sind nicht gewöhnlich. Ich kenne die Unterschiede der Vorrichtungen im großen und ganzen, kenne jedoch nicht jedes technische Detail. Vor allen Dingen kenne ich die Vorrichtungen nicht so gut, daß ich sie klar voneinander unterscheiden könnte. Deshalb werfe ich sie alle in einen riesigen Abfalleimer, und das ist eben dieser Schacht. Aber das nun herauszustreichen und daraus ein Denkmal zu machen — lächerlich! Ich möchte das gerne noch anders ausdrücken. Der Raum, in dem man wohnt, kann sehr schön sein, vor allem wenn er von all diesen anderen Dingen befreit wird. Ich glaube nicht an Röhren, die durch Wohnräume führen. Ich hasse das. Röhren sollten an dem ihnen zukommenden Platz sein, genau wie Kinder. Ich will nicht wissen, wie die Technik funktioniert. Ich bin sehr ungehalten über die Einschränkungen, die von seiten der Ingenieure für Installation und Konstruktion kommen, sowie über die Details über das Funktionieren jeder Kleinigkeit. Aber ich glaube doch, daß ich ihren Stellenwert kenne. Ich will das ausdrücken, was wert ist, ausgedrückt zu werden, was zum charakteristischen Merkmal geworden ist. Wenn eine Sache sich von einer anderen grundsätzlich unterscheidet, so werde ich daraus auch keinen homogenen Brei machen, sondern ich will den Unterschied klar herausstellen. Aber mich kümmert wenig, ob eine Röhre nach Osten und die andere nach Westen führt. Ich will aus Röhren kein besonderes Merkmal machen, weil ich weiß, daß die Installationen das erste sind, was man in einem Haus ändern oder ersetzen wird; der Raum, in dem man wohnt, muß jedoch für lange Zeit lebendig bleiben. Der Raum ist eine neue Landschaft, die so lange dauert, wie das Material hält. Aber die Räume, die eine Dienstleistung übernehmen, sind so konzipiert, daß man sie ändern kann. Ihre Position muß allgemein bleiben, und sie müssen groß genug sein, damit man die Installation ändern oder erweitern kann. Das ist die wahre Natur der Architektur. Den Installationen gibt man keine individuelle Gestalt.
Ein Raum hat ein Wesen, genauso wie ein bestimmter Fleck Erde ein Wesen hat. Wenn man in diesen Hafen einläuft, so weiß man, daß man hier ist. Wenn man dieses Zimmer betritt, so weiß man, daß man da ist.

HK: Indem Sie die Installationsschächte von den Räumen abtrennen, schaffen Sie eigentlich Formen, die eindrücklich wirken. Sie sind nicht einfach gewöhnliche Abfalleimer.

LK: Das finde ich sehr wichtig. Ich betrachte das als den Anfang des modernen Grundrisses, was die Unterscheidung zwischen Installationen und Räumen betrifft.

HK: Diese Trennung wurde zum erstenmal in den Richards Laboratorien ausdrücklich ausgeführt. Aber die Idee scheint bereits bei der Yale-Kunstgalerie (Abb. 153) verwirklicht zu sein, und zwar in der Decke.

LK: Ja, die Decke war der Anfang. Das steht außer Frage. Ich habe aus der Decke ganz einfach Installationsraum gemacht, und er ist auch als solcher erkennbar. In meinen ersten Entwurfsskizzen bestand die Decke aus einer Reihe von Wölbungen; der Installationsraum befand sich über den Wölbungen. Diese Methode war unbefriedigend, weil die Wölbungsintervalle die Unterteilung des Raumes bestimmten. Ich mußte also nach einer Konstruktion suchen, die eine flexible Unterteilung erlaubte, die offen war und Raum bereits in sich schloß. Genau das bot die tetraedrische Decke, die ich einmal „Raumplatte" nennen möchte. Es ist, als ob das Ganze aus einer einzigen Platte bestünde, bloß daß diese Platte offen gegliedert ist. Eine Decke mit einer Spannweite von rund 12 m (40 Fuß) muß in Beton 30 cm dick sein (1 Fuß). Das war meine Richtschnur. Die Installationen in der Decke erlaubten es, überall Elektrizität anzuzapfen. Außerdem konnten Trennwände völlig flexibel umhergeschoben werden, was bei einem Museum besonders wichtig ist. Es sind Mehrzweckräume, die denen von Mies recht ähnlich sind. Zu diesem Zeitpunkt deutete sich bei mir der Gedanke an, die dienenden Räume von den bedienten Räumen zu trennen. Die Decke ist eigentlich ein Raumgebilde, das vielen Bedürfnissen dienen kann. Diese Lösung entstammt der Einsicht, daß man sehen muß, auf welche Weise ein Raum entstanden ist, daß man also nicht verhüllt. Es war die erste Decke dieser Art. Sie entstand als Revolte gegen die Hängedecke.

HK: Hat Ihnen Buckminster Fuller Anregungen gegeben?

LK: Nein, denn Buckminster Fullers Bauten sind in der Konstruktion weiter fortgeschritten. Sein System ist auf eine flache Decke nicht anwendbar. Ich habe sehr gut begriffen, was er versucht, aber ich spürte nie das Verlangen, das gleiche zu tun, sowenig wie ich je ein Gebäude bauen wollte, wie es Corbusier gebaut hat, obwohl er doch — ohne sein Wissen — mein Lehrer war.

JC: Das Museum der Yale-Universität hat, wie Sie sagen, Miessche Räume, doch Ihr Raumkonzept unterscheidet sich grundsätzlich von seinem.

153 Museum der Yale-Universität. Innenansicht.

LK: Ich meine, daß der Auftraggeber den Bedarf an bestimmten Flächen (areas) unterbreitet und nicht den Bedarf an bestimmten Räumen (spaces) oder Zimmern (rooms). Er gibt einem die Flächenanforderungen, und der Architekt muß sie dann in Architektur umsetzen. Räume müssen eine Wesenheit haben.

JC: Ist ein Raum nicht unbestimmter definiert als ein Zimmer?

LK: Raum ist nicht Raum, wenn man nicht klar erkennen kann, wie er gemacht wurde. Das möchte ich dann eben Zimmer nennen. Was ich als Fläche bezeichne, nennt Mies einen Raum, denn er kümmerte sich nicht sehr um die Unterteilung eines Raumes. Hier bin ich nun nicht mit ihm einig. Dazu will ich Ihnen ein Diagramm zeichnen.

Wir haben eine große Fläche: Man kann sie in vier Teile unterteilen:

Mies nannte die ganze Fläche Raum, ungeachtet der Anzahl der Unterteilungen. Ich hingegen bezeichne jeden einzelnen der vier Teile als Raum, aber nachdem man das ganze aufteilt, ist es kein Raum mehr. Ich würde es nur dann einen Raum nennen, wenn es nicht mehr aufgeteilt wird. Im dritten Diagramm sehen Sie nun vier Räume. Das sind für mich nun vier Zimmer. Mies läßt in seinen Räumen eine Aufteilung zu, während für mich die Wesenheit verlorengeht, wenn ein Raum aufgeteilt wird.

HK: Warum beharren Sie so darauf, die Stützen in Ihren Zimmern sichtbar zu machen?

LK: Weil ich finde, daß das dem Zimmer gut tut. Das Zimmer fühlt seine Wesenheit, seine Ganzheit; es hat ein Recht darauf, einen Namen zu tragen. Man kann es zum Beispiel „Ostzimmer" nennen.

JC: Im Miesschen Grundriß kann es kein „Ostzimmer" geben.

LK: Man kann ihm keinen Namen geben.

HK: Kann man ihm denn keinen Namen geben, ohne daß die Stützen gezeigt werden?

LK: Nein, denn dann ist es seines Namens noch nicht würdig. Fragen Sie doch einmal ein solches Zimmer, wie es entstanden ist, und es wird Ihnen sagen müssen: „Bitte gehen Sie ins Zimmer nebenan, dort können Sie meine Stützen sehen." Und das hindert mich eben, es zu benennen. Kommen wir zurück auf die dritte Zeichnung: Jedes dieser vier Zimmer hat seinen eigenen Charakter, und zwar wegen des Lichtes. Das eine hat Nordwestlicht, das andere Südwestlicht, und so fort. Jedes Zimmer hat seinen Charakter. Und wenn ich in dieser Hinsicht sehr feinfühlig wäre, würde ich die Fenster jedes Zimmers auch entsprechend anders gestalten. Jedes Zimmer hat also sein eigenes Licht, und wenn man zu einer bestimmten Tageszeit in das Ostzimmer geht, so sagt mir meine Erinnerung, daß ich dort gerade etwas Bestimmtes erwarten kann. Die Konstruktion bestimmt das Licht. Sie kann eine Öffnung bestimmen, genauso wie Stütze und Träger das tun können. Sie ist eine Möglichkeit, Licht zu gewinnen. Und daraus folgt doch, daß ich diese Möglichkeit verliere, wenn ich die Konstruktion verstecke. Ich schaffe mir stets ungeheure Probleme. Aber wenn ich das nicht für nötig halten würde, so sähen meine Grundrisse völlig anders aus. Ich finde, natürliches Licht gibt einem Zimmer sein Wesen, seinen Charakter, seine Stimmung.

HK: Lehnen Sie künstliches Licht immer und überall ab?

246

LK: Ich glaube nicht, daß irgendein Zimmer seinen Namen verdient, wenn es künstlich beleuchtet ist. Das heißt, daß jedes Zimmer im Innern eines Gebäudes sich nach oben öffnen müßte, um natürliches Licht zu erhalten, was bei dem Studentenwohnheim in Bryn Mawr der Fall ist.

HK: Mit anderen Worten, es gibt zwei Hauptelemente, die ein Zimmer kennzeichnen: die Konstruktion und das Licht.

LK: Die Konstruktion, die Licht spendet.

HK: Dann würde eigentlich auch dieses dritte Viereck mit seinen Unterteilungen, das Sie gezeichnet haben, dem Ursprung Ihres Konzeptes zuwiderlaufen. Sie müßten es auseinandernehmen, was Sie im Entwurf für das Hauptgebäude des Jüdischen Gemeindezentrums von Trenton auch wirklich getan haben (Abb. 154). Dort steht jede einzelne Raumentität für sich, aber doch in Verbindung mit den anderen. Sie gehen von der gegebenen Fläche aus, definieren die räumlichen Entitäten und setzen sie dann als ein Ganzes zusammen.

LK: Ja, ich setze sie wieder zusammen. Aber sehen Sie, das habe ich alles getan, um mir selbst etwas beizubringen. Ich wollte die Bedeutung einer solchen Form kennenlernen. Beim Jüdischen Gemeindezentrum hat man den Eindruck einer in Definition begriffenen Fläche. Jede Facette ist in sich selbst klar, und gleichzeitig schafft diese Definition der kleinsten Einheit den Raum für jene Flächen, die den größeren Flächen dienen. Es mußte doch möglich sein, daß die Durchgänge und die dienenden Flächen, die zwischen den eigentlichen Räumen liegen, zugleich nützlich sein und die Räume selbst nützlicher machen können.

JC: Sie konnten also den Raum zwischen den Einheiten als dienenden Raum oder als Durchgang verwenden, oder er konnte auch in einen der Räume integriert werden.

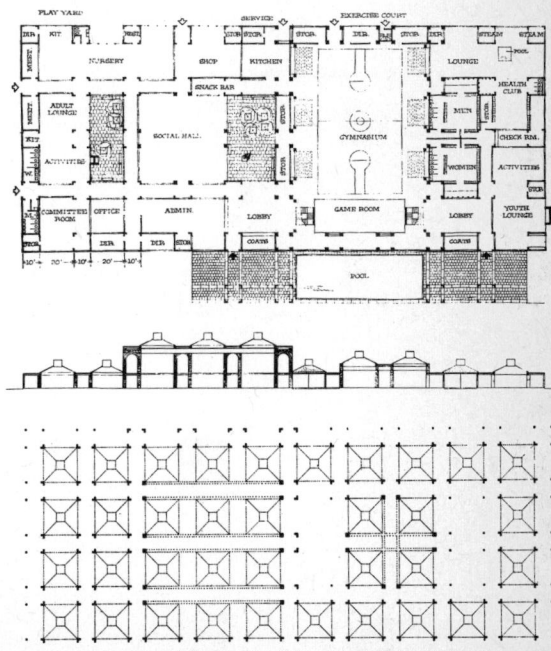

154 Jüdisches Gemeindezentrum, Trenton, New Jersey. 1956. Louis Kahn. Grundriß Schnitt und Stützenanordnung im Schnitt.

LK: Genau. Das war für mich eine sehr aufregende Zeit. Beim Trenton-Badehaus (Abb. 155) hatte ich zum erstenmal die Gelegenheit, die Trennung zwischen dienenden und bedienten Räumen auszuarbeiten. Das Problem war ganz klar und einfach. Ich habe es absolut sauber gelöst. Jeder Raum kann verantwortet werden; nichts ist überflüssig. Ich verwendete hohle Stützen als Eingänge (Abb. 156) zu den einzelnen Räumen als Lagerraum und als Toiletten, die geschlossen sein müssen. Mit dem Heranwachsen dieses sehr einfachen Gebäudes fand ich auch das Konzept der dienenden und der bedienten Räume. Der Wunsch, dies weiter zu entwickeln, kam mit dem Auftrag für das Gemeindegebäude, das ich dann nicht gebaut habe, weil es in den Augen der Auftraggeber zu teuer war. Tatsächlich aber wäre es ein sehr wirtschaftliches Gebäude geworden. Es gab jedoch einige Räume in meinem Projekt, die man nicht für notwendig hielt; genaugenommen, also nach ihrem eigenen Programm, waren es vielleicht 7 Prozent. Ich erfand für diese zusätzlichen Räume bestimmte Nutzungen. Wo sie vier Zimmer haben wollten, hatte ich vielleicht fünf, und das schien ihnen eben nicht notwendig.

JC: Bei den Richards Laboratorien haben Sie die Installationsschächte als losgelöste Einheiten definiert; beim Trenton-Badehaus werden die Stützen zu dienenden Räumen.

LK: Ja. Ich habe eine Stütze als hohle Säule gedacht, die benutzbar wird. Die Installationen legte ich in die Stützen. Die Stütze selbst also, die Säule, wurde zum Behälter der Installationen dieses Gebäudes. Die Säulen von gestern, die massiv waren, konnten ausgehöhlt werden und etwas in sich aufnehmen. Aber auch früher schon konnten Pfeiler Raum enthalten: Man wußte schon, daß nicht die ganze Masse nötig war, weil das Gebäude lediglich auf den Kanten dieser Masse auflag, nicht auf der Masse selbst.

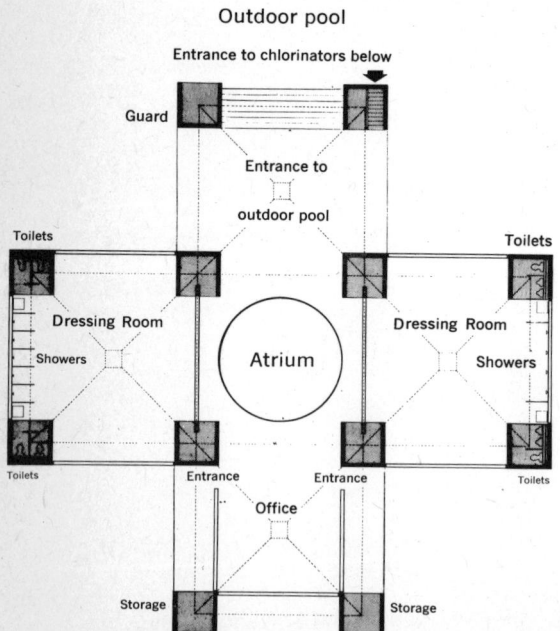

155 Jüdisches Gemeindezentrum. Grundriß des Badehauses.

156 Jüdisches Gemeindezentrum. Innenansicht des Badehauses.

HK: Wie die Pfeiler des Hauptschiffes von Sankt Peter in Rom.

LK: Ja, wie jene Nischen und Passagen, die den Pfeiler aushöhlen. Wissen Sie, was „pochet" (wörtlich: Grübchen, Einbuchtung) bedeutet? Jede der Stützen des Trenton-Badehauses besteht aus vier raumumschließenden Wänden; die Idee stammt von den uralten Gebäuden, die enorme „Pochet"-Räume hatten, das heißt also Räume innerhalb der Pfeiler oder sogar der Wände, wie bei Burgen und Festungsbauten. Meine hohlen Stützen, welche Räume enthalten, gleichen denen in Sankt Peter, die einen Raum enthalten, der als Passage dient.

Die Gelegenheit, diese Idee anzuwenden, war ein glücklicher Umstand, denn dadurch wurde jeder Raum im Badehaus sinnvoll: die Toiletten, der Kiosk, die Chlorieranlage, die Lagerräume. Alles konnte irgendwo in den hohlen Stützen untergebracht werden.

HK: Mr. Kahn, nehmen wir einmal an, wir seien als Kunden zu Ihnen gekommen — wir möchten ein Haus für eine Gruppe von mehreren Familien bauen, kein Mehrfamilienhaus, sondern ein Haus, in dem die Familien bestimmte Einrichtungen gemeinsam benutzen wollen und doch ein bestimmtes Maß an Privatsphäre haben möchten. Sagen wir einmal, wir wollen ein gemeinsames Spielzimmer für die Kinder, eine gemeinsame Küche und eine Art zentralen Aufenthaltsraum für alle Familien. Die übrigen Räume wären dann privat. Dieses Projekt hätte zum Ziel, Gemeinschaft herzustellen und Verantwortungen aufzuteilen, sollte aber auch die Möglichkeit bieten, sich zurückzuziehen. Die heutige Einfamilienwohnung mit all ihren Problemen ist unökonomisch und bewirkt möglicherweise einen zu hohen Grad von Isoliertheit.

LK: Was Sie hier sagen, ist äußerst einnehmend. Es erinnert mich unmittelbar an meine Vorstellung von der Bedeutung der Straße. Die Straße, die ein umschlossener Raum ist, ist nichtspezifizierter öffentlicher Raum. Aber Sie möchten etwas, was spe-

zifischer ist als die Straße, die ja ein sehr allgemeiner öffentlicher Raum ist. Aber die Straße ist doch der Ausgangspunkt, der hier als Ideenerzeuger dienen kann. Was auch immer gebaut wird, es muß auch für eine andere Sache gut sein. Die Straße ist also, ohne spezifisch zu sein, doch die erste Antwort auf Ihre Frage. In gewissem Sinne war der öffentliche Raum in der frühen amerikanischen Architektur, der Treffpunkt der Leute auf dem Dorfanger im Zentrum, so eine Art Zuhause; außer daß es nicht die miteinander eingegangenen Verpflichtungen einiger Familien betraf, sondern als allgemeiner Treffpunkt diente.

Eine Familie aus mehreren Familien hat ähnliche Begriffsinhalte. Man gibt einige Räume an alle ab, aber was man als private Sphäre behält, muß, so wie ich das Problem sehe, Wohnraum und Küche mitenthalten. Ich spreche von einer Lebensform, Sie von einer Lebensart. Ich glaube, es besteht da ein Unterschied. Die Lebensform beansprucht allgemeine Übereinstimmung, ganz gleichgültig, wie bescheiden diese ist. Die Lebensart beansprucht das Recht auf Privatsphäre. Das Konzept einer Lebensform gesteht der Lebensart Freiheit zu.

Was Sie mit diesem Haus wollen, kann nur gelingen, wenn dieses Schema in sich die Begriffsinhalte der Lebensform selbst trägt, so daß sich das Haus, wenn es seine Bewohner wechselt, automatisch an die Lebensart der neuen Bewohner anpaßt. Ich kann nur nochmals betonen, daß in Ihrer Idee sehr viel Schönheit liegt. Aber ist das eine Lebensform? Ich glaube nicht. Ist es eine Lebensart? Ich glaube ja.

HK: Würden Sie ein Haus auch bauen, wenn es nur für eine Lebensart ist?

LK: Nein das würde ich ablehnen. Wenn man jedoch ehrlich darüber nachdenkt, so kann uns Ihr Vorschlag zu neuer Erkenntnis darüber führen, was wirklich wertvoll ist und was nicht. Wenn das so gestaltet wird, daß die Lebensform respektiert bleibt, dann könnte es ein großer Schritt nach vorne im Bau von wohnlichen Orten sein. Wirklich sehr gut.

HK: Wir leben in einer Zeit, in der sich die Lebensform durch die Lebensart verändert. Was lediglich willkürlich und vorübergehend scheint, kann vielleicht einmal Teil der Substanz einer neuen Lebensform werden. Die Grenzlinie zwischen Ontologie und Geschichte, zwischen Sein und Veränderung, ist nicht so deutlich, wie Sie andeuten.

LK: Ich begreife, was Sie hier sagen, ist eine Sache von großer Schönheit. Es könnte zu einer neuen Richtung in der Planung führen und zu einer glaubwürdigeren Ökonomie.

HK: Nicht nur das. Ich finde, ein solches Haus vermittelt auch ein neues Familiengefühl. In einem Haushalt aus drei Familien wachsen die Kinder doch ganz anders auf. Sie haben nicht nur Vater und Mutter als Hauptbezugspersonen, sondern die anderen Menschen der Gemeinschaft dazu. Die Grenze zwischen „wir" und „die anderen" wird nicht mehr so starr sein.

LK: Einverstanden. Aber sehen Sie, die Menschen ändern, entsprechend Ihrem wechselnden Alter, auch ihre Einstellungen zum Leben, und dann ändert sich auch ihre Lebensart.

HK: Sie meinen, daß die Zeit kommen wird, in der wir einsehen, daß wir diesem Haus entwachsen sind?

LK: Richtig.

HK: Müssen wir es dann abreißen?

LK: Ja. Aber wichtiger ist, daß die Gemeinschaftsräume dem Teil nichts entziehen dürfen, den man als Privatsphäre betrachtet, jenem Ort, an dem man keinerlei Regeln oder Vorschriften mehr gehorchen muß, die in den Gemeinschaftsräumen gelten. Es muß einen Ort geben, an dem man sich seine eigene Tasse Tee aufbrühen kann. — Solch ein Vorhaben offenbart, wie wenig man sich vor anderen Menschen fürchtet. Es ist beinahe, als ob man lernte, weniger respektvoll Furcht zu empfinden. Aber ich glaube doch, daß der Mensch für sich selbst eine Vollständigkeit behauptet, die zu fest ist, als daß er in einem solchen Haus wohnen könnte. Man kann aus einer Norm nicht allzu schnell ausbrechen.

HK: Es würde vielleicht reichen, wenn man einen großen Gemeinschaftsraum und eine gemeinsame Küche hätte.

LK: Nein. Man kann den Menschen nicht das vorenthalten, was an ein Haus erinnert, an das eigene Heim. Man kann vielleicht sein Schlafzimmer vergessen, sogar manchmal das Wohnzimmer, aber niemals vergißt man seine Küche. Die Erinnerung spielt hier eine enorme Rolle. Und dann möchte man Gäste einladen, ein Ereignis, das völlig untergeht, wenn man die Küche dem Einzelnen nimmt.

HK: Sie glauben also, es wäre besser, auf unserem Grundstück drei verschiedene Häuser zu erstellen?

LK: Nein, aber ich möchte, daß Sie den jeder Familie heiligen Ort nicht vergessen. Ich glaube, daß die Küche einer der heiligsten Räume ist. Wenn man dieses Haus um die Küche herum baut, so wäre das sicher eine ungeheure Lehre in gegenseitiger Verantwortung. Aber ich glaube wirklich, daß die Küche privat bleiben muß. Sonst hätte man doch stets das Gefühl, man könne niemanden einladen. Es ist sehr wichtig, wie man einen Kuchen bäckt, denn man will doch, daß der Gast den Kuchen genießt, den man selbst gebacken hat. Und dann: Vergessen Sie nicht, daß die Küche die Domäne der Frau ist; das kann ein beträchtliches Ausmaß an Eifersucht verursachen. Die jungen Leute haben keinen so ausgeprägten Sinn für das Eigentum mehr. Ich selbst könnte jedoch ohne weiteres in einer solchen sozialen Umgebung leben. Die Vorstellung, sofort eine solche Familie zu haben, ist wunderbar. Aber ich fühle mich wohler, wenn ich zwar weiß, daß der andere auch da ist, ich ihn aber nicht unbedingt sehen muß. Wenn ich ein Zimmer neben einer anderen Person bewohne, so fühle ich mich sicher viel wohler. Denn dann ist sogar eine geschlossene Türe ein Stück Kommunikation, nicht wahr? Was mich schließlich noch wohler fühlen ließe, wäre ein Garten zwischen seinem und meinem Zimmer. Dieser Abstand sagt mir, daß wir uns bald wieder begegnen müssen.

Robert Venturi
Denise Scott Brown

7

JC: Mr. Venturi, die wenigen Gebäude, die Sie bisher gebaut haben, sind für die amerikanische Avantgarde-Architektur vorbildlich geworden. Das neue und gänzlich ungewohnte Vokabular dieser Bauten hat eine heftige Diskussion heraufbeschworen. Wir hätten gerne mehr Informationen über den Planungsprozeß, den Ihre Bauten durchlaufen.

RV: Wenn Sie sich auf die Prozeßtheorien beziehen, von denen die Architekten heute so viel reden, das heißt auf die Methoden des Entwurfs und der Lösung von sehr komplexen Programmanforderungen, so muß ich Sie enttäuschen — wir machen es anders, und zwar aus zwei Gründen: Einerseits haben wir bisher keine so großen Aufträge mit komplexen Problemstellungen bekommen, und andererseits interessieren uns Gehalt und Gestalt in der Architektur mehr als der architektonische Prozeß. Wir haben unsere Aufmerksamkeit nicht auf Prozeß- und Programmtheorien gerichtet, und es gab auch wenig Anlaß dazu, weil unsere Projekte eher klein waren. Ich habe den Ruf, ein Theoretiker zu sein, weil ich schreibe und Vorträge halte. Das ist eher komisch, denn ich schreibe oder rede nicht besonders gut und tue es auch nicht sehr gern. Aber ich bin in eine Lage geraten, in der ich viel denken und theoretisieren mußte, weil ich nicht viel Gelegenheit hatte zu arbeiten. Meine Ideen waren meine Beschäftigungsmöglichkeiten. Deshalb habe ich so viel geredet. Eigentlich wollte ich das gar nicht; ich bin von Natur aus kein Theoretiker, sondern eher ein Praktiker, ein Handwerker.

HK: Ihr Buch „Complexity and Contradiction" (Komplexität und Widerspruch) ist vielleicht das meistdiskutierte Buch unter amerikanischen Architekten und Kritikern, und trotzdem sind Sie einer jener vielen Architekten, die nicht genug Aufträge erhalten. Offenbar wollen die Auftraggeber etwas anderes als Sie. Doch die Architektursprache, die Sie entwickelt haben, wird von den Architekten im ganzen Lande imitiert. Die von der Zeitschrift „Progressive Architecture" (Januar 1970) vergebenen Auszeichnungen widerspiegeln unmittelbar Ihr Wertsystem, indem jene Architekten ausgezeichnet werden, deren Projekte Ihre Ideen aufnehmen; und doch sitzen Sie hier herum und müssen auf Aufträge warten.

RV: Im allgemeinen haben Sie recht, und es stimmt mich auch ein wenig bitter. Wir werden von überallher aufgefordert, Vorlesungen zu halten. Wir sagen nun den Universitäten, die uns einladen: „Wenn Sie uns einen Auftrag für ein Gebäude an Ihrer Universität geben können, so werden wir gratis Vorlesungen halten; wenn nicht, so bitten Sie doch die Architekten, die für Ihren Kampus bauen, für Ihre Studenten auch die Vorlesungen zu halten."
Was hier tatsächlich vorgeht, ist normal: Einer, der etwas ganz Neues zum zweitenmal macht, kann es schon besser. Ich meine, er baut darauf weiter; es wird sauberer, weil er die Dinge klarer vor sich sieht als derjenige, welcher schwitzt und kämpft, um sich im Neuland zurechtzufinden. Der zweite Grund ist, daß unsere Bauten offensichtlich schwer zu akzeptieren sind, vor allem für manche Architekten. Ich verstehe nicht weshalb, aber wir irritieren die Architekten sehr.

JC: Was zum Beispiel irritiert Ihre Kollegen?

RV: Wir nehmen zum Beispiel gerne Rücksicht auf die bestehende Landschaft und gehen von ihr aus, indem wir sie zuerst ohne jegliches Werturteil betrachten. Das entsetzt die Architekten, weil sie bisher immer behauptet haben, alles Bestehende sei völlig falsch. Ihre ganze Reformattitüde wird ...

JC: Paul Rudolph sagte zum Beispiel, daß Venturis Architektur bereits gebaut ist. Wenn Venturi die bestehende Stadtlandschaft akzeptiert, so braucht er gar nicht mehr zu bauen.

RV: Ja.

JC: Wenn „alles beinahe in Ordnung ist", um einen Ihrer berühmten Sätze zu verwenden, warum soll man dann weitermachen?

RV: Natürlich habe ich das nie gesagt. Mein Satz lautete: „Main Street is almost all right" (Die Hauptstraße ist fast in Ordnung), mit sorgfältiger Betonung auf „almost". Übrigens ist das Rhetorik; es soll nicht zu wörtlich genommen werden. Wir sagen, unsere Bauten seien gewöhnlich — andere Leute haben sie häßlich und gewöhnlich genannt. Aber unsere Bauten sind natürlich auch außergewöhnlich, außer-gewöhnlich. Obwohl sie gewöhnlich ausschauen, sind sie es doch überhaupt nicht, sondern sind, wie wir hoffen, sehr anspruchsvolle Architektur, die vom Kleinen bis ins Große sehr sorgfältig durchgearbeitet wurde. Literaturkritiker kennen dieses Stilmittel schon seit langem, den Gebrauch von gewöhnlicher alltäglicher Sprache, von Klischees — was die Werke von Eliot und Joyce zum Beispiel auszeichnet und außer-gewöhnlich macht. In allen Künsten ist das eine weitverbreitete Methode, die auch jedermann bekannt ist, ausgenommen offenbar den Architekten.

JC: Warum überhaupt verwenden Sie den Begriff „gewöhnlich"?

RV: Das hatte zum Teil polemische Gründe. Darüber hinaus sind diese Bauten auch wirklich gewöhnlich innerhalb des heutigen Architekturmilieus. Es ist eine Reaktion auf die heroische Einstellung von Architekten wie zum Beispiel Paul Rudolph.

JC: Würden Sie heute lieber einen anderen Begriff verwenden, da man auf diesen doch so heftig reagiert hat?

RV: Der primäre Sinn dieses Wortes spielt keine allzu große Rolle. Ich will nicht anmaßend wirken, aber ursprünglich waren die Begriffe „Gotik" und „Barock" abfällig gemeint.

HK: Sie wollen die bestehende Umgebung nicht zerstören; sie wollen sich an die bestehende Umwelt anpassen und doch ein Gebäude bauen, das nicht gleich, nicht identisch mit der Umwelt ist.

RV: Ja, aber ich glaube nicht, daß das eine Lösung für alle Zeiten darstellt. Wir arbeiten innerhalb des heutigen Kontextes. Der Ursprung unserer Ansichten über das Gewöhnliche, daß man von der bestehenden Landschaft ausgehen und sie ohne heiligen Zorn anschauen müsse, dieser Ursprung war ein künstlerischer und intuitiver Impuls. Wir ertragen einfach nicht, was die Architekten der Landschaft antun, wenn sie „Totalentwürfe" machen. Wir mögen den megastrukturhaften, heroischen, pseudoprogressiven Charakter der heute etablierten Architektur nicht. Wir meinen, daß sie für das Leben bedeutungslos ist, und unsere erste Reaktion darauf war rein emotional und ästhetisch.

Wir beriefen uns auf die Architektur des Alltags, die sich nicht derartig anstrengt, „groß" zu sein, und wir fanden, daß es dort durchaus Leben und Lebensfähigkeit gab. Wir rationalisierten dann unsere ursprünglichen Reaktionen und untersuchten sie kritisch in bezug auf die sozialen und technischen Probleme, indem wir die echten Bedürfnisse und Möglichkeiten dieses Landes zum Maßstab nahmen. Ich glaube, ein weiterer Punkt ist, daß diese Einstellung größtenteils aus unseren eigenen Erfahrungen als Architekten stammt; wir erhalten Aufträge für kleine, nicht sehr kostspielige Bauten, und man kann einfach kein pseudoheroisches Gebäude errichten, wenn die Situation nicht heroisch ist. Wir machen also irgendwie aus der Not eine Tugend. Okay, wenn wir nur kleine Arbeiten mit mickeriger Finanzierung erhalten, so ist das für uns der Stand der Architektur. (Und das ist in der Tat auch ihr wahrer Stand, relativ gesehen, für die Mehrheit.) Wir wollen nicht dagegen ankämpfen, sondern mit Freude etwas daraus machen.

HK: Was hätten Sie getan, wenn Sie den Auftrag für das Bostoner Rathaus erhalten hätten (siehe Abb. 74)?

RV: Das Bostoner Rathaus ist mir ein gutes Beispiel für das, was falsch ist. Ich finde es bombastisch. Mittels der Architektur wird hier etwas versucht, was die Architektur nicht mehr zu leisten vermag. Früher konnte Architektur monumental sein. Sie konnte in der Stadt öffentliche Monumentalität anzeigen.

HK: Nur durch die Form?

RV: Nur durch die Form — durch reine Architektur. Siena kann einen Palazzo Pubblico haben, aber nicht Boston. Philadelphia konnte es im 19. Jahrhundert ziemlich gut, mit seiner lieblichen Monstrosität von einem Rathaus. Die Stadtsanierer mit ihren städtischen Wiederbelebungsversuchen möchten gerne zum italienischen monumentalen Urbanismus zurückkehren. Man hat versucht, der Stadt durch reine Architektur wieder ein Zentrum zu geben, aber es ist mißglückt, weil unsere Epoche für großartige Architektur nicht geeignet ist. Jedes Zeitalter hat sein Medium. Das Medium für die Gegenwart ist nicht reine Architektur. Das Bostoner Rathaus verwendet das formale Vokabular des späten Le Corbusier. Diese reinen, heroischen Formen sind großartig als Offenbarung eines alten Genies, geschaffen für Mönche in einer burgundischen Wiese, nicht aber für Bürokraten und Bürger auf einer Bostoner Piazza.

Das Rathaus sollte ein normales Verwaltungsgebäude sein, ein Schuppen, in dem die Bürokratie untergebracht ist. Diesen Schuppen verdeckt man dann mit einem riesigen Schild, auf dem in Leuchtschrift zu lesen ist: „Ich bin ein städtisches Monument", wenn Sie das wollen. Mit anderen Worten, für uns muß der Haupteindruck von anderen Media als von der Architektur kommen. Was ich soeben für das Rathaus beschrieben habe, nennen wir den dekorierten Schuppen. Die modernen Architekten haben im wesentlichen die Vorstellung beibehalten, daß die Wirkung aus dem Ausdruck des

157 Der Strip von Las Vegas, Nevada.

Entwerfens und Bauens kommt: das Bild des Gebäudes ist die Resultante aus Konstruktion, Raum und Programm, die harmonisch in Einklang zu bringen sind. Wir sind damit nicht einverstanden.

Wir finden, daß diese architektonischen Elemente zueinander in Widerspruch stehen können — daß das Äußere sich zum Beispiel vom Inneren unterscheiden möchte — oder daß die Wirkung nicht allein aus der Architektur erwachsen kann. Die Geschichte der Architektur lehrt uns, daß die Architektur stets ikonographische und symbolische Bedeutungen mit einschloß. Die gotische Kathedrale ist ein dekorierter Schuppen, bis zu einem gewissen Grad; sie strotzt von Botschaften kombinierter Medien. Das Bild ist nicht nur Architektur. Es gibt sogar Widersprüche, die aus der Komplexität des Bildes entstehen: Die Fassade von Amiens ist nicht „organisch" in bezug auf das Gebäude, das hinter ihr steht. Vielmehr wird eine Uneinheitlichkeit offenbar, wenn man das Gebäude nur als Architektur betrachtet. Aber es ist nicht nur ein Gebäude. Es ist auch eine Reklametafel, die einen Ort verkleidet, der eine Botschaft vermittelt. Die Reklametafel funktioniert mehr auf der Frontseite, die Architektur mehr auf der Rückseite; als Fassade hätte Architektur allein nicht genug Wirkung und bliebe nichtssagend.

JC: Welches Medium ist der Gegenwart angemessen?

RV: Ich bin nicht sicher, aber ich glaube, dieses Medium ist in seiner Natur weniger abstrakt und mehr zeichenhaft, weniger Architektur und mehr Grafik. Wir sind durch den commercial strip angeregt worden. (Strip: eine Autostraße meist außerhalb des Stadtzentrums, die auf beiden Seiten von einer Vielzahl von Läden, Tankstellen, Gaststätten, Bars usw. gesäumt wird und vom Dominieren der Reklamezeichen charakterisiert ist.) Die Architektur, die einzigartig wirkt in unserer Landschaft, ist der Strip (Abb. 157). Das Dominieren des Zeichens über der architektonischen Form trifft nicht nur auf die commercial strips zu, sondern auch auf die Villenviertel der Vorstadt, wie die Lehre aus der Levittown-Studie an der Yale-Universität bewiesen hat: Die Ikonographie des Wohnungsbaus ist reich an Symbolik. Aber für die städtische Architektur erfüllt der commercial strip ganz unmittelbar seinen Zweck, denn er hinterläßt präzise Eindrücke selbst über große Räume hinweg und bei hoher Geschwindigkeit. Das Auto wird noch eine ganze Weile das Haupttransportmittel sein. Unsere Bauten aber sind in der Autolandschaft relativ unbedeutende Pickel auf der Oberfläche des Landes, und man kann sie ohne die Verstärkung durch Zeichen und Symbole nicht „lesen". Orthodoxe Architektur, reine Architektur muß man genießen, indem man durch sie hindurch geht: Sie verträgt die Ablenkungen unserer ihr feindlichen Umwelt nicht. Die heutige Realität aber ist dort, wo sich Zeichen mit Architektur mischen. Wir sind also wieder zu einer Architektur der Zeichen und Symbole zurückgekehrt, die es in der Geschichte schon immer gegeben hat.

Jedermann hat seine eigenen Lernmethoden. Ich beziehe mich zum Beispiel auf historische Architektur; das Betrachten von Gebäuden aus früheren Zeiten kann stimulierend sein, denn es hilft mir, auf neue Art zu sehen. Und ich freue mich daran, die Symbolsprache, die Ikonographie der historischen Architektur zu verstehen.

In der jüngsten Vergangenheit reisten die Architekten meiner Generation nach Europa, um Plätze und Raumverhältnisse zwischen den Gebäuden zu studieren. Was wir sahen, entsprach dem abstrakten Expressionismus. Die Gebäude um die Piazza waren für uns bloß abstrakte Formen, die mit Textur, Muster und Farbe Raum schaffen. Wir sahen die Symbolik darin nicht. Nur die Kunsthistoriker erkannten sie.

HK: Die Idee der Symbolik ist vielleicht nicht jedermann klar.

RV: Es gibt verschiedene symbolische Ausdrucksweisen, und da gerät man leicht in das Labyrinth der Semiologie. Aber ich meine es hier sehr einfach: Ich beziehe mich auf die Form des Gebäudes selbst — zum Beispiel ein Gebäude in Form eines Hähnchens,

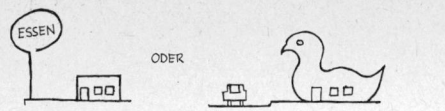

157a Das Haus als Ente.

in dem am Rande der Autobahn gebratene Hähnchen verkauft werden (Abb. 157a).
Die Medien Malerei, Skulptur und Architektur gehen hier eine unlösliche Verbindung
ein. Die Symbolik kann sich auch am Gebäude in Form eines Zeichens manifestieren.
Die architektonische Ikonographie von heute hängt mit der Kunst in der Werbung zusammen, die uns eine weitere Anregung ist. Wir sehen uns gerne Inserate an. Sie sind
plötzlich interessant geworden.

HK: Die meisten Ihrer Bauten sind Wohnhäuser. Dabei gibt es nur wenig Gelegenheit,
Symbole zu gebrauchen, weil kein starkes Bedürfnis besteht, Botschaften an die Öffentlichkeit zu richten.

RV: Eigentlich haben wir nur zwei Häuser gebaut. Aber man denkt selbstverständlich immer nach vorne, weil Architektur eine Weile braucht, bis sie körperliche Gestalt annimmt. Man kann im Bruchteil einer Sekunde eine Idee haben, aber es mag Jahre dauern, bis daraus Architektur wird. Deshalb ist, was wir bauen, ganz zahm im Vergleich zu dem, was wir sagen. Und wir versuchen auch nicht, unsere Bauten allein als
Träger unserer Ideen zu verwenden. Es ist unsere Absicht, keine allzu buchstäbliche
Übereinstimmung zwischen den beiden zu erzwingen.
Wir versuchen jedoch, unreine Architektur zu machen — indem wir bildhauerische,
grafische, malerische und andere Werte auf die Architektur assoziativ einwirken lassen. Wie wir bereits sagten, gab es all das früher schon im Eklektizismus und in fast
allen anderen Architekturströmungen. Ganz allgemein besteht unsere Methode darin,
das aufzunehmen, was die Architektur des Strips bereitstellt, das heißt, daß ein Gebäude einfache, schützende Hülle wird, indem die Bedeutung und der künstlerische Ausdruck vom Gebäude selbst getrennt werden. Das ist, wenn Sie wollen, Antiarchitek-
tur und definiert Architektur bis zu einem gewissen Grade als Dekoration einer Konstruktion: eine Dichotomie, zugegeben! Sogar der italienische Palazzo ist in diesem
Sinne ein dekorierter Schuppen. Während dreihundert Jahren hat sich die konstruk-
tive und räumliche Gestaltung nicht sonderlich verändert. Nur die Außenfläche erhielt wechselnde Symbole und Ornamente.

HK: Das Problem liegt natürlich darin, daß die amerikanische Gesellschaft eine
Architektur haben will, die starke traditionelle Züge trägt. Es besteht immer noch eine Vorliebe für imposante öffentliche Bauten, die Macht demonstrieren. Diese Vorliebe zwingt die Architekten in eine Richtung, die der Ihren entgegengesetzt ist. Architektur als reine Architektur scheint immer noch das beste Mittel zu sein, um Macht
zu verkünden, wie zu Anfang des Jahrhunderts. Das Wertsystem der amerikanischen
Gesellschaft hat sich nicht sehr geändert.

DSB: Das gleiche finden Sie in der Werbung. Denken Sie an all die Produkte, die
noch unter dem Motto „So gut wie von Oma selbst gemacht" verkauft werden, also
mit Anspielungen auf die guten alten Zeiten auf der Farm. Aber die Madison Avenue
(Straße in New York, wo sich die Werbefirmen konzentrieren) schafft es ziemlich gut
ohne das. Warum sollten es also nicht auch die Architekten können?

HK: Aber Sie tun doch genau das Gegenteil. Sie nehmen die bestehende Subkultur
des Strips und heben sie hinauf auf das Niveau, welches die traditionelle Architektur
stets als ihre Domäne betrachtet hat. Unsere Umgebung ist tatsächlich Strip-Architek-
tur, aber wir waren bisher nicht imstande, das zu akzeptieren. Zwischen dem Bostoner

Rathaus und dem Strip besteht ein Antagonismus. Sie hingegen bringen den Strip auf das Niveau des Bostoner Rathauses. Machen Sie nicht die heutige Gesellschaft kopfscheu, wenn Sie ihr zeigen, wie sie wirklich ist?

DSB: Ich möchte es ein wenig anders ausdrücken: Wir nehmen etwas, das eine sehr breite Basis hat, nämlich die Massenkultur — und ich würde das nicht eigentlich als Subkultur bezeichnen, weil sie so verbreitet ist —, und versuchen, sie einer elitären Subkultur, nämlich den Architekten und privaten und öffentlichen Auftraggebern, näherzubringen.

JC: Wenn Sie den Strip in Architektur übersetzen, so wird er zum selbstbewußten Strip.

DSB: Ja, es wird hohe anstatt niedrige Kultur.

JC: Neben dem sorgfältigen Formenstudium unserer Alltagswelt legen Sie großen Wert auf die Berücksichtigung soziologischer Aspekte. Die meisten der von uns befragten Architekten lehnen die Soziologie ab. In Ihrem Studio hingegen wird sehr viel Energie auf die soziologischen Probleme verwendet, bevor das Entwurfsstadium beginnt. Heißt das, daß der Architekt hier zum Soziologen werden muß? Kann er die Zeit aufbringen, eine Gesellschaft zu beurteilen, bevor er anfängt zu bauen?

DSB: Die meisten Architekten verschmähen die Soziologie. Louis Kahn wird Ihnen sagen, daß die Soziologen sich mit Familien befassen, die 2,5 Mitglieder zählen. Er kritisiert jene Seite der Soziologie, die man Sozialphysik nennen könnte, die also das Meßbare zum Gegenstand hat, und das nennt er dann Soziologie. Als ich nach Amerika kam, besuchte ich einen Kurs bei Herbert Gans an der Universität von Pennsylvania und arbeitete dann mit mehreren Sozialplanern. Ich glaube nicht, daß der Architekt zum Soziologen wird, aber er muß in jedem Falle die Informationen, welche die Soziologie erarbeitet, vom Standpunkt des Architekten aus in Betracht ziehen. Ich finde es gut, daß wir einerseits von den Popkünstlern, andererseits von den Soziologen lernen können. Dazwischen gibt es wenig brauchbare Bindeglieder, doch wir in der Mitte können von beiden profitieren. Man kann sagen, daß wir auf der einen Seite gegen die Architekten zu kämpfen haben, die glauben, von den Soziologen könne man nichts lernen, und auf der anderen Seite halten uns die Soziologen vor, daß wir Architekten erst unseren Horizont erweitern müssen, bevor wir von ihnen lernen können. Ich glaube, daß wir auch ihren Horizont erweitern müssen, weil sie weder das Werkzeug noch die Übersicht haben, um ihr Wissen auf unser Gebiet zu übertragen.

JC: Aus dem Bisherigen geht hervor, daß die zwei wichtigen Komponenten Ihrer Architektur die Entdeckung des Strips und das soziologische Bewußtsein sind.

RV: Der Strip hat uns auf den Symbolgehalt der Architektur, auf die Möglichkeit einer architektonischen Zeichensprache hingewiesen.

DSB: Unser Interesse gilt der Volkskultur, da sie die hohe Kultur zu beeinflussen und zu inspirieren vermag. Ich bin sicher, daß da eine Beziehung bestehen muß. Wenn wir eine neue Art Architektur verwirklichen wollen, welche sich von der üblichen Stadtsanierungs-Architektur unterscheidet, die wir für nicht wirklich relevant halten, so muß diese neue Architektur von den Leuten akzeptiert werden, die die Entscheidungen treffen. Nur indem man die Volkskultur im Lichte der hohen Kultur interpretiert, erreicht man, daß die Leute, welche Wettbewerbe beurteilen und Aufträge an Architekten vergeben, ihre Haltung ändern. Es hat jedoch keinen Sinn, Sanierungsprojekte zu kritisieren und nur Soziologiebücher zu lesen. Man gelangt nie direkt von einer sozialen Forderung zu einer architektonischen Idee. Erst muß die Form analysiert werden, ein Wechsel im Formenvokabular stattfinden; wir müssen mit einer neuen, sinnvolleren Formengrammatik arbeiten — und das meinen wir dem Strip und den Vorstädten entnehmen zu können.

HK: Hier liegt der Unterschied zwischen dem bestehenden „Gewöhnlichen" und der bewußten Verwendung eines „gewöhnlichen" Vokabulars.

RV: Die gegenständliche Kunst hat in Malerei und Bildhauerei eine lange Tradition in der Darstellung gewöhnlicher Gegenstände und Szenen. Ein weiterer Aspekt dieses Themas betrifft die Bedeutung und die Ikonographie, aber über die Finessen dieses Gegenstands weiß ich wenig; das gehört nicht zu meiner Ausbildung. Wir haben den Raum studiert. Einige englische Architekten finden nun, die Bedeutung und das ganze Gebiet der Semiologie seien für die heutige Architektur von Belang. Zu meinen Zeiten studierte man bildliche Darstellung unter dem Gesichtspunkt, eine formale Ganzheit, eine „Gestalt" zu kreieren; es war ein abstraktes Formenspiel, ohne Rücksicht auf Bedeutungsassoziationen und auf die Erfahrungen der Geschichte.

JC: Es wäre nicht fair, Ihr Verständnis des „Gewöhnlichen" als eine Aufforderung zur Banalität zu kritisieren?

RV: Andy Warhol sagte: „Ich mag langweilige Dinge", und wir gestalten unsere Bauten bewußt langweilig. Andererseits wollen wir sie auch spannend machen. Wir geben uns große Mühe, ihnen Spannung zu verleihen, und Architektur mit Spannung ist nicht langweilig. „Langweilig" ist wiederum eine rhetorische Übertreibung, als Reaktion auf die theatralische Architektur der Gegenwart.

DSB: Es ist sehr außergewöhnlich, still und gewöhnlich zu bleiben, wenn alle anderen sich in Positur setzen und außergewöhnlich sein wollen. Auch das Unauffällige kann schockieren.

RV: Die moderne Architektur hat in ihre Theorie aufgenommen, was man anonyme Architektur nennt, Architektur ohne Architekten. Sie wissen ja, Le Corbusier griff zurück auf die plastische Architektur des Mittelmeergebietes, andere auf die Hütten der pazifischen Inseln. Er kam dorthin und schätzte sie, wie alle anderen, wahrscheinlich wegen ihrer ehrlichen Konstruktion und ihrer Offenheit, jedoch niemals wegen ihres Symbolgehaltes. Die Anthropologen belehren uns aber, daß diese Architektur äußerst komplex und gar nicht einfach ist. Sie ist voller symbolhafter und ikonischer Werte; zudem enthält sie Konstruktionswerte, die sehr unkompliziert scheinen und es vielleicht auch sind. Aber die anderen Qualitäten sind nicht so offensichtlich. Wenn wir also über das „Gewöhnliche" sprechen, so reden wir von der materiellen Substanz des Gewöhnlichen wie auch von seinem Symbolgehalt.

DSB: Nichtsdestoweniger wirft man uns vor, wir seien „Sklaven des Mediokren".

RV: Man hat uns auch schon „Nixonianer" und „Reaganianer" genannt. (Ronald Reagan, Gouverneur von Kalifornien, der für seine repressive, konservative, auf die „schweigende Mehrheit" abgestimmte Politik bekannt ist.)

HK: Das sagt man natürlich, weil man aus Ihren Auffassungen allein die Affirmation der bestehenden Umwelt herauslesen kann.

DSB: Es geht um das Recht der Leute, ihren eigenen architektonischen Werten zu folgen.

HK: Die Traditionalisten blicken in die Vergangenheit, um der Gegenwart zu entfliehen. Die Utopisten blicken in die Zukunft, um die Gegenwart zu überwinden. Sie selbst verweisen auf die Realität dessen, was ist. Solange der Wunsch besteht, ein Bostoner Rathaus zu bauen, wird der Strip, die Gegenwart, nicht akzeptiert.

RV: Aber der Strip ist voller Phantasie — mehr als das pompös Theatralische der heutigen Architektur. Ich bin überzeugt, daß unsere Kultur dem Strip Recht geben wird.

HK: Mit anderen Worten, das Bostoner Rathaus ist bereits ein totes Monument.

JC: Wenn man den Strip berücksichtigt und die Kräfte, die ihn hervorbringen, dann muß man selektiv sein und entscheiden, welche Formen von Belang sein können. Es gibt Architekten, die die Mentalität der Massenkultur widerspiegeln, aber ganz anders-

158 Institut für Mathematik, Yale-Universität, New Haven. 1969. Venturi und Rauch.

wo gelandet sind. Morris Lapidus ist zum Beispiel ein Architekt, der bewußt oder unbewußt ...

DSB: Bei ihm ist das sehr bewußt. Dahinter steckt ein persönliches Grundprinzip.

JC: Auf jeden Fall kommt er zu sehr eindeutigen Lösungen, die sich aber doch von den Ihrigen stark unterscheiden.

DSB: Wir haben eigentlich noch nicht herausgefunden, was den Unterschied ausmacht. Wir finden auch, daß einer besteht. Wir waren wohl etwas überrascht, als wir herausfanden, wie stark unsere grundsätzlichen Überlegungen mit seinen übereinstimmen. Er hat seine Gründe für das, was er baut. Es war eine sehr bewußte Entscheidung, eine Art Film-Walhalla der dreißiger Jahre in Miami zu bauen und sich hierbei auf eine Analyse seiner Benutzer zu berufen. Ich glaube, daß ihm seine Ausbildung als Schauspieler dabei geholfen hat, aber auch seine altmodische architektonische Schulung, durch die er die Fähigkeit entwickelte, mit enormer Kunstfertigkeit wunderschöne Dinge zu zeichnen.

JC: Wenn Lapidus sagt: ,,Ich will bauen, was der Mensch will", so verbeugt sich Lapidus vor dem Geschmack der anderen. Sie aber <u>bestimmen</u> eher, was der Mensch will, und helfen ihm, weiterzukommen. In gewisser Hinsicht bestimmt die <u>Gesellschaft</u> die Architektur von Lapidus, während <u>Sie</u> bestimmen, welches die Architektur der Gesellschaft ist. Da liegt der Unterschied.

HK: Morris Lapidus ist ein Ja-Sager. Er nimmt auf, was da ist, und macht daraus, was gewünscht wird. Sie nehmen auf, was da ist, und verändern es, wodurch Sie es eigentlich verneinen.

RV: Vielleicht, auf einer bestimmten Ebene. So machten es die Pop-Künstler. Aber ich finde, daß wir sowohl bejahen als auch verneinen. Und ich bin nicht recht glücklich mit der Vorstellung, daß wir bestimmen, was die Architektur der Gesellschaft sei. Ist das nicht gerade das, was die Architekten in ihrer Arroganz schon immer für die Gesellschaft getan haben?

DSB: Wir parodieren und ironisieren bis zu einem gewissen Grad, um auch Werturteile auszudrücken. Ich glaube, es ist eine gutmütige und keine grausame Ironie. Das Problem von Werturteil und Toleranz trat keineswegs zuerst in der Architektur auf. Die Psychiatrie beschäftigte sich schon um die Jahrhundertwende damit. Wir haben mit unserer abwägenden Haltung beachtliche Vorgänger: Wer uns „Nixonianer" genannt hat, sollte auch Freud einen „Nixonianer" nennen. Aber wir behaupten nicht, daß wir gar nicht bewerten. Wir zögern das Urteil bloß hinaus. Dadurch fließen mehr Informationen in unsere Bewertung; sie wird feinfühliger. Warum akzeptieren wir einige Aspekte des Strips, andere hingegen nicht? Die Grundlage unseres Urteils bilden eben teils soziale, teils ästhetische Überlegungen.

JC: Das Mathematik-Gebäude an der Yale-Universität (Abb. 158) stellt ganz andere Anforderungen. Für uns ist aufschlußreich, daß Ihr wahrscheinlich erstes größeres Gebäude in einer Hochburg der zeitgenössischen „reinen" Architektur gebaut wird. Werden Sie den Kampus verleugnen oder seine bestehenden Werte bestätigen?

RV: Wir haben versucht, das Mathematik-Gebäude für Yale in der Tradition der gewöhnlichen Architektur zu halten. Gewöhnlich in dem Sinne, wie die Connecticut Hall aus dem 18. Jahrhundert gewöhnlich ist — in der Bauweise, im Programm, in der Gestalt —, gewöhnlich also insofern, als es konventionell ist und konventionell aussieht.

HK: Sie setzen es also in Beziehung zu den ältesten Bauten auf dem Kampus, nicht zu den ganz modernen?

RV: Die moderne Architekturtheorie hat die gewöhnliche Architektur zur Kenntnis genommen — und nennt sie anonyme Architektur —, jedoch hauptsächlich wegen ihrer Einfachheit der traditionellen Konstruktionsmethoden, die den lokalen Gegebenheiten entsprechen, sowie wegen ihrer angeblich einfachen Form, die sie als Hintergrund für heroische Architektur geeignet macht; nie aber wegen ihrer Symbole des Gewöhnlichen

159 Beinecke Rare Book and Manuscript Library, Bibliothek an der Yale-Universität, New Haven. 1963. Gordon Bunshaft (SOM).

oder wegen ihres Stils, denn Symbolik und Ornament sind in der heutigen Architektur verschmäht. Dabei sind in der Architektur Zeichen und explizite Anspielungen lebenswichtig und unvermeidbar, für den Architekten ebenso wie für den Wahrnehmenden.

DSB: Vielleicht ist gewöhnliche Architektur mit ein wenig Dekoration ein gutes Modell für Universitätsarchitektur. Universitätsgebäude zeichnen sich meist durch niedrige Budgets und hohe Ansprüche aus. Obwohl sie konkrete, großzügige, unverwüstliche Einrichtungen für einige der rüdesten Benutzer unserer Gesellschaft bieten müssen, sollen sie zusätzlich die Werte ausdrücken, die die Gesellschaft der Erziehung beimißt. Die Kampusarchitektur der Jahrhundertwende — nicht nur die Sever Hall von Harvard oder Stewardsons Washington-Universität und der ganze Komplex in Princeton, sondern auch die frühen College Halls vieler amerikanischer State Colleges — hat eben diese Kombination von robuster Großzügigkeit und Rhetorik erfüllt. Sie wurden zum Symbol des amerikanischen College. Die neugotischen Bauten von Yale, obwohl sie erst später entstanden, haben dieselbe Qualität, und nicht nur wegen ihrer gotischen Aufmachung.

RV: Auch die moderne Architektur hat schon versucht, solche Ansprüche auf poetische Schlichtheit durch die Einhaltung der Regeln von Funktion und Konstruktion zu erfüllen. Und doch hat die Architektur der fünfziger und sechziger Jahre an der Yale-Universität ironischerweise nicht die einfachen Tugenden betont, sondern stattdessen „originelle" Formen angestrebt, die der „fortgeschrittenen" Technik entstammten, was eben heroische Monumente hervorgebracht hat. Hier, wie in der modernen Architektur überhaupt, ist die Symbolik zugunsten des Expressionistischen ausgetrieben worden:

160 Becton Engineering and Applied Science Center, Yale-Universität, New Haven. 1969. Marcel Breuer.

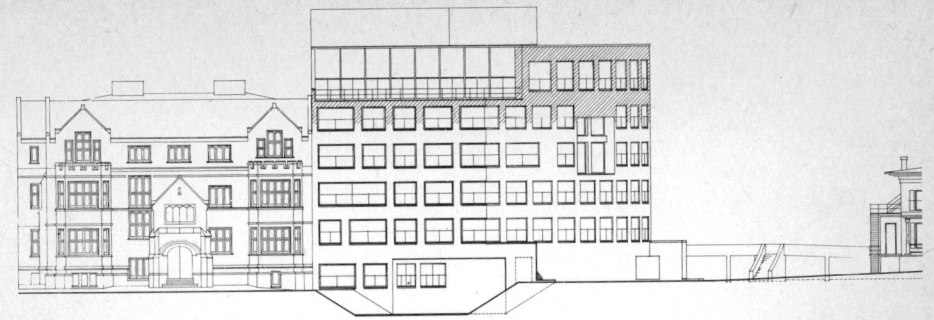

161 Institut für Mathematik, Yale-Universität (rechts). 1969. Venturi und Rauch, Ostansicht.
Leet-Oliver-Gebäude (links). 1908. Charles Haight.

Ausdruck von Funktion, Konstruktion und technischer Ausrüstung mittels einer komplexen Verbindung von Gebäudeteilen (siehe Abb. 67, Art and Architecture Building); oder Ausdruck der „Imperative" industriellen Bauens (Abb. 159, Beinecke-Bibliothek); oder Ausdruck von heroischen Ambitionen unter Berufung auf einen heroischen architektonischen „Formgeber" wie etwa Le Corbusier (Becton Center; Abb. 160). Doch drücken diese Bauten trotz aller Modernität doch nur die Freigebigkeit ihrer Gönner aus, ohne architektonischer Neuerung oder akademischen Ansprüchen gerecht zu werden.

DSB: Vielleicht veranlaßten diese exhibitionistische Architektur und das neue Wertsystem, das hinter den Studentenprotesten steckt, die Auftraggeber des Mathematik-Gebäudes, „brauchbaren Raum" und die „Integration der neuen Gebäude in das vorgegebene Gefüge" zu fordern.

RV: Eine Kommunikation auf der Ebene des Heroischen mittels reiner Architektur ist in unserer Zeit und in unserer heutigen Umwelt nicht angebracht. Jedes Medium hat seine Zeit, und die Äußerungen unserer Zeit werden nicht nur aus dem Medium Architektur bestehen, sondern aus einer Kombination von Medien: eine unreine, eklektische Architektur aus Wörtern, Skulpturen und Assoziationen, die dem Maßstab, dem Tempo und der Klangfarbe unserer kakophonen Umwelt besser entspricht.

DSB: Gewöhnliche Architektur mit oberflächlichen, offen zugegebenen symbolischen und assoziativen Ornamenten, die zurückgreifen auf die Werte des traditionellen Kampus, paßt ganz besonders gut zu den sich verändernden Werten des Kampus. Studenten und Lehrkörper werden ein wenig Rhetorik akzeptieren, wenn sie oberflächlich und witzig ist — eigentlich eine freundliche Parodie auf die akademische und Business-Rhetorik —, während ihre Ansprüche hoffentlich erfüllt werden durch die robuste Großzügigkeit des Ganzen, die ihnen erlaubt, den Bau voll in Besitz zu nehmen.

RV: In einer Zeit, die alles in Frage stellt, darf die Architektur nicht monumental sein, aber auch nicht nur aus Baracken bestehen. Sie muß trotzdem mehr bieten als Schuppen. Sie wird in dem Maße dazu beitragen, die Ziele des Protestes auszudrücken, als es ihr gelingt, ganz im Geiste dieses Protestes etwas mehr als Schuppen zu bauen.

JC: Sie wählen die Assoziationen, die Sie hervorrufen wollen, sehr sorgsam aus. Indem Sie sich auf das neugotische Gebäude auf dem Grundstück nebenan beziehen (Abb. 161), nehmen Sie gewisse Anknüpfungsmomente auf, setzen sich jedoch gleichzeitig ab.

DSB: Beim Entwurf dieses Gebäudes dachten wir einerseits an die öffentlichen Gebäude der jüngsten Vergangenheit, andererseits an die neugotischen Zierelemente: Das betonte Anspielen auf schon bestehende Vorbilder stellte einen Teil unserer Entwurfsmethode dar. Wir hoffen, daß jemand, der dieses Gebäude anschaut, an diese früheren Beispiele erinnert wird und den Zusammenhang erkennt.

HK: Philip Johnson wollte mit dem Kline Biology Tower (siehe Abb. 1) ein Monument für die Wissenschaft an der Yale-Universität schaffen. Wollen Sie der Mathematik ein Image verleihen?

RV: Das Image ist gewöhnlich: Ein Gebäude, das funktioniert, das die umliegenden Gebäude eher mehr zur Geltung bringt, als sie in den Hintergrund zu drängen. Die Leet Oliver Hall (links) hat genug Rhetorik für beide Gebäude, und in der Beziehung der beiden Bauten zueinander liegt auch Rhetorik. Der gotische Eingang (Abb. 162) aus Beton und das Vierblattmuster des Bodenbelages hinter dem Gebäude sind kleine stilistische Appliqués, die die Beziehung zu Leet Oliver durch Symbolik ebenso wie durch Formkomposition und Maßstab explizit machen.

Nicht nur das Image, auch die Materialien sind gewöhnlich: konventionelle Fenster in einem mit Backstein gefüllten Stahlrahmengerüst garantieren rationelle Bauweise und leichten Unterhalt. Wir hoffen, daß sich die Rhetorik durch die Großzügigkeit, die sorgfältige Proportionierung und Detailveränderungen der konventionellen Elemente ein wenig steigern läßt.

JC: Es ist eine schwierige Aufgabe, auf dem Gewöhnlichen in Ihrem Sinne zu beharren, wenn man den Ort, an dem das Gebäude steht, und die prestigereiche und besondere Architektur der Hillhouse Avenue bedenkt (Abb. 164).

162 Institut für Mathematik, Yale-Universität. Grundriß.

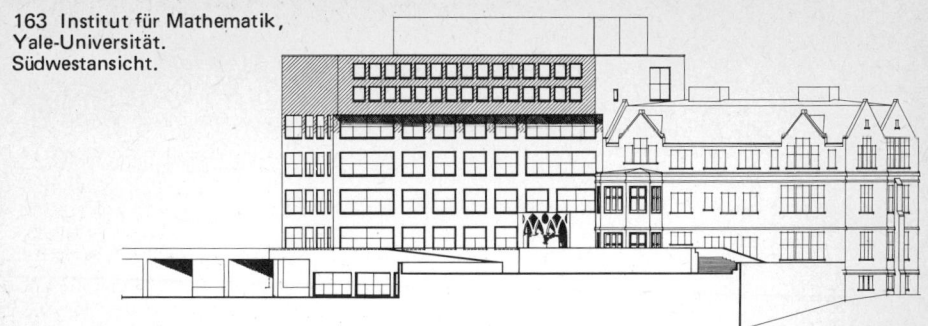

163 Institut für Mathematik,
Yale-Universität.
Südwestansicht.

DSB: Das neue Gebäude ist eher ein Anbau als ein Monument, aber ein sehr großer Anbau (Abb. 163), der der schönen Architektur der Hillhouse Avenue angepaßt werden muß.

JC: Auf welche Weise geschieht das?

RV: Wir haben versucht, einen großen Maßstab aufrechtzuerhalten und trotzdem den notwendigerweise großen Baukörper optisch zu verkleinern, indem wir die Fassade zur Straße abtreppen und das oberste Geschoß zurücksetzen, vom vierten Geschoß an den Farbanstrich wechseln und — wichtig in bezug auf Leet Oliver — den Grundriß nach

164 Modell für das Institut für Mathematik, Yale-Universität.

Becton Center

Hillhouse Avenue

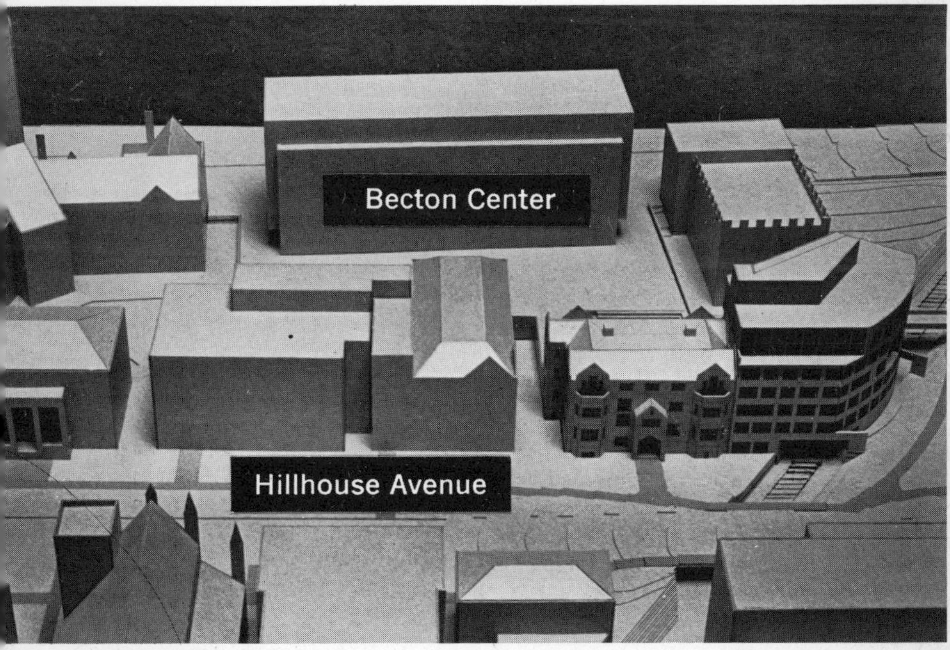

innen biegen; so entsteht der Eindruck, als ob das große, neue Gebäude nicht für sich alleinstehen könnte, nicht ohne das Leet-Oliver-Gebäude jedenfalls.

HK: Die Häuser an der Hillhouse Avenue definieren aber doch einen Raum und einen Maßstab, der anders ist als der von Leet Oliver (Abb. 164).

DSB: Das neue Gebäude verstärkt den Raum der Straße, indem es die Gebäudehöhe, die Straßenführung und den Maßstab der öffentlichen Gebäude auf der anderen Seite der Straße und gegen Süden respektiert. Und doch bringt es die Reihe von großen Gebäuden durch die gekrümmte Seitenansicht zu einem Abschluß. Da es sich nun dem Dana House jenseits der Bahnlinie und der Reihe der würdigen Bauten straßenaufwärts zuwendet, hat es Anschluß an den veränderten Charakter der Straße in Richtung Norden. Durch die Diagonalform auf der Rückseite wird eine Art Einfassung suggeriert, wodurch die Becton Plaza geschlossen wird, ohne einen zusätzlichen Flügel hinzuzufügen, so daß der großzügige Maßstab erhalten bleibt.

RV: Die Harmonie mit Leet Oliver wird sowohl durch Kontrast als durch Analogie gesucht: Die Fenster sind in der Art anders, im Maßstab jedoch ähnlich; unser Material ist in der Art und in der Textur anders (verglaste Ziegel), doch ähnlich der grauen Kalksteintönung des Leet-Oliver-Gebäudes. Auf der Rückseite unterscheiden sich sowohl das Belagsmuster des Piazza als auch das Maßwerk des Eingangs in Maßstab und Material vom Ornament des Leet-Oliver-Gebäudes, und doch sind sie symbolisch ähnlich.

JC: Was sind die Hauptmerkmale der inneren Gebäudeorganisation (Abb. 162)?

RV: Wir haben die Hauptverkehrszonen auf das Untergeschoß und einen Teil des ersten Geschosses beschränkt. Für Invalide gibt es eine Rampe von der Trumbull-Straße und von Becton Plaza her. Da unser Projekt eigentlich ein Anbau des Leet-Oliver-Gebäudes ist, bleibt der Eingang von der Hillhouse Avenue im alten Gebäude, und da die zwei Gebäude funktionell gesehen ein Ganzes bilden, reichen die großzügigen Räume des alten Gebäudes auch für das neue; wir können also hier den öffentlichen Raum zugunsten von geeigneten kleineren Räumen auf das Mindestmaß reduzieren. Einige Abschnitte der neuen Korridore sind allerdings breiter, als für den Verkehr nötig wäre; sie sind geplant als Raum für spontane Begegnungen und Kommunikation, und es gibt dort einen Haufen Sitzgelegenheiten und Anschlagbretter. Diese Idee wird weitergeführt in den Freiluftzugängen zu den großen Vorlesungssälen und zu dem Platz hinter dem Gebäude: Zwanglose Begegnungen und Kontakte sollen hier gefördert werden. Die Gemeinschaftsräume nehmen die oberen Stockwerke ein. Man hat von dort Ausblick auf die Hillhouse Avenue. Auch der Lesesaal der Bibliothek (Abb. 165) hat diese schöne Aussicht straßaufwärts.

DSB: Die Inneneinrichtung, vor allem die der Gemeinschaftsräume, der Bibliothek und der Vorlesungssäle, wird hoffentlich nicht von der billigen Art sein, diese Knoll-Möbel-Imitationen für Prokuristen, die durch die meisten Kampuseinkaufsabteilungen lieferbar sind. Wir möchten etwas Einfacheres, Ausgefallenes und Bequemeres. Das Bild eines Klubraums, in Vinyl umgesetzt, mit kuscheligen Sesseln und Nischen — Räume und Möbel, in die man sich so hineinrekelt —, ist für Studenten und Professoren von heute richtig.

HK: Es gibt in der Architektur technische Verbesserungen, die es gestatten, billig und in neuen Formen zu bauen. Ich denke da zum Beispiel an einige Betonkonstruktionen von Bertrand Goldberg. Dadurch, daß Sie sich dem ,,Gewöhnlichen" verschreiben, scheinen Sie solche Verbesserungen bewußt zu meiden.

RV: Wir lehnen die Technik als architektonisches Ausdrucksmittel ab, aber nicht die Beschäftigung mit stichhaltigen technischen Problemen, die auftauchen und eine Lösung erfordern. Bei diesem Projekt zum Beispiel müssen wir ein Geleise überspannen. Die Tragkonstruktion, die den Geleisegraben übergreift, wird als besonderes Ereignis behandelt, das eine Spezialkonstruktion nötig macht (Abb. 164) — die Andeutung eines Rahmens, der ein ansonsten konsequent mit einer Außenhaut verkleidetes Gebäude durchstößt und zwischen der geometrischen Regelmäßigkeit der Stahlkonstruktion des Gebäudes und den herausragenden Pfeilern vermittelt. Architektonisch werden diese Spannrahmen keineswegs sorgfältig und glatt zum Rest des Gebäudes in Beziehung gebracht; vor allem werden sie nicht als dominierende „Merkmale" herausgestellt, sondern eher als eine von vielen Aufgaben innerhalb eines komplexen Zusammenhangs angesehen.

JC: Wie soll man das architektonische Resultat der Venturis verstehen? Welche Rolle spielt jeder von Ihnen in Planung und Entwurf?

RV: Das ist sehr komplex. Gewiß gibt es Unterschiede. Denise ist in Architektur und in Planung ausgebildet. Beim Entwurf ist sie meistens der Kritiker, aber in einem sehr kreativen Sinne, so wie T. S. Eliot es meinte, als er sagte, Kreation sei zu neun Zehnteln Kritik. John Rauch ist auch sehr wichtig für uns. Einerseits ist er der Geschäftsmann und technische Partner, andererseits ein unerbittlicher Kritiker, der im abstrakten Denken sehr zu Hause ist; er ist zehnmal intellektueller als ich.

DSB: John Rauch war früher Maler. Wenn es um Darstellungsprobleme geht, so sind John, Bob (Venturi) und Gerold Clark ein sehr enges Team. Ich erinnere mich an einen Wettbewerb, bei dem Bob sich unmäßig lange an einer Nebensache aufhielt — was für Bäume gezeichnet werden sollten. John kam, kritzelte auf einem Blatt herum und sagte nach ein paar Minuten: „Hier, Bob, versuch es doch so."

RV: John weiß besser als ich, was ich tue. Das könnte man von Denise eigentlich auch sagen.

DSB: Bob und ich unterrichteten beide an der Universität von Pennsylvania. Wir

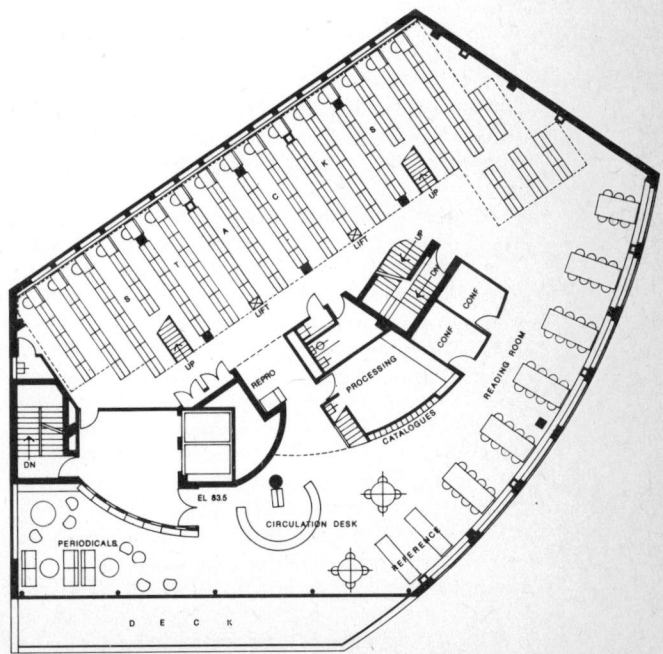

165 Institut für Mathematik, Yale-Universität. Grundriß der Bibliothek im fünften Geschoß.

bildeten dort eine Art Untergrund, weil sich die meisten unserer Kollegen für unsere Ideen nicht interessierten. In unserem Büro bin ich diejenige, die die sozialen Aspekte durchsetzt. Ich betone sie im frühen Entwurfsstadium, wenn wir bestimmen, welches die entscheidenden Probleme bei einem Projekt sind. Wenn es um das <u>Formgeben</u> geht, so ist Bob bei weitem der wichtigste Mann in unserem Büro.

Dann ist da noch Gerold Clark. Er hat wahrscheinlich von uns allen am meisten Gespür für Pop Art und andere Media. Bob verläßt sich auf ihn, denn er hat großes Vertrauen in sein Gefühl für neue Formen. Er ist in dieser Hinsicht unser Experte. Wir brauchen ihn wegen seiner Fähigkeit zu kluger ästhetischer Kritik.

JC: Ich glaube, diese Antworten zeigen einen weiteren wichtigen Aspekt Ihrer Arbeit. Sie besagen, daß in Ihrem Büro nicht nur all diese anderen Ausdrucksbereiche in der Architektur mitberücksichtigt werden, sondern daß Sie auch keine eigentliche Primadonna haben, die mit strenger Hand über den Entwurf entscheidet. Sie schildern uns Ihre Arbeit im Team.

RV: Mir gefällt diese Formulierung nicht sonderlich, weil es zu sehr nach einem Architekturkollektiv im Sinne Walter Gropius' klingt. Aber es gefällt mir, daß wir miteinander arbeiten.

JC: Würden Sie akzeptieren, daß man Sie die Venturis nennt?

DSB: Ich verwende den Namen Scott Brown, wenn ich etwas veröffentliche, weil ich unter diesem Namen bekannt bin — und auch um den Namen meines ersten Mannes fortbestehen zu lassen, der starb, bevor er sich selbst einen Namen schaffen konnte —, außerdem um meine eigene Identität in der Karriere zu behaupten gegen den ziemlich starken Druck zur Verwischung der Unterschiede. Bob ist zum Beispiel aufgrund eines Artikels, den ich geschrieben habe, angeschuldigt worden, er bringe das Nixon-Regime in die Architektur. Immer heißt es „Venturis Artikel" und „Venturis Architektur" (anstatt „die Architektur von Venturi und Rauch"), weil die Architekten männliche Chauvinisten sind und sich stets nach dem Primadonna-System richten — oder muß ich hier vielleicht Primouomo-System sagen?

RV: Unser Hauptproblem ist, daß wir nicht genug Arbeit und bisher nur wenig gebaut haben. Und ich wiederhole, daß ich meinen Ruf, ein verbaler Typ zu sein, ein Theoretiker, für den Bauen sekundär ist, nicht mag.

JC: Das rührt daher, daß Sie zuerst eine architekturtheoretische Abhandlung schrieben.

RV: Ja, weil ich geschrieben habe. Ich <u>bin</u> ein kritischer Architekt, denn ich finde, ein Architekt ist immer auch ein Kritiker, und ich pflichte T. S. Eliot bei, wenn er die Kritik als Teil der Kreativität bezeichnet. Ich glaube, einige der Architekten, die gerne reden, bauen, um zu beweisen, was sie sagen. Ich weiß, daß unsere Bauten in erster Linie Bauten sind, denn wir denken während des Entwurfs nicht sehr häufig über unsere Philosophie nach. Wenn wir anfangen zu entwerfen, so sehen wir die Bauten als Lösungen zu den jeweils gegebenen Problemen. Und dann, erst später, beginne ich zu merken, daß etwas, was ich vorher einmal gedacht habe, eng damit verkoppelt ist. Das ist der Grund, warum das Guild House (Abb. 166) nicht soviel Dekoration aufweist oder nicht soviel explizite Symbolik, wie man erwarten möchte.

DSB: Ein Gebäude ist nicht bloß die verkörperte Erläuterung einer Theorie.

RV: Es dient nicht als Vermittler der Theorie.

JC: Oft läuft es umgekehrt. Man entnimmt dem Gebäude die Theorie.

RV: Aber gewiß. Ich mache das auch. Ich finde das in Ordnung, weil man oft intuitiv zu einer Lösung kommt und dann erst realisiert, was man getan hat.

HK: Als wir das Guild House in Philadelphia besuchten, bemerkten wir, daß die „berühmte" vergoldete Fernsehantenne heruntergenommen worden war.

166 Guild House, Philadelphia, Pennsylvania. 1961–1965. Venturi und Rauch; Cope & Lippincott.

RV: Sie wurde abgenommen, weil sie keine wirkliche Fernsehantenne war, sie war billiger und nicht sehr beständiger Schmuck. Sie war am Auseinanderfallen. Wir konnten uns keine dauerhafte Skulptur leisten. Die Hausbesitzer werden sie nicht ersetzen, vielleicht, weil sie Quäker sind. Es war von Anfang an ein Kampf, sie zu überreden, 600 Dollar für ein Bildwerk auszugeben.

HK: Können Sie uns über diese vergoldete Antenne etwas sagen?

RV: Das Guild House wurde von den Quäkern für alte Leute gebaut. Der gestaffelte Baukörper ist konventionell und gewöhnlich, aber die schmale Vorderfassade ist als Kontrast dazu monumental. Deshalb das große Segmentbogenfenster oben, das die Reihe von Balkonöffnungen in der Fassade abschließt, so daß diese Konfiguration ein Ganzes wird – eine Art Kolossalordnung als Kontrast zu dem sechsgeschossigen Maßstab des übrigen Gebäudes. Das Gebäude sollte gleichzeitig gewöhnlich und monumental werden. Uns gefällt die Idee, eine Skulptur auf das hohe Dach eines Gebäudes zu setzen, nach Renaissance-Art (obwohl man damals eine Skulptur nie in die Mitte der Dachlinie stellte). Am liebsten hätten wir dort oben eine Gipsmadonna mit ausgestreckten Armen in Pop-Art-Manier aufgestellt, aber das wäre bei einem Quäker-Gebäude doch sehr unangebracht gewesen, weshalb wir eine Fernsehantenne verwendet haben, einen alltäglichen Gegenstand, aber vergrößert und vergoldet, wodurch er zusätzlich zu der alten, allgemein üblichen eine neue Bedeutung erhält. Dann steckt darin auch die Symbolik der alten Leute, die viel fernsehen.

HK: Die Kritiker haben das als abschätziges Symbol für die Lebensweise alter Leute aufgefaßt.

RV: So haben wir das nicht gemeint. Es ist nicht an uns, den Leuten zu sagen, Fernsehen sei schlecht und sie sollten stattdessen Bücher lesen. Abscheulich, diese Folgerung, daß die Kunst ausgesprochen zur Besserung des Menschen dienen soll. So ein Mist!

JC: Sollte die Antenne gebraucht werden?

RV: Ursprünglich sollte sie es. Dann fanden wir, daß es nicht so gut aussieht, wenn sie eine nützliche Einrichtung ist, also machten wir es anders.

DSB: Wenn Andy Warhol eine Dose Campbell's Soup anschaut, so weiß ich nicht, haßt er sie oder liebt er sie; und ich bin nicht sicher, ob er das selbst weiß. Diese Ambivalenz schafft die nötige Spannung. Das gleiche trifft auf unsere Fernsehantenne dort oben zu. Ist es Haß oder Liebe? Ein wenig von beiden, also ein sehr echtes menschliches Gefühl. Und das ist wiederum eine Frage des Bewertens. Die Ambivalenz, das gemischte Gefühl, kann nicht aufgelöst werden. Das ist unsere Welt. Warum sollten wir das nicht auch ausdrücken? Wir glauben, daß wir das Parodistische nicht haßvoll, sondern liebevoll einsetzen; vielleicht weinenden Auges.

HK: Wenn Sie akzeptieren, was schon existiert, um zu zeigen, was für den Menschen Bedeutung hat, so gelangen Sie in die beängstigende Nähe, sogar Co-op City zu bejahen (siehe Abb. 29). Co-op City ist „fast in Ordnung". Wo fangen Sie an, kritisch zu werden in bezug auf das, was existiert?

DSB: Es gibt Dinge, die wir sehr heftig kritisieren. Ich glaube nicht, daß eine Schnellstraße durch ein Ghetto überhaupt je gut sein kann. Ich glaube nicht, daß Wasserverschmutzung je gut sein kann. Ich glaube nicht, daß ein Vietnamkrieg, um es milde auszudrücken, je gut sein kann. Aber wir fanden, daß ganz kleine Veränderungen Co-op City gut machen könnten; und hier sind wir nun beim „fast". Wir haben nicht gesagt, daß wir alle Aspekte des Lebens urteilslos hinnehmen sollen. Wir wollen lediglich vermitteln, daß Verbesserungen nicht in Form von Katastrophen kommen müssen; denn oft sind solche Veränderungen Verschlechterungen: Denken Sie zum Beispiel an die städtischen Sanierungsprojekte.

RV: Wenn einer sagt, alles sei völlig falsch, so hält er sich meist aus der Sache raus. Der Visionär ist normalerweise jemand, der sich angeekelt abwendet und sagt: „Es ist einfach unmöglich", und dann geschieht gar nichts. Viele Architekten geben zu verstehen: „Wir wollen die Utopie, und wir sind besser, weil wir sie uns im Geiste vorstellen können." Inzwischen aber geht die Welt vor die Hunde. Sie braucht jemanden, der vernünftig, praktisch und sofort handelt. Ich glaube, der Künstler ist selten explizit ein Visionär, und wenn einer das von sich behauptet, so werde ich mißtrauisch.

DSB: „Der Künstler ist der Träumer, der sich bereit erklärt, die Realität zu träumen" (Santayana).

RV: Ich glaube, der Künstler muß sich mit der Realität befassen, will sich seine Finger schmutzig machen bei ihrer Gestaltung. Am Ende mag er dann, sozusagen als Nebenresultat, ein Visionär sein, aber er versucht nicht, von Anfang an ein Visionär zu sein. Deshalb müssen wir uns aufs Schlachtfeld begeben. Ich finde wirklich, das ist das Vorgehen des Künstlers.

HK: Ihr Mißtrauen gegenüber den Visionären könnte Sie zu sehr in die andere Richtung drängen. Architektur im Stil von Co-op City muß nicht verteidigt werden, da sie ohnehin schon gesiegt hat.

RV: Nur zu Anfang akzeptiert man so etwas, wenn man beginnt, sich darüber Gedanken zu machen, was als nächstes zu tun sei.

DSB: Co-op City bietet so ungefähr die niedrigsten Mieten in ganz New York City. Man kann das nicht einfach ignorieren, weil es bekanntlich in New York achthunderttausend Menschen gibt, die in Behausungen leben, die unter jeder Norm sind, und kaum jemand tut etwas dagegen. Co-op City, also auch die Form, die das Projekt angenommen hat, sollte als Produkt gewisser — sozialer, ökonomischer, politischer und technischer — Kräfte untersucht werden, als ein Produkt, das die Architekten erst verstehen müssen, bevor sie es besser oder sogar bloß gleich gut machen können. Wir sagen damit nicht, dies sei die einzig mögliche Lösung für den Wohnungsbau in New York, das liegt uns fern; aber es ist eine aus einer Reihe von möglichen Lösungen, die auf den Standort, die Bodenpreise und die Bedürfnisse der Menschen in einer bestimmten Weise Rücksicht nimmt. Das Projekt hat ganz offensichtlich seine Stärken, denn es wurde verwirklicht, es scheint notwendig zu sein und benützt zu werden. Wir können uns deshalb nicht leisten, es einfach zu ignorieren. Die nächste Frage ist: ,,Können wir es möglicherweise akzeptieren?'' Wir besahen es uns genauer und stellten fest, daß es in mancher Hinsicht sehr klar und einfach ist, vor allem durch die Verwendung von Backsteinen und Standardfenstern. Dann fingen wir an, das Projekt zu kritisieren: die Außenhaut der Parkhäuser zum Beispiel. Wir stellten auch den Lageplan in Frage. Wir fanden, ein paar kleine Änderungen in der Anordnung würden die Sicht angenehmer machen. Wir suchten auch nach etwas Hübschem und fanden es nicht. Die Wohnungsbaugesellschaft wollte weder das Flußufer kommerziell nutzbar machen noch das Geld für hübsche Gegenstände bereitstellen, welche die Leute von ihren Fenstern aus hätten sehen können. Wir kritisierten Co-op City also aufgrund seines eigenen Programms. Außerdem meinen wir, daß die Kritiker nicht einfach behaupten sollten, dieses Wohnprojekt werde sich sozialpathologisch auswirken, ohne es beweisen zu können. Wir sollten nicht behaupten, die Gestaltung der Umwelt von Co-op City sei gescheitert und deshalb sei das Projekt auch ein sozialer Fehlschlag. Für diese Behauptung gibt es in der sozio-

167 Vorschlag für die Football Hall of Fame, New Brunswick, New Jersey. 1966. Venturi und Rauch. Modell.

168 Guild House. Eingangsschild.

logischen Literatur keinen Beweis. Trotzdem, Co-op City kann menschlich oder auch übermenschlich sein.

HK: Was hätte es denn menschlich gemacht?

DSB: Es ist als Ausgangspunkt gar nicht so schlecht, wie wir schon sagten; aber ein paar Änderungen in der Lageplanung, um die Ausblicke zu verbessern, und der Einsatz von hübschen, bildreichen und symbolischen Gegenständen auf ebener Erde würden ihm guttun.

HK: Diese Dinge werden normalerweise aus dem Budget gestrichen. Man hält sie für überflüssig.

RV: Die modernen Architekten mögen sie auch nicht. Sie sind Beiwerk, wenn nicht gar unmoralisch.

DSB: Wir schlugen vor, daß der Fluß kommerziell genutzt werden sollte, ohne daß man die Regierung um die Finanzierung hätte bitten müssen — man hätte Würstchen und Bootsreisen anbieten können, um genug Geld für Brunnen und Skulpturen zu erhalten.

HK: Die Auftraggeber sind meist mit dem nackten Gebäude allein schon zufrieden; deshalb betrachten sie Ornamente, also die Zeichenträger, als überflüssig. Sie kommen dieser Trennung von Bau und Zeichen entgegen, indem Sie das Zeichen als selbständige Form vor den Bau stellen. Bei Ihrem Vorschlag für die Football Hall of Fame (Abb. 167) ist die Reklametafel, die Fassade also, vom Gebäude losgelöst.

DSB: Für den Auftraggeber ist es sehr einfach zu sagen: „Und nun nehmen Sie da die Verzierung noch weg."

RV: Die Architekten haben nichts anderes verdient, weil sie selbst ja die Auftragge-

169 South Street, Philadelphia.

ber indoktriniert haben, indem sie sagten, Ornament sei schlecht, unmoralisch oder oberflächlich. Und eben diese Architekten verformen dann das ganze Gebäude zu einem Ornament, zu einer Art Großskulptur. Dabei ist das viel teurer und verantwortungsloser als eine simple Reklametafel, die als Fassade dient.

DSB: Wir hatten Angst, daß das Schild „Guild House" (Abb. 168), die großen Buchstaben über dem Eingang, entfernt würde. Ich glaube, wir sollten uns überlegen, wie wir Ornamente und Zeichen gestalten können, damit sie nicht mehr so einfach zu entfernen sind. Vielleicht farbige Backsteine und Ziegel anstatt dieser aufgesetzten Dinge.

HK: Solange auf der Reklametafel steht: „Ich bin ein Kino", ist das in Ordnung. Wenn aber darauf steht: „Ich bin das Bostoner Rathaus", so wird es nicht akzeptiert. Auch ein Wohnhaus für alte Leute ist vielleicht nicht dazu angetan, seinen Namen in die Welt zu posaunen.

JC: Wenn Sie die bestehende Umwelt verteidigen, wie den Las Vegas Strip oder das neue Projekt South Street (Abb. 169) in Philadelphia, so geraten Sie doch auch an politische Probleme.

DSB: Unsere Arbeit an der South Street vereinigt soziale Überlegungen, soziale Analyse und Ästhetik. Wir wurden von einer hauptsächlich aus Schwarzen bestehenden Bürgergruppe gefragt, ob wir ihre Architekten und Planer sein möchten, um ihnen zu helfen, den Bau einer Schnellstraße durch die South Street zu verhindern. Mit ihrer Hilfe und gemäß ihren Angaben erstellten wir ein Bild dessen, was die South Street sein könnte. Ein Schnellstraßenring bedroht die Existenz dieser Straße. Der Bau einer Schnellstraße auf billigem Ghettoboden in der Innenstadt stellt nicht nur keine Lösung dar, sondern ist ein unmoralischer Akt. Als wir den Bewohnern von South Street einen

273

170 Eine Ladenfront an der South Street.

Plan vorlegten, der in ihnen bildhafte Vorstellungen wachrief, wurden wir gewahr, daß wir damit bereits einen brisanten politischen Vorstoß gewagt hatten. Das wissen wir genau, denn unser größter Gegenspieler, die Handelskammer, sah sich dadurch zu einer Gegendarstellung gezwungen.

Für uns war von Bedeutung, daß eine Gruppe von Planern an uns herantrat, die schon mit dem Bürgerkomitee gearbeitet hatte. Sie sagten: „Wenn Sie den Las Vegas Strip mögen, so vertrauen wir auch darauf, daß Sie die South Street nicht einfach auf Kosten ihrer Bewohner sanieren werden." Ich glaube, zwischen sozialen und formalen Ideen besteht in diesem Fall ein enger Zusammenhang, ein Zusammenhang, den wir gerne aufrechterhalten wollen.

Sowohl beim Las Vegas Strip wie beim South-Street-Projekt spielt Ironie mit: Es ist kein Geld da. Für die South Street mußten wir die ganze Arbeit ohne Entgelt leisten, weil einfach keine Mittel vorhanden waren. Für Las Vegas haben wir dann doch noch etwas bekommen, aber als wir uns das erstemal um das Projekt bewarben, sagte man uns, daß wir nicht genug Rücksicht auf die sozialen Probleme nehmen, während unser South-Street-Projekt verworfen wurde, weil es „zu politisch" sei.

Wir meinen wirklich, daß so etwas wie das South-Street-Projekt, mit all seinen Beschränkungen, die höchste Vorstellungskraft des Architekten beansprucht. Meist geht es darum, mit geringem finanziellem Aufwand bestehende schöne alte Läden wieder in Stand zu setzen (Abb. 170). Wo etwas Neues hinzugefügt werden mußte, fanden wir, je weniger Architektur, um so besser. Und das verlangt meiner Ansicht nach ein hohes Niveau an architektonischer Kultur. Mir scheint, eine Architektur, die sozial von Belang sein soll, erfordert all unsere ästhetische Einbildungskraft.

Charles Moore

8

CM: Unser Büro ist vor allem mit der Lösung von Problemen beschäftigt, die normalerweise als unelegant gelten. Unser Hauptinteresse liegt momentan im Wohnungsbau. Wir interessieren uns sehr für Wohnwagen — aber die Industrie mag diesen Namen nicht, also „Wohneinheiten".

JC: Sie sprechen über Architektur wie über ein Verpackungsgeschäft.

CM: Nun, das ist nicht eigentlich ein Verpackungsgeschäft, sondern ein Prozeß. Die Hersteller von Wohneinheiten haben Fließbänder, die ihre fürchterlichen Produkte ausstoßen. Diese Fließbänder könnten verbessert werden, damit das ausgestoßen wird, was die Hersteller unser fürchterliches Produkt nennen; zum Beispiel beharre ich den Produzenten gegenüber auf mehr Fenstern, weil ich verhindern will, daß die Räume so bedrückend werden, wie es für diese Art Wohneinheit meist der Fall ist. Ich habe aber kein Interesse, mit ihnen über die Bodenleisten, die Dekoration oder die Wände zu streiten.

JC: Es ist aber doch sonst üblich, daß ein Architekt am liebsten alles selbst entwirft, bis hinunter zum Aschenbecher.

CM: Mir ist in diesem speziellen Fall die Grundrißanordnung wichtiger.

171 Modell für die Wohnsiedlung Church Street South, New Haven, Connecticut. 1968. Moore, Lyndon, Turnbull und Whitaker.

JC: Sollte ein Architekt Künstler sein?

CM: Ich glaube ja. Ich habe vor kurzem eine Vorlesung zu diesem Thema gehalten mit dem Titel „Advanced Fenestration". (Lehre von den Fensterformen und deren Anordnung im Verhältnis zu einer Wandfläche.) Meine Ausführungen basierten auf einem Zitat von T. S. Eliot über Kunst und Künstler. Er sprach vom Dramatiker und argumentierte, daß es die Aufgabe des Künstlers sei, dem Zuhörer oder Zuschauer Einblick in die Ordnung der Realität zu gewähren, damit er die Möglichkeit erhält, eine für ihn gültige Vorstellung von dieser Ordnung zu entwickeln. Das scheint mir ein interessanter Ausgangspunkt zu sein, denn hier wird über Ordnung in dem Sinne gesprochen, wie es die Architekten ohne Unterlaß tun, aber gleichzeitig wird über die Wirklichkeit gesprochen, welche die Architekten fast nie erwähnen. Ich behaupte nun, daß allein eine Ordnung schaffen, wie es die Architekten in der ersten Hälfte unseres Jahrhunderts getan haben, die Gefahr in sich birgt, daß man so belanglos und unbedeutend wird wie ein Dramatiker, der in einer Zeit sozialer Krisen Kammertheater produziert. Ordnung an sich ist nicht sehr interessant, sofern sie nicht mit der Ordnung einer bestimmten Realität, die mir wichtig erscheint, zusammenhängt. Ich ziehe daraus die Folgerung, daß Gebäude wie Theaterstücke sind, erzählende Objekte, die ebenso vielfältige Rollen enthalten, wie man sie in Theaterstücken findet. Das heißt, Gebäude können etwas aussagen über die Situation, ihre eigene Lage, über das Problem, das Außen außen und das Innen innen zu halten, über das Problem, wie man sie baut, über die Menschen, die sie benutzen, oder die Menschen, die sie schufen – alles Mögliche, lustig oder traurig, dumm, still oder stumm. Ich behaupte, daß all das bei Gebäuden legitim ist und daß jene Architekten, die versucht haben, jeden Bau hehr und erhaben zu gestalten, wie blöd auch immer seine Bestimmung sein mochte, genau dasselbe verbrochen haben wie die Stückeschreiber mit ihrem Kammertheater. Dadurch haben sie die Aufmerksamkeit des Publikums verspielt.

HK: Im International Style zum Beispiel hat das Gebäude seinen Charakter verloren, wurde neutral. Des Menschen Bedürfnis, in einer mannigfaltigen und bedeutungsvollen Umwelt zu leben, wurde ignoriert.

CM: Das ist richtig. Oft ist die Sprache unserer eigenen Bauten volkstümelnd, dumm, grob oder banal gewesen, was ich aber richtig finde. Ich glaube, so muß man sie bauen, wenn damit ihre Bedeutung bezeichnet wird. Unsere bisherigen Aufträge waren nicht von der Sorte, daß wir eine programmatische Aussage hätten von uns geben können. Unsere bis heute umstrittenste Arbeit ist die Siedlung Church Street South in New Haven, Connecticut (Abb. 171).

JC: Wie kamen Sie zu diesem Auftrag?

CM: Wo fange ich am besten an? Mies van der Rohe war ursprünglich damit beauftragt worden. Er nahm sich nicht einmal die Mühe, diesen Auftrag zu kündigen; er ließ es einfach bleiben. Ein Modell von ihm gab es noch, das mir überhaupt nicht gefiel – eine Art grüne Fläche mit Polsterphlox durchwachsen, mit kleinen, weit auseinanderstehenden Gebäuden und einigen Hochhäusern. In die Mitte des Grundstücks hat er eine Schule gestellt – Volksschule bis 4. Klasse –, für die der Kostenvoranschlag so ungefähr 100 Prozent über dem zur Verfügung stehenden Geld lag, und deshalb hat er seine Hände erhoben und den Fall als hoffnungslos bezeichnet. Das Sanierungsamt (Redevelopment Agency) machte eine Kehrtwendung, und wir erhielten den Auftrag, obwohl wir völlig entgegengesetzte Vorstellungen hatten. Der frühere Bürgermeister Dick Lee war mehr als einmal am Verzweifeln wegen dieses Projekts. Er war sehr traurig, daß er Mies verloren hatte; und er war auch unglücklich, als wir unseren Plan entwickelten, weil das Ganze nicht elegant war und kein wunderschönes Monument für weiß Gott wen. Wir wollten unser Projekt in das Gewebe von New Haven einfügen, aber das „Gewebe"

172 Church Street South. Betonformen.

hier bestand aus ein paar gigantischen Monumenten von Kevin Roche, einer Schnellstraße und leeren Boulevards. Vincent Scully hatte sich sehr für die Respektierung der
Straße eingesetzt. In unserem Fall war das verdammt schwierig. Ich fand, wir sollten
unser Projekt mit der Stadt verbinden, und da wir an dieser Stelle der Stadt nur Straßen
haben, mußten wir uns direkt auf diese Straßen beziehen. Die Wohnhäuser stoßen an
die Straßen, und am einen Ende steht ein Hochhaus für alte Leute. Die Stadtplaner ver-
achten dieses Projekt. Sie sagen, es sehe aus wie die schlimmste Architektur in Bridgeport.

HK: Wieviel wird es etwa kosten?

CM: Ungefähr 18 Dollar pro Quadratfuß (etwa 0,1 m2).

JC: Das Hochhaus eingeschlossen?

CM: Nein, es wird etwa 22 Dollar pro Quadratfuß kosten. Wir konnten zudem einen
Teil des Grundstücks als öffentlichen Park freigeben. In diesem Projekt gibt es einen
Haufen Dinge, die man sich bei einem Sozialbauprojekt eigentlich nicht leisten kann:
Spazierwege, Lampen, Tannen, Treppen und eine Brücke über die Verbindungsstraße,
Betonwände mit Durchblicköffnungen (Abb. 172), Brunnen und ein hübscher Boden-
belag. Es gelang uns, die Federal Housing Authority (Bundesamt für Sozialen Wohnungs-
bau, Abkürzung FHA) zu überzeugen, die Geschäftszone von etwa 93 auf 744 m2
(1000 auf 8000 Quadratfuß) zu vergrößern.

JC: Die Geschäfte liegen nicht längs der Straße, sondern sind in den Gebäudekomplex eingefügt.

CM: Ja, man kann diese Zone zwar von der Straße aus sehen, aber sie ist in den
Komplex integriert. Wir haben große, farbenfrohe Dekorationsflächen geplant. Ich hoffe, daß Kunststudenten die Wände bemalen werden. Die bemalten Flächen werden etwas später hinzukommen, wenn die Wohnungen fertiggestellt sind. Inzwischen habe
ich fürchterliche Angst vor dem negativen Eindruck, den die grauen Bauten machen.
Ursprünglich hätten die Wohnblöcke aus vorfabrizierten Betonelementen, die größer
sind als die in den USA übliche Norm, gebaut werden sollen. Die Norm sind Betonplatten von 4 Fuß Breite und 31 Fuß Länge (1,2 m x 9,3 m), die sich von der Vorderwand
zur Rückwand erstrecken. In unserem ursprünglichen Entwurf verwendeten wir für die
Außenwände vorfabrizierte Betonplatten von 9 Fuß Breite und 31 Fuß Länge (2,7 m
x 9,3 m), also so hoch wie ein Geschoß. Diese Platten sind in Massachusetts als Trenn-

wände in Gebäuden verwendet worden, und zwar transversal; die Fassaden wollte man indessen architektonisch phantasievoller gestalten. Wir hatten die Idee, diese Elemente umgekehrt zu verwenden, indem wir das Ganze nach außen kehrten, so daß das gewöhnliche, fade Element, die unveränderliche Platte, zur Architektur wurde. Wir hatten zwei Plattentypen vorgeschlagen, die für das ganze Projekt verwendbar waren, eine mit vier Fenstern, die andere mit zwei Türen und zwei Fenstern. Erst in einem weit fortgeschrittenen Entwurfsstadium stellte sich heraus, daß vorfabrizierte Betonplatten im Staate Connecticut von einer einzigen Gesellschaft hergestellt werden und wegen deren Monopolstellung viel zu teuer sind, was uns zwang, Betonstein zu verwenden. Diese Umstellung geschah sehr abrupt. Wir gaben uns die größte Mühe, um mit gewöhnlichem und mit einem sehr grob texturierten Beton einen ansprechenden Kontrast zu schaffen, aber die Gebäude sehen doch viel barackenhafter aus, im Moment noch; wir hoffen jedoch, daß das nicht mehr so schlimm ist, wenn alles fertiggestellt ist. Ich glaube, das kommt dadurch, daß diese breiten Schnellstraßen darum herumführen; wenn man an der Siedlung vorbeifährt, so wirkt sie wie ein unförmiger Haufen, und man bemerkt kaum, daß durch sie eine Reihe von städtischen Räumen geschaffen wird. Wir glauben, daß diese Räume, wenn sie landschaftlich richtig gestaltet sind, durchaus positiv und einprägsam sein werden. Es lag uns viel daran, und das tun wir immer, einzelnen Bauten eine individuelle Prägung zu geben und diese durch eine Kette von Ereignissen zu verbinden. Man soll von dem Ort, an dem man lebt, eine bestimmte Erinnerung mitnehmen können. Wir hoffen, daß der Weg zu diesem Ort, aber auch der Ort selbst erinnerungswert ist. So etwas muß man erkaufen auf Kosten der Identität der einzelnen Baueinheit.

173 Church Street South. Perspektivischer Durchblick.

Wir mußten uns dazu entschließen, daß ein grüner Hof oder die ganze Anlage und nicht die einzelne Wohneinheit Eindruck hinterlassen, obwohl wir gleichzeitig die Wohnungen so verrückt wie möglich einrichten wollen.

Für mich war das etwas ganz Neues und sehr Interessantes: die individuelle Identität der Einheit zu vermindern, um die Identität des Projektes als eines Ganzen zu verstärken. Hier, glaube ich, haben wir uns zum Teil geirrt. Die Gebäude sind irgendwie zu gleichförmig geworden, was ursprünglich durchaus vernünftigen Gründen der Konstruktion entsprang, die nun nicht mehr gültig sind. Ich wollte eigentlich weder eine Projektidentität noch eine Einzelbauidentität, sondern eine Art Straßenidentität.

JC: Als Sie zu Betonstein überwechselten, hätten Sie da nicht die schreckliche Eintönigkeit der Gebäude mildern können?

CM: Wenn wir die Planung mit Betonstein anstatt mit den vorfabrizierten Platten begonnen hätten, ja. Im nachhinein scheint mir nun, daß wir einige der Gebäude hätten verbinden sollen. Wir hätten die Gebäudeblöcke nicht trennen sollen, denn dann würde man sie nicht als eine Anzahl von Würsten vor sich sehen, wenn man um sie herumfährt.

HK: Andererseits entstehen doch durch diese Trennungen interessante Perspektiven.

CM: Ja, der Wechsel der Ansichten und Ausblicke ist wiederum ein Positivum (Abb. 173).

JC: Die gesamte Anlage lebt von den kleinen Dingen, die normalerweise als überflüssig angesehen werden. Die Zugabe von schmückenden Elementen macht den Ort menschlicher. Wenn das nicht wäre, würde es recht öde wirken.

174 Church Street South. Im Hintergrund das Knights-of-Columbus-Gebäude von Kevin Roche.

CM: Ohne das wäre es ganz einfach scheußlich. Es wäre nichts wert. Das schmük-kende Beiwerk ist unserer Ansicht nach von zentraler Bedeutung — wir stützen uns darauf, um dem Ganzen eine Identität zu geben. Wir verlassen uns nicht auf die selbständige Schönheit der Gebäude.

HK: Die meisten Gebäude haben ungefähr die gleiche Höhe. In Europa besteht heute eine starke Tendenz, die Höhe von verschiedenen Gebäuden zu variieren, um eine lebendigere ...

CM: Das haben wir auch versucht, auf besonderen Wunsch des Bürgermeisters, der sagte, das Projekt sehe aus wie Fort Dix. Aber dafür stand einfach nicht genug Geld zur Verfügung. Drei oder vier Stockwerke war das Maximum, was wir uns leisten konnten. Niedriger konnten wir nicht gehen, sonst hätten wir die nötige Dichte nicht erreicht, und höher ging es auch nicht, weil wir dann Aufzüge gebraucht hätten.

HK: All die hübschen Verzierungen lassen ein Hauptproblem nicht vergessen, das Problem der Schalldämmung. Die Wände sind aus Pappe. Man hört jedes ...

CM: Die Firma erwartet von Ihnen, so etwas ,,Gipskartonplatten", nicht Pappe zu nennen.

HK: Man kann doch ein Messer in die Wand stecken.

CM: Wir haben die FHA-Anforderungen für Lärmreduzierung auf 51 Dezibel gerade erfüllt.

HK: Das ist wiederum ein Minimum ...

CM: Nun, wie das so üblich ist bei Sozialwohnungen, das Minimum ist zugleich das Maximum. Mehr als das <u>kann</u> man sich nicht leisten, und weniger als das <u>darf</u> man sich nicht leisten. Man sollte wenigstens nicht hören, wenn der Nachbar einen Schuh fallen läßt oder wenn eine Matratze quietscht. Was mich trotz allem an diesem Auftrag reizte, trotz 51 Dezibel und all dem Zeug, war die Notwendigkeit, aus nichts etwas zu machen. Das hängt mit einem Haufen altmodischer, künstlerischer Vorstellungen zusammen ...

HK: ... wie zum Beispiel zwei langweilige Blöcke in perspektivischer Verkürzung so zu stellen, daß genau in der Mitte eines Durchblicks das Knights-of-Columbus-Gebäude zu sehen ist (Abb. 174).

CM: Die ganze Szenenfolge enthält wechselnde Ausblicke auf unsere Hochhäuser und auf den Knights-of-Columbus-Komplex. Das sind Überlegungen, die unsere revoltierenden Studenten als Quatsch bezeichnen. Sie sehen in solch überholten Vorstellungen keinen Sinn.

HK: Die optische Komposition zählt nicht mehr?

CM: Anscheinend nicht. Ich finde, sie haben Unrecht. Als jemand, der selbst die studentischen Ansichten mitverficht, fühle ich mich als Schurke, als jemand, der in die Falle gegangen ist. In einigen Vorträgen, die ich letztes Jahr in Dänemark hielt, habe ich versucht, mein Anliegen mit Hilfe der Begriffe Ordnung und Realität im Sinne des Eliot-Zitates, das ich schon erwähnt habe, darzulegen. Mir scheint, daß unsere Vorgänger und die sogenannten Eleganten — die heute praktizierenden Establishment-Architekten wie Philip Johnson zum Beispiel — sich nur um Ordnung kümmern. Menschen wie ich sind hingegen an Ordnung <u>und</u> Realität interessiert. Die Studenten engagieren sich eigentlich in der Mitte — einmal entscheiden sie sich für die Werte auf der einen, dann für die auf der anderen Seite, hin und her.

Die Studenten sind gegen hübsche Formen und sagen, daß diejenigen, welche Formen machen, bös sind. Ich sehe aber nicht recht ein, wie man etwas bauen kann, das keine Form hat. Sogar wenn etwas stumpf und langweilig ist, muß es eine Form haben. Hingegen stimme ich mit den Studenten überein, daß die meiste Formgebung durch Architekten sinnlos und unwirklich gewesen ist. Ich pflichte ihnen bei, daß es verrückt, kriminell und schweinisch ist, wenn man einen Haufen Geld verschwendet, um hübsche

Formen zu machen, während andere Bedürfnisse nicht befriedigt werden können; und vielleicht sollten die Leute, die das tun, auch als Kriminelle angesehen werden.

JC: Das ganze Konzept des Church-Street-South-Projektes wäre vielleicht ohne Formgebung und zusätzliche Verzierung gänzlich unerträglich.

CM: Ja. Diese Einstellung ist natürlich ganz anders als die Mies van der Rohes, denn er wäre außerstande gewesen, das Problem innerhalb der finanziellen Grenzen zu lösen, die gesetzt waren; denn die Bedingungen waren so hoffnungslos konfus und die Mittel äußerst bescheiden.

HK: Sobald man das Programm der FHA akzeptiert, gehört man zum Establishment.

CM: Richtig. Genau das bin ich, verdammt — ich bin Dekan einer Establishment-Architekturfakultät der Ostküste, ich bin seit langem Mitglied der AIA (Architekten-verband) und habe lange Zeit in Establishments wie der Princeton-Universität verbracht, wo ich gelernt habe, wie man Formen manipuliert, um Wirkungen zu erreichen, die von irgend jemandem als wünschenswert bezeichnet werden, und ich meine, daß ich mein Gewerbe auch wirklich betreibe. Ich entschloß mich, die Akzente woanders zu setzen als Philip Johnson, aber ich bin trotzdem ein Architekt im wahren, etablierten, schweinischen Sinn. Man verwendet die Energie anderer Menschen; man erstellt ein Schema zur Steuerung der Energien anderer Menschen, so daß sie dies und nicht das bauen. Wie das alles auf vollkommen gemeinschaftliche und nicht-hierarchische Weise verwirklicht werden soll, das kann ich mir einfach nicht vorstellen.

JC: Wäre es nicht von Nutzen, wenn man das Programm der Federal Housing Administration zu ändern versuchte?

CM: Ja, das würde uns schon weiterbringen. Man muß einfach Erfahrung sammeln, wie weit man gehen kann, wie ein ungezogenes Kind oder irgendein gescheites Kind. Dies hier war mein erstes großes Wohnbauprojekt; ich wußte nicht, wie weit ich gehen konnte. Ich ging gerade so weit, wie ich es wagte, ohne den Auftrag zu verlieren; denn als ich einmal daran zu arbeiten begonnen hatte, konnte ich es mir nicht mehr leisten, diese Arbeit aufzugeben. Das war eine weitere Seite meiner Unerfahrenheit. Ich hatte keinen Vertrag, der mir gestattet hätte, jederzeit von ihm zurückzutreten, ohne im Gefängnis zu landen. Ich war mehrfach in der Falle. Wir haben die Geschäftszone von 93 auf 744 m2 vergrößert. Wir hätten wahrscheinlich noch weiter gehen sollen, bis 2790 m2, aber 744 m2 war alles, was wir erreicht haben. Beim nächsten Mal weiß ich dann genug, um einen günstigeren Vertrag auszuhandeln, damit ich mehr Einfluß nehmen kann.

JC: Je etablierter man ist, um so eher kann man den Versuch wagen, etwas zu ändern.

CM: Ja. Eine weitere Falle war natürlich, daß das Projekt für eine bestimmte Technik entworfen und dann aufgrund einer ganz anderen ausgeführt wurde. Wir fanden unser Projekt im Prinzip gut, trotz den Fallen. Das Wichtigste am Ganzen war uns die Gestaltung eines Ortes, war der bewußte Bezug zur Realität, indem wir die Dinge des Alltags aufnahmen, die den Leuten vertraut sind, um auch die Verbindung zu den Vorstellungen nicht zu verlieren, die wir verwirklichen wollen.

JC: Mit anderen Worten, die Architektur gehört zur bestehenden Wirklichkeit. Das heißt, man soll nicht einfach seine eigenen Gebäude bauen und die anderen ignorieren.

CM: Ja — es heißt, das, was man baut, soll sich dem Vorgegebenen anpassen — die Imponderabilien in den Herzen der Auftraggeber und der Benutzer miteingeschlossen, wie auch die augenfälligeren Gegebenheiten der Umgebung.

HK: Ich glaube, das können wir an einem Ihrer früheren Projekte veranschaulichen, der Citizen's Federal Savings Bank (Abb. 175) in San Francisco. Sie fanden ein klassizistisches Beaux-Arts-Gebäude aus dem endenden 19. Jahrhundert vor und fügten eine Erweiterung an. Ich finde, das illustriert treffend, wie Sie eine schon vorhandene physische Realität nutzen.

175 Citizen's Federal
Savings Bank,
San Francisco. 1962.
Moore, Lyndon,
Turnbull und Whitaker.

CM: Ja. Ich war damals Partner bei Clark und Beuttler in San Francisco und verantwortlich für den Entwurf. Wir mußten um diesen Bau hart kämpfen, denn die Bankiers wollten das alte Gebäude abreißen oder ihm eine moderne Fassadenverkleidung überstülpen. Dieses Gebäude ist aber eines der wenigen, die den Brand von 1906 überlebt haben — wie das Erdbeben von San Francisco dort genannt wird. Es war kein großartiger Bau, aber es war ein durchaus echtes Stück Architektur aus dem Jahre 1904.

HK: Wie argumentierten Sie?

CM: Das Gebäude war schön, alt, ein Teil von San Francisco; was gewinnt man, wenn man es modern verkleidet oder abreißt? Wir hatten Glück, daß die Bauherren auch das Land an der Straßenecke gekauft hatten, so daß wir all das Zeug, Aufzüge, Treppenhäuser und Toiletten, im Neubau unterbringen konnten und ...

HK: Sie haben also den Altbau ausgeräumt.

CM: Ich habe das Innere jedes Stockwerkes ausgeräumt. Es war für mich viel interessanter, das kleine Eckstück zu bebauen, als ein ganz gewöhnliches neues Bürohaus zu errichten. Das Erdgeschoß wurde von der Ecke her erschlossen. Für den Bauherrn war es eben sehr wichtig, eine Kearney-Street-Adresse in San Francisco zu kriegen; deshalb

283

verlegten wir die Eingangstüre dorthin. Was mich betrifft, so ist dieses Anliegen eine Realität wie jede andere.

HK: Ihre Eckerweiterung gibt dem alten Gebäude einen neuen Wert. Sie haben nicht gezögert, Formen zu gebrauchen, die ganz unmodern sind.

CM: Das stimmt. Ich war zuvor in Princeton gewesen, als Assistent bei Enrico Peressutti, der jedes Jahr aus Mailand kam. Er und ich arbeiteten jeweils im vorausgehenden Jahr das Programm für die Abschlußklasse aus, und ich leistete dann sozusagen die Erdarbeit. Wir hatten in den drei Jahren, in denen ich ihm assistierte, eine Reihe von Aufgaben, bei denen es darum ging, an alte Bauten neue Teile anzusetzen. Jedesmal war es, nach Peressuttis Worten, eine Übung, um mit alten Dingen leben zu lernen, sie zu ergänzen und anregend zu gestalten. Er pflegte zu sagen, es sei, wie wenn man einen alten Freund hat, den man behalten möchte. Durch das Neue wird das Alte zu etwas besonderem. Das Projekt in San Francisco war also einfach eine natürliche Folge jener Versuche in den Abschlußklassen von Princeton.

HK: Die historischen Zentren Europas sind in Gefahr, eingeebnet zu werden. Sie sind sich der wenigen alten Dinge, die Sie hier in den USA haben, viel stärker bewußt als wir Europäer, die wir die Tradition als etwas Selbstverständliches ansehen. Wir glauben, wir haben so viel davon, daß es nichts ausmacht, wenn wir noch ein Gebäude mehr abreißen; am Ende bleibt uns dann nichts mehr übrig. Auch die Amerikaner haben auf dem Gebiet des Baudenkmalschutzes haarsträubende Fehler gemacht, aber heute beobachtet man eine bemerkenswerte Umkehr.

CM: In diesem Teil unseres Landes, hier in Neu-England, wird das 18. Jahrhundert verehrt, das 19. hingegen mißachtet. Wunderschöne Gebäude in Philadelphia sind abgerissen worden im Namen der Sanierung — die Furness Bank zum Beispiel. Einige phantastische Bauten sind ausradiert worden, damit man um ein paar blödsinnige kleine Hütten aus dem 18. Jahrhundert einen Rasen anlegen konnte. Doch allmählich schwindet das Vorurteil gegenüber schweren, saftigen Bauten. Für mich als praktizierenden Architekten stellt sich das Problem, daß ich nicht genug solcher Restaurationsaufträge erhalte.

JC: Ihr neues Hochhaus für das Jüdische Gemeindezentrum in New Haven wird gerade auf der anderen Seite der Schnellstraße, gegenüber dem Knights-of-Columbus-Gebäude gebaut. Wie beziehen Sie sich auf diesen Bau? Sehen Sie sich in Rivalität mit diesem Bau?

CM: Das ist unvermeidlich. Wir haben über die Beziehung unseres Gebäudes zu Knights of Columbus viel nachgedacht. Es bestehen sehr starke Unterschiede. Der Bau von Roche kostete 11 Millionen Dollar, unserer nur etwa 2,5 Millionen. Er baute etwa gleichviel Quadratmeter wie wir, aber es sind viel elegantere Räume als unsere — und deshalb auch viel teurere. Unsere Geschoßhöhe ist niedriger als seine, so daß unser Gebäude viel kleiner sein wird — nur 60 Prozent seiner Höhe. Und wir liegen sowieso schon in einem leichten Loch, sein Gebäude dagegen liegt etwas erhöht. Ich mache mir Sorgen, wie unser Gebäude im Verhältnis zu seinem aussehen wird, eben weil es so viel kleiner ist, so daß es wie der kleine Bruder wirkt, der dem großen Bruder hinterherläuft. Unser Gebäude hat auch einen quadratischen Grundriß und richtet sich nach dem Straßenraster von New Haven jenseits der Schnellstraße. Es steht nicht im Winkel von 45 Grad dazu wie das Gebäude von Roche, obwohl unser Gebäude dadurch in einen Winkel von 45 Grad zum Raster des neuen Stadtteils zu liegen kommt, zu dem es gehört. Wir wollten unsere flachen Ecken mit den gleichen Ziegeln verkleiden, die Roche für seine runden Ecktürme verwendete, aber das war uns zu teuer.
Eine ganze Anzahl optischer Phänomene ereignet sich hier: Sein Gebäude ist außerordentlich transparent im Mittelteil, und ich nehme an, daß es dabei bleibt, denn ich glau-

be nicht, daß dort irgendwelche Unterteilungen geplant sind. Wegen der vier Türme sieht es sehr breit aus, während unser Gebäude mit seinen scharfen Ecken von fast jedem Winkel aus ziemlich schlank wirken wird. Die zwei Bauten werden äußerlich ziemlich gegensätzlich sein.

JC: Gibt es Aufträge, die Sie aus politischen oder moralischen Gründen nicht annehmen würden?

CM: Ja, wir haben vor nicht allzu langer Zeit einen Auftrag abgelehnt: Es ging um den Entwurf von Wohnbauten im People's Park in Berkeley, Kalifornien. Wir wurden durch die Verwaltung der Universität von Kalifornien gefragt, ob wir Interesse hätten, in einem Gremium von drei Architekten das Projekt zu studieren; über unsere Funktion wurde nichts ausgesagt. Ich war sehr vorsichtig, weil die Leute, die mir den Antrag machten, Freunde von früher her waren; ich besah mir die ganze Szenerie der jüngsten Vergangenheit, Tränengas und Helikopter im Einsatz gegen die Studenten, und kam zum Schluß, daß man hier nichts bauen kann, das sozial akzeptierbar ist. Es wären 5,5 Millionen Dollar ...

JC: Wieviel Geld haben Sie indirekt verloren?

CM: Das Honorar hätte etwa 300 000 Dollar ausgemacht. Wir hätten jedoch daran nicht allzu viel verdient. Aber es war eine prima Gelegenheit, etwas zu realisieren, und unser Büro in San Francisco brauchte Arbeit. Doch ich konnte den Auftrag trotzdem nicht annehmen, weil ich kein Vertrauen in den guten Willen des Vorstands der Universität und des Gouverneurs von Kalifornien hatte. Es ist kein besonderer Park – nie gewesen. Aber die Tatsache, daß Menschen von der Armee mit Tränengas daraus vertrieben worden sind, gab für mich den Ausschlag.

JC: Ich möchte die Frage noch etwas anders stellen: Würden Sie dem Gouverneur ein Privathaus bauen?

CM: Ja, dann könnte ich die Wände mit giftiger Bleifarbe anstreichen lassen.

JC: Hat politische Einstellung viel mit Architektur zu tun?

CM: Ja. Ein Grund, warum ich das Wohnbauprojekt in Kalifornien nicht übernommen habe, ist der, daß mein Selbstverständnis, Liberaler zu sein, zumindest teilweise zerstört worden wäre. Es wäre meiner Selbstachtung abträglich gewesen, den Handlanger von Kräften zu spielen, die ich für repressiv halte. Ich bin nicht moralistisch, sondern ich habe einfach eine bestimmte Vorstellung von dem, was ich befürworte, und diese Arbeit hätte da nicht hineingepaßt.

JC: Würden Sie bei Wohnbauprojekten Soziologen und Psychologen als Berater heranziehen?

CM: Gewiß.

JC: Was würden Sie profitieren können?

CM: Da haben wir ja gerade den Haken. Ich habe an unzähligen Konferenzen und Diskussionen teilgenommen. Ich erinnere mich an eine solche, wo die Architekten und Bauunternehmer auf der einen Seite des riesigen Tisches saßen und die Soziologen und Parapsychologen auf der anderen. Die Architekten und Bauunternehmer sollten von den Wissenschaftlern Antworten auf Probleme erhalten. Es geschah natürlich gar nichts. Die Architekten wußten nicht, was sie fragen sollten, und die Wissenschaftler wußten selbstverständlich nicht, welche Antworten sie auf Fragen geben sollten, die nicht gestellt worden waren. Zwischen der Einstellung der Praktiker und jener der Theoretiker besteht eine viel tiefere Kluft, als die Leute an den Architekturschulen wahrhaben wollen.

HK: Die Soziologie als unabhängige Wissenschaft diskutiert Probleme, die häufig akademisch bleiben. Es bleibt den Architekten überlassen, diesem akademischen Kontext die möglichen praktischen Anregungen zu entnehmen.

CM: Praktische Anregungen sind den Soziologen nicht wirklich erwünscht. Der Architekt gehört zu der Kategorie Mensch, deren Ideen nichts bedeuten, wenn sie nicht in Realität umgesetzt, also gebaut werden. Er ist dazu da, daß etwas geschieht, und dieses Etwas ist normalerweise ein physisches Gebilde. Für den Soziologen gilt genau das Gegenteil: Je reiner seine Theorie, um so besser ist sie, und je mehr sie mit der Realität „vermasselt" wird, um so schlechter wird sie. Für den Soziologen ist die Ungeduld des Architekten gegenüber dem Nicht-Handelnden nur sehr schwer verständlich.

JC: Ist eine bestimmte soziologische Theorie Ihrer Arbeit am Projekt Church Street South zugute gekommen?

CM: Nur sehr wenig. Für uns war wichtig, daß unsere Lösungen auf die Bedürfnisse abgestimmt waren. Sogar die paar großartigen Bauten, die es in der Welt gibt und die sich weit über bestimmte Bedürfnisse in ein Reich der Ewigkeit erheben, mußten ursprünglich einem speziellen Programm, einem Ort, einer Zeit, einem Klima, einem bestimmten Personenkreis gerecht werden. Einer der Hauptgründe, weshalb die moderne Architektur so abscheulich ist: Oft wird versucht, eine Universallösung zu finden für ein Problem, das kein Universalproblem ist. Die Arbeit an Church Street South war für uns anfänglich äußerst schwierig, weil uns überhaupt keine genauen Angaben über die Leute zur Verfügung standen, die dort einmal wohnen sollten. Das wirkte auf uns lähmend. Wir gelangten zu der Überzeugung, daß die meisten, die dort einmal wohnen, Schwarze sein werden — es war Ende der sechziger Jahre. Wir brauchten also jemanden, der Bescheid wußte über den Lebensstil der schwarzen Unterschicht und der unteren Mittelschicht, um uns einige spezifische Informationen zu vermitteln. Wir gingen also ins Büro der New Haven Redevelopment Agency (Sanierungsbehörde der Stadt), und die Leute dort sprangen auf den Schreibtisch, denn die Tatsache, daß mehr Schwarze in diese Stadt kommen, die bisher immer von Italienern dominiert wurde, war eine heikle politische Frage. Das heißt, die Leute, die meinen, die Italiener seien doch besser als alle anderen, scheinen in New Haven leicht in der Mehrzahl zu sein. Den Leuten vom Amt gefiel die Vorstellung nicht, daß wir als intelligente WASP-Architekten herausfinden wollten, wie der Lebensstil der Schwarzen sei, und daß wir damit auch zugaben, daß eine beträchtliche Anzahl Schwarze in unserer Siedlung wohnen werde. (WASP = White Anglo-Saxon Protestant, die „besten" Amerikaner, weiß, protestantisch und angelsächsischen Ursprungs.)

JC: Sie wollten das nicht wahrhaben?

CM: Aber nein! Alles muß doch so „amerikanisch" sein wie Mutters Apfelkuchen, und außerdem sind alle Menschen gleich. Wir hätten allzu gerne spezifische Daten gehabt über irgend jemandes Lebensstil, aber in den offiziellen Vorstellungen ist für solche Differenzierungen kein Platz. Von keinem einzigen Teil des Projekts, vom Einfamilienhaus bis zum Gemeindezentrum, kann man behaupten, es sei bewußt von soziologischen Überlegungen geprägt worden. Die Einflüsse waren bewußt allgemein und normativ — ausgenommen natürlich dort, wo die Vorschriften der FHA respektiert werden mußten.

HK: Das Einfamilienhaus ist in Amerika immer noch der meist gebaute Gebäudetyp. Normalerweise bildet ein Einfamilienhaus den ersten Auftrag in der Karriere eines Architekten; das trifft auch für Sie zu.

CM: Ja, und ich bin auch sehr für das Einfamilienhaus als legitime Architektur, sogar im späten 20. Jahrhundert. Ich habe recht viel Gefasel von Studenten anhören müssen, weil ich immer noch Einfamilienhäuser baue, denn sie werden als antiurban und deshalb antischwarz und antiarm betrachtet.

HK: Die Vorstädte werden über das Land gestreut. Die Agglomeration Los Angeles zum Beispiel ist beinahe so groß wie Dänemark.

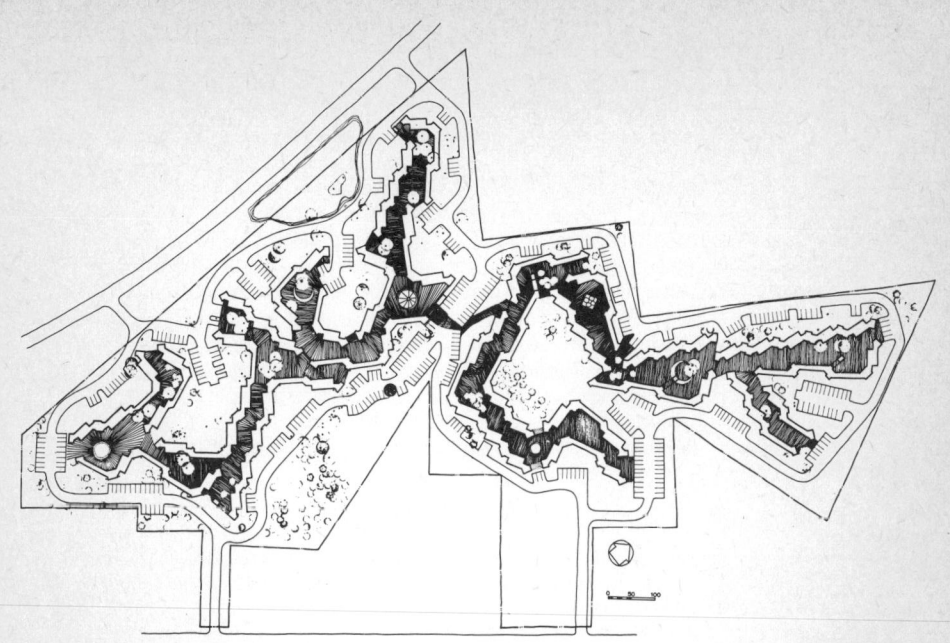

176 Wohnbauprojekt in Orono, Staat Maine. 1970. Moore, Lyndon, Turnbull und Whitaker. Lageplan.

CM: Das stimmt, aber wir haben noch viel Platz zum Streuen. Der Staat Nevada zum Beispiel ist kaum angerührt. Dieses ganze Gebiet könnte vervorstädtert werden. Aber ich will einmal ernsthaft sein: man muß sagen, daß auch heute noch das Einfamilienhaus oder das Zweifamilienhaus, Wohnen auf ebener Erde, das simple Holzhaus, für die meisten Leute hier in den Staaten das einzig wirtschaftliche Gebäude ist, das heißt das einzige, das sie sich mit ihrem eigenen Geld leisten können.

HK: Es ist die einzige Hoffnung, eine Privatsphäre zu haben.

CM: Die Summe, die in der Innenstadt für ein Hochhaus aus feuersicherem Material mit Treppenhäusern und Aufzügen aufgewendet werden muß, übersteigt bei weitem die finanziellen Möglichkeiten der meisten Leute. Nur schon den Aushub wegbringen und die hinderlichen Dinge aus dem Weg räumen, das Material zusammentragen und die Löhne zahlen, und das Ganze zum Beispiel in New York City — das treibt die Kosten in derart absurde Höhen für eine Wohnung, die dann immer noch keine private Atmosphäre zuläßt, weder dazugehörigen Raum im Freien noch irgendwelche andere, durchaus normale Annehmlichkeiten bietet. Für die Hälfte der Summe, die eine solche Wohnung kostet, kann man sich ein hübsches Häuschen in einer Vorstadt bauen, mit einem Garten rund herum, mit einem Platz für das Fahrrad und mit viel Sonne. Obwohl eine solche Wohneinheit in einer Vorstadt mehr Raum beansprucht als eine städtische Wohnung, scheint mir diese Lösung heute noch die einzig mögliche Art, anständig zu wohnen. Ich möchte Ihnen zeigen, woran ich gerade arbeite. Das Grundstück von rund 68 000 m2 (17 acres) liegt in Orono im Staate Maine (Abb. 176), ganz in der Nähe der Universität. Es ist in zwei Zonen unterteilt; auf der einen stehen vierzig Wohneinheiten, auf der anderen hundertsechzig. Das Grundstück für die hundertsechzig Wohneinheiten ist wirklich sehr schön, mit großen alten Bäumen und einem jungen Tannenwald. Die Häuser konnten also zwischen die Bäume gestellt werden; dadurch bekommt die Anlage ein wenig Ähnlichkeit mit den einfacheren finnischen Wohnprojekten, deren Charme darin besteht, daß einfache, wohlausgedachte Gebäude in einer hübschen Gegend erstellt werden. Ich habe an diesem Projekt in letzter Zeit mehr als an irgend etwas anderem gearbeitet. Die vorfabrizierten Einheiten sind sehr einfach und billig (Abb. 177); sie wurden von einer Wohnwagenfirma hergestellt und mit Lastwagen zum Grundstück gefahren. Sie kosten 9,5 Dollar pro Quadratfuß (etwa 0,1 m2) und können auf normale Fundamente gestellt werden, die auf dem Grundstück selbst gebaut werden. Die komischen kleinen Vorräume wollen wir wie Wachhäuschen oder wie Bonbonschachteln bemalen. Mit einigen Spezialteilen für das Waschhaus, mit den bemalten Vorräumen und einigen Zäunen, ein paar triumphbogenartig überdachten Wegen — was alles hübsch bemalt werden kann —, mit einem landschaftlichen Rahmen und den Bäumen dort und schließlich mit ein wenig Glück kann das etwas Gutes, also ein angenehmer Ort zum Wohnen werden. Eine lokale Bürgergruppe diskutiert die Aufstellung einer Reihe von Skulpturen und Spielplatzobjekten, die selbst verfertigt werden sollen; man will auch ausgefallene Zeichnungen auf den Asphalt malen, an denen die Leute sich orientieren können.

Obwohl es sehr pittoresk aussieht, ist das ganze Dorf aus genormten Einheiten zusammengestellt. Sie dürfen nicht breiter als 3,5 m (11 Fuß 8 Zoll) sein, um auf der Autobahn transportiert werden zu können. Ihre Länge kann bis 18,2 m (60 Fuß) betragen. Damit sie nicht wie Wohnwagen aussehen, mußten wir die Fenster größer machen. Von jeder Wohnung gelangt man direkt ins Freie, und jedermann hat einen Garten. Drei solche Einheiten bilden eine Wohnung mit vier Zimmern. Unser Anliegen ist es, zu verhindern, daß der Komplex wie eine ungeplante Wohnwagenstadt aussieht; außerdem soll die Aufreihung von Räumen längs eines Korridors vermieden werden; wir haben die Einheiten sozusammengestellt, daß man durch einen kurzen Korridor zu mehreren Räumen gelangt. Die Einheiten werden wahrscheinlich Kunststoffdächer und kunststoffbeschichtete Pavatexwände erhalten. Unsere Farbzusammenstellung wäre dann: Weiß die Wände, weiß die Dächer, weiß der Schnee im Winter und dann ...

    JC: SUWA-Weiß!

    CM: Neu-England! Die Vorraumelemente werden in sehr grellen Farben und mit seltsamen Formen bemalt, ausgenommen im Bereich, wo die alten Leute wohnen, wo sie unserer Ansicht nach dunkelgrün sein könnten, wie es in Neu-England Tradition ist. Die Vorräume, in denen die lebenslustigen Studenten von heute wohnen werden, können zum Beispiel mit riesigen Diagonalstreifen in Lila und Orange verziert werden.

    HK: Das Hauptinteresse liegt auf diesem Vorraumelement. Es bringt Vielfalt, nicht nur weil es bemalt ist, sondern auch weil es über die Dachkante hinausragt.

    CM: Das hat rein optische Gründe.

    JC: Gibt es eine einheitliche Fensterung?

    CM: Ja, zwei Typen. Ich finde, in der wirren Vielfalt all dieser Elemente ist es von Vorteil, wenn einige Dinge stumpfsinnig einfach sind. Bei Church Street South zum Beispiel haben wir nur eine Fenstergröße, was einige Leute sehr stört, aber ich finde, diese Art Disziplin erspart uns das totale Chaos.

    JC: Das Interessante am Projekt in Orono, mehr noch als die Einheiten selbst, ist die Anlage. Das Grundstück hat eine merkwürdige Form.

    CM: Ja. Man hat mehrere Stück Land aufgekauft, wodurch diese Form entstanden ist. Das war mir nicht unlieb. Manchmal zwar hat mich diese Komplexität ein wenig bedrückt. Unsere Absicht war es, eine Fußgängerstraße zu gestalten: einfache, billige Häuser mit eigenen kleinen Gärten, die mit anderen Häusern verbunden und längs einer bilderreichen, pittoresken Verkehrsader für Fußgänger angeordnet werden können. Die Alten vor allem und auch die Studenten wollen nicht an einem Parkplatz wohnen, sondern leben an einem Ort, wo sie mit anderen Menschen Kontakt haben und trotzdem ihre Privatsphäre wahren können. Die Verkehrsader ist im Lageplan schraffiert (Abb. 176). Sie wird beschottert sein. Längs dieses Weges wird es Kunstgegenstände, knallfarbige Objekte, Sitzgelegenheiten oder sonst etwas Besonderes geben. Und rund um die ganze Siedlung führt eine Autostraße, so daß man seinen Wagen ganz in die Nähe seines Hauses stellen, also sozusagen vor der Hintertür parken kann. Jede Wohneinheit geht vorne auf die Fußgängerstraße, hinten auf das Parkareal.

HK: Zwischen der inneren Fußgängerzone und der äußeren Autostraße besteht ein sehr starker gestalterischer Unterschied.

CM: Ja, daran habe ich sehr hart gearbeitet. Sie können sich vorstellen, daß die FHA und andere Gremien nicht sonderlich begeistert waren von dieser Idee. Ein FHA-Beamter wollte eine 15 m breite Straße mitten durch die Fußgängerzone ziehen. Wir haben ziemlich viel Staub aufgewirbelt mit diesem Projekt. Es ist entscheidend wichtig, daß der Fußgängerweg kräftig genug ist – nützlich genug, damit er auch wirklich einen Sinn hat.

HK: Dieser Weg ist nicht nur ein Durchgang, sondern er verbindet auch die kleinen Plätze miteinander, streckt sich, weitet sich wieder – sehr lebendig.

CM: Ich finde auch; obwohl ich sicher bin, daß jemand wie Venturi mit seiner Anti-Piazza-Pro-Straße-Einstellung es als haarsträubend pittoresk und fragwürdig bezeichnen würde. Wir hoffen, daß wir die Walderde mit Bulldozern zurückschieben können, während die Einheiten aufgestellt werden, und sie nachher wieder zurückholen können, so daß so wenig wie möglich zerstört werden muß. Alles wird sozusagen hausgemacht

177 Wohnbauprojekt in Orono, Maine.

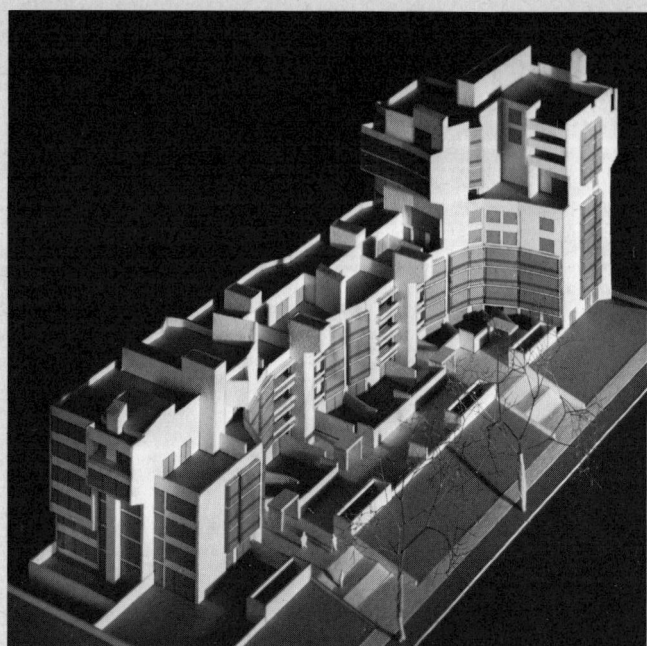

178 Modell für das
Coronado Island
Kondominium,
Coronado, Kalifornien.
1962. Charles Moore.

sein; sogar die sogenannten Kunstgegenstände in der Fußgängerzone werden nicht einfach auf den Boden geworfene Frank Stellas (amerikanischer Maler) sein, sondern
wahrscheinlich mit farbigen Streifen und Bogen bemalte Asphalthügel.

JC: Können die Kinder darauf spielen?

CM: So haben wir es vorgesehen.

JC: Der Spielplatz wird integriert.

CM: Ich möchte gerne auch ein paar Brunnen aufstellen. Keine Wasserbecken, die
verstopfen, sondern so etwas wie vier riesige Duschen mit Fliesen, damit die Kinder
im Sommer dort spielen können. Ein Spielbrunnen.

JC: Hat Ihr Orono-Projekt nur eine lokale Bedeutung, oder ist es von allgemeiner
Gültigkeit?

CM: Ich glaube, man muß hier ein paar Unterscheidungen treffen: Etwas, wogegen
ich ständig ankämpfe, ist die normierte Planung einer pittoresken, vorstädtischen Natur, ohne Rücksicht auf den Standort: Orte in Colorado zum Beispiel, die eine Illustration für einen Schweizer Alpenführer abgeben könnten.

JC: Vail, Colorado.

CM: Vail ist ein Beispiel. Und mir scheint so etwas völlig falsch. Ich versuche, einige meiner Studenten, die eine Diplomarbeit über Copper Mountain in Colorado machen,
dazu zu bewegen, in das kleine Tal eine gerade Hauptstraße zu legen, mit einem Netz
von Straßen im rechten Winkel dazu. Ich hoffe, sie machen auf beiden Seiten der Straße
falsche Fassaden, um diesem riesigen Gebirgewirrwarr ein Stück menschlicher Ordnung
aufzuerlegen. Das ist meiner Ansicht nach viel sinnvoller als die pittoresken, unechten
Bemühungen, ein alpines Dorf zu rekonstruieren.

Es ist stets eine Ermessensfrage, und zwischen den einzelnen Teilen und dem Ganzen

290

muß eine Spannung hergestellt werden. In meinem Projekt in Maine sind die Einzelteile ganz simpel. Nur mit dem Raum zwischen diesen Einheiten können wir spielen. Wir gehen also von einer sehr disziplinierten Größe aus, der Wohneinheit, und müssen nun aus dieser Disziplin wieder ausbrechen. Ich kann mir vorstellen, daß es unter anderen Bedingungen, mit einer abwechslungsreicheren Grundeinheit, durchaus richtig wäre, einen einfachen, straffen Situationsplan zu wählen. Unser Ort ist eher klein. Seine Aussagekraft ist beschränkt. Die gleiche Note wird immer und immer wieder abgespielt, aber wir versuchen, sie jedesmal anders tönen zu lassen. Doch dieses Projekt bietet kein Muster für einen Lebensstil, sondern ist bloß ein bescheidenes kleines Ding, das ganz einfach anständige Wohnungen hübsch gestalten will. Dieses Schema eignet sich bestimmt nicht für unbeschränkte Erweiterung. Obwohl wir identische Einheiten verwenden, haben wir versucht zu erreichen, daß jeder Bewohner sein eigenes Haus erkennt, daß jeder sein besonderes Heim hat, ohne daß es schrecklich auffällig wirkt und die anderen erdrückt.

Interessant finde ich einen Vergleich mit Albertslund in Dänemark, einem ganz neuen Siedlungsprojekt am Rande von Kopenhagen, eigentlich einer neuen Stadt. Dort gibt es sehr hübsche Atriumwohnungen zu ziemlich niedrigem Preis und einige Gartenwohnungen. Aber der Lageplan ist sehr streng, ganz gemäß den zwanziger Jahren; alle Straßen sind gleich und schnurgerade, bam, bam, bam, quer durch die flachen Felder Dänemarks. Die Wohneinheiten sind sehr entzückend, wirklich ausgesprochen hübsch, aber in dem Projekt steckt das wohlbekannte Schreckgespenst der Architektur: Wie merkt man, wann man bei sich zu Hause angelangt ist? Die Atmosphäre ist kafkaesk, entsetzlich bedrückend.

HK: Nach Ihrer Beschreibung könnte es in New Jersey sein.

CM: Richtig. Und das bringt mich dazu, den Leuten anzuraten, New Jersey einfach wegzuwerfen. Ich vermute, das wird der erste Staat in Amerika sein, der von einer Seite bis zur anderen asphaltiert sein wird.

HK: Ihr erstes großes Wohnbauprojekt war Coronado Island in Kalifornien (Abb. 178).

CM: Don Lyndon und ich arbeiteten 1961 daran. Die Aufgabe war sehr interessant. Coronado ist eine Insel, die die Bucht von San Diego vom Pazifischen Ozean trennt. Sie ist flach und besiedelt mit pensionierten Marineleuten. Die ganze Insel ist ein Rasterplan. Es gibt dort ein herrliches Hotel, das „Del Coronado'', das 1888 gebaut wurde, ein riesiges, hölzernes Gebilde, sehr hoch, sehr pittoresk, prächtig und verrückt. Alle übrigen Gebäude der Stadt sind ein-, zwei- oder dreistöckige Häuser. Die visuelle Atmosphäre dort provozierte uns zu einem Versuch: Wir nahmen den Maßstab eines dreistöckigen Hauses und stockten auf, um ein hohes Gebäude zu erhalten, das trotzdem nicht monolithisch wirkte und dessen Maßstab dem der Umgebung nicht feindlich gegenüberstand. Die Stadtbehörden fanden es gut und gaben uns ihre Zustimmung. Doch es wurde nie gebaut, aus einer ganzen Reihe von Gründen. Es war ein zu frühreifes Haus mit Eigentumswohnungen.

HK: Dieses Projekt ist historisch sehr interessant. Während der Jahre um 1960 vollzog sich ein Wandel in der Architektur, als man begann, sich von der Kastenform des International Style zu lösen. Von diesem Projekt existieren drei verschiedene Entwürfe. Der zweite interessiert mich ganz besonders, weil Sie da plötzlich eine ziemlich ungewohnte Bewegung in den Körper des Gebäudes hineinbringen. Das war zu jener Zeit recht ungewöhnlich, wenn man einmal von den Bauten Scharouns absieht.

CM: Der zweite Entwurf ist besser als der erste, bei dem ich in großen Spannungsbeziehungen zwischen den mehr oder weniger einfachen Räumen schwelgte; beim zweiten hingegen geht ein Ziehen und Stoßen zwischen den Elementen vor sich, und das macht ihn meiner Meinung nach interessanter.

HK: Im ersten Projekt halten Sie sich an das traditionelle Bauhauskonzept der unregelmäßigen Anordnung von geometrischen Blöcken. Beim zweiten dann findet ein bedeutungsvoller Umschwung statt. Sie reduzieren das Ganze auf einen Block, so daß die Bewegung in den Körper des Gebäudes integriert wird; eine flache, leicht gestaffelte Rückseite und ein konkaver Bogen in der Frontfassade. Während der Überarbeitung dieses Projekts vollzogen Sie gleichzeitig den Wandel in der Geschichte der modernen Architektur mit.

CM: Ich sprach vor kurzem mit Don Lyndon darüber, was wir damals gemacht haben. Ich glaube, das hatte auf uns beide ziemlich unterschiedliche Wirkung; und es trifft sicher für uns beide zu, daß das, was damals stimmte, heute nicht mehr stimmen würde – diese Art Ungezogenheit. Wir haben sehr gefährliche Dinge gemacht. Einerseits mußten wir etwas produzieren, das in einer ziemlich konservativen Stadt Zustimmung finden sollte, andererseits wollten wir etwas aussagen, uns gegen etwas absetzen, das unserer Meinung nach falsch war, also sozusagen ein revolutionäres Bekenntnis ablegen.

HK: Sie haben das damals als revolutionäres Bekenntnis verstanden?

CM: Ja, aber ein wenig durch die Blume, denn es durfte ja nicht so revolutionär sein, daß die pensionierten Admirale uns zum Teufel wünschten, und deshalb verwende ich das Wort ungezogen, um es zu beschreiben.

HK: Die Fassade hat eine unregelmäßige, gebrochene Bogenlinie, innerhalb deren einiges passiert.

CM: Eine flache Fassade wäre scheußlich gewesen. Innerhalb eines Rahmens, der uns ziemlich stark beschränkte, verschoben wir Volumen und versuchten, etwas Belebtes und Besonderes zu schaffen. Wahrscheinlich ist es überhaupt nur etwas geworden, weil es so schwierig war. Wir mußten uns enorm anstrengen, um eine einigermaßen gespannte Kurve zu erhalten. Deshalb ist das Ganze so diszipliniert geworden. Es war nicht unbedingt nötig, die Aufzugvorrichtung mit großem Aufwand in die Luft hinausbaumeln zu lassen, aber für uns war es ausschlaggebend. Heute tun das viele Architekten ganz automatisch. Aber heute könnte ich es nicht wiederholen; damals hingegen war uns wichtig, es so zu machen.

JC: Kannten Sie zu dieser Zeit das Werk von Alvar Aalto schon?

CM: Aus Büchern und Zeitschriften.

JC: Aalto hat ähnliche Formqualitäten etwas früher verwirklicht, allerdings aus anderen Gründen. Sein Interesse an der Akustik in großen Räumen führte ihn dazu, gebogene Wände zu entwerfen, die in Winkeln und Kurven abbrechen, vor allem bei seiner berühmten Kirche in Finnland aus dem Jahre 1956.

CM: Selbstverständlich wußten wir, wer Aalto war, aber erst letzten Sommer habe ich seine Bauten in Finnland gesehen.

HK: Damals gab es nur ein paar Außenseiter, vor allem Hugo Häring, Scharoun und Aalto, die nicht in das allgemeingültige Konzept des International Style paßten. Erst viel später, etwa um 1960, wurden ihre Ideen immer mehr übernommen, als Reaktion auf die rechteckige Kiste.

CM: Ich komme aus einer anderen Tradition. Ich schloß mein Studium an der Universität von Michigan ab und trat meine erste Stelle 1947 in San Francisco an. Dort gehörten die ausgefallensten und wunderschönsten Bauten der Vergangenheit an. Bernard Maybeck und andere phantastisch verrückte Genies waren 1947 noch sehr gegenwärtig. Die Brüder Charles und Henry Greene waren unter uns, auch Willis Polk. Die Schindelphantasie beherrschte die Szene und Beaux Arts. Im nördlichen Kalifornien, in der Bay Region, gab es damals noch eine recht eigenwillige, wenn auch kontrollierte Architektur. Die Jünger von William Wurster hatten es zum Beispiel auf ein vernünftiges Zimmermann-Niveau gebracht. Aber die Generation von vorher war auf wundervolle Weise total verrückt.

HK: Die Maybeck-Generation?

CM: Ja. Die Unitarierkirche (Abb. 179) in Berkeley, gegenüber dem People's Park, ist ein wunderschöner Bau. Ich finde sie unvergleichlich besser als Frank Lloyd Wrights Unity Temple aus der gleichen Epoche, viel reicher und begeisternder, voller verrückter Details — auf den Kopf gestelltes gotisches Maßwerk zum Beispiel. Maybeck war in Wirklichkeit eine Art Unabhängigkeitserklärung. Er sagte, die Regeln, die anderswo gelten mögen, gelten nicht für Kalifornien, und er wollte das tun, was er selbst für richtig hielt. Auch in unserem Coronado-Island-Projekt lag ein guter Teil bewußter Revolte gegen das, was damals als richtig anerkannt wurde. Um 1960 bemerkte man eine Art John-Carl-Warnecke-Syndrom arrivierter Architekten, das die Szene in San Francisco, wie an allen anderen Orten auch, beherrschte. Es galt als unanständig, etwas zu entwerfen, was nicht absolut gerade und viereckig war.

Im Augenblick führe ich mit Don Lyndon eine große Kontroverse um die Pembroke-Studentenwohnhäuser der Brown-Universität; er hat nämlich eine Vorliebe für Differenzierung und Sonderlösungen — er besitzt unzählige Seiten von Fensterdetails, die ihm enorm wichtig zu sein scheinen. Es gelang mir aber, die Leute, welche die Werkpläne zeichnen, zu überreden, damit sie all diese Seiten ganz hinten in den Plansatz legen, so daß wir sie verlieren können, wenn es nötig wird.

JC: Aber Sie selbst finden doch die Fensterung auch sehr wichtig. Sie spielen mit den Fensterformen und verwenden sie als Ornament.

179 First Church of Christian Scientists, Berkeley, Kalifornien. 1910. Bernard Maybeck.

180 Faculty Club der Universität von Kalifornien, Santa Barbara. 1966. Moore, Lyndon, Turnbull, Whitaker.

CM: Hier liegt ein Hauptunterschied zwischen Lyndon und mir: Ich meine die interessanteste Fensterung entsteht durch die Verwendung von ganz einfachen, gewöhnlichen Grundeinheiten. Normalerweise wende ich nur ganz wenig Zeit auf die Fenster, indem ich die Sorte Fenster einsetze, die im Bestellkatalog aufgeführt sind. Man soll seine Anstrengungen dort konzentriert einsetzen, wo es wirklich draufankommt.

HK: Sie erreichen auch mit normierten Einheiten Abwechslung.

CM: Ja. Und Don ist eher bestrebt, jedes Fenster anders zu gestalten.

JC: Er neigt dazu, eher zuviel zu tun.

CM: Für meine Begriffe ja. Für seine Begriffe neige ich dazu, eher zuwenig zu tun.

JC: Natürlich verwenden Sie nicht nur normierte Fenster. Eine Ihrer besonderen Vorlieben ist Formgebung. Sie schneiden interessante Löcher in dünne Wände, innen und außen.

CM: Zum erstenmal passierte das wahrscheinlich beim Santa Barbara Faculty Club (Abb. 180), obwohl wir das gleiche auch bei einigen Privathäusern taten, die früher fertiggestellt waren. Im Johnson-Haus (Abb. 181) entstanden diese Löcher ganz einfach aus der speziellen Situation. Das Dach reicht in den Raum hinunter, wodurch die Wände unterschiedlich hoch werden, und man kann entweder ein breites oder ein hohes, schmales Fenster einsetzen. Wenn man etwas Komplizierteres als solche Fenster haben will, die man telefonisch bestellen kann, so nimmt man eine elektrische Handsäge und sägt ein paar Löcher, vorzugsweise innen, wo man kein Glas in die Öffnungen einsetzen muß. Beim Santa Barbara Faculty Club hatte ich das Glück, mit diesen Dingen spielen zu dürfen — eine phantastische Gelegenheit. Die Vorderwand des Clubs, welche auf die Lagune geht, ist zum Teil das Ergebnis einer Kontroverse mit dem Kampus-Architekten Charles Luckman. Er fand unser Gebäude unannehmbar und scheußlich, sagte, es sehe ganz anders aus als seine Sachen und bräuchte unbedingt einen brise-soleil. Er dachte, wir würden nun einen riesigen Schirm aufbauen, der dieses schreckliche Gebäude hinter sich versteckt, damit er sich darüber nicht mehr aufregen müsse. Über Nacht kam mir die blendende Idee, daß wir bloß eine weitere Wand vor unsere Öffnung zu bauen brauchten, mit weiteren Löchern darin. Dank Charles Luckman entstand also unsere allererste freistehende Wand.

JC: Ihre freistehenden Wände sind sehr dünn. Sie sind nie so massiv wie die des heutigen „Brutalismus". Aber indem Sie die Schutzwände überlappen lassen, erhalten Sie eine Plastizität, die die Brutalisten mit der Massivität zu erreichen suchen. Ihre Lösung ist ein dreidimensionales Hintereinander von Formen.

CM: Beim Club in Santa Barbara war das besonders wirkungsvoll, denn dort ist das Licht undefinierbar und schön. Es schießt in Streifen herunter, die neue Muster auf den Innenwänden bilden. Es ist einfach, eine freistehende Wand zu schaffen, wenn man kein Klimaproblem hat und einfach Löcher hineinstanzen kann (Abb. 182), und es macht auch nichts, wenn einmal ein bißchen Regen hineinkommt. Ich finde es hübscher, ziemlich einfache Elemente so nebeneinanderzustellen, daß die Beziehungen dieser Elemente zueinander kompliziert werden, als etwas an sich Kompliziertes zu schaffen.

JC: Hier denkt man unwillkürlich an Louis Kahns große Sonnenschutzwände in Dacca (siehe Abb. 134), die zwar anders, aber doch ähnlich sind.

CM: Louis Kahn steckt von Anfang an im Santa Barbara Faculty Club; auch in den Wänden, die ganz einfach von Kahns Luanda-Konsulat in Angola gestohlen worden sind, das er sehr sorgfältig ausgearbeitet hat. Dort entwickelte er die Idee von weißen Wänden vor den Fenstern, Sonnenschutzwänden, wie Sie sie nennen. Sie waren ganz hell, doch nicht annähernd so hell wie der Himmel, so daß man aus dem Fenster schauen konnte, und das grelle Licht wurde auf dieser Zwischenfläche gebrochen. Seit Kahn das mir und anderen gezeigt hat, in den späten fünfziger Jahren, haben wir nur darauf gewartet, es anzuwenden. Es ist sehr wichtig, mit dem Licht auf eine Art zu spielen, daß

181 Reverdy Johnson Haus, Sea Ranch, Guala, Kalifornien. 1966. Moore, Lyndon, Turnbull und Whitaker.

es möglich wird, aus einem Fenster zu blicken, ohne ganz einfach geblendet zu sein. Beim Santa Barbara Faculty Club wurde es interessant in bezug auf die Form. Ich fand auch, es könnte amüsant sein.

JC: Und gleichzeitig werden Sie von den Kritikern wegen Ihrer „gewöhnlichen" Architektur gepriesen. Für mich besteht ein gewisser Widerspruch darin, Sie sowohl wegen des Gewöhnlichen als auch wegen der spaßigen, hübschen, formschöpfenden Poplöcher zu bewundern.

MC: Die ganze Angelegenheit ist voller Widerspruch. Ich baue nicht bewußt gewöhnliches Zeug, sondern ein Gebäude soll erfüllen, was es zu erfüllen hat, und zwar mit sehr gewöhnlichen Mitteln, mit einem Minimum an Aufwand in Bereichen, in denen Aufwand unangebracht ist. Das erreicht man mit billigen Materialien oder mit Standardformen oder mit einem sehr niedrigen Budget. Ich habe so etwas wie schottisch-irische Gewissensbisse, wenn ich für Dinge, die nicht unbedingt nötig sind, viel Kundengeld verbrauche, und ich finde es nicht besonders nett, wenn man sich in Konstruktions- oder Formgymnastikübungen versteigt, die bloß einen Haufen Geld und Ärger kosten.

HK: Sie werden oft mit Robert Venturi verglichen.

CM: Venturi sagt, und ich nehme an, er meint es ehrlich, daß Main Street fast in Ordnung ist. Wenn er damit meint, daß große revolutionäre Umwälzungen in der Umwelt nicht vernünftig und wünschbar seien, so bin ich einverstanden. Wenn er aber die Main Street so lassen möchte, wie sie ist, so bin ich nicht einverstanden. Ich finde unsere heutige Umwelt ganz lausig, und es gibt heute in Nordamerika kaum einen von Menschenhand berührten Ort, der nicht verschandelt ist. Alles, was wir tun, muß ganz schön anders sein als das, was wir bisher getan haben, wenn wir den menschlichen Bedürfnissen gerecht werden wollen, die damit verbunden sind. Meiner Meinung nach ist es falsch, das Gewöhnliche zu tun, wenn man darunter versteht, einfach weiterzufahren mit dem, was die Leute schon kennen. Ich ärgere mich sehr über das heute weitverbreitete Verhalten der Studenten, die glauben, wenn sie bloß genug Hausfrauen interviewen und aufschreiben, was denen an ihrem Wohnort am meisten gefällt, so wüßten sie auch, wie die Lösung aussehen soll. Das kann doch nicht stimmen. Ich finde aber doch, daß es falsch wäre, alles niederzureißen, um eine veränderte Umwelt zu erhalten, weil das, was schon da ist, nichts taugt. Es wäre ein Fehler, alles Vertraute über Bord zu werfen. Mich interessiert vor allem die Verwendung von vertrauten, meist billigen Bestandteilen, die ich so zusammensetze, wie man es bisher nie getan hat. Dadurch entsteht etwas Seltsames und Verwirrendes und oft Unbequemes, aber nur durch Verwendung von gewöhnlichen Elementen. Ich finde das eine bessere Art, Revolution zu machen, als einfach einen ganzen Satz verrückter neuer Formen zu erfinden. Das heißt, daß mich Leute wie zum Beispiel Bruce Goff oder Paolo Soleri nicht besonders beeindrucken. Manchmal erstaunen sie mich, aber das nützt mir nicht viel.

HK: Was Sie hier schildern, ist identisch mit dem, was Venturi will. Zwischen Ihren und Venturis Theorien besteht kein erkennbarer Unterschied. Doch was daraus entsteht, nämlich die Gebäude, kann sehr verschieden sein.

CM: Ich weiß, und ich weiß auch, daß Venturi oft mißverstanden wird. Wir beide setzen das Bestehende in ein neues Licht, so daß man es bemerkt. Die Semi-Pop-Musiker wie Dave Brubeck tun etwas ganz Ähnliches; sie nehmen gewöhnliche Melodien und verstümmeln sie nur so weit, daß sie noch erkennbar sind; aber man erkennt sie dadurch zum erstenmal richtig, weil etwas, vielleicht etwas Furchtbares, mit ihnen passiert; sie werden in einer Weise malträtiert, die man nicht erwartet hat.

JC: Obwohl Sie mit gewöhnlichen Elementen arbeiten, kämpfen Sie erbittert gegen die Anonymität an, indem Sie zu den gewöhnlichen Materialien ein Pop-Art-Vokabular hinzunehmen.

182 Faculty Club, Santa Barbara.

CM: Nur dadurch, daß man es bis an den Rand der Katastrophe treibt, in der Hoffnung, daß es nicht mißlinge, kann man das Gewöhnliche so bauen, daß es die Leute bemerken. Meine Zuversicht, daß es nicht mißlinge, basiert auf dem Hübschen, Fröhlichen, das wir allem verleihen, was wir ausführen. Es soll eben lustig sein, und hier unterscheiden wir uns von Venturi. Vincent Scully behauptet, Venturi sei im Grunde der erste tragische amerikanische Architekt seit Louis Sullivan, und er sagt auch, ich gehöre nicht in die gleiche Kategorie wie Venturi, weil ich nicht tragisch bin. Nun, so sei es. Mir kann es recht sein, wenn Venturi tragisch ist, aber der besondere Sinn dieser Aussage ist zu hoch für mich.

HK: Es besteht immer die Gefahr, daß einem das Gewöhnliche zu gewöhnlich gerät, gegen den eigenen Willen. Etwas, was billig sein muß, kann auch billig bleiben. Dann wirkt die ganze Theorie über den Wert des Gewöhnlichen wie eine Entschuldigung.

CM: Darin liegt sicher die größte Gefahr. Es ist eine allgegenwärtige Falle. Church Street South illustriert diese Gefahr sehr deutlich; diese Bebauung ist das Gefährlichste, was wir je gebaut haben.

JC: Wenn Sie das Geld für den hübschen Krimskrams nicht erhalten, von dem die ganze Umgebung abhängig ist, so wird Church Street South einfach ein weiteres langweiliges Nichts. Fürchten Sie sich vor dem Banalen?

CM: Wir stehen am Rande der Banalität, ob wir wollen oder nicht. Das liegt in der Natur unserer Arbeit. Es hängt zusammen mit dem winzigen Spielraum, der uns bleibt zwischen einer wirklich schlechten Arbeit und einer, die Elemente enthält, die sie akzeptabel machen, so daß es sinnvoll war, sie auszuführen.

JC: Die Bauherren haben sich noch nicht mit der Vorstellung vertraut gemacht, daß

297

man auch schmückendes Beiwerk verwenden kann; immer wird doch versucht, das bißchen Geld zu sparen, das zur Ausschmückung notwendig wäre.

CM: Richtig. Bei einem Haus, das wir gebaut haben, sagte der Bauherr: „Zum Teufel mit Ihnen, Charles Moore, unser ganzes Geld haben wir verbraucht, die ganzen 9000 Dollar; nun steht das Haus da und ist ganz häßlich — hauen Sie ab!" Ich aber sage, daß ich nicht abhauen, sondern mit einem Pinsel wiederkommen und ein Bild malen werde, um das Gebäude zu verwandeln oder seinen Wert ans Licht zu bringen.

Einmal haben wir ein Haus in Bedford im Staate New York gebaut, ein hübsches, jedoch sehr konservatives Haus mit einem schrägen Giebeldach, damit es zu seiner Umgebung im Kolonialstil paßte. Die Bauunternehmung lehnte das Projekt ab, weil es nicht Kolonialstil sei — obwohl ich das doch geglaubt hatte, denn in Farben und Materialien war es seiner Umgebung sehr verwandt. Die aber wollten nicht das, sondern wirklichen „Kolonialstil" — Cape Cod. Wir beschlossen also, ein doppeltes Cape-Cod-Holzhaus zu entwerfen, in dessen Mitte sich ein Kamin von 4,5 x 4,5 m befand, mit einer Feuerstelle in allen vier Ecken und einer Rauchöffnung in der Mitte, so daß der Raum dort höher wurde. Das Ganze war eine Art Piranesi-Gefängnis innerhalb eines Cape-Cod-Holzhauses in doppelter Größe. Wir nahmen an, daß die Unternehmer so dumm seien, daß sie den Maßstab auf den Plänen nicht bemerkten, sondern nur die hübschen Standardansichten im Cape-Cod-Stil beachten würden. Wir haben den Auftraggeber dann irgendwann verloren; das Ganze kam zu teuer.

HK: Das ist eigentlich das Verfahren von Roy Lichtenstein: Er bläst Comic Strips auf und macht sie dadurch plötzlich erschreckend oder schön.

CM: Ja.

HK: Architekten neigen dazu, ihre Zeichnungen zu frisieren, damit sie voller Leben

183 Faculty Club, Santa Barbara. Eßraum.

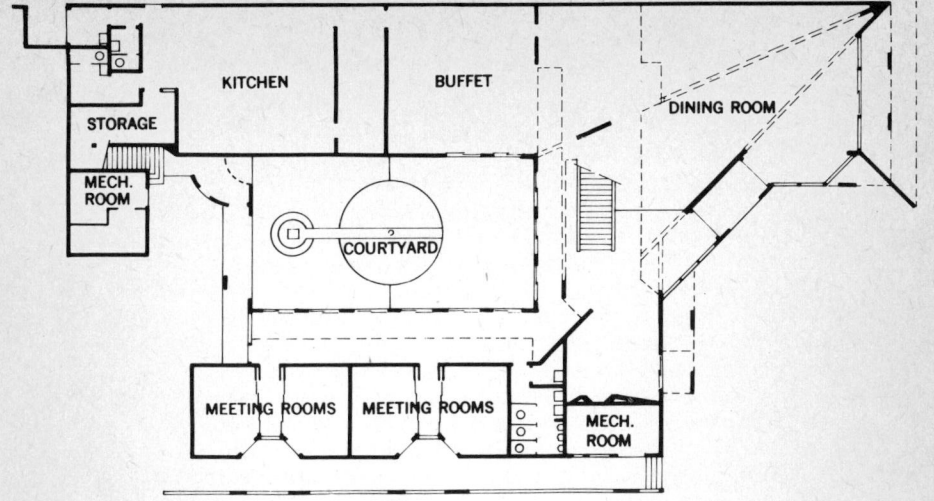

184 Faculty Club, Santa Barbara. Grundriß.

wirken Sie fügen ein paar hübsche Bäumchen hinzu, eine junge Mutter mit Kind, die die Straße hinuntergeht, und andere Tricks, die einen die Architektur vergessen machen. Man verläßt sich auf Bäume und Gras, die dann nie wachsen werden, rechnet mit hübschen Treppen, die oft nie gebaut werden; Sie wissen doch, was ich meine ...

CM: Ernie Kump kam einmal an die Universität Michigan, als ich noch dort studierte, und er gab uns den Rat, genau das zu tun: „Wenn Sie einen Plan zeichnen, so bleiben Sie vage in Ihrer Aussage über alles, was Sie bauen; aber zeichnen Sie doch den Hund des Bauherrn hinein."

HK: In einem Ihrer Projektvorschläge kommen Reiter zu Pferd vor. Dadurch erhält das ganze Projekt natürlich einen Anflug von Neu-England-Aristokratie; das ist gemogelt.

CM: Ich gestehe, daß mich diese hübschen Zeichnungen sehr erschrecken. Mir gefällt ein grobes Kartonmodell für eine Präsentation viel besser als eine Kulisse voller Schwindel. All diese Bäume werden doch erst gegen Ende des 21. Jahrhunderts stehen.

JC: In Ihren Bauten betonen Sie die Momente des Ironischen. Unterziehen Sie sich manchmal auch einer bewußten Ernsthaftigkeit?

CM: Ich muß gestehen, daß mir beim Trivialen wohler ist als beim Erhabenen.

HK: Sie wollen die Selbstgefälligkeit der Auftraggeber nicht noch aufblähen?

CM: Sie sollen sich fühlen, als ob sie ein Abenteuer erleben. In dieser Hinsicht ist mir der Santa Barbara Faculty Club wahrscheinlich am besten gelungen. Das ist ein aufregender, sogar atemberaubender Ort, aber doch nicht großtuerisch — dazu ist er zu verspielt. Er ist komisch auf eine Art, die nicht unangenehm ist. Man kann ihn als mittelalterlichen Bankettsaal in Tortenstückform ansehen (Abb. 184). Die Besucher empfinden eine Art Vergnügen zweiter Hand aus all den impliziten historischen Vorgängern, ohne daß sie eine Minute annehmen, daß sie darin auch leben. Oft wird dieses Spiel mit der Realität von den Leuten sehr ernst genommen, als persönlicher Angriff verstanden. Sie halten ihre Existenz für so bedeutend, daß jeder, der sich auf diese Weise über ihre Umwelt amüsiert, suspekt ist; sie glauben, daß man sich offen über sie lustig macht, weil sie so aufgeblasene Narren sind. Sie sollen doch selbst über sich lachen, wenn sie

wollen; aber ich will in erster Linie über ihre Umwelt lachen. Vielleicht sind sie aufgeblasene Narren, aber sie haben auch das Recht, es zu sein.

HK: Wie würden Sie eine Bank bauen?

CM: Wir arbeiten gerade an einem Umbau. Für eine kleine Bank in Westport haben
wir ein prächtiges Leuchtsignet entworfen. Das Gebäude ist ein erst kürzlich entstande-
ner sehr attraktiver Davis-Brody-Bau, den wir etwa zwei Jahre nach seiner Fertigstellung umbauen müssen, weil die Bank sich vergrößert hat und alles falsch gemacht wurde.
Wir gestalten die Grafik, überarbeiten den Innenausbau und die Fassade. Die Bank heißt
„County Federal Savings", und wir haben für sie ein Firmensignet erfunden: Das Wort
„County" in sehr eleganten Buchstaben, mit einem Stern im „o" des Wortes. „County"
ist blau, der Stern rot — ein wenig wie das Texaco-Signet —, das „o" ist eine runde Neon-
röhre.

HK: Und das soll den sakrosankten Ort bezeichnen, zu dem die Leute ihre Dollars
bringen? Brauchen Sie keine großen, wuchtigen, eindrücklichen Säulen und Fassaden?

CM: Davis Brody hinterließ uns alle wuchtigen Fassaden, die wir brauchen. Auf einer dieser wuchtigen Fassadenwände wollten wir einen riesigen, vergrößerten 5-Dollar-
Schein anbringen, aber der Bankdirektor ist dagegen. Eigentlich ist er gegen alles, was
wir bisher vorgeschlagen haben. Er scheint uns wohl abzulehnen.

HK: Bestimmt will er ein seriöses Gebäude haben, das den Leuten Vertrauen ein-
flößt.

CM: Das hat er ja. Das Gebäude ist sehr vertrauenerweckend, aber es braucht einfach
noch ein simples kleines Leuchtsignet.
Ich stecke in einer widersprüchlichen Lage, denn ich muß gleichzeitig entwerfen und
nicht entwerfen. Ich fungiere als Entwerfer, indem ich die Mittel, die mir zur Verfügung
stehen, sehr sorgfältig meinen Fähigkeiten entsprechend einsetze. Doch zugleich muß
ich als Nichtentwerfer auftreten und sagen, daß der Fehler der Architekten darin besteht, daß sie sich nur um den gestalterischen Entwurf eines Gebäudes kümmern und
die Bedeutung des Menschen ignorieren. Auf der einen Seite gibt es auch heute noch die
reinen Gestalter, wie Philip Johnson oder Paul Rudolph, die aktiv entwerfen. Auf der
anderen Seite stehen die Studenten, die verkünden, daß der Architekt sein Leben der
Aufgabe widmen soll, die Menschen so weit zu bringen, daß sie selbst entscheiden lernen, wie sie wohnen wollen. Ich glaube an keines der beiden Extreme. Ich befinde mich
irgendwo in der Mitte, wie jeder Liberale. Ich glaube, daß der Gestalter oder Entwerfer
immer noch eine Daseinsberechtigung hat, sofern sein Werk genügend unaufdringlich
ist, so daß das Leben der Menschen dadurch nicht beeinträchtigt wird. Ich vermute
aber auch, daß ein großer Teil der Rhetorik der Studenten einmal in die gleiche gründ-
liche Arroganz umschlagen wird, durch die sich die Rudolphsche und Johnsonsche Architektur heute schon auszeichnet.

JC: Wollen die Menschen denn die oberflächliche Dekoration, die Sie den brutalen
Grundelementen Ihrer Bauten zuteil werden lassen (Abb. 185)?

CM: Da muß ich nun ein wenig pseudohistorisch werden. Wir wurden von den Funktionalisten des 20. Jahrhunderts dazu angehalten, zu glauben, daß das lächerlich überla-
dene Gebäude und die pompöse Monumentalität des 19. Jahrhunderts nur aufgrund von
unsinnigen Summen Geldes entstehen konnten. Wenn man ein Gebäude aber auf das
Notwendige reduziere, so werde es rein und echt und schön. Es hat sich gezeigt, daß diese Bauten, welche auf das Notwendige reduziert wurden und dadurch so rein und schön
geworden sind, viel mehr kosteten denn je. Es hatte sich nicht bestätigt, daß das Zierwerk ein Gebäude unerschwinglich macht. Das offene Ornament verschwand zugunsten
des versteckten Ornaments. Wenn Mies van der Rohe Pfosten aus Bronze an den Skelett-
bau klebte, so war das viel ornamentaler als irgendein griechisch inspiriertes Anthemion

(ein aus Palmetten- und Blütenreihen gebildetes griechisches Ornament) aus der Generation vor ihm.

Die Sache ist nämlich so: Jene Generation baute über ihre Bedürfnisse, wir hingegen über unsere Mittel hinaus. Die meisten Wohnungen kosten mehr, als die Leute, die darin wohnen, sich eigentlich leisten könnten. Viele Ökonomen sagen, das geschehe bloß, weil die Leute nicht genug Geld in ihre Behausung stecken wollen. Aber ich finde, unser ganzes Bausystem ist zu teuer. Unter vernünftigen Umständen stünde den Menschen eine große Auswahl von Wohnungen innerhalb ihrer ökonomischen Möglichkeiten zur Verfügung. Wenn sie ein Auto kaufen, so ist es jedenfalls so. Aber der Häuserbau steht außerhalb ihrer Kontrolle und ihrer Vorstellungen. Man nimmt mehr oder weniger, was man bekommen kann.

HK: Nehmen wir zum Beispiel die billigen Sozialwohnungen und das Isolationsproblem. Der Lärmpegel ist unerträglich hoch. Es gibt nun tatsächlich keine eigentliche Privatsphäre mehr. Ich war nicht einmal überrascht, daß Sie beim Church-Street-South-Projekt die 51 Dezibel Minimalnorm der Federal Housing Authority akzeptiert haben. Ich wohne im Moment in einer solchen 51-Dezibel-Kartonwohnung, das heißt, ich wohne nicht darin, sondern ich werde von ihr beherrscht. Ich bin vollständig von meinen Nachbarn im oberen Stockwerk abhängig. Sie legen sich zu anderen Zeiten schlafen und stehen zu anderen Zeiten auf, als ich es tun möchte, aber ihr Zeitplan bestimmt nun völlig den meinen.

CM: Genau das wollte ich vorhin ausdrücken. Als Bewohner eines Gebildes, das

185 Church Street South. Dekoration der Außenwände.

Ihnen vorgesetzt wird, sind Sie all diesen Kräften auf Gnade oder Ungnade ausgeliefert. Wir werden alle in eine völlig künstliche Umgebung eingepackt; sie entsteht aufgrund einer Reihe von Normen, die alle in ein System gepreßt worden sind. Wären Sie ein Bauer irgendwo im Süden Europas, dessen Haus zu klein ist, so würden Sie einfach einen weiteren Raum anbauen, mit dem Ton, der auf Ihren Feldern liegt, oder aus den Steinen der Weidemauern. In unserer Gesellschaft hat kaum jemand diese Freiheit. Sogar die Leute aus der Mittelklasse, die in den Villenvorstädten wohnen, müssen entdekken, daß sie der Anbau eines einzigen Zimmers etwa 10 000 Dollar kostet. Unter diesen Bedingungen ist es unumgänglich, daß der Architekt angewiesen ist auf etwas, was er selbst unter Kontrolle halten kann, etwas sehr Oberflächliches, wie zum Beispiel Farbe und ähnliche Kleinigkeiten, mit denen er die anonymen Bauten etwas außergewöhnlicher machen kann.

JC: Die Kleinigkeiten sind für Sie ein wichtiger Bestandteil der Architektur.

CM: Ja, sicher. Zwei Dinge tragen wir bei: Einerseits das Funktionelle, das unabhängig von Kunst oder Gesellschaftsverständnis oder ähnlichem ist und der Lösung eines Puzzle gleicht; andererseits den Einsatz von wenig Geld und wenig Aufwand, um diesen Orten, die wir schaffen, wenigstens eine symbolische Aufwertung zum Vorteil der Menschen, die dort wohnen, geben zu können. Das ist lediglich eine Reaktion auf eine beinahe aussichtslose Situation.

Ich finde, Gebäude sollten etwas erzählen — nicht einfach vom Spiel aus Formen und Licht, sondern auch von Dingen, die etwas bedeuten. Und dazu braucht es ein bestimmtes Maß an Redefreiheit — selbst um etwas Leeres, Banales, Dummes oder bereits Gesagtes auszudrücken.

JC: Oder vielleicht sogar etwas Intelligentes.

CM: Ja, vielleicht sogar das. Aber man muß die Wahl haben, all das andere auch sagen zu können, damit man überhaupt Gelegenheit hat, etwas Intelligentes auszusagen. Und man würde ja in der Tat nicht wissen, wann nun etwas intelligent ist, wenn es nicht irgendwie ungewiss wäre und aus dem Haufen Dummheit ringsherum herausragen würde. Diese Freiheit und Leichtherzigkeit ist der kritische Punkt dabei.

Mir scheint, daß Venturi in seinen jüngsten Veröffentlichungen die Ausdrucksmöglichkeiten als Last darstellt. Es wird zu einer trüben Pflicht, tiefsinnig, ernst und bedeutungsschwer zu sein — und das alles soll mit dem „Gewöhnlichen" erreicht werden. Ich hingegen will frei sein von diesem Ernst, um experimentieren zu können, um die Chance zu haben, vielleicht etwas Tolles, Unerwartetes und Schönes zu schaffen. Mich bedrückt diese Heiligsprechung des Gewöhnlichen durch Venturi so sehr, weil es genau so schwierig wird, daran zu rütteln, wie an der Eleganz der Johnsons und Rudolphs. Ich versuche, mich mit Dingen zu befassen, die nicht so gewichtig sind, daß man sie nicht mehr heben kann, und eine gewisse Albernheit zu erhalten, damit die Resultate auch aus dem Moment und dem Zufall heraus entstehen können.

JC: Was für ein Gebäude würden Sie „erzählerisch" nennen?

CM: Das wichtigste Element ist meist das, was an ihm problematisch war und wie es das überwunden hat. Ein reiner Kubus sagt nichts aus, was man nicht schon weiß.

JC: Könnte eine Reklametafel ein erzählerisches Element sein?

CM: Ja. Tim Vreeland hat ein wunderschönes Diapositiv einer Tankstelle bei Albuquerque, einer alten Schlackensteinbaracke. Daneben steht ein riesiges, enorm hohes Schild, das einem sagt, was in dem Häuschen los ist.

JC: Das Schild ist wichtig, nicht die Architektur.

CM: Es bedeutet, daß die Leute dort ihre Energie auf das Schild verwendet haben, das eigentlich zur Architektur wird. Das Schild schmeißt den Laden, nicht das Haus.

HK: Ich möchte mehr über den Hintergrund der Ideen wissen, die zu dem führten,

186 Grand's Restaurant, Philadelphia, Pennsylvania. Venturi und Rauch.

was man „Pop-Architektur" nennen könnte. Ich halte es für wichtig, daß die richtigen Leute gewürdigt werden.

CM: Ich weiß nicht, wo es angefangen hat. Venturi war der erste, der realisierte, was man dann „Supergrafik" nannte — in seinem Grand's Restaurant in Philadelphia (Abb. 186). Soviel ich weiß, fing das mit den Bildern und den profanen Botschaften auf Außen- und Innenwänden bei jenem Restaurant an, das vor sieben oder acht Jahren abgerissen wurde. Beim Santa Barbara Faculty Club haben wir — zwar abstrakte — Anmerkungen gemacht zu dem, was bei den bleibenden Materialien vor sich geht, die unter der Farbe liegen. So malten wir zum Beispiel auf die Wasserleitung das Wort „Wasserleitung". Wir alle verdanken Lou Kahn so viel, daß auch er als eine der Quellen genannt werden muß.

HK: Wo liegt der Zusammenhang? Als wir mit Kahn sprachen, wollte er weder Venturis noch Ihre Ideen akzeptieren. Mit reiner Dekoration wollte er überhaupt nichts zu tun haben, mit dem Aufmalen von Wörtern.

CM: Das stimmt.

HK: Gab es in Kahns Architektur erzählerische Elemente, die Sie übernommen haben?

CM: Ich sagte vorhin schon, daß ein großer Teil des erzählerischen Aspektes eines Gebäudes daraus hervorgeht, daß es versucht auszusagen, was es sein will, und nicht aus der langweiligen Trennung der Funktionen. Nehmen Sie zum Beispiel ein schwieriges Detail, das ungeschickt gelöst ist; man hätte es ja einfach eliminieren oder raffiniert verdecken können. Das lehne ich ab; man soll es zeigen und sogar betonen. Der Speisesaal des Santa Barbara Club (Abb. 183) enthält einen absurden Balken, groß und dick, der den tortenstückförmigen Raum durchschneidet. Er durchschlägt den Raum bis zur anderen Wand, wo er endlich zur Ruhe kommt. Ich mache um ihn ein großes Theater und hänge eine Menge Lampen daran auf.

HK: Man betont das Ungeschickte.

CM: Man betont es und versucht dann, das Problem zu lösen.

HK: Sie betonen, was die anderen verstecken.

CM: Ja, ich betone die Schwierigkeiten. Wenn man lebend gefressen werden soll, so tut man nicht so, als ob alles in Ordnung sei. Man dramatisiert die Notlage, in der man steckt. Dann löst man sein Problem so sauber, vollkommen und elegant wie möglich.

HK: Die Funktionalisten behaupten auch, daß sie nichts verdecken — indem sie die Funktion sichtbar machen, zeigen sie die Wahrheit.

CM: Was sie zeigten, waren die Konstruktion und das System. Sie zeigten die Hauptorgane, das, was sie zeigen wollten, weil es in ihrer Hierarchie einen wichtigen Platz einnahm. Und was sie nicht zeigten, war das Zeug, das nicht recht stimmte, das Mißlungene, die funktionellen Fehler, das Unsymmetrische. Mich interessiert die Hinterseite der Dinge, die in den Zeiten formaler Wahrheitssuche unpassend war.

HK: Warum wollen Sie von der glatten Eleganz des International Style wegkommen?

CM: Weil ich finde, dieser Stil sei kein sehr brauchbarer, interessanter, bedeutungsvoller, lohnender Ausdruck der Gegenwart. Er gleicht der präparierten Rede eines Politikers. Sicher ist es sehr wichtig, viel Zeit auf die Vorbereitung einer Rede zu verwenden, so wie das Bauhaus es für die Vorbereitung eines Gebäudes tat. Aber mich interessiert zudem, was der Politiker wirklich denkt. Ich will wissen, was hinter seiner Rede steht, welche unglaublich schmutzigen Geschäfte in den rauchigen Hinterzimmern abgeschlossen werden. Hintergedanken sind ein legitimer Teil des Ganzen. Wenn ich ein Gebäude anschaue, so will ich alles sehen, nicht nur die bauhausgenehme Fassade. Ich meine damit nicht, daß das Bauhaus einem Gebäude eine falsche Fassade aufsetzt. Dagegen haben sie ja sogar gekämpft. Ich würde sogar eine falsche Fassade gerne akzeptieren, wenn ich daraus erfahre, daß dahinter noch etwas steckt, was für mich erreichbar ist. Damit stelle ich mich in absoluter Opposition zu so etwas wie dem Parkhaus von Paul Rudolph in New Haven (siehe Abb. 85). Das Allerletzte, was wir brauchen, ist eine bildhauerische Aussage für einen Ort, an dem man Wagen stehen läßt. Der Bau ist ungeeignet für seinen Verwendungszweck, das heißt für das Parken von Autos. Automobile brauchen keine Skulptur als Lagerraum. Und wenn diese Skulptur dazu noch dem Dach eines Volkswagenbusses in die Quere kommt, so ist sie mehr als unnütz. Ich finde das so maßlos. Es ist auch nicht erzählerisch, weil es über nichts etwas aussagt. Viel angebrachter wäre doch, daß es ganz still seine Autos aufnähme und dann von etwas Interessantem erzählte.

JC: Was wäre denn an einem Parkhaus interessant? Was würden Sie tun, wenn Sie im Zentrum einer Stadt ein großes Grundstück für den Bau eines Parkhauses zur Verfügung hätten? Rudolph meint, daß auch ein Parkhaus der Stadt Charakter geben und das urbane Chaos organisieren helfen kann. Und deshalb will er nicht einfach ein ganz gewöhnliches Parkhaus bauen, wie es sie schon zu Millionen gibt.

CM: Ich bin aber nicht mit ihm einverstanden, daß dies mittels einer lieblichen Skulptur zu verwirklichen ist. Wenn man in einer Stadt einen starken Akzent setzen will, so soll das im Sinne der Stadt geschehen und nicht einfach superschick sein. Mir kommt das vor wie ein Polizeikorps in Damenkleidung.

JC: Die Frage bleibt, was Sie hier tun würden.

CM: Wenn man in ein Parkhaus fährt und den Wagen parkt, so ist der Wagen tot, und man wird zum Fußgänger. Der Ort, an dem man aus dem Wagen steigt und zu gehen anfängt, sollte ein sehr wichtiger Ort werden, der eine faszinierende Umgebung schafft. In Rudolphs Garage entsteht überhaupt keine Faszination, weder wenn man mit dem Wagen hineinfährt, noch wenn man zu Fuß hinausgeht. Beim Einfahren ist man zu sehr besorgt, ob die Antenne wohl abgebrochen werde. Wenn man vom Wagen weggeht, so ist das einzig Spannende die Frage, ob man lebend wieder hinauskommt. Es gibt keine Fußgängersteige, so daß man also mitten im Verkehr gehen muß. Das Faszinierende liegt ganz allein in dieser gigantischen Aschenbecherform; für den Benutzer aber hat das Ganze nichts Faszinierendes. Und genau das finde ich extrem. In allem, was wir tun, liegt genug potentiell Faszinierendes, wenn man es nur vom Standpunkt des Benutzers aus betrachtet. Aber von diesem Potential bleibt nicht viel übrig, wenn man es als Ausdruck abstrakter Dinge, von „Parkgaragentum" oder „städtischem Automobiltum" versteht.

Das Erzählerische an einem Gebäude ist für mich all das zusammen; ein Gebäude soll so deskriptiv wie möglich sein und erzählen, was an ihm interessant ist — entweder wie es gebaut ist, oder wie die Leute es benutzen; die Botschaft ist vielleicht laut, vielleicht still, versteckt oder nur scheinbar versteckt; aber man erfährt immer, was los ist. Ich glaube, Louis Kahn würde sagen, daß dies Trivialität im Extrem ist. Aber ganz bestimmt entstammt es seiner Idee, daß ein Gebäude so sein soll, wie es sein will.

JC: Hier scheinen Sie eine klare Verbindung zu Kahn zu sehen; doch Sie nehmen einfach einen seiner Sätze auf und interpretieren ihn ganz anders.

CM: Ein Gebäude hat selbst die Kraft, das zu sein, was es sein will, das zu sagen, was es sagen will, dadurch, daß es richtig oder falsch oder stumm oder lärmig gebaut worden ist. Und deshalb schauen wir die Gebäude ja auch an, viel eher als daß wir ihre Existenz lediglich zur Kenntnis nehmen, im Sinne von Le Corbusier.

HK: Im International Style kann eine Kirche wie eine Fabrik aussehen — wie Ouds Kirche in Rotterdam. Die Veranschaulichung unterschiedlicher Aufgaben schien überflüssig, weil funktionalistische Reinheit das Entscheidende war. Wenn ein Beaux-Arts-Architekt eine Bank bauen wollte, dann nahm er einfach eine Marmorkolonnade mit einem Ziergiebel, und da stand der Tempel „Bank". Wenn Sie eine Bank bauen, so erhält sie eine Leuchtschrift. Der ganze Wertkontext — was ist eine Bank? — ändert sich. Eine Bank muß vielleicht nicht mehr Solidität und Stabilität ausdrücken, das Gebäude muß also nicht mehr sicher erscheinen, dafür muß das Alarmsystem funktionieren. Heutzutage könnte eine Bank gar wie ein Spielkasino aussehen.

CM: Ja, das hängt vom Wertsystem der Gesellschaft ab. Einige Direktoren fanden, daß unsere Bank perfekt und schön sei, und sie waren begeistert. Einige andere fanden, sie sehe aus wie eine Texaco-Tankstelle, und deshalb brachten Sie den Vorschlag zu Fall. Wir müssen das Projekt nun überarbeiten, damit es nicht mehr wie eine Texaco-Tankstelle aussieht.

HK: Haben Sie nicht öfters Schwierigkeiten, weil der Bauherr für das Gebäude einen anderen Ausdruck wünscht als den, welchen Sie wollen?

CM: Diesem Problem werde ich wahrscheinlich gegenüberstehen, falls ich je größere Aufträge erhalten sollte. Wir haben bisher nicht sehr viele Aufträge von Firmen erhalten, die von sich selbst eine so hohe Vorstellung haben. Sobald das jedoch geschieht, werden wir mindestens vorgeben, daß wir auf sie hören.

JC: Morris Lapidus ist ein Architekt, der auf die Kunden hört. Er entwarf seine Hotels als Hollywood-Filmkulissen, um den Leuten das zu geben, was sie wollen.

CM: Ich halte sehr viel von Morris Lapidus. Meiner Meinung nach ist das, was er und sein Sohn Alan ausführen, noch richtiger als Venturis Arbeiten. Es ist ein bißchen realer. Ich glaube, ihre Illusionen sind etwas geringer.

JC: Und doch, ist das Architektur oder Marketing?

CM: Ich weiß wahrscheinlich nicht so recht, was man unter Architektur versteht. Wenn es Pyramiden bauen bedeutet, dann haben wir sie wirklich nicht nötig. Wenn man durch die Geschichte geht und das zentrale Anliegen jeder Zivilisation studiert, einer nach der anderen, um herauszufinden, was Architektur ist, so glaube ich kaum, daß man genug gemeinsame Nenner findet, um zu erkennen, was Architektur ist.

JC: Wenn man Sie so hört, könnte man glauben, daß alles, was gebaut wird, vom Fundament bis zum Spielhügel auf der Piazza, Architektur sei.

CM: Was mich betrifft, so ist das alles Architektur. Ich weiß nicht, wo ich da nun den Schnitt anbringen und sagen soll, das sei nun Sache eines anderen oder für mich irrelevant. Ich möchte keine neue Definition von Architektur entwickeln; aber mich beschäftigt, daß die Architektur zu rein geblieben ist. Meine Kritik an früheren Leistungen würde sich hauptsächlich auf das beziehen, was die Architekten unterlassen haben, und nicht auf das, was sie tatsächlich getan haben; denn das war meistens gut. Architektur muß wieder gesprächig werden.

JC: Wenn das Erzählerische dominiert, wenn Zierwerk, Reklametafeln und Asphalthügel entscheidend werden, dann bedeutet Architektur eigentlich Bau einer Umwelt.

CM: Die Umwelt muß Architektur werden, denn sonst geschieht gar nichts. Es gab vielleicht einmal eine Zeit, in der nur ein festumgrenzter, aristokratischer Teil dessen, was gebaut wurde, als Architektur galt; der Rest war volkstümlicher Abfall. Wenn man behauptet, das Florenz des 15. Jahrhunderts habe aus einigen Palästen und Kirchen bestanden, und dabei den ganzen Rest wegläßt, der es nicht geschafft hat, in die Geschichte aufgenommen zu werden, dann hat man das Wesen der Stadt Florenz nicht hinreichend beschrieben.

187 Wohnhaus von Charles Moore, New Haven, Connecticut.

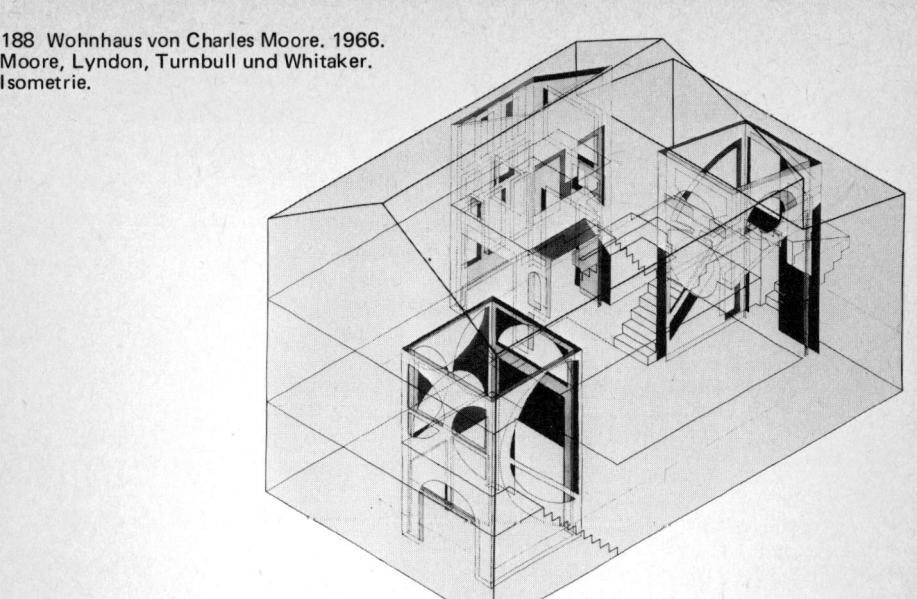

JC: Mit anderen Worten, Ihnen sind auch die Hütten wichtig.

CM: Ja. Florenz wurde zu dem, was es war, durch die wichtigen Bauten, die etwas sehr Besonderes hatten, aber auch durch all die anderen Gebäude, die das städtische Milieu schufen, das die Paläste erst möglich macht. Es ist genau so sinnvoll, die beiden Dinge zusammen zu betrachten, wie sie zu trennen. Bis jetzt haben wir sie immer getrennt betrachtet, um die wichtigen Werke in der ersten Kategorie zu identifizieren ...

HK: Um eine übersichtliche Stilgeschichte zu schreiben. Die meisten Ihrer Bauten gehören in die Kategorie des Volkstümlichen. Hätten Sie das Bostoner Rathaus gebaut?

CM: Einer der vernachlässigten Aspekte der amerikanischen Stadt scheint mir der öffentliche Bereich. Es muß Gebäude geben, die erkennbar sind als Eigentum von vielen, weil sie von vielen benutzt werden. Ein Spital zum Beispiel ist kein sehr gutes öffentliches Symbol, weil es den Kranken gehört. Ein Rathaus aber kann immer noch ein solches Symbol sein. Es muß ehrlich und.angemessen aussagen, was es ist.

HK: Würden Sie für ein Rathaus Marmor verwenden?

CM: Wahrscheinlich nicht, denn er ist zu teuer. Sogar bei einem öffentlichen Gebäude würde ich mich unbehaglich fühlen, wenn ich Geld ausgebe, das andernorts besser eingesetzt werden könnte, für Polizistenuniformen oder etwas ähnlich Triviales. Ich sehe in unserer heutigen Gesellschaft einfach keinen Grund, auf eine so ewige Art vornehm zu tun.

HK: Wie würden Sie es denn gestalten, damit es als öffentliches Monument herausragt?

CM: Wahrscheinlich muß es ein Monument sein, ein Ort, den man sofort identifizieren kann, ein Monument im Sinne eines Merkzeichens. Es sollte nicht einfach ein Gebäude unter vielen anderen in einer Straße sein.

HK: Und wenn Sie ein Rathaus neben Rudolphs Art and Architecture Building bauen müßten?

CM: Ich würde mich ganz einfach der Konkurrenz entziehen, ein paar Bäume pflanzen und das Gebäude unter der Erde bauen. Kraft durch Kontrast.

HK: Ihr kleines Haus in New Haven (Abb. 187) liegt in einer ziemlich gewöhnlichen Umgebung. Was hat Sie bewogen, es zu kaufen?

CM: Es war sehr billig, und ich hatte es satt, mit dem Wagen in die Stadt zu fahren. Das Haus hatte einer kleinen alten Dame gehört, die gestorben war, und es war sehr günstig, also habe ich es gekauft.

HK: Hatten Sie damals schon eine Vorstellung, wie Sie es herrichten wollten?

CM: Nein. Ich kaufte es, weil es an sich schon hübsch war. Ich war gar nicht so sicher, ob ich sehr viel daran ändern würde. Jedenfalls wollte ich es nicht sozusagen ausweiden und daraus einen Mies van der Rohe machen. Ich wollte einfach mit diesem lustigen alten Haus spielen. Ich kaufte es im Dezember, und bis Mai habe ich daran nicht viel geändert. Ich kam nur hin und wieder her, schaute es mir an und überlegte, was ich damit anfangen könnte. Im Mai begann ich dann, es auszuweiden (Abb. 188). Als ich die erste Umbaustufe begann — Verschiebung des Badezimmers, Einsetzen der Treppen, Ausschneiden der Löcher —, da wußte ich noch nicht, was ich dann später mit den Sperrholzplatten tun würde.

HK: Entstand vieles aus Zufall?

CM: Ja, denn es passierte stückweise. Als ich mit dem Eingang begann, hatte ich noch keine Ahnung, wie der Rest aussehen würde.

Bob Rosenblum kam, als es gerade fertiggestellt war, und er verkündete, es sei ein Stück zeitgenössischer Bildhauerei und überhaupt keine Architektur. Ich selbst betrachte es als Möbel-Design.

Für meine Denkweise ist auch wichtig, daß jene Sperrholzwände mit ihren verschiedenen Formen und Farben (Abb. 189) nicht sehr ernst gemeint sind. Sie sind sehr billig und in kürzester Zeit entstanden. Wir haben einfach mit der Handsäge Öffnungen her-

189 Wohnhaus von Charles Moore. Interieur.

ausgesägt. Diese Gebilde sind nicht aus Travertin, auch nicht aus Schweinsleder wie Philip Johnsons Badezimmer; sie stellen keine Investition für alle Zeiten dar. Sie entstanden aus Spaß und aus Neigung, sind Ausdruck meines Stils und meines Geldbeutels. Sie stellen keine große Investition dar, sondern eine angemessene Reaktion auf flüchtige Dinge, auf Licht und Luft. Und wenn etwas nicht mehr zweckmäßig ist, so kann es ohne Schwierigkeiten abgerissen oder ersetzt werden. Ich finde dieses Haus im besten Sinne des Wortes trivial.

Die Innenräume haben verschiedene Namen. Der erste, beim Eingang, mit den silbrig gestrichenen Sperrholzflächen, heißt „Howard" nach einem Hund in New Orleans. Ich fand es besser, den Räumen keine funktionellen Namen zu geben, weil sie keine festen Funktionen haben. Dann gelangt man in das, was ursprünglich der winzige Wohnraum des Hauses war, heute bloß eine Art Foyer; dort gibt es eine Reihe von ausgeschnittenen Zahlen, in Ermangelung anderer Objekte. Und von dort kommt man in den früheren Speiseraum. Wenn man an das eine Ende dieses Zimmers geht, so befindet man sich in einem Raum, der bis ganz hinauf zum Dach reicht, mit einem Oberlicht. Dieser Raum heißt „Berengaria", nach der Gattin von Richard Löwenherz. Ich mag diesen Namen sehr; ich habe schon einige Katzen so getauft. Dann geht man die Treppen hinunter ins untere Geschoß, sofern man nicht die Treppen hinaufgeht, die zu den Schlafzimmern führen. Dort unten befinden sich Eßraum und Küche. Zugegeben, das ist nichts Besonderes; man fühlt sich nicht wie auf einer Bühne, während „Howard" doch ein etwas anstrengender Aufenthaltsort ist. Die Hängematte ist unten in „Howard". Ich benutze sie selten; sie sieht sehr einladend aus, aber ich lege mich nur selten hinein, weil man sich dort wie auf der Bühne vorkommt.

HK: Eigentlich verwenden Sie Formen, die bei modernen Skulpturen vorkommen; sie machen daraus eine Umgebung, in der man wohnen kann.

CM: Ich glaube, das stimmt. Ich bin ganz konsterniert, wenn ich ins Museum of Modern Art gehe. Ich bin konsterniert, wenn ich in einen dunklen Raum trete, den man als „Kunst" bezeichnet, oder wenn ich in einen Raum komme, der weiß gestrichen ist und in dem eine Leuchtstoffröhre an der Wand lehnt. Das beleidigt mich nicht, rührt mich aber auch nicht. Ich finde vielleicht, es sei lustig, so etwas zu machen; aber ich bin immer wieder erstaunt, daß jemand darauf ein bestimmtes Quantum Energie verwendet hat. Wenn man so etwas kaufen will, so muß man einen Haufen Geld ausgeben, was ich auch sehr seltsam finde. Mit dem, was hinter all diesen eifrigen bildhauerischen Bemühungen liegt, könnte man herumexperimentieren, aber eher zwanglos. Ich würde es zum Beispiel schwierig finden, dieses Haus in Travertin auszuführen oder sogar in rostfreiem Stahl, weil das zu ernst wäre, genau wie jene Räume im Museum of Modern Art. Und das würde mich wirklich aus der Fassung bringen. Es gibt selbstverständlich Dinge, die ein Bildhauer tun kann, ein Architekt jedoch nicht. Aber viele bringen etwas hervor, was in keinem vernünftigen Verhältnis zur geleisteten Arbeit steht. Etwas Ehrliches aussagen wird für sie zu einem Prinzip, das so absolut ist wie das Prinzip der ehrlichen Konstruktion vor einer oder zwei Generationen. Mein Problem ist genau umgekehrt; ich erhalte viele verrückte Briefe von Leuten, die sagen, es sei alles ein enormer Bluff.

HK: Die Architektur ist selten ironisch gewesen. Sie ist ernst, weil sie die bestehende Gesellschaft bestätigt.

CM: Das ist eines der großen Paradoxe: Die Kunst scheint in ihrem Wesen revolutionär zu sein, doch gleichzeitig ist die Architektur eine etablierte Kunst. Ich finde das sehr irritierend. Jene Architekten, die den Status quo am deutlichsten bestätigen, sind auch die, welche am lautesten beteuern, daß sie Kunst machen. Ich begreife nicht so recht, wie das möglich sein soll.

Die amerikanische Malerei hat während der vergangenen zwanzig Jahre auch in Europa stark an Bedeutung gewonnen; sie dominiert auf den internationalen Kunstausstellungen und ist als Handelsobjekt seriös geworden. Anders verhält es sich mit der amerikanischen Architektur, deren Ansehen seit dem Tode der großen europäischen Emigranten — Mendelsohn, Neutra, Gropius, Mies — rapide im Abnehmen begriffen ist. Ihre Leistungen werden allenfalls nach der ständig wachsenden Höhe einiger Wolkenkratzer in New York, Chicago und San Francisco bemessen. Ein Bauwerk läßt sich nicht wie ein Bild zu einem international tauschbaren Handelsobjekt machen, das den Weg durch die Galerien nimmt und von Station zu Station an Wert und an Publikumsinteresse gewinnt.

Doch unterliegt das heutige Bauen in Kreisen der Kunstkritik generell einem Interessenschwund, da die Architektur nicht mehr wie in den zwanziger Jahren im gleichen Maße teilhat an der Theoriebildung der modernen Kunst. Das Programm des Funktionalismus hatte sicherlich eine ebenso intensive öffentliche Diskussion hervorgerufen wie das des Kubismus. Die verwaschenen Assoziationen aber, die heute ein Reyner Banham zur Definition des sogenannten „Brutalismus" anführt, haben nicht einmal den Architekturkritikern Begriffe vermitteln können. Doch rührt die Hilflosigkeit Banhams nicht zuletzt daher, daß der zu einem neuen Stil aufgewertete Brutalismus nicht viel mehr ist als eine formalistische Reaktion auf die Unüberwindlichkeit des Funktionalismus. Wenn an die Stelle der weißen Kuben graue Betongebirge treten, so hat sich gewiß etwas geändert — verändert aber hat sich nichts, da alles andere gleich geblieben ist: die Bodenspekulation, die Stadtvernichtung, die Funktionstrennung usw. Letztlich aber ist es eine Gattungseigenart der Architektur, daß man mit dieser nicht verfahren kann wie mit den anderen Künsten. Ihre Bindung an die utilitären Bedürfnisse des Alltags relativiert die Stilkreation. Ein brutalistisches Bauwerk kann sich nicht wie etwa ein Objekt der „Minimal Art" in die reine Sphäre der Programmerfüllung erheben, da es in seinen Einzelformen von der Programmerfüllung der Nutzung penetriert ist, einer Nutzung, die jede an einem Bauwerk realisierte Formenmanipulation im Dienst aktueller Stilprogrammatik als Verpackungsmanöver entlarvt und den Bau essentiell auf die weitaus weniger wandelbaren Bedingungen gesellschaftlicher Ansprüche zurückverweist. In der Malerei gibt es eben nicht einen sozialen Wohnungsbau. Architektur hat weit weniger gefügig den Schein eines vermeintlich autonomen Kunstwerks beanspruchen können, ebensowenig wie sie sich heute in Reaktion darauf zum bloßen gemachten „Objekt" unter schon vorhandenen Objekten zurechttheoretisieren ließe. In ihrer utilitären Widerständigkeit erinnert die Architektur am ehesten daran, daß auch in der Sphäre künstlerischer Phantasie die Veränderungen langsamer und gebundener vonstatten gehen, als es die ständigen Neuerungen und Programmwechsel der anderen Künste gern wahrhaben möchten. Eine vermarktete Kunst läßt die Innovation zum Zwang werden, so wie der Warenkonsum die ständig wechselnde Modekreation erzwingt. Was hier häufig als das Wesen der Sache erscheint, offenbart sich in der Architektur als bloße Beigabe, die weit weniger vermag, über die Realität der das Bauwerk bestimmenden Kräfte hinwegzutäuschen. Architekturtheorie ist gegenüber der Kunsttheorie weniger „kreativ", weil sie in unmittelbarer Weise Gesellschaftstheorie sein muß. Für die Praxis heißt das: Während Claes Oldenbourg seinen Lippenstift als Pop-Art-Monument wenigstens vorläufig auf dem Kampus der Yale-Universität aufstellen konnte, wird Charles Moore den Bankier, für den er das antimonumentale, popfarbige Bankhaus bauen kann, vorläufig kaum finden. Wenn sich Architektur selten nur als Theorieexemplum realisieren läßt und deshalb weniger deutlich Programmideale verkündigt als etwa die Malerei, so spricht sie hingegen deutlicher von den gesellschaftlichen Hindernissen, die sich dem Ideal in den Weg stellen. In dieser „Verunreinigung" liegt die besondere Relevanz der Architektur. Als eine „Kunst" hat sie an Durchschlagskraft verloren. Die „reinen Formen im Licht", von denen Le Corbusier sprach, sind Randgeschehen geworden. Architektur als eine Disziplin der Ökologie aber hat an Geltung gewonnen. Alle hier wiedergegebenen Gespräche mit acht führenden Architekten vollziehen sich im Spannungsfeld zwischen den Ansprüchen einer Architektur als Kunst und einer Architektur als Ökologie, wobei sich das Spektrum weit auffächert und die Positionen einer Architektur als Genieschöpfung, als Formgebung, als Marketing, als Bautechnik, als Gesellschaftsplanung und als Protest mitumschließt. Keine dieser Positionen läßt sich puristisch vertreten, wenn auch bei dem einen oder anderen Architekten die eine oder andere Tendenz überwiegt. Oft kommt es zu Widersprüchen; die geübte Praxis wirft ihre Schlagschatten auf das explizit vertretene Programm.

Die amerikanische Architektur der vergangenen zwanzig Jahre kann aus verschiedenen Gründen ein besonderes Interesse beanspruchen. An ihrer jüngsten Geschichte läßt sich modellhaft demonstrieren, auf welche Weise eine durch Jahrhunderte von der europäischen Kulturüberlegenheit überzeugte Nation sich zu befreien und sich auch architektonisch als Weltmacht zu etablieren sucht. Erst nach dem Zweiten Weltkrieg streben die USA nach einer „Declaration of Independence" auch in den Künsten, wobei die Neuinterpretation der amerikanischen Kunst- und Architekturgeschichte und deren oft durch nationalistische Obertöne begleitete Rückführung auf die vorkoloniale Frühgeschichte Amerikas eine ideologisierende Rolle spielen. Wenn einerseits die Gegenwehr gegen das „ost-westliche Kulturgefälle" zu einer Relativierung des von den Amerikanern geglaubten und den Europäern beanspruchten Zivilisationsprimats führt und für die europäische Architekturgeschichte mit dem Beweis einer Einwirkung amerikanischer Errungenschaften schon seit den Tagen Richardsons und, deutlicher, Sullivans die Korrektur eines vereinseitigten Geschichtsbildes erzwingt, so kommt es andererseits zu den nationalistischen Hypertrophien, die die Europäer vorexerziert hatten. Die „Deutschheit deutscher Kunst" und die „Englishness of English art" leben in grotesker Übertragung wieder auf, wenn heute eine Geschichte von den Bauten der Pueblo-Indianer über die Kirchen der spanischen Kolonisation bis hin zu den modernen Wolkenkratzern konstruiert wird, als könne die Einheit der Topographie auch schon eine Einheit der Kulturen verbürgen.

Parallel zu diesen historiografisch-kulturideologisch sich vollziehenden Unabhängigkeitserklärungen haben amerikanische Architekten der Nachkriegszeit einen Weg eingeschlagen, der von den bis in die jüngste Zeit in den USA wirkenden, meist deutschen Emigranten fortführt. Die Generation der Mendelsohn, Neutra, Breuer, Mies van der Rohe und Gropius, die selbst schon von der amerikanischen Architektur Impulse aufgenommen hatten, stellte die anerkannten Lehrmeister bereit, die sich wiederum als Kontrastfiguren anboten, sobald die Nachkriegsgeneration der amerikanischen Architekten ihren Selbständigkeitsanspruch anmeldete. Gropius einerseits hat mit seinem ins Mediokre abgleitenden Spätwerk den Protest erleichtert; Mies hingegen hat zusammen mit dem USA-feindlichen Le Corbusier Maßstäbe gesetzt, die kaum überwindlich scheinen und die auch heute noch weithin gelten. Das Seagram Building Mies van der Rohes und Le Corbusiers Spätwerk, das Kloster La Tourette bei Lyon, sind vorbildliche Bauten geblieben. Die Revolte gegen die Exempla hat häufig zu Verkrampfungen und neuerungssüchtigen Kapriolen geführt. Philip Johnsons und Paul Rudolphs Werke tragen deutliche Spuren einer ins Extravagante hineinverlaufenden Reaktion. Und sogar der weit unabhängigere Robert Venturi hat sein auf größere Komplexität drängendes Architekturprogramm im Widerspruch zu Mies van der Rohes Diktum „Weniger ist mehr" formuliert. Kein Wunder also, wenn Mies in nahezu allen diesen Interviews eine bewunderte und bekämpfte Vaterfigur abgibt.

Doch würde die amerikanische Architektur der Gegenwart nur ein begrenztes Interesse finden, wenn sie über den bloßen Verselbständigungsanspruch nicht hinaus gelangt wäre. Von der europäischen Architekturkritik nur partiell in ihrer Bedeutung erkannt, hat sie der beschränkteren europäischen Szene, England eingeschlossen, eine Fülle von Möglichkeiten gegenüberzustellen, die das weitaus größere Spektrum nicht nur auf technischem Gebiet anzeigen, sondern deutlicher noch die Vielfalt der in der westlichen Welt pluralistisch divergierenden, architektonischen Affirmations- und Protesttendenzen. Während in Europa die Sonderleistungen eines Stirling oder Frei Otto beinahe exotisch mit einer dem Funktionalismus und seinem modischen Kommentator, dem Brutalismus, verpflichteten Alltagsarchitektur kontrastieren, ist die amerikanische Szene gekennzeichnet von einer erstaunlichen Doktrinferne. Schon in den späten fünfziger Jahren, als die europäische Architektur nahezu gleichförmig vom Funktionalismus beherrscht wurde und Gestalten wie Aalto, Le Corbusier und Scharoun zu Ausnahmefiguren machte, hat in den USA bereits eine Kritik am Funktionalismus, am sogenannten „International Style", eingesetzt, die einerseits viele Architekten wie Philip Johnson, E.D. Stone oder Yamasaki zu eklektizistischer Fassadendekoration verführte; andere, wie Louis Kahn oder Bertrand Goldberg, aber auch eine lange Reihe weniger bekannter Architekten, haben die Monotonie des rechten Winkels ohne Rückbeschwörung eines tradiert abgesicherten Formenrepertoires überwunden.

Doch meine ich, daß sogar ein historisierender Eklektizismus die größere Spontaneität der amerikanischen Architekten bezeugt, die sich von einer pedantischen Funktionalismusdoktrin nicht einschnüren ließen und unmittelbarer die Vielfalt bauender Interessen zum Ausdruck brachten, als dies in Deutschland oder in den Niederlanden geschah, wo der zur Moral hypertrophierte „Zweckstil" jedes individualisierende Bekenntnis, sei es Machtdemonstration oder Anspruchslosigkeit, in Gleichform fast verstummen ließ. Widerspruchsvoller und ausdrucksdeutlicher als anderswo hat die amerikanische Architektur die Extreme der sie bestimmenden Interessen zur Anschauung gebracht. Die Spannweite reicht von einem imperialen Ordnungsanspruch, der öffentliche Baukomplexe barocken Achsensystemen einspannt und die Topoi wie Tempelhallen und Kolonnaden naiv beansprucht, bis hin zu einer revoltierenden Pop- oder Anti-Architektur, die das Bauen als „Kunst des Establishments" durch Ironie relativiert und das steinerne Monument abgeschafft hat. Dieses Spektrum, das in den hier wiedergegebenen Gesprächen von Philip Johnson einerseits bis zu Robert Venturi und Charles Moore andererseits reicht, umfaßt wenigstens andeutungsweise jene Extreme, die die amerikanische Architektur zwischen Eklektizismus und Pop-Ironie oszillieren läßt. Die Gegensätze der amerikanischen Gesellschaft, offener zu unterdrücken und offener zu revoltieren als die europäische, also deutlicher eine Position zu propagieren, sei sie unbewußt affirmativ oder bewußt radikal, haben die amerikanische Architektur zur deutlichsten Artikulation zwischen Konzernmonumentalität und Drop-out-Protest gebracht. Architektur wie das von eklektizistischer Repräsentation bis an den Rand von Faschismus und Kitsch vorgeschobene Lincoln Center einerseits und die aus Schrottblech zusammengeschweißten Buckminster-Fuller-Kugeln in Arizona oder Colorado andererseits kennt die europäische Gesellschaft der Gegenwart nicht. Vor allem aber geht den europäischen Architekten ab, was die jüngste amerikanische Architektengeneration im Gefolge Venturis und Moores aus jeder abgesicherten Tradition heraushebt: trotz der affirmativen Tat des Bauens selbst, den Protest gegen diese Zwangsläufigkeit anzumelden, also gegen den „Seriosismus" des eigenen Tuns, mit jedem Gehäuse einen Auftraggeber zu bestätigen, gleichzeitig rhetorische Konfigurationen zu erfinden, die das Gehäuse nicht als Würdesitz, sondern als liberal-ironischen Kommentar auf jeden Besitzanspruch ins Spiel gebracht erscheinen läßt. Von derartiger Doppeldeutigkeit sind alle europäischen Architekten seriös entfernt, weil ihnen häuslicher Besitz eine ebenso ernste Sache scheint wie ihr Tantiemeanteil.

Mit der weisen Eigensinnigkeit von Louis Kahn, Lehrer von Venturi und Moore, hat die amerikanische Architektur eine Selbstsicherheit gewonnen, die sie aus der europäischen Vormundschaft befreit. Wenn hier auch der Architekt in dem alten Sinn verstanden wird, daß er über jede technische Fertigkeit hinaus ein Erfinder von Formen sein soll, durch deren Einprägsamkeit Bedeutungen, Charaktere und überhaupt Eigenschaften mitteilbar werden, so ist die Architektur noch immer nicht reine Technik genug, als daß derartige Bemühungen sinnlos sein könnten. Die technokratischen Systemingenieure, die utopistisch bereits eine Welt in fertigen Röhren, Kapseln und Gerüsten bauen, unterschätzen die Hindernisse, die sich ihnen im Bedürfnis der Menschen entgegenstellen, nach Mannigfaltigkeit, Emotionalität, nach individuellem Charakter, Erzählung, Mitteilung, Symbolen zu verlangen.

Während ein solches traditionelles Selbstverständnis des Architekten einerseits der „Noch-nicht-Architektur" der Systemingenieure entgegensteht, sieht es sich andererseits in Frage gestellt von der „Noch-immer-nicht-Architektur" der Sofort-Revolutionäre. Diese möchten Architektur nur noch dann zulassen, wenn sie den Vorstellungen von hundert befragten Arbeiterhausfrauen entspricht. Jede über das Los der heutigen Sozialwohnungsbaubewohner hinausgehende architektonische Form erscheint dann als Ergebnis eines luxurierenden Formalismus, der Versuch immanenter Besserung als systemkräftigender Reformismus. — Wir haben möglicherweise den Fehler begangen, weder die eine noch die andere Position hier zu Worte kommen zu lassen, da wir sicherlich in einem Systemtechniker einerseits und in einem Student-movement-Architekten andererseits Stellvertreter für eine Kritik gefunden hätten, die weitaus prägnanter, als wir es vermocht haben, nach Maßgabe des Zukünftigen die Irrelevanz aller in diesen Gesprächen vertretenen Ansichten gegenwärtigen Bauens nachgewiesen hätten. Doch wollten wir uns nicht einer Weitsichtigkeit versichern, die wir selbst nicht haben. Die Buckminster Fullers und Robert Goodmans haben bereits für sich selbst gesorgt, während wir es für nötig hielten, uns an diejenigen zu wenden, die mehr oder weniger hellsichtig im Dunkel des gegenwärtig Realisierten tappen.

Für die amerikanische Szene ist bezeichnend, daß der Funktionalismus nicht so sehr wie in Deutschland in seiner Rückführung auf die Unausweichlichkeit sozialer und wirtschaftlicher Bedingungen verstanden wird und so zum erweiterten Begriff für alle vom westlichen Kapitalismus bestimmte Architektur geworden ist (Adorno, Bloch), sondern daß er — als Stilbegriff verengt und als Ästhetikum sublimiert — die vergangene Epoche der Bauhausvorherrschaft bezeichnen soll, gegen die man sich zur Wehr setzen und die man durch Kontradiktion überwinden kann. Funktionalismus wird gleichbedeutend mit dem sogenannten „International Style", so wie ihn Henry-Russel Hitchcock und Philip Johnson 1932 nach Stilkriterien definiert hatten. Der weiße Quader, die glatte, scheinbar materiallose Wand, die im Gleichtakt gereihten Fenster waren die Kennzeichen, die sich durch andere Kennzeichen ablösen ließen, etwa die des

Brutalismus: Kluftige Betongebirge, schwere Gewände, offen gezeigtes Material. Form widerspricht Form: in reaktiver Umkehr löst eine Qualität die andere ab, aus Leicht wird Schwer, aus Einfach wird Kompliziert. Die Stilgeschichte der Kontradiktionen entspricht der Bewußtseinsgeschichte der Architekten, deren Aktivrolle gesichert erscheint im reaktiven Erspüren der Formpotentialien. Die öde Welt des Funktionalismus — International Style — wird abgelöst durch eine erregte Welt dramatischer Form, Brutalismus. Philip Johnsons und oft auch Paul Rudolphs Bauten sind Beispiele für eine Kunstarchitektur, die dem Funktionalismus mit Stilvokabular zu Leibe zu rükken versucht.

Doch auch Venturi und Moore haben nichts anderes zu bieten, als eben „shape-making" — Formenrhetorik. Ihr Widerspruch richtet sich mit eben solch begrenztem Instrumentarium gegen einen Funktionalismus, der die Architektur stumm und zeichenlos gemacht hat, der mit zweckbewußter Reinlichkeit jeden Kommentar eines Bauwerks über sich selbst verbat. Freilich sind Venturis und Moores Botschaften andere als die der Johnsons und Rudolphs, ja sie antworten negierend auf deren Inhalte. Der Ausbruch aus dem International Style war für Johnson und Rudolph sogleich ein Ausbruch in die alte Monumentalität und Heroengebärde. Venturis und Moores Gegnerschaft gegen den International Style richtet sich zugleich gegen die Antwort, die Johnson und Rudolph bereithielten, gegen deren Rekapitulation monumentaler Ausschließlichkeiten. Sie stellten der heroischen Form das ironische Understatement entgegen und sahen die Stadt nicht als das Chaos, das durch muskelstrotzende Baudenkmäler total ersetzt werden müßte. Im Sinne der Pop-Art nahmen sie Motive der Subkultur auf und flochten sie als wiedererkennbare Zitate in einen neuen Kontext ein. Die Auseinandersetzung zwischen Monument und Antimonument bindet die Kontrahenten an die gemeinsame Grundlage einer Architektur, deren wesentliche Eigenschaft ist, nach wie vor über die Funktion hinaus Bedeutungen zu tragen, die sich in Formenrhetorik niederschlagen. Man kann in dem Gefecht zwischen traditionellem Repräsentationsvokabular, das sich der Macht verschreibt, und einer bewußt eingesetzten Alltagssprache, die mit Humor und Ironie gegen den übermächtigen Gestus anredet, ein reines Fassadengefecht sehen, das den Bau verteuert, die Technik nicht weiterbringt und die Welt, wie sie ist, bestehen läßt. Doch haben wir gegen unsere Sympathie für Moore und Venturi keine Theorie bemüht, um diesen ein Bauen zu verbieten, das gegen den bauenden Machtanspruch nur wieder Form und nicht schon eine neue Welt zu setzen weiß.

Von Architekten allein erwarten wir die Überwindung des Funktionalismus nicht. Wir bestehen aber auf dem uns wesentlich erscheinenden Unterschied, daß Johnson einerseits den Reichtum der Säulenkolonnaden denen verleiht, deren Profitrechnung die Armut des Funktionalismus erzwang — daß Venturi und Moore andererseits die Realität unseres Alltags über solche Repräsentation wenigstens kichern lassen. Die Auseinandersetzung zwischen beiden Lagern ist deshalb so furios, weil sie noch immer auf einer Ebene geschieht, die dem Bedürfnis nach informativer Anschaulichkeit angemessen ist, der Ebene mitteilsamer Form. Die Architektur wieder zum Sprechen gebracht zu haben, ist ein Verdienst Johnsons — sie im Namen der Einschüchterung sprechen zu lassen und stilbewußt eklektisch sich der hierfür erprobten Mittel versichert zu haben, ist eine Tatsache, die wir mit Venturi und Moore nicht hinnehmen wollten.

Die Auswahl der Architekten und die Anordnung der Interviews hatte sich nach folgenden Gesichtspunkten zu richten:

1. Philip Johnson kann neben Louis Kahn als der Doyen der amerikanischen Architekten gelten. Wir stellten ihn an den Anfang, weil sein Werk einerseits noch teilhat an spätesten Entwicklungen des International Style und unmittelbar partizipiert an den Ergebnissen Mies van der Rohes; andererseits ist Johnson einer der ersten, der vom all-

gültigen Glaubensbekenntnis loszukommen versuchte und den Funktionalismus als „Krücke der Architektur" schon seit 1955 bekämpfte. Als Konservativer sucht er die Antwort in einem artistischen Ästhetizismus. Johnson versteht sich als Beinahe-Genie, der in Michelangelo den Prototyp des Architekten beispielgebend verehrt, der das einzelne Detail und ganze Städte autonom, unter Verachtung der Spezialisten, konzipiert. Mit dieser Einstellung verbindet sich die Amoralität des großen Künstlers, von jedem Auftraggeber käuflich zu sein, verbindet sich auch eine fragile Verletzlichkeit und ironische Abwehr, wodurch seine Rede sich streckenweise zum Psychogramm der Melancholie und des Zweifels stilisiert. Wir sehen in ihm eine Macht, wie sie sich in dieser konservativen Dezidiertheit nur in den USA zu halten vermochte und deren man sich auch in der Bundesrepublik versichert, wenn Konservative ihren Vorstellungen gemäß bauen (Oethkers Bielefelder Museum).

2. Kevin Roche spricht ungern über sich selbst. Er ist Methodiker und will, im Gegensatz zu Johnson, keineswegs Künstler sein. Die Begründungen zu seinen Bauten gehen nie von Stil- oder Formüberlegungen aus. Die technischen und städteplanerischen Gesichtspunkte stehen im Vordergrund, weshalb wir, aus didaktischen Gründen, dieses Gespräch mit der exemplarischen Darstellung der Planungsstadien zu seiner Federal Reserve Bank in New York an die zweite Stelle der Interviews setzten. Kevin Roches Verachtung für allen Formalismus läßt Bauten entstehen, die in der Tat eine formale Differenzierung kaum noch an sich tragen, vielmehr überdimensionale Behälter werden, die über die Eingeweide eines Stockwerkgerüsts gestülpt scheinen. Unausgesprochen und wohl auch uneingestanden stehen jedoch zuletzt formal getrimmte Bauten vor Augen, die als riesig stereometrische Einheiten zurechtgeschliffen sind und aus Verachtung gegenüber dem stilisierten Monument zu cheopspyramidenhafter Gigantik aufsteigen. Mit Roche gelangen wir auf die Ebene einer neuen Quantität. Sein technisches Können hat uns daran gehindert, in seinen Bauten allein Dinosaurier zu sehen; seine je nach Aufgabe durchbrechende Begabung, aus üblicherweise geschlossenen Baukomplexen eine Landschaft, wie das Museum von Oakland, oder öffentliche Garteninterieurs, wie die Ford Foundation, zu schaffen, hat unsere Kritik relativiert. Auch ist Roche neben Goldberg derjenige, der die Probleme der amerikanischen Großstadt am gründlichsten kennt. Doch mit kaum überbietbarer Vehemenz sucht er die Realität dieser Städte zu korrigieren durch zermalmende Behälterarchitektur, die jeden gegebenen Maßstab negiert. Die Stadt selbst scheint außer Kraft gesetzt, die Relation zum Maßstab des Menschen, und seien es — wie bei Mies — nur noch Stockwerkhöhen, wird bedeutungslos. An die Stelle tritt die maßstäbliche Unfaßlichkeit, wie man sie bei Silos und Gasometern findet. Roche antizipiert eine Stadt, deren Größenverhältnisse sich orientieren an zehnspurigen Autobahnen und an der Wahrnehmungsweise, wie sie dem Menschen im fahrenden PKW übrig bleibt.

Roches Hochhäuser scheinen sich gegen eine gefährliche Umwelt schützen zu wollen, erwarten von außen Brutalität, nehmen das Draußen der Natur als konserviertes Interieur auf und werden selbst zu metallisch-gläsernen Burgen. Sollten diese Bauten für die zukünftige Stadt Maßstab werden, und sie erzwingen ihn fast, so würde sich unser Bedürfnis nach differenzierender Wahrnehmung nicht einmal mehr vom Auto, sondern nur noch vom Flugzeug aus realisieren lassen.

3. Paul Rudolph, Freund Philip Johnsons, ist nicht durch historisierende Stilmittel, sondern durch Le Corbusiers Spätwerk zum Ausdruck neuer Größe gelangt. Seine geriefelten Betonmonumente, aus Schäften und Stockwerkstaffeln stoßend zusammengesetzt, sind nach Corbusier und Kenzo Tange zu Mustern heutigen Brutalismus geworden und haben Nachfahren in aller Welt gefunden. Man könnte ihn als den Klassiker des Brutalismus bezeichnen, der zudem einen geradezu barocken Sinn für Raumdra-

matik entwickelt hat. Dem Großraum mit durchgehender Deckenhöhe, wie ihn Mies van der Rohe kanonisierte, stellt Rudolph kompliziert gestaffelte, Stockwerke durchstoßende Raumaggregate entgegen. Er nutzt den Stahlbeton als skulpturalen Steinguß; modelnd und knetend kommen unter seiner Hand expressive Formen zustande, die dem artistischen Belieben ihr So-Sein verdanken. In Rudolphs ausgewachsenem Œuvre gibt es kaum einen Bau, der sich nicht laut in den Vordergrund stellte und nach allen Seiten um sich schlüge. Wenn schon das Ornament am Bau verboten ist, so wird der ganze Bau, meint Venturi, zum skulpturalen Ornament. Gegen Rudolph vor allem richtet sich der Kampf der Jüngeren. Sein Werk bietet die Beispiele für einen extravertierten Monumentalstil, der dem Establishment mit neuen Vokabeln die alte Sicherheit verleiht. Insofern ist auch Rudolph, wie Johnson und auf andere Weise Roche, Repräsentant einer abgesicherten Architektur, die als die ständige Gewinnerin erscheint – und damit die Folie abgibt für jede Revolte und für alle weitere Argumentation. Angesichts dieser Idiosynkrasie bleibt ein anderer Aspekt von Rudolphs Arbeit zumeist unbeachtet, sein in den USA fast hoffnungsloses Bemühen um den Fertigbau, dem die syndikalistischen Bauarbeitergewerkschaften kaum eine Chance lassen. Was Rudolph auf diesem Gebiet dennoch erreicht hat, bedeutet für die USA einen Vorstoß in den Bereich neuer Planungs- und Produktionsweisen, wobei wir das Sentiment Rudolphs, vorgefertigte Teile pittoresk zu arrangieren und begrenzte Module in flexible Verbindungen zu setzen, als einen Versuch nehmen, aus der Enge der Möglichkeiten einen befreienden Schritt heraus zu tun.

4. Bertrand Goldberg mit Rudolph zu konfrontieren, hat seinen Grund in der größeren Stringenz, mit der Goldberg den Stahlbeton verwendet. In dem neuen Material hat Rudolph wie Le Corbusier allein die Potenz der figuralen Formbarkeit, Goldberg hingegen die Potenz der „Verformung" erkannt, womit ungenutzte statische Qualitäten des Stahlbetons zum Vorschein kamen und gleichzeitig höchst einprägsame Formen eine funktionale Legitimation fanden. In Goldberg sehen wir den Schritt getan, der aus dem Dilemma herauszuführen verspricht, gegen tötenden Utilitarismus allein das Mittel ästhetisierenden Stilformalismus bereitzuhalten. Die amerikanische Architekturkritik hat seine Bauten immer nur als willkürliche Absonderlichkeiten angesehen, ohne die Ratio der Materialnutzung und die dreidimensionalen Konsequenzen der verformten Raumschalen zu erkennen. Nur im Nebenbei kam zur Sprache, wie weitgehend hier Möglichkeiten realisiert sind, die andere noch als Utopie zelebrieren.

5. Mit Morris Lapidus wechselt die Situation abrupt. Der liebenswürdige Mann spricht mit beängstigender Offenheit aus, was bei anderen latent mitschwingt, und läßt seinen Sohn Alan mitreden, wenn es darum geht, den Sinn einer bonbonfarbenen Architektur zu verteidigen, die auf die Bedürfnisse „des" Menschen reagiert. Auch Lapidus ist ein Architekt, der sich der orthodoxen Reinlichkeitsmoral des International Style nicht gefügt hat, aber auch nicht den Anspruch stellt, Künstlergenie zu sein. Mit bewußter Verkaufsplanung hat er die amerikanische Szene mit jenen Gebilden versorgt, die man die „Röhrenden Hirsche" der Architektur nennen mag. So wie der Kitsch im Kontrast zur Phantasielosigkeit unserer Umwelt allgemein Interesse zu beanspruchen beginnt, so findet Lapidus im Kontrast zur öden Welt des Funktionalismus die Legitimation, das übergangene Sentiment des kleinen Mannes in seinen Florida-Hotels zu verbauen. Dem amerikanischen Mittelstandstouristen eine exotische Kulisse zu geben und dem amerikanischen Manager die Patina europäischer Kultur, hat auch Lapidus zu einer Rhetorik geführt, die mit dekorativen Kapriolen den Menschen geben soll, was ihnen allenthalben fehlt – eine erlebnissteigernde Umwelt. Dem leeren Ego zu schmeicheln und vor keinerlei Schnörkel zurückzuschrecken, Information auf der Ebene der

Boulevardpresse feilzubieten, hat uns in Lapidus die Entsprechung sehen lassen zu einer Konsumwirtschaft, die mit gleichen Mitteln ganz allgemein operiert. Die Architektur ist durch Lapidus auf den „Verbraucher" gekommen; mit seinen Bauten wurde für die Architektur die Ästhetik des Verkaufens entdeckt. Aus den kleinen Kunststückchen des Kitschs sind die großen Kunststücke der Architektur geworden.
Lapidus verbindet mit Venturi der Sinn für das Triviale. Während Venturi mit Trivialem ironisch spielt, nutzt es Lapidus als Kalkül des Bestätigens. Lapidus erspäht die Marktlücke: „Der Mensch ist das einzige Tier, das seine Wohnung schmückt." Mit diesem Humanum von Ewigkeitswert widerspricht er dem Monopol der Utilitätsideologie. Wenn die harten Zwecke die Architektur regieren, so hat der Kitsch die Rolle des Dekors: Schön ist, was die nackte Wand verziert; angemessen ist, was niemanden verunsichert.

6. Louis Kahns Gedanken und Werke lassen sich kaum auf einen Nenner bringen. Er steht an dieser Stelle, weil er den beiden Nachfolgenden, Venturi und Moore, selbst von diesen weit entfernt, die Stichwörter gab. Kahn ist es zu verdanken, wenn die Vorherrschaft Mies van der Rohes nicht vollends zum Imperium wurde. Sein ontologisches Reden war uns nicht immer fremd. Seiner Insistenz, jede Form als Wesenheit zu verstehen, etwa in gebauten Räumen nicht wie Mies einen multifunktionalen Behälter zu sehen, sondern einen individuellen Charakter, der von Licht und Lage eine jeweilige „Stimmung" erhält, hatten wir nichts entgegenzusetzen. Sein Diktum, man müsse sehen können, wie ein Raum entstanden sei, hat ihn am weitesten vom Funktionalismus fortgerückt. Raum nimmt Schilderung in sich auf und teilt durch seine architektonischen Elemente mit, wie er zustande kam. Diese Auffassung gab den Anstoß dazu, Bauen wieder als ein Medium zu nehmen, das über bloßes Dekorieren hinaus Gehalte verdeutlicht. Kahns Bemühen um eine Raumcharakteristik gab auch den Anstoß dazu, prinzipiell zu unterscheiden zwischen „dienenden und bedienten Räumen", ein Ergebnis, das zu einer weitergehenden Differenzierung des Baukörpers führte. Überhaupt ist es Kahns Verdienst, die monolithischen Blöcke des Funktionalismus, die rigorose Simplizität, durch komplexe Zergliederung zu widerlegen und auf die verschiedenartigsten Funktionen und Eigenschaften eines Bauwerkes nicht mit differenzierender Aufschlüsselung und Charakterisierung zu antworten. Kahns Stärke, die amerikanische Tradition der zwanziger Jahre, ist, wie ich meine, auch seine Gefahr: Bauten als Kunstwerke zu konzipieren, die, in sich vollendet, kein Zeichen der Sozietät, keine Nachbarschaft, es sei denn die Nachbarschaft von Kahns eigenen Bauten, dulden.

7. Robert Venturi, Schüler Kahns, ist die umstrittenste Figur der amerikanischen Gegenwartsarchitektur. Wir meinen, daß durch ihn ein Versuch gemacht ist, wie Lapidus „menschlich" zu sein, ohne daß Venturis Menschen schon immer ihre Menschlichkeit, sprich „Bedürfnisse", als Erwartungshaltung vorauswüßten. Gewohnt, sich mit Monumenten gegen die nebenbei entstehende Realität von „Main Street" zu wappnen, haben die Amerikaner ihre Primärumwelt als Schutt zu bewerten gelernt. Venturis Wort „Main Street is almost allright!" verlangt ihnen ab, mit dem Verachteten eine Realität zu akzeptieren, die nur das „almost", das „Beinahe", zu bewältigen braucht, um eine bessere Welt zu haben. Nicht die totale Erneuerung durch totale Architektur kann helfen, sondern allein Besserung des schon Vorhandenen. Derartige Einschränkung klingt wie das vorsichtige Manövrieren eines schon halbzufriedenen Liberalen. Indessen meinen wir, daß Venturis Programm kaum radikaler sein könnte. Der Angriff auf eine Architektur, die alles durch sich selbst ersetzen will, ist ein Angriff auf eine Aussicht, an die Stelle einer total schlechten Umwelt eine total neue zu setzen. Venturi meint, daß die total neue die schlechte ist und plädiert für das verachtet „Gewöhnliche", für das Triviale und Alltägliche, das ohne Wissen der großen Architekten zustande gekommen ist. „Main Street" mit ihren Zufälligkeiten und laut redenden Neonzeichen scheint ihm er-

träglicher als die erneuerte Stadt, die aus lauter ordentlich postierten Baudenkmälern besteht, die von nichts anderem als von der großen Kunst der Architekten reden. Venturis „Football Hall of Fame" ist kein Glasklotz auf Travertinsockel; sie ist ein Schuppen, ein architektonisches Nichts, das von einer riesigen Neonzeichenfassade verdeckt wird, auf der in stetem Bildwechsel Fußballspiele der letzten Jahre nachgespielt werden. Das Zeichen ist die Architektur. Was an diesem Modell programmatisch exemplifiziert erscheint, kehrt an Venturis Bauten weniger extrem wieder. In der Neonzeichen- und Reklamewelt ist unter dem Druck des Kommerzes eine Straßenarchitektur entstanden, die gegen alles Dogma der „reinen Formen" sich unter dem Standard des kulturell Anerkannten etablierte und durch pures Übersehen nicht negieren ließ. Unter Hinweis auf die Subkultur des „strip" stellte Venturi die Forderung auf, daß Architektur generell wieder Zeichenträger und Botschaftsvermittler werden müsse, daß sie eine umfassendere kommunikative Aufgabe habe und sich nicht damit begnügen könne, allein monumentale Formgewalt oder nackte Utilität zur Anschauung zu bringen.

8. Charles Moore demonstriert an sich selbst, daß auswattierte Schultern weder ihm noch seinen Bauten das Format geben. Moore, der sich mit dem geringsten Kapitalaufwand begnügen kann, um mit ein paar Holzbrettern und einem Farbtopf der Phantasie zu ihrem Recht zu verhelfen, ist, wie wir meinen, angesichts der Minimalkalkulation des sozialen Wohnungsbaus in New Haven, South Street, gescheitert. Er hat mit seinen künstlerischen und planerischen Bemühungen exemplarisch bewiesen, wie wenig mit solchen Mitteln, wie wenig gerade deshalb, gegen die Misere des sozialen Wohnungsbaus auszurichten ist und wie hilflos sich ein paar hübsche Formkulissen und eine pittoreske Anordnung der Zeilenbauten gegenüber den Standards des „Wohnens für das Existenzminimum" ausnehmen. Fortwährend an der untersten Grenze des ökonomisch Zumutbaren operierend, macht Moore immer noch Architektur. Seine Auftraggeber sind nicht die der Roches und Johnsons, sondern meist kleine Leute, deren dekoratives Sentiment nicht zwangsläufig in Kitsch münden oder unterdrückt werden muß, vielmehr in Moores Verfremdung als heiter-humorvolle Bemerkung auflebt und als erzählerischer Modus eine bisher bestrittene Rechtfertigung erhält. Wir sehen in Moore einen Aufklärer, der zwischen linker Orthodoxie und konservativer Unterdrückung eine Architektur ermöglichen möchte, die sich ihres repressiven Charakters entledigt, indem sie, auf Realität eingehend, sich von deren Zwang zu befreien sucht. Moores Wirklichkeit ist nicht auf das schmale Entweder-Oder von Zweck einerseits und Einschüchterung andererseits beschränkt, sondern bezieht Ausdrucksweisen des menschlichen Gemüts mit ein, die abseits, von hoher Kunst und rechnender Technik nicht zugelassen, als Kitsch und Schnörkel ein Halbleben führten. Mit Venturi wurde Moore zum Gegner all derer, die das ewig ernste Wesen dieser Kunst, der Architektur, nicht angetastet wissen wollen.

Aus Anlaß der deutschen Übersetzung habe ich die Gelegenheit ergriffen, einige Korrekturen vorzunehmen und einzelne Passagen dichter am Originaltext der Tonbandaufzeichnungen zu übersetzen. Außerdem habe ich an wenigen Stellen überflüssige und für den deutschen Leser unverständliche oder inzwischen überholte Äußerungen dieser im Jahre 1969/70 aufgezeichneten Gespräche gestrichen.

Marburg, Dezember 1973, Heinrich Klotz

Die kursiven Seitenzahlen beziehen sich auf die Abbildungen

Register der im Buche erwähnten Literatur

Die Zahlen zeigen die Bildnummern an

Chalmer Alexander 54, 64
Wayne Andrews 112, 113
Morley Baer 175, 178, 180, 181, 182, 183
Hedrich Blessing 88, 97, 98
Peter Bromer 108
Orlando Cabanban 90, 93, 102
Louis Checkman 122
P. M. Dalwadi 138, 140
John Ebstel 156
Alexandre Georges 2, 6, 125
Steve Hill 164
Anwar Hosain 139
Steve Izenour 169, 170
Donald Luckenbill 82
Joseph Molitor 20, 67, 69
Robert Perron 86
George Pohl 167
Gottscho-Schleisner 105, 107, 110, 114, 115
Franz Stoedtner 25
Lee Tabor 60
William Watkins 166, 168
Kurt Wyss 126